知识就在得到

大局观

真实世界中的经济学思维

何帆◎著

民主与建设出版社 博集天卷
·北京·

图书在版编目（CIP）数据

大局观：真实世界中的经济学思维 / 何帆著. -- 北京：民主与建设出版社，2018.6
ISBN 978-7-5139-2105-3

Ⅰ. ①大… Ⅱ. ①何… Ⅲ. ①经济学—通俗读物 Ⅳ. ①F0-49

中国版本图书馆CIP数据核字（2018）第 065832 号

大局观：真实世界中的经济学思维
DAJUGUAN: ZHENSHI SHIJIE ZHONG DE JINGJIXUE SIWEI

出 版 人　李声笑
著　　者　何　帆
责任编辑　韩增标
监　　制　于向勇　秦　青
策划编辑　张　卉
营销编辑　刘晓晨　刘　迪　初　晨
版式设计　张丽娜
封面设计　红杉林文化
出版发行　民主与建设出版社有限责任公司
电　　话　（010）59419778　59417747
社　　址　北京市海淀区西三环中路10号望海楼E座7层
邮　　编　100142
印　　刷　北京天宇万达印刷有限公司
开　　本　700mm × 995mm　1/16
印　　张　27
字　　数　360千字
版　　次　2018年10月第1版
印　　次　2019年8月第2次印刷
标准书号　ISBN 978-7-5139-2105-3
定　　价　78.00元

注：如有印、装质量问题，请与出版社联系。

目 录
contents

第二辑 到底是经济人还是政治人

第三辑 政府与市场

第四辑 经济增长的迷雾

第五辑 创新的来源

第六辑 全球化退潮

第七辑 不平等加剧

第八辑 人口慢变量

第九辑 金融危机

第十辑 地缘政治

前言

海拔3000米的经济学

世界上最繁荣的地方，大多都在接近海平面的陆地上。这里有港口、沙滩，也有城市、村庄，平畴千里，阡陌纵横，人们安居乐业，社会秩序井然。正是因为大部分人都生活在接近海平面的地方，所以我们习惯了这里的气压。如果离开海平面，向海拔更高的地方攀登，大概到了海拔两三千米的地方，我们就会隐隐感到不适，出现高原反应。

海拔3000米大概是个什么概念呢？这里并不是地球上最高的地方，距离世界的峰顶还很远。这里甚至和珠穆朗玛峰山脚下的大本营比都还差一大截。珠穆朗玛峰南侧的大本营在海拔5000多米处，而北侧的大本营则在海拔6000多米处。不过，这里距离海平面附近的繁华世界也已经很远了。极目四望，土薄风大，你很难看到茂密的森林，只能找到紧贴着地面生长的杂草，稀稀疏疏的灌木，以及一块一块的苔藓。这里也没有什么让人惊艳不已的美丽风光，反而会让人感到一种不可言状的压抑与寂寞。

大多数经济学科普读物为你介绍的是海平面的经济学。你能够领略到经济学的多姿多彩、光怪陆离，也会很快体会到经济学的舒适方便、服务周到。正如靠近海平面的世界里，繁荣是真实存在的，我们也不怀疑海平面的经济学在大部分情况下都是适用的。但是，这个世界并不只是局限于海平面附近，如果我们一直停留在平地上，就无法居高临下，看到不一样的景色。

从2016年9月至2017年9月，我在“得到”开设了专栏《何帆大局观》。总体而言，我在这个专栏里为大家介绍的也是经济学科普知识，所不同的是，我带着大家来到了海拔3000米的地方，让你有更开阔的视野，往上看能看到耸立云外的雪峰，往下看能看到星罗棋布的城镇和村庄。我们不敢妄言，到达海拔3000米，就到了经济学的顶峰，这里距离经济学的峰顶还远得很呢。但这也不是你熟悉的世界，这里更加荒凉、枯燥，很容易让你感到不适，就像在高原上缺氧一样。从这一年的专栏文章里面，我选出一部分结集出版，就是你手中的这本书。

你不一定想过要攀登经济学的珠峰，你也不必要扎根于高原，放弃海平面世界的繁华。但是，来到海拔3000米的高原，走出自己的心理舒适区，感受一些不一样的思想，是一种值得拥有的经历。

牛顿力学对不对？在我们日常所能接触到的世界里，牛顿力学大多是适用的。但是，牛顿力学的适用范围并没有穷尽整个宇宙，你应该知道还有相对论和量子力学的世界。同样，你也不能仅仅满足于对教科书经济学的了解。这个世界在变化，经济学也在变化。尤其是在全球金融危机之后，很多经济学家对自己的学科产生越来越多的不满。这是一件好事。当经济学家志得意满地到处开疆拓土，扩张经济学帝国主义势力范围的时候，反而应该引起人们的警惕；当经济学家开始更多地反思和自我批评之后，这个学科进步的速度才会更快。

我不会斩钉截铁地告诉大家，什么才是完全正确的答案。在我看来，所有的经济学问题都只有一个答案，那就是：It depends（视具体情况而定）。这是一种典型的狐狸型学者的风格：处处留意，事事好奇，左右互搏，前后游移。我不是来满足大家的好奇心的，而是来激发大家的好奇心的。

引言

不上经济学家的当

我最崇拜的女性经济学家是琼·罗宾逊（Joan Robinson）夫人。她是凯恩斯（John Maynard Keynes）的学生，开创了垄断竞争理论，曾经和美国著名经济学家萨缪尔森（Paul Samuelson）有过一场关于“资本是什么”的大辩论。她思路敏捷，辩才无碍。要不是当时的诺贝尔评奖委员会有性别歧视和政治偏见，琼·罗宾逊夫人应该是当之无愧的第一位获得诺贝尔经济学奖的女性。

琼·罗宾逊夫人曾经讲过一句非常有名的话。她说：“学习经济学不是为了知道关于经济问题的一堆现成的答案，而是为了避免被经济学家欺骗。”以我在经济学界潜伏多年的经验，我可以负责任地告诉大家，经济学家经常会欺骗大家。

前段时间在日本调研的时候，有个朋友跟我聊天。他说，骗子的境界也有高低之分：低级的骗子是非要诱骗你相信他说的，其实他自己都不相信自己说的；高级一点的骗子是先骗自己再骗别人，骗得自己都相信了，再来说服大家，往往极其具有说服力。

有很多“江湖经济学家”是第一种低级骗子。他们中的大部分人并没有学过经济学，不知道什么是经济学，或是学过经济学，但不关心经济学的逻辑，他们唯一关心的是你想知道什么，然后就好对症下药，请君入瓮。这一类骗子，我就不再提了，只要你们稍微动动脑子，有一点点经济学的常识，就能识破这种骗术。

我们要提防的是第二种骗术。这些经济学家发自内心地相信自己的观念。为什么说这些经济学家会“骗”大家呢？他们不是真的想骗大家，而是坚信只有自己的理念才是对的，别人的都是错的，他们要“启蒙”大家。真理再往前走一步就是谬误，何况经济学家已经往前走了不止一步。

经济学家形成了一个纪律严明的“部落”，在“部落”的内部严厉惩罚任何离经叛道的观点，对外则不断地“侵略”。有人说这是“经济学帝国主义”，即经济学认为自己能够提供所有社会现象的唯一正确的解释。这有点像美国在全球推销自己的民主、自由理念。

我最早接触经济学的时候，经济学是灵动而机智、好奇而天真、友善而幽默、质朴而上进的。现在的经济学变得越来越自以为是、傲慢轻狂、拘谨冷漠、乏味世故。这不是我起初热恋的经济学。

当然，跟其他的学科相比，经济学有着非常强的自我批判精神。你能够搜集到一大筐关于经济学家的笑话，这些笑话大多是经济学家自己杜撰的。能够自嘲，说明经济学还是心理健康的。很多经济学家也对传统的理论不满意，有各种各样的研究试图修正原有的理论，或是探索新的方法和领域。地火正在燃烧。遗憾的是，这些创新在经济学部落内部仍然受到排挤，而在经济学部落外部则并不为人所知。

我要做的就是把这些反思和叛逆介绍给大家，让大家接触一种更有生机和活力的经济学，一种有趣也有温度的经济学。

你可能会说：“我又不学经济学，你跟我讲这么多经济学干什么？”要是你不学经济学，避开经济学家，是不是就不会上当了呢？不是的，你会更容易上当。

琼·罗宾逊夫人的老师凯恩斯说过：“无论是对是错，经济学家与政治哲学家的观念都比常人所理解的更有力量。一般注重实务、自以为不受知识分子影响的人，往往都是某个已故经济学家的奴隶。只聆听来自心中妄想的掌权狂人，正是从多年前的某个三流学者的学说中提炼其狂想。”

所以，为己为人，你都要多学些经济学，提防上当受骗。

第一辑

人是理性的吗

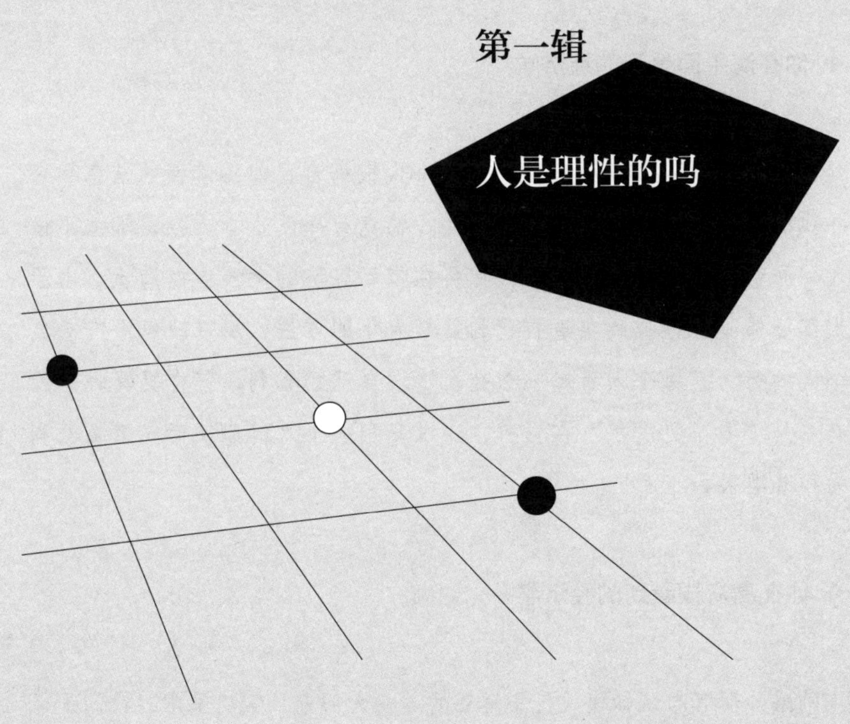

导读

◆ 你在海平面看到的经济学

经济学告诉你，人都是理性人，每个人根据自己能够掌握的信息和资源，寻找能够让自己利益最大化的方法。物竞天择，适者生存，那些不按照最大化原则行事的企业和个体，都将在市场经济的洪流中被淘汰。由于每个人都能够理性地找到实现自己利益最大化的方法，所以政府没有必要干预个人的行为。每个人看起来都是在追求自己的私利，但在冥冥之中，仿佛有一只“看不见的手”在指挥，追求私利的个人行为反而能带来互利共赢的和谐结果。

◆ 你在高海拔看到的经济学

人的感知器官和认知模式是不完善的。在大部分日常决策中，我们是靠直觉而非理性做出判断。事实上，如果我们真的是按照经济学所说的那样，一切决策都要追求最优化，反而会更容易感到后悔、沮丧。人确实有自私自利的一面，但人性远比经济学所设想的更为复杂，更为丰富多彩。我们需要更好地了解自己，学会和狡猾的感情共存，我们还需要共同建立一种社会机制，能够尽可能地把人的善良意愿释放出来，同时遏制每个人仅仅追求自我利益的冲动。如果我们把人性想得最坏，就会得到最坏的结果。

◆ 本辑导读

《理性：陷我们于无知的是我们的所知》讲到，经济学中的理性人假设原本是为了建模更为方便，因为这一假设背后的数学模型就是约束条件下的最大化。但是，当理性人假设变成一种信仰之后，我们会产生偏执的傲慢，这种傲慢反而会陷我们于无知。

《理性人假设：经济学家说我们是理性人，我们就是理性人吗》讲到，经济学内部正在出现一场静悄悄的革命。行为经济学承认人并非完全理性，这就像哥白尼发现地球并非是宇宙的中心一样。行为经济学和其他学科告诉我们，我们有很多与生俱来的缺陷，我们易于冲动，难以自控，时常懊悔，有时也会欺骗，市场经济也不是完美的。承认这一点，不会让我们变得自暴自弃，而是会让我们变得更加谦卑和诚实。

《直觉：为什么我们不用推理也能决策》讲到，我们的认知系统分为系统1和系统2。系统1依靠直觉和本能，反应速度快，但有时会出错。系统2依靠逻辑和推理，反应速度慢，但准确率更高。但这不意味着我们要嫌弃系统1。相反，在大多数情况下，我们要相信和尊重自己的直觉。系统1在漫长的进化过程中已经运转了数百万年，而系统2只是最近才开发出来的。

《知足常乐：做个知足者，不要做最优化者》讲到，有些人一定要寻找最优的结果，有些人则选择差不多就好。常言道，知足常乐，和知足者相比，最优化者往往事后更容易后悔，生活满意度更低，更容易有抑郁的倾向。

《助推：自由主义的温和专制主义》讲到，我们不能对个人的选择横加干涉，要给予他们足够的自由，但同时，通过稍微做些调整，我们就能影响人们做决策的过程，并引导他们做出对自己更有利的选择，这种做法被称为“助推”，这是在自由主义和专制主义之间找到的一种微妙平衡。

《人非圣贤：不要轻易考验人性》讲到，人的行为不是由其所谓的本质决定的，在很大程度上，环境会影响人的行为。我们往往律己很宽，待人很严，不妨多做些换位思考。想要设个局去考验别人的做法是非常愚蠢的。

《随波逐流：坦然地面对狡猾的情感》讲到，我们的情感可以控制，却无法根除。比较现实的做法是坦然接受各种狡猾的感情，了解情感和理性之间的相互作用机制，这样才能减少可能出现的负面影响。

《乐观的偏见：最高的境界是自我欺骗》讲到，我们往往会盲目乐观，但有趣的是，人类常常是靠着这种自我欺骗不断进步的。这是一种“自我实现的预言”，你觉得自己行，就能更好地发挥自己的潜力，最终可能真的成功了。所以，要想成功，首先要做出已经成功的样子。

《赢家的诅咒：娶走校花的兄弟，你过得还好吗》讲到，在竞拍的时候出价最高的人往往得不偿失。这看起来是因为信息不对称，竞拍者不知道标的物的真实价值，其实最根本的原因是赢家过于自负。如果抱着志在必得的心态，最终的结果反而会不如人意。

《随机性：如何在考试中蒙对答案》讲到，随机性到处都是，而且看似简单，但人很难掌握真正的随机性。我们越是想表现得随机，就越不像随机。比如，出题老师就常常露出破绽。掌握随机性的秘密，可以帮助你在考试中有更高的概率蒙对题目。

《小集团思维：一切城堡在被攻破之前都是坚不可摧的》讲到，假如我们是一群人决策，会更难做到理性，因为我们会相互影响。如果一个团队里允许不同的声音，时刻保持警醒，集体的智慧会大于个人；但如果一个团队里不允许异见，那么，团结起来只能犯一个更大的错误。

《移情力：读小说到底有啥用》讲到，严肃小说往往会“悬置”道德判断，带你体察人性在幽明之间的微妙和复杂，帮你学会换位思考，体会别人的内心感受。移情力是建立成熟的人际关系、培养领导力的必修技能。

理性：陷我们于无知的是我们的所知

◆ 理性人假设也就是最优化决策

老子说："知不知，尚矣；不知知，病也。"也就是说，知道自己有所不知，这是很高明的，不知道却自以为是，这是有病，药不能停。老子说得多好啊。不过，2000多年前能看清的道理，到了最近200年，我们却看不清楚了。

17至18世纪在欧洲发轫的启蒙运动深刻地改变了人类的思想，启蒙运动让一些当时看来是异端的观念变得深入人心。理性、进步、民主、科学、平等、自由，都变成了不证自明的真理。这场运动启发了民智，唤起了民众的觉醒，其积极意义自然不容低估；但过犹不及，启蒙运动推崇的这些理念，如果不再经受推敲和批判，就会变成新的迷信、新的桎梏。

经济学是启蒙运动的产物，很自然地，经济学会推崇理性。经济学最基本的假设，即经济人假设，又经常被称为理性人假设。这种理性人假设，本来不过是一种研究的方法，说白了就是最优化方法。经济学家不是唯一用最优化方法的，工程师们更早地就学会了这种方法。经济学家是跟着工程师依葫芦画瓢，学会的最优化方法。所谓的最优化方法，无非就是在约束条件下求极值。企业怎么算出利润最大化，或是成本最小化，消费者怎么算出效用最大化，都是用这种方法。

这种方法从直觉上看很简单，从数学上看也很简洁，因此经济学家很喜欢，而经济学爱好者也会觉得很在理。如果是简单的日常决策，比如到饭店点餐，不就是先看看自己的钱包有多鼓，再想想自己爱吃啥，然后做出最优决策吗?

◆ 传奇学者西蒙的“启发法”

但是，人真的是这样决策的吗？很多决策过于复杂，超过了我们的认知和计算能力，非要去求出最优解，会把我们自己折磨死的。学术界的传奇人物赫伯特·西蒙（Herbert Simon）很早就说，人是有限理性的，而有限理性的个体在决策的时候，会更多地使用“启发法”（heuristics），追求的也不是最优解，而是差不多就行的结果。西蒙的洞见在经济学界没有引起太多的响应，经济学家给他发了个诺贝尔奖，然后把自己的模型稍微修改了一下，就说，西蒙担心的问题我们都已经在更复杂的模型里解决了。倒是在其他领域，比如管理学、认知科学和人工智能领域，西蒙的观点启发了无数后来人的思想。西蒙是卡耐基梅隆大学的计算机科学学院的创始人之一。如今，在计算机科学领域，卡耐基梅隆大学已经成为一个圣地。西蒙的经历告诉我们，如果你对经济学家提出批评意见，多半情况下，他们是不会听得进去的。与其跟经济学家扯皮，不如自己再去开创一个新的领域。

我推荐大家去更多地了解一下西蒙教授提出的“启发法”。所谓的“启发法”，就是当我们无法求出最优解，或是求最优解太费时费力的时候，解决问题的方法。经济学的最优化理论追求的是康庄大道，但“启发法”走的却是认知的幽径，看起来康庄大道更加笔直，但先到达终点的可能是迂回曲折的林中小道。

什么是“启发法”？举几个简单的例子。我们经常说的“试错法”就是一种“启发法”。先不管不问，摸着石头过河，遇到障碍就绕过去，犯了错误就改正。在经济学的最优化模型中，决策者需要把所有的信息都考虑进来，才能计算出最优解；而在“启发法”里，如果你有意地忽略一部分信息，反而有可能做出更准确的判断。我们在日常生活中讲的“拇指法则”，即简单地凭经验来做出判断，也经常是一种更有效率的决策方法。

从西蒙的有限理性和“启发法”出发，可以到达另一个辽阔的新天地，即行为经济学。行为经济学的鼻祖特沃斯基（Amos Tversky）和卡尼曼（Daniel Kahneman）接过“启发法”的衣钵，更深入地探讨了人在面对复杂情况时的决策模式。

◆ 当我们知道地球不是宇宙中心之后

从西蒙到特沃斯基和卡尼曼，经济学家给我们开启了一扇门，让我们看到更为广阔的世界。但这种体验不是所有的人都喜欢的。

打个比方来说，在哥白尼之前，人们一直相信“地心说”。“地心说”符合人们的常识，接受起来更容易。“地心说”不仅是一种天文学的理论，也是一种信仰，它让人们感到自己很重要，满足了人类的虚荣心。还有一个微妙之处在于，“地心说”其实很复杂、很精妙。到了公元一世纪和二世纪的时候，“地心说”在托勒密手里形成了一个严密的体系。行星在一个小的圆形轨道上运动（即所谓的本轮），而本轮的中心又在一个被称为“偏心均轮”的大圆形轨道上运动。地球并不是在均轮的中心，而是在略微偏离中心的一个点上。在很长时间内，托勒密的“地心说”体系预测能力很强，当然，也有出现偏差的时候。每当出现了偏差，“地心说”的支持者们就把模型搞得更复杂一些，加进去更多的“本轮”。哥白尼的“日心说”也不像我们想象中的那么革命，哥白尼用的术语跟托勒密差不多，也是本轮、均轮什么的，他也相信天体的运行轨道是圆形，后来人们才发现，天体的运行轨道其实是椭圆形的。

理性人假说符合我们的直觉，也能满足我们的虚荣心，它让我们相信，自己的所有决策都是经过理性的选择做出的。所以，我们是不会错的，我们自己的事情自己搞定，不需要别人插手。从知识上讲，理性人假设发展出了一套精妙的模型，而且可以搞得越来越复杂；实际上，很多主流经济学家确实自认为已经把西蒙的批评都解决了，凡是西蒙担心的，经济学家都能在最优化模型中搞定：不就是再增加一些小的“本轮”吗?

陷我们于无知的是我们的所知。正如美国作家阿蒂莫斯·沃德（Artemus Ward）说的：“令我们深陷困境的不是那些我们不懂的事情，而是那些我们自以为理解的事情。”

链接阅读：赫伯特·西蒙，《人类活动中的理性》，广西师范大学出版社。

理性人假设：经济学家说我们是理性人，我们就是理性人吗

◆ 特沃斯基，你没有搞明白

在一次学术研讨会上，支持理性人假说的经济学家迈克尔·詹森（Michael Jensen）遇到了支持行为经济学的心理学家特沃斯基。开完会，大家坐在一起聊天。詹森教授很会讲笑话。他先讲了一个关于他太太的笑话。詹森说，她太太买了一辆昂贵的汽车，却因为担心剐蹭，从来都不开。大家哈哈大笑。詹森又讲了自己学生的故事。在课堂上，他们连最基础的经济学概念都无法理解，闹了很多蠢笑话。大家又哈哈大笑。

特沃斯基趁机问詹森："如果你觉得身边的人都无法正确地做出哪怕是最简单的经济决策，为什么在研究中要假设他们都是完全理性的天才呢？"

特沃斯基觉得自己将了詹森一军。詹森面不改色，他不慌不忙地说："特沃斯基，你还是没有搞明白。"

让我先把背景给大家介绍一下。主流经济学假设人们都是理性人。如果你是个消费者，就不会乱花一分钱。广告、推销员、"双11"，对你一点影响都没有。如果你是个生产者，每一分利润你都要赚。决策失误、一时冲动、错失良机，对你而言根本不可能发生。你是天才，你是神。由于每个人都是理性人，他们在市场经济中的决策一定会导致所有的资源都得到最优的配置，因此，市场经济是完美的。

行为经济学是一门新兴的经济学分支。大家熟知的《思考，快与慢》

的作者卡尼曼就是行为经济学的代表人物。卡尼曼作为一名心理学家获得了诺贝尔经济学奖，这是极为罕见的。特沃斯基是卡尼曼的合作者，他去世得早，要不然他也能一起获奖。特沃斯基的聪明是出了名的。学术圈里有个笑话说，你越早意识到特沃斯基比你聪明，你就越聪明。行为经济学的想法和理性人假设背道而驰。他们证明了，在很多情况下，人的行为并不是理性的。

◆ 台球选手不需要知道空气动力学

詹森会如何反驳特沃斯基呢？

我猜，他首先会搬出来米尔顿·弗里德曼（Milton Friedman）。米尔顿·弗里德曼是货币主义大师，也是公认的最令人生畏的辩论对手。他思维敏捷如电，言辞咄咄逼人。米尔顿·弗里德曼在很长时间内，是主流经济学，尤其是经济自由主义的大祭司，也是自由放任资本主义的辩护人。

弗里德曼曾经举过职业台球选手的例子。他说，人们之所以是理性人，不是因为他们真的理解复杂的经济学理论，而是因为他们本能地会按照经济学理论的逻辑行事。台球职业选手在击球的时候，并不需要把计算进球路线的数学公式在头脑中都演算一遍。棒球手在投球的时候，也不需要知道空气动力学的知识。同样，你在购物的时候，并不需要知道“预算约束”“斯拉斯基方程”这些玩意儿。你在经营企业的时候，也不需要为“规模报酬”“古诺模型”这些东西操心。

弗里德曼成功地说服了他的同行。经济学家都认为自己智商很高，所以就认为别人的智商也应该和他们的智商一样高——这是典型情商低的表现。在现实中，不是每个人都像职业台球选手一样挥洒自如，我们更像是刚刚站在台球桌旁边的菜鸟，动作笨拙、毫无头绪。

◆ 马有几颗牙齿?

20世纪40年代，有个美国经济学家干了一件让同行很惊讶的事情，他居然写信给制造业企业的经理，询问他们是如何管理企业的。按照经济学教科书上的说法，一个追求利润最大化的企业，要按照边际成本等于边际收益的原则定价。所谓边际成本，就是再多生产一个产品新增加的成本，所谓边际收益，就是再多生产一个产品新增加的收益。要是按照这样的原则，企业必须不停地改动产品的定价，但事实上，企业在日常经营中大部分时间考虑的并不是产品的价格变化，而是能卖出去多少产品、怎样开发出新产品。

有个笑话可以奉送给经济学家。一群德高望重的教士在讨论马有几颗牙齿。他们引经据典，争论不休。忽然，有个年轻人提议：要不，找一匹马来，把它的嘴掰开，数数有几颗牙？他的建议激怒了所有的教士。怎么能想出如此粗俗不堪的办法！大家把这个年轻人赶出了教堂，继续讨论。讨论的最后结果是：这个问题暂时无法得到圆满的解答，只能尊重各家有各家的观点。（马到底有几颗牙齿呢？文章结束的时候告诉大家答案。）

詹森也可以搬出另一位经济学家，即阿尔奇安（Armen Alchian）的解释。张五常把阿尔奇安翻译成艾智仁。张五常经常夸奖阿尔奇安有眼光，能慧眼识天才，证据是阿尔奇安总是极力夸奖他。阿尔奇安有篇论文，是《不确定性、演化与经济理论》（Uncertainty，Evolution and Economic Theory），这是经济学论文中被引用次数最多的论文之一。

阿尔奇安的观点是，价格是一种“优胜劣汰”的自然选择机制。是的，我们在生活中能够看到很多懵懵懂懂的消费者、毛毛躁躁的生产者，他们未必按照经济学的教导行事。但是，不按经济学的教导，消费者不能得到效用的最大化，企业不能实现利润最大化。这些人在经济生活中都是“输家”，很快就会被严酷的竞争淘汰。所以，不必去数马的牙齿，因为你可能会数到一匹多长或少长牙的马。只有一两个反例动摇不了经济学家对经济学理论的信仰。

我就是一个懵懵懂懂的消费者，为什么市场竞争还是没有把我淘汰掉呢？如果不按边际定价的企业都会被淘汰掉，那么，我们可以比较两个样本：一批是破产了的企业，一批是还在经营的企业，它们应该有很大的差异。到现在为止，没有经济学家能够令人信服地告诉我们，已经破产的企业和还在经营的企业到底有什么本质的差别。

◆ 为什么会有第五大街？

再回到弗里德曼。弗里德曼说，衡量理论是否是正确的，不能看其假设是否符合现实；理论是否成立，要看其预测能力强不强。物理学家把物体想象成一个质点，数学家让我们想象两条平行线永不相交，这些假设在现实中是找不到的。画地图的时候，我们假设地球是一个平面，这也是荒谬的。我们不应该对假设是否符合现实吹毛求疵，你要看这些理论的解释力。

应该承认，理论都是要有假设的，假设都是要对现实进行抽象的，但经济学是否真的像弗里德曼说的那样有解释力呢？这是值得怀疑的。2008年全球金融危机爆发之后，英国女王问，为什么这么多经济学家，就没有一个预测出金融危机呢？一大堆经济学家马上跑出来，耐心地告诉女王，我们的理论是没有错的，错的是现实世界。

我去年在纽约做访问学者，办公室在第三大街。上下班的路上，我会路过第五大街。街道两边的橱窗，以及建筑物的墙上，都是各种广告。如果按照经济学理论，第五大街是不应该存在的。我们应该是全知全能的，广告诱惑不了我们，广告行业早就该灰溜溜地破产了。

到底是谁错了呢？

我会一层层为大家揭穿经济学家的谎言。我们会讲到：第一，经济生活中，人们的行为并非完全理性；第二，人们之所以不能完全理性，是因为我们的感知、判断、决策和记忆都受到大脑、神经系统的影响，而负责我们认知的器官是有“缺陷”的；第三，这些缺陷其实未必是坏事，在漫长的进化过程中，我们获得了一些本能的东西，比如直觉、厌恶感、嫉妒心、拖延症，这些东西的本意是想在特定的情境下保护我们。

托勒密相信地心说，哥白尼相信日心说，而后来的天文学发现宇宙并无中心，地球不过是宇宙中的一粒尘埃。知道自己不再是宇宙的中心，我们变得自暴自弃了吗？没有，我们变得更加谦卑和诚实。主流经济学告诉我们人是理性的，行为经济学和其他学科告诉我们，人不是完全理性的；我们有很多与生俱来的缺陷，我们易于冲动，难以自控，时常懊悔，有时也会欺骗。知道自己不再是完全理性的，市场经济也不是完美的，我们会变得自暴自弃吗？不会的，我们会变得更加谦卑和诚实。即使我们无法通过理性选择做出最优决策，也不意味着我们无法得到幸福和自由，相反，当我们承认自己的无知，学会拥抱理性之外的直觉和本能，反而能够让自己的心灵变得更加平静。

最后，让我告诉你马有几颗牙齿。未成年的马有24颗乳牙。成年公马有40颗牙，成年母马有36颗牙。这是我从国家公务员考试的行政职业能力测验题库里找到的答案！

链接阅读：理查德·泰勒（Richard Thaler），《“错误”的行为》，中信出版社。

直觉：为什么我们不用推理也能决策

◆ 系统1和系统2

卡尼曼在《思考，快与慢》中讲到，人的大脑中有两套系统，他将之称为系统1和系统2。系统1的运行是无意识而快速的，它依靠的是本能与直觉，处理问题的速度很快，但也经常会出现系统性的偏差。系统2的运行是缓慢的，它需要我们努力地调动自己的逻辑和计算能力，寻找事物内在的统计规律，从而做出更为准确的判断。它出错的时候较少，但最大的缺点是运转速度太慢。

系统1和系统2的划分已经广为人知。还没有读过这本书的读者请赶快去买一本来读。我们这里要讨论的问题是，当我们了解了系统1和系统2之后，该如何更好地协调这两套系统之间的分工与合作。

理想情况下，我们应该把某一类事情交给系统1，而把另一类事情交给系统2，在两个系统之间不断转换。但事实上，系统1和系统2往往会同时上班，而且给出的判断截然不同。这时候，我们该信谁呢？

这个问题还不简单吗？既然系统1只凭直觉，而且会出系统性的偏差，害我们不浅，当然是要更相信系统2。通过努力地学习，提高自己的逻辑思维能力，跟没有文化的系统1说拜拜。

这你就大错特错了。我们当然要对系统1更加警惕，防止系统1误导我们。但是，系统1误导我们的时候，往往系统2也会跟着起哄。也就是说，系统1先犯了错误，但系统2不仅没有像中纪委那样查出来系统1的错误，反而成了系统1的辩护律师。系统2负责进行判断和选择，但它会认可系统1形成的观点和感觉，或将这些观点和感觉合理化。司马迁说商纣王是“智足以拒谏，言足以饰非”，其实我们每个人都当得起这句“表扬”。

◆ 系统1是长期进化的结果

再说系统1，虽说系统1有可能会给我们带来系统性的偏差，但从长时段，也就是从人类进化的角度来看，这种错误是情有可原的。比如，为什么我们更容易轻信呢？因为和不信相比，轻信能够增加你的生存概率。当你是一个原始人的时候，草丛中忽然发出声响，可能是藏着一只狮子，也可能只是一阵风，你该相信有危险，还是不信呢？轻信的结果，最坏也不过是跑了半天回头一看，是一场虚惊。而不信的结果，就可能是被狮子叼走当了早餐。

系统1是我们许多错误的原因，但也是我们许多正确做法的原因。我们的想法和行动通常由系统1指导，是当机立断的。比如，心理学家加里·克莱因（Gary Klein）曾讲过一个故事：有一栋房子的厨房着火了，消防队员急忙赶来，马上用水龙头浇厨房的火。队长突然喊道：“全部撤退！”大家刚撤出来，厨房的地板就轰然塌陷了，原来火源并不在厨房，而是在地下室。队长自己也不知道为什么会觉得不妙。事后想想，他才意识到，厨房里的火并不大，但他的耳朵却感觉特别烤。伟大的运动员都相信自己的直觉，这是因为他们懂得利用系统1，而非系统2。

成亦系统1，败亦系统1。之所以会有系统1，是因为我们人类的感知和思维系统并不完善，我们的视觉有盲点，记忆很凌乱，所以需要潜意识去编出来一套故事，用故事支撑我们的不完善的感知。我们的视觉系统用的“摄影器材”很差，但“后期剪辑”的技术很好。我们在回忆往事的时候，对事件的来龙去脉能够记得比较清楚，但在细节上是记不住的。当人们去回忆细节时，哪怕他们的意图无比真诚，也会在不经意间捏造事实，而且他们总是会相信自己捏造的事实。这也是为什么我不鼓励大家去读传记，尤其是自传的原因。传记看起来真实，其实经不起考证。相反，小说听起来荒诞，却能真实地刻画出人性。真的可能是假的，假的反而是真的。

没有系统1，我们寸步难行。我们每天需要感知的事物、需要做出的判断和需要决策的事情太多了，我们应付这一切似乎很轻松，那是因为大部分的决策都外包给了系统1。系统1帮助我们处理了大量的信息流，它依靠的是数千年、数百万年甚至更长时间的进化过程中积累的记忆。有意识的理性思维似乎会让我们做出不太满意的决定，就好比我们有意去想如何骑自行车，有意想要自然的微笑，效果却往往不及无意识行为的效果。

◆ 系统1、系统2和系统3

当弗洛伊德提出“潜意识”的时候，很多科学家都不屑一顾，认为这是一种伪科学。弗洛伊德学说的问题在于，它很难被证伪。弗洛伊德有很好的直觉，但他的观点更多地来自自己的感悟，而非科学论证。随着脑神经科学的发展，我们现在逐渐明白，在意识的岛屿之外，有浩瀚的潜意识的海洋。卡尼曼所说的系统1，是在漫长的进化过程中形成的一套行之有效的认知方式。对这套认知方式，我们不能菲薄和藐视，反而要有更多的敬畏。我们为什么会健忘？我们为什么会拖延？我们为什么会忧郁？其实这都是一套自我保护的机制。所以，在大多数情况下，你还是要相信和尊重自己的直觉，这是进化送给我们的造福祉。这套系统已经运转了数百万年，而且成功地保护了我们生存下来，繁衍不息，它让我们不去推理就能决策。反而是系统2的出现，却是很晚近的事情。人类学会数学才有多久？人类学会逻辑推理才有多久？概率论的出现才有多久？所以，系统2的运转很慢，也是情有可原的。

系统1和系统2之间没有一种厚此薄彼的关系，关键要看我们如何协调这两个系统。所以我们要了解系统1，钻研系统2，可能还要开发系统3。系统3是一种统筹全局的哲学方法：它知道什么时候该相信系统1，什么时候该启动系统2。它不动手，不干预，只是坐在扶手椅中，咬着烟斗，笑眯眯地看，乐呵呵地听。

链接阅读：丹尼尔·卡尼曼，《思考，快与慢》，中信出版社。

知足常乐：做个知足者，不要做最优化者

◆ 无限选择的年代

在加州门罗公园的德尔格超市，大约有75种橄榄油和300多种果酱在出售。心理学家做了一个实验。他们在超市里摆上一张展示桌，桌上有时放6种果酱，有时放24种果酱。那么在哪一种情况下，顾客更愿意过来看看？有60%的顾客会在放24种果酱时受到吸引，如果只放6种果酱，只有40%的顾客会驻足。但是，在什么情况下，顾客会真的购买这些果酱？如果摆的是24种果酱，只有3%的顾客看完之后会购买，但如果摆的是6种果酱，大约有30%的顾客会掏钱。商品种类琳琅满目，对顾客的吸引力更

大，但选择太多了，又让他们不知所措，反而会减少消费。种类太多，对商家和消费者都不利。

我们突然进入了一个选择种类激增的年代。买一杯咖啡，服务生会问你要什么咖啡，美式、意式浓缩（Espresso）、摩卡、拿铁还是卡布奇诺？如果你点意式浓缩，那你是普通的还是双份（double shots）？这还算简单的。如果你去买牛仔裤，那你是要买直筒的、瘦身的、宽松的、高腰的、中腰的、低腰的、阔腿、喇叭、还是街舞裤型？天啊，我只是要买一条能穿的普通的牛仔裤，但是，对不起，没有普通的牛仔裤这种款型。你去买基金，基金的种类五花八门。你上大学去选课，好的大学能开出的课程名称足有一厚本。这么多的选择，到底该怎么办呢？

◆ 最优化者和满足者

你怎样选择，取决于你是什么样的人。有一种人是最优化者，他们很像经济学家讲的理性人。最优化者的特点是总要确保自己的每一个选择都是最佳选择。可是，怎样才能知道哪一个选择是最优的呢？你只能把所有的选项一一试完。选项越多，这样做的难度就越大。另一种人是满足者。满足者知道自己想要什么，也会去追求自己想要的东西，但得到之后就立刻收手。满足者的行为模式更像赫伯特·西蒙所描述的。以找对象为例，有的人要把所有的候选人都挑一遍，生怕错过了最好的选择。有的人，比如美国前总统老布什的妻子芭芭拉，16岁时遇到了老布什，两人一见钟情。多年后，芭芭拉告诉家人，自己嫁给了曾亲吻过的第一个男人。他们一起生活了70多年，伉俪情深，一起去看美式橄榄球赛，还被抓拍到深情接吻的镜头。

你觉得哪一种人活得更自由、幸福、快乐？

与满足者相比，最优化者会花费更多的时间，反复琢磨，举棋不定。

他们还喜欢把自己的选择跟别人的选择做对比。即使买到了自己想要的东西，最优化者也更容易事后后悔，因为新的选项又会出现在他们的眼前。总体来说，最优化者对结果总是不那么满意，他们对美好的事物缺乏敏锐的体验，对糟糕的情况也缺乏应对能力。在出现了糟糕的情况之后，最优化者要花很长的时间才能逐渐恢复。相比之下，最优化者的生活满意度更低、更不快乐、更不乐观、更容易有抑郁的倾向，总是会陷入无止境的焦虑、后悔和怀疑。

值得一提的是，跟最优化者很像的，还有完美主义者。完美主义者和最优化者一样不容易满足，对事物的要求非常苛刻。完美主义者经常是艺术家，他们追求一种臻于至境的境界，为了磨炼自己的技艺孜孜以求。对自己已经完成的工作，总是觉得不满意，总是希望自己能够做得更好。完美主义者的生活受到这种无止境的追求的支撑，他们感到非常充实和满足。那么，完美主义者和最优化者的区别在哪里呢？完美主义者关心的是过程，他们对结果其实并不在意，最优化者关心的则是结果，他们对过程反而常常选择忽视。

◆ 为什么追求最优化会让我们更不快乐？

为什么追求最优化，反而会让我们更加不快乐呢？我们能够感知到的幸福，在很大程度上取决于我们对环境的控制能力。孔子说，“从心所欲不逾矩”。高尔基曾经说过，哪怕是对自己一点小小的克制，都会让人感到强而有力。我们看体育运动员，感到很美，这种美源于他们对自己的身体的自如把握；我们看一幅字，一幅画，感到很美，也是因为书法家和艺术家的技艺已经达到了从心所欲的境界。

能否有自我控制能力，一是看我们有没有自律的能力，二是看我们所要面对的环境是否太过复杂。现代人的困境在于，我们的外部世界变得越来越复杂，而我们的自律性又太差。在这种情况下，自由带给我们的不是幸福，而是放纵；选择带给我们的不是更多的自主性，而是焦虑。以美国而论，从20世纪60年代到现在，美国人的离婚率翻了一番，青少年自杀率是原来的三倍，暴力犯罪率上升到原来的四倍，囚犯人数是原来的五倍，未婚生育的子女是原来的六倍，婚前同居率是原来的七倍。自由并不自动地带来解放，而选择更多也不意味着我们会更加幸福。

我们应该学会做一个满足者，而非最优化者。最优化者非常在意机会成本。经济学家告诉我们，有得必有失，每一个选项的价值都不能独立于其他选项。你做出一项选择，就必须放弃其他选择，那就是你的机会成本。选择越多，机会成本就越大，因为不可能有一个选项在所有的方面都优于其他选项。你可以找一个长得帅的男朋友，但他可能更花心；你也可以找一个事业成功的男朋友，但他可能很忙；你或许会找一个特别顾家的男朋友，但他可能比较木讷无趣。于是，选择的机会越多，被选中的选项能够给我们带来的满足感就越低。我们总是会想，山那边的草更绿。

满足者不同于最优化者的根本之处，就在于他们不去想那么多，不要那么多的选项。如果没有那么多的选项，简单地做出自己的选择，你会失望吗？会的。但你会后悔吗？不会的。所以，智者奉行的哲学是少即是多。你应该学会把精力放在最重要的事情上，而减少为了琐事花费的选择时间。比如，你可以规定自己买衣服的时候最多只逛两家店，谈男朋友最多只谈五个。弱水三千，但取一瓢饮。那种期待着在茫茫人海中找到唯一一个最爱自己的人的想法，都是言情小说看多了，看傻了。好的人生伴侣只需要一个好的毛坯就行，怎么把这个毛坯打磨成美玉，是需要在共同的生活中一点一滴地塑造的。

不要把时间花在对过去的选择的追悔上。从长时段来看，那些都是不重要的。无论你在买新车的时候多么激动，请你放心，两个月之后你肯定不会还那么有激情。平平淡淡才是真，自己好才是真好。你无须跟别人攀比，幸福并不来自别人的赞赏和羡慕，而在于你内心的真实感受。每一个想过上真正自由自在、特立独行生活的人，无一例外，内心里都有一个强大的自我。不要把自我限制视为一种束缚，恰恰相反，克制才能带来真正的解放。

链接阅读：巴里·施瓦茨（Barry Schwartz），《选择的悖论：用心理学解读人的经济行为》，湛庐文化，浙江人民出版社。

助推：自由主义的温和专制主义

◆ 极端的经济自由主义拒绝一切干预

为什么经济学家会如此热衷于理性人假设呢？一个原因是出于做研究的考虑，如果选择了理性人假设，做模型会更顺手。另一个原因可能是更深层次的，即经济学家认为如果人们是理性的，那么他们的选择就应该得到充分的尊重。个人的选择是不会犯错误的，因此也就不需要政府出面校正。芝加哥学派的代表人物米尔顿·弗里德曼写过一本书，叫《自由选择》。在他看来，我们应该尊重每个人做出自由选择的权利，即使你觉得他们的选择是不对的，也不能横加干涉。

在一个极端的经济自由主义者看来，既然人是理性的，理性的人自然会为自己的一切行为负责。比如，如果开车的人不系安全带，骑摩托车的人不戴头盔，那是他们自己的选择。政府非要规定大家系安全带或戴头盔，是不会有效果的，大家不会听政府的话。如果有人吸毒或是卖淫呢？在极端的经济自由主义者看来，不管你喜欢不喜欢，这也是你无法干涉的。反对吸毒或是卖淫，只会使吸毒或卖淫转入地下，反而更难控制，对社会的危害更大，所以最好的办法是让吸毒或卖淫合法化。

我想，大部分经济学家都会反对政府的直接干预。政府来规定我的孩子必须学什么知识，这在我看来是非常荒谬的。政府来规定我的饮食搭配，也是我不能接受的，即使政府说这样的饮食搭配是更健康、更合理的。但是，跟极端的经济自由主义者不同的是，我不相信人们的理性选择都是合理的、对个人最为有利的。每个人都可能会犯错误，也很容易做出其实不利于自己的选择，遇到这种情况，我们该怎么办？我们是否应该帮助个人避免做出错误的决策？

◆ 行为经济学家主张给一点点“助推”

2008年，经济学家理查德·泰勒和法学家卡斯·桑斯坦（Cass Sunstein）合著了《助推》。这本书很快成了全球畅销书，也受到各国政府的关注。书中提到，我们可以采取一种“自由主义的温和专制主义方法”，改善人们的最终决策。自由主义和专制主义听起来是水火不容的，却能达成一种微妙的平衡。自由主义是指我们要保留人们做出自主决策的权利。温和的专制主义是指，我们可以适当地影响人们做决策的过程，好让他们做出对自己更为有利的选择。

举例来说，如果政府强制规定人们不能吃垃圾食品，只能吃健康食品，这就是一种粗暴的干预。尽管政府的用心可能是好的，但结果一定很糟。这种粗暴的专制主义在现实中随处可见。但是，如果我们换一种方式呢？比如，我们可以把新鲜的水果用更低廉的价格、更方便地提供给消费者，那么，很可能就会有更多的消费者主动地选择健康食品。这就是泰勒和桑斯坦所说的“助推”。

吃不吃健康食品，其实还是小事。像养老金计划，不仅对个人，而且对整个社会，都是一件大事。美国的养老金保险制度非常复杂，员工需要在各种五花八门的方案中做出选择。正如我们说过的，选择的机会越多，人们越不愿意做出选择。于是，很多美国人就放弃了参加养老金保险计划。这一选择对自己不利：因为到了退休之后员工的收入水平会下降；对政府也不利：因为到最后还是得由政府埋单。有一些美国公司做了一个小小的调整：以前的方案是你要主动选择，才能加入养老金计划，如今的方案是如果你不反对，就默认你同意参加养老保险计划。

泰勒和桑斯坦提出了“为明天储蓄更多”方案，并得到美国国会中保守主义者和自由主义者的联合支持，这在美国政治中也算是一个奇迹。“为明天储蓄更多”是公司为其员工提供的养老金计划。签了这份合约的员工在加薪时，会自动地增加在养老金账户中的储蓄；于是，储蓄率随工资的上涨而上升。如果员工觉得存得太多，他们也有选择退出该计划的自由。这一方案没有强迫任何人做他们不想做的事情，也没有任何欺诈和隐瞒，只是巧妙地把人们的懒惰天性和他们的长远利益结合起来，让人们自己做出更有利的选择。

◆ 寻找一种中庸之道

在泰勒和桑斯坦看来，在很多情况下，我们只要做出小小的调整，就能极大地改变决策的结果。比如，总是会有人把尿尿到公共厕所的小便池外边。但是，如果在小便池里刻上一只苍蝇，男士们就会自动地瞄准那只苍蝇尿尿，于是，尿到小便池外边的现象减少了80%。如果你想让人们节约能源，仅仅在墙上张贴一些“节约能源，保护环境”的标语是没有用的。如果让每个家庭在收到账单的时候，都能够从账单上看到自己的用电量和邻居的用电量的对比，那么，出于“同伴压力”，很多人就有更多的自觉性去注意节约资源。这说明，帮助人们改进其行为的最好方法是提供反馈。

对于是否在政策设计中采用“自由主义的温和专制主义”方法，我持谨慎的保留态度，因为我们必须先相信政府是无私而善良的，才能相信它们会为了我们的利益，帮助我们改善决策。但是，这一方法也在日常生活中给了我们很多的启示。家长对孩子的爱是无私的，老师对学生的关心也是发自内心的，为了让孩子和学生做出更好的选择，我们是该奉行毫不干预的自由主义原则、粗暴独裁的专制主义原则，还是找到一种中庸的“自由主义的温和专制主义”呢？

链接阅读：理查德·泰勒、卡斯·桑斯坦，《助推》，中信出版社。

人非圣贤：不要轻易考验人性

◆ 谁是好人，谁是坏人？

我们习惯于把人分成好人和坏人。好人干好事，坏人干坏事。如果有人的表现不好，那一定是因为他在内心深处缺乏道德感，而如果一个人是正人君子，我们有理由期待他在所有的场合都会言行一致。我们假设人性是不变的，人的行为只能受到其本人的理性选择和道德判断的影响。

事实上，人类的道德行为是十分易变的。无论我们讨论的是遵守信诺、慷慨助人、公平正义，还是嫉妒、猜忌，每个人道德行为的变化程度远远超过了我们的预期。人们的道德行为，易于受到情景的影响。如果外部环境变化不大，某种行为给我们带来的成本和收益容易预测，那么，我们道德行为的一致性就会更明显。但是，如果外部环境出现了改变，人们的行为就会随之改变。道德不是完全由人品决定的，还受到瞬息万变的环境影响；信任不是完全由理智决定的，还受到我们无从知晓，也不能完全避免的潜意识影响。

心理学家曾经做过一个小实验，让一群学生从一个教学楼到另一个教学楼送信，途中他们会遇到一个乞丐，向他们求助。同样背景的学生，一个实验组的送信任务没有时间限制，他们就会更多地停下脚步，而另一实验组的送信任务时间要求更为迫切，这些学生就会匆匆忙忙，根本不去过问乞丐到底遇到了什么困难，是否值得自己花点工夫去帮助。心理学里还有一个很有名的观察：当人们单独遇到坏人坏事的时候，正义感相对会更强，但围观的人们越多，人们反而越不愿意挺身而出。

◆ 服从到底

还有一个更为令人不安的心理学试验。著名心理学家米尔格拉姆（Stanley Milgram）曾经在20世纪60年代初做过一系列试验。他找来很多应试者，让他们扮演“教师”，测试隔壁房间的“学生”。如果“学生”答错了题，就要按下开关电击“学生”，先从15伏电压开始，然后到45伏、75伏，逐级升码，直到可能致命的450伏。

在做这个实验之前，米尔格拉姆问过40多位精神科医生，让他们猜测有多少人会把电压一直增加到450伏，直到把实验做完。精神科医生们说："1%。"只有恶魔才会如此冷血。但是，在米尔格拉姆的实验中，有大约三分之二的被试者按下了450伏电压的开关。很多被试者在实验过程中感到极其不舒服，紧张得瑟瑟发抖、大汗淋漓，声音变得结结巴巴，甚至发出神经质的笑。但是，他们还是会服从到底，把实验做完。米尔格拉姆的实验发现，男女性别比例对实验结果没有影响，种族的不同对实验结果没有影响。40多年以来，很多学者重复了米尔格拉姆的实验。40多年的社会进步会让人们有更多的警醒吗？没有。实验的结果几乎一模一样。换言之，人人心中都有一个撒旦。

阿道夫·艾希曼（Adolf Eichmann）是一位冷血的纳粹军官，也是在犹太人大屠杀中执行"最终方案"的主要负责者。第二次世界大战之后，艾希曼被美国俘虏，但之后逃脱，流亡到了阿根廷。1960年，以色列的情报部门查出艾希曼的下落，将其逮捕。艾希曼于耶路撒冷受审，并于1962年6月1日被处以绞刑。犹太裔著名政治思想家汉娜·阿伦特（Hannah Arendt）以《纽约客》特约撰稿人的身份，现场报道了这场审判。她观察到的艾希曼"不阴险，也不凶横"，彬彬有礼，并用康德的学说为自己辩护，他认为自己不过是一个奉公的官员和服从命令的军人而已。艾希曼为自己的辩护，是不是听起来非常熟悉？再举一个例子。纽约前州长艾略特·斯皮策（Eliot Spitzer）在作为地区检察官的时候曾经因打击卖淫活动而出名，可是，当他掌权之后，却成了皇家俱乐部三陪服务的常客。哪一个他更真实？

◆ 没有万能公式

在判断他人行为的时候，我们必须更加谨慎。就连判断自己行为的时候，我们也不能过于自信。你并不像你认为的那样了解自己。你又制定了减肥计划，恭喜了。但能不能坚持下来，你有十足的把握吗？今天的你能够信任一个月之后的你吗？

心理学家做过一个实验，这个实验分成两个部分。在第一个部分，一群正在减肥的人和一群不想减肥的人在同一个房间里，桌子上摆了各种各样的零食。一般而言，正在减肥的人表现出了较强的自制力，不去动桌子上的零食。接下来是第二个部分。实验者告诉这些受验者，他们要帮助一家冰激凌公司判断三种新口味的受欢迎程度，有三筒冰激凌，请品尝之后告诉实验者，哪一种是你最喜欢的。你没有必要把冰激凌都吃掉才能判断出来自己更喜欢哪一种口味，抿一小口足矣。结果呢？在第一个部分表现出更强自制力的人，在第二个部分吃掉的冰激凌更多！

对我们的日常生活来说，这有什么启示？

第一，对待别人要宽容。除非万不得已，千万不要随便考验人性，因为人性这个东西，真的是经不起考验的。不要轻易地去评判别人的道德水平，而是要学会体察人性中的幽明互现之处。“古之君子，其责己也重以周，其待人也轻以约”，这在现在仍然适用。

第二，不要对自己过于自信。别人会不守信，你也一样。别人会偷懒，你也一样。别人有时候会情绪失控，你也一样。我们的人性中有追求个人私利和即时满足的欲望，对此不必感到羞愧，但我们需要学会增强自己的克制力。意志是需要付出努力才能获得的，我们必须坚持不懈。一个人如果考虑的长远利益更多，他会更有自制力，更容易坚持道德准则，相反，如果总是想着投机取巧，就会朝三暮四，与节操成为陌路。

第三，没有一条万能公式帮助我们识别别人是否值得信任。与所有的人在任何时候都选择合作，并不是最好的策略：你不可能讨好所有的人。不要轻易地用人品去判断别人是否值得合作，也不能完全依赖别人的信誉。所谓的信誉，也只是他过去的行为的历史记录。但是，过去的历史不代表着他未来能做出什么样的行为。你要问的问题不是“他值得信任吗”，而是“在特定情况下，他有可能会选择合作吗”。

链接阅读：大卫·德斯迪诺（David Desteno），《信任的假象：隐藏在人性中的背叛真相》，机械工业出版社。

随波逐流：坦然地面对狡猾的情感

◆ 为什么急中能生智？

你亲眼所见，也未必为实，我们的回忆中难免有自我编造的成分。你我皆凡人，对自己的道德评价不要过高，也不要站在道德高地上去指责别人。从认知科学的角度来讲，这是因为我们的感知和认知系统是有缺陷的，所以会乱入一些后期的加工。我们在内省的时候总会想方设法为自己的行为辩护，因为不是每个人在所有的时候都能做到足够的克制。一言以蔽之，我们的本能和直觉是有缺陷的。

但是，这种本能和直觉是在至少数百万年的进化过程中形成的。这套系统看似简陋，经常出错，有时候会死机，但已经经历了漫长进化过程的考验。因此，当理性和直觉出现冲突的时候，我们应该先相信直觉，随后，我们要让理性去做纪检书记，而非辩护律师，仔细地核实直觉可能与现实不符的地方。即使理性完成了自己的审计工作，回过头来，还是要听听直觉的意见，因为在很多情况下错亦是对：直觉在用一种很执拗的办法保护着我们。

比如说生气。加州大学塔芭芭拉分校的一项研究发现，在适度生气的情况下，我们的分析能力和辨别能力会更敏锐。常言道，急中生智。在跟别人吵架的时候，你有没有发现自己比平日更聪明、反应更迅速？我们的情感和理智经常是相辅相成的，如果生气能够给我们带来好处，我们就会更容易生气。观察一下在游乐园里玩的孩子，你就会发现，如果孩子摔了一跤，他会先看看妈妈在不在身边，要是妈妈在身边，那就放声大哭，要是妈妈不在场，他多半会自己拍拍屁股站起来，接着玩，等到妈妈回来了再哭不迟。在商业谈判中，我们也经常会看到一方表现出受到侮辱的愤怒，以此激发自己阵营的情绪，并向对方施加压力，效果往往不错。

◆ 情不自禁地跟着大家唱纳粹国歌

再说拖延。我们之所以会拖延，跟家庭和性格有关，但也跟大脑内部的保护机制有关。人们对恐惧和焦虑的反应极其强烈，这是在长期进化中为了生存下来所必需的。如果你碰一下自己的手臂，大脑大约需要400—500毫秒能够感知到这种触摸，但如果你感到恐惧，大脑只要14毫秒就能接到信号。从感受到恐惧的脑扁桃体，到位于大脑皮层的思维中心，信号要强于从思维中心传到恐惧中心的信号，也就是说，我们感知恐惧更容易，但克制恐惧情绪更难。为了避免感到恐惧和焦虑，我们会有选择地忘记不愉快的事情，也会采取逃避的办法，眼不见为静。我们越是害怕失败，自尊心越低、注意力越分散，越是讨厌被别人委派任务，就越容易拖延。

最后再谈谈从众心理。著名的博弈论专家埃亚尔·温特（Eyal Winter）讲过一个故事。1933年夏天，希特勒刚刚上台，在德国东部的柯尼斯堡的市中心举行了一场大型的纳粹集会。温特教授的舅爷是个犹太人，但长得很像雅利安人，从外表看，没有人能发现他的犹太身份。温特教授的舅爷出于好奇，混入了集会的队伍。集会的高潮是希特勒本人上台。他狂热地挥舞手臂，发动煽动性的演讲，台下群众如醉如痴，高呼“胜利”。温特教授的舅爷先是感到吃惊，然后感到不安，最后发现自己不由自主地跟着周围的人一起哼起了纳粹国歌，还跟大家一起为希特勒的演讲鼓掌，一起高喊“胜利”。回到家后，他对着家人痛哭流涕，羞愧难当，因为他怎么也不敢相信，自己会做出这样的事情：我怎么可能会跟着大家一起唱纳粹国歌呢？

我们之前讲过，人是一种群居动物，为了增加生存的概率，必须要强化集体的认同感。因此并不奇怪，为什么温特教授的舅爷会发现自己不由自主地为纳粹欢呼。我们也可以理解，为什么当你冒犯一个群体的时候，比冒犯一个个体，更容易招致强烈的敌意。

人会愤怒，会拖延，会有集体情感，这都是非常正常的，产生这些情感的初衷是为了给我们带来进化的优势。当然，这些情感有时候也会给我们带来不利，可能会反过来伤害我们自己。

先说一个比较小的例子，即人为什么会脸红。按道理来说，当我们感到羞愧或窘迫的时候，最不愿意让别人知道，但我们却偏偏会在这个该死的时候控制不住地脸红。达尔文觉得这一现象很有趣，他在《人类与动物的表情》一书中用了整整一章的篇幅来讨论脸红的现象。他发现，这是人类独有的特征之一。对脸红的进化论解释是，由于脸红是不由自主的，当一个人脸红之后，就表明他已经承认自己的行为是不当的，别人就更容易原谅他。

◆ 爱的荷尔蒙

再举一个例子。我们的体内会分泌不同的荷尔蒙。一种荷尔蒙是催产素，母亲在哺乳期会分泌更多的催产素，催产素有助于建立更亲密的母子联系。两性在达到性高潮的时候也会分泌这种荷尔蒙，因此催产素又被称为“爱的荷尔蒙”。但是，催产素也会带来负面影响，当催产素分泌过多的时候，会影响到我们识别他人意图的能力，我们会变得更加轻信，更容易上当。

我们体内分泌的另一种荷尔蒙是多巴胺。多巴胺与我们从成功中获得的满足感有关，也激励我们更积极地去面对挑战，但如果多巴胺分泌过多，会导致我们过度冒险。比如，在参加拍卖的过程中，每一次当我们没有赢得拍卖的时候，大脑中的纹状体区域就会更加活跃，而该区域是大脑边缘系统的一部分，是人体分泌多巴胺的部位。激烈的竞拍导致我们的多巴胺分泌更多，于是，在下一轮竞拍的时候，我们会更加冲动、报价更高，这才有了所谓的“赢家的诅咒”。

因此，我们的情感可以控制，却无法根除。我有一次看《荒野求生》节目，英国冒险家贝尔·格里尔斯（Bear Grylls）要从直升机上跳到海里，游到一个荒岛上。贝尔告诉我们，最好的路径不是直接朝着陆地游过去，因为那样的话，一波一波的海浪会把你冲得更远。最好的办法是随波逐流，顺着波浪的方向游，这样才能迂回地到达海岛。我们对待非理性情感的态度也应该如此。我们应该更坦然地面对各种狡猾的情感，了解它们出现的原因，了解它们在进化中的功能，了解它们与我们的理性系统互相影响的机制。如果能够更深入地了解情感世界，我们就能更好地减少其可能会带来的负面影响。

链接阅读：列纳德·蒙洛迪诺（Leonard Mlodinow），《潜意识：控制你行为的秘密》，中国青年出版社。

乐观的偏见：最高的境界是自我欺骗

◆ 回想一下你一生中最幸福的时刻

如果让你闭上眼睛，去想象一下5年之后、10年之后，你会过上什么样的生活，你会想到什么？大部分人都会想到幸福和愉快的事情，没有结婚的会想到自己的婚礼，没有孩子的会想到自己有了可爱的小宝宝，我们会想到自己更有钱，社会地位更高，有更多的空闲时间，周游世界，享受生活。很少人会想象那些不好的事情：失业、破产、亲人去世、离婚、生病。

如果让你闭上眼睛，回想一下自己以往的生活中最幸福的一刻，你会想到什么？你可能会想到和恋人或家人在一起的时刻，想到站在领奖台上或拿到了录取通知书的场景，或是赚到了第一桶金的时候。

当你畅想未来和回想过去的时候，你的大脑活动是一样的。两个剧本都是一个剧作家写的。大部分人在回想自己生活中最幸福时刻的时候，头脑里浮现出来的画面里都有一个自己。你有没有发现不对头的地方？事实上，这是不可能的，你不可能自己看见自己。这说明，我们的记忆并非像摄像机一样，只是忠实地记录过去。记忆最重要的功能是编故事。人是需要故事的，尤其是乐观的故事，这些故事并不真实，但离开了这些编造出来的故事，人生将黯淡无光。

如果没有乐观的偏见，我们每个人都会是不可救药的悲观主义者。清醒过来吧，不管我们多么努力，多么风光，终有一天要死亡，化为乌有。极端地讲，对死亡的认识有可能导致进化的终结。如果我们意识到人生是如此虚幻和无聊，又怎么可能每天打起精神，高高兴兴地生活和工作呢？

◆“皮格马利翁效应”

乐观的偏见可能带来“自我实现的预言”。这一术语是社会科学家罗伯特·默顿（Robert Merton）在1948年首次提出的。所谓自我实现的预言，是指一开始对形势有错误的判断，但当我们根据这些判断激发出新的行为之后，神奇的事情出现了，原本错误的判断变成了真实的结果。我们预言中国的房价是不会跌的，这是一种错误的观点；但如果大家都相信这一预言，就会纷纷拿出储蓄去买房，于是，中国的房价就真的越来越高。

20世纪60年代，哈佛大学心理学家罗伯特·罗森塔尔（Robert Rosenthal）和旧金山一所小学的校长勒诺·雅各布森（Lenore Jacobson）合作，做了一个试验。罗森塔尔和雅各布森各自随机地挑选了一些学生，然后，他们告诉老师，这些学生的智力非常出众。其实，这不过是他们编造出来的。到了年底，预言真的自我实现了：那些被随机挑选出来的学生，在年末测试中的成绩比其他学生高很多，而在年初测试的时候，他们的成绩和其他孩子的成绩原本相差无几。为什么会这样呢？因为老师们相信了罗森塔尔和雅各布森的话，他们对这些“智力出众”的学生另眼相看，花在这些学生身上的时间更多，鼓励他们在课堂上发言，更耐心地辅导他们。学生们也觉得自己比别人强，信心大增，学起来分外带劲。

罗森塔尔和雅各布森把他们的发现称为“皮格马利翁效应”。这个典故出自萧伯纳写的一个剧本。这个剧本的情节是，一个教授把工人阶级的女孩改造成了上流社会的贵妇。你是什么样的人，取决于你认为自己是一个什么样的人。难怪法国思想家拉罗什富科（La Rochefoucauld）曾经说过，要是想要成功，就要先做出已经成功的样子。人们通常的观念，比如男生学理科比女生更强，亚裔学生的数学比美国学生更好，黑人的学习成绩更差，其实并没有坚实的科学证据，但一旦被贴上标签，人们就会不由自主地受到“标签”的影响。

◆ 人需要有欺骗自我的勇气

人的一生，怎么会没有挫折？随身带上乐观的偏见，有助于在遇到挫折的时候更快地走出低谷。从另一个角度来看，那些悲观的人对这个世界的判断和认识可能更符合现实，这被有的心理学家称为“抑郁现实主义”，但是，如果想要过得更好，人需要有欺骗自己的勇气。

20世纪70年代中期，美国有两家工厂面临倒闭的风险。一家工厂位于市中心，另外一家工厂位于偏僻的郊区。一家工厂人多，另一家工厂人少。第一家工厂是油漆厂，另一家工厂则生产货柜等设备。两家工厂尽管差异很大，但都有一个共同之处：它们都要倒闭了。这两家工厂的员工，已经在各自的岗位上工作了20多年，可惜再过几个月，都要被迫下岗了。每个人都很焦虑和沮丧。心理学家一直跟踪研究这些工人在失业之前和失业之后的状况。他们很吃惊地发现，这些工人在失业之前更容易患病，因为对未来不确定性的担忧导致工人始终处于焦虑之中，而这影响了工人的健康。失业之后，不确定性消失了，工人反而不再担心了，他们转而关心该到哪里去找工作。当紧张和焦虑的情绪消失之后，工人患病的概率下降了，失业之后的工人比失业之前的工人更健康！

大多数人都是乐天派，我们会有偏见地选择更为美好的幻想，回避消极悲观的现实。这是一种错觉。如同人脑的其他错觉一样，我们仅靠反省无法轻易发现自己的乐观偏见。大脑的确歪曲了事实，欺骗了我们，不过，大脑这样做是情有可原的。虽然盲目乐观会导致我们犯错，甚至犯下致命的错误，但在大多数情况下，乐观的偏见能够激发出我们的潜能。

在设计自己的人生道路的时候，年轻人不妨尝试做“白日梦”，幻想每一种职业的最美妙的地方，以便测试自己更喜欢哪一种职业。每一种职业都有风光的地方，也有无聊和辛苦的地方，如果我们能够更多地看到生活和职业中更为积极的一面，就能干得更加起劲，最终做得更好。乐观者会更健康、更快乐、更长寿。人的一生，就是靠自我欺骗，幸福地度过的。在欺骗和自我欺骗的指引下，人类社会实现了不断进步。

链接阅读：塔利·沙罗特（Tali Sharot），《乐观的偏见：激发理性乐观的潜在力量》，中信出版社。

赢家的诅咒：娶走校花的兄弟，你过得还好吗

◆ 为什么标王总是报价太高？

20世纪70年代，研究油田拍卖的几位工程师发现了一个有趣的现象。

假设有个油田的开采权要拍卖，有很多家石油公司来竞拍。谁也不知道这个油田在地下的储量到底有多少，只能靠自己猜。每个公司都会给这个油田一个估值。每个公司都按照自己对这个油田的估值报价。一般来说，公司会按照比自己的估值低一些的价格报价，而报价最高的公司获得油田的开采权。但在现实的拍卖中结果如何呢？这三位工程师发现，一

般来说，竞拍中的赢家往往会变成输家。为什么这么说呢？因为，最糟糕的情况是，油田的价值没有竞拍成功的公司的报价高，这家公司花的钱越多，亏得也就越多。稍微好一点的情况是，这个油田的价值比公司的报价高，但没有公司当初的估值高，所以公司也会觉得吃亏了。这就叫"赢家的诅咒"。

真的有"赢家的诅咒"吗？还是说这只是一种极为反常的现象呢？1983年，两位经济学家马克斯·巴泽尔曼（Max Bazerman）和威廉姆·萨缪尔森（William Samuelson）做了个实验。他们在课堂上拍卖一个存钱罐子，罐子里装满了硬币。学生们不知道里面有多少钱。每个学生都来猜，到底里面有多少钱。猜完了就竞价，出价最高的学生获得这个罐子和里面的硬币。罐子里实际上有8美元的硬币。他们做了很多次实验。学生们的猜测各不相同，平均估值是5.13美元。也就是说，大部分学生对罐子的估值都远低于真实价值。赢家的出价平均是10.01美元，这意味着，平均每个赢家要亏损2.01美元。要是经济学家每堂课都做一回这个实验，他们还能赚一笔小小的外快呢。

◆ 赢家的苦恼

课堂实验或许无法代表真实世界。但在现实生活中，"赢家的诅咒"比比皆是。比如，在1969年阿拉斯加北湾油田的拍卖中，赢家的出价是9亿美元，而次高的标价是3.7亿美元。这是不符合理性假设的。如果按照理性假设，赢家的报价和次高的报价应该相差不多才对。这只是一个特例吗？不是。研究者观察了很多油田竞拍，发现在26%的案例中，中标价是次高价的4倍甚至更高，在77%的案例中，中标价至少是次高价的2倍以上。

从1954年到1969年，墨西哥海湾地区拍卖出了1000多份租约，其中有62%的租约是赔钱的，另有16%的租约勉强持平，只有22%的租约最后虽然赚了钱，但收益率并不高。我们再来看看身边的例子，最典型的就是央视广告“标王”。从20世纪90年代中期开始，各家企业争相在央视砸下重金，抢夺“标王”的桂冠。1995年孔府宴酒的中标金额是0.31亿元，2015年翼龙贷花了3.6951亿元，才拿下“标王”称号。翼龙贷是一家P2P企业，董事长是王思聪。荣登“标王”宝座的企业当然有好企业，比如茅台，但大部分“标王”很快就变成了“倒王”。听我给你报报它们的名字：孔府宴酒、秦池酒、爱多VCD、步步高和熊猫手机。你要是知道这些名字，只能暴露自己的年龄了。

“赢家的诅咒”纠缠着这些曾经风光一时的企业：2002年，孔府宴酒宣告破产；秦池酒已经无人知晓；2004年爱多VCD的掌门人胡志标被判有期徒刑8年；2005年熊猫手机的前掌门人马志平因涉嫌“虚报注册资本”被批捕。即使是那些没有沦为破产的“标王”企业，在成为“标王”之后就真的平步青云了吗？恐怕这里面的苦闷，只有它们自己知道。

2007年，中投还没有正式成立，就匆忙宣布投资30亿美元购买美国黑石集团的股权。我在当时专门写过一篇文章，反对这笔交易。结果如何呢？这成了中投第一笔赔钱的买卖。2016年，中国足协以年薪1.47亿元的天价聘请意大利教练里皮为中国国家男子足球队主教练，我仍然反对这笔交易。我当然希望里皮能够创造奇迹，不过，奇迹会不会发生，我们还是等等再看吧。

◆ 该不该追求校花？

为什么总是会有“赢家的诅咒”呢？有两个原因。首先，最根本的原因是信息不对称，因为竞拍者不知道标的物的真正价值，所以只能靠主观猜测，这就会带来判断失误。其次，最直接的原因是傲慢。赢家过于自负，总认为自己比市场上其他参与者的判断更为准确，而且求胜心切，志在必得。抱着这样的心态，不犯错误那才叫反常。

在学校的时候，校花是我们暗恋的对象。校花的周围有很多追求者，他们都要对校花的真实价值做出评估，然后报价，报价最高者胜出。那个把校花娶走的哥们，一定是付出的代价最高的。许多年过去了，娶走校花的兄弟，你过得还好吗？内心的苍凉和失落，要不要找个人诉说？

存在“赢家的诅咒”，对赢家也好，对其他竞拍者也好，都不是一件好事。如果我们不想当受到诅咒的赢家，我们该怎么办呢？如果你非常世故，你应该选择不参与竞拍。我反对收购黑石的最主要的理由就是：黑石是干什么的？黑石是一家私人股权投资公司，它最擅长的就是把不值钱的企业包装好了卖个高价。现在它要卖自己，难道我们还不知道它想干什么吗？但是，总是退出竞拍也不是万全之策。排名第一的校花被娶走了，大家又会竞拍排名第二的校花，如果你总是不出手，最后只能落得一个孤家寡人。

如果你非常狡猾，你可以让赢家先买走，然后做空赢家。你可以先让那个哥们把校花娶走，然后等他们过不下去了，再乘虚而入。但这是非常危险的策略。我们强烈谴责这种不道德的行为。

最好的办法是什么？最好的办法是把我这篇文章和你的哥们一起分享，让大家都明白这个道理。越是竞争者人多，越要谨慎求实，大家平心静气地谈谈，校花到底值不值得花那么高的代价去追。或许，大家就会改变当初的冲动想法，不去追校花了，然后，你就可以去追她了。

链接阅读：理查德·泰勒，《赢者的诅咒：经济生活中的悖论与反常现象》，中国人民大学出版社。

随机性：如何在考试中蒙对答案

◆ 编假话比讲实话更费劲

请你做一件很容易的事情：写出一组长长的随机数字序列。比如，你可以每次从0—9这10个数字中任意选一个数。所谓的随机，就是指每个数字出现的概率应该都相等，而且不能有任何规律。随机数字应该是完全散乱的。

你可能会觉得这是一件很容易做的事情。但是，数学家发现，写出一串很长的随机数字是超出人类的能力范围的。如果你让人们从0—9中每次选择一个数，他们选0的次数会比选其他数字少，而且很多人会表现出对某个数字的偏好，比如7或8，然后这个数字出现的频率会高于其他数字。

有个数学家多年来喜欢在课堂上做一个实验。他要求学生连续抛硬币，要抛200次，然后把结果记录下来。有的学生会老老实实地抛200次硬币，有些学生则自作聪明，随意编造数字。每一次，老师都会一下子找到那些编造出数字的学生。

窍门在哪里呢？如果抛200次硬币，在真正的随机数据中，几乎肯定会出现6次连续的正面或反面，但是，几乎没有人在编造随机数据的时候这样做。你越是努力地想编造出随机数据，越是不像随机数据。这就像侦探小说的鼻祖、美国小说家爱伦·坡（Allan Poe）说的：“当人们越是努力不想被猜中的时候，越是容易被猜中。”

◆ 如何做判断题

人性是难以抗拒的。这里，我就教教你如何利用人性的弱点，在考试的时候蒙对答案。一般来说，考试都会出选择题。出题人在排列备选答案的时候，应该遵循随机排列的原则。为了真正做到随机排列，老师可以使用专门的软件，或是掷骰子，排列备选答案，但老师们一般都没有注意到这一点。看似随机的答案排列，其实是有规律可循的。

先从最简单的判断题讲起。判断题无非有两种答案，“对”或是“错”。如果是随机排列，“对”和“错”这两个选项出现的概率应该都是50%，但实际上，“对”的选项出现的概率是56%，“错”的选项出现的概率是44%。毕竟，编假话比讲实话更费劲。如果是随机排列，连续出现“对”或“错”的可能性是有的，但是，不出所料，考卷上答案的顺序往往是“对”—“错”—“对”—“错”交叉出现。后一道题的答案与前一道题的答案不同的概率是63%，如果真是随机概率，这一概率应该是50%。

所以，在做判断题的时候，你可以先把知道答案的题目做出来，然后观察自己不会的题目，比较一下它之前、之后两道题的答案。假如在它之前和之后的题目的答案都是“对”，那你就选“错”。如果那两道题的答案都是“错”，你就选“对”。如果它之前或之后的题目答案不一样，或是你知道答案的题目太少了怎么办？你就选“对”。因为答案是“对”的题目更多。

◆ 如何做选择题

接着，我们来看选择题。如果是四个选项A、B、C、D，那么每个选项出现的概率应该都是25%，但实际上，出题人更喜欢选B。B是正确答案的概率是28%。如果是五个选项呢？最常见的正确答案是最后一个选项E。E是正确答案的概率是23%。而最不受青睐的是C。C是正确答案的概率是17%。

有时候，备选答案中会有“以上都对”或是“以上都错”的选项。要是你不知道正确答案，那就不要犹豫，选这两个选项吧。如果选项里面有“以上都对”或“以上都错”，这两个选项是正确答案的概率高达52%。为什么呢？你体会一下出题人的心情。要是他好不容易编了几条错误答案，而答案不是“以上都错”，他不是白花功夫了吗？

如果选择题里有个选项最长，这个选项是正确答案的概率也最大。为什么？因为出题人必须保证正确的答案是无可争议的，因此就必须尽可能地表述得规范、完整，用的字数也就更多一些。

错误的答案并不是非要跟其他答案相似，那样的话，出题也太难了。错误的答案只需要是错的就行，所以，出题人很可能会随便放一个不相干的答案，正好通过鲜明的对比把正确答案凸显出来。这意味着，不合群的选项通常都是错误的。

最后，如果你觉得答案似曾相识，那很可能是你原本知道正确的答案，但是后来又忘了，但隐隐约约还觉得这个答案比较熟悉。据说，著名心理学家、《思考，快与慢》的作者卡尼曼，就是用了这一招，考过了驾驶员笔试。

◆ 七个考试秘诀

让我把蒙对考试题的七个秘诀再总结一下：

秘诀1：按照“对—错—对—错”的次序选择答案。

秘诀2：实在不知道就选“对”。

秘诀3：有四个选项选B；有五个选项选E。

秘诀4：答案选项中有“以上都对”“以上都错”，就选这两个。

秘诀5：选择题里最长的选项更有可能是正确答案。

秘诀6：不合群的答案通常不正确。

秘诀7：你觉得正确的答案更有可能是正确的。

考试不知道正确答案，蒙一个答案出来，算不算作弊？我看不算。古希腊时期，斯巴达人训练孩子，会饿他们，让他们饿得实在不行的时候去附近的村庄里偷吃的，要是被逮到了，就一顿痛揍。痛揍的原因，不是因为他们去偷东西，而是因为他们太笨了，偷东西居然还被人发现了。

链接阅读：威廉·庞德斯通（William Poundstone），《剪刀石头布：如何成为超级预测者》，湛庐文化，浙江人民出版社。

小集团思维：一切城堡在被攻破之前都是坚不可摧的

◆ 为什么美国没有提前发现日本要偷袭珍珠港？

1941年11月3日，美国驻日本大使格鲁（Joseph Grew）从东京向华盛顿发回了一条重要的警报。格鲁大使预言，日本将对美国发动一场全面的、孤注一掷的战争。这场战争会冒着让日本这个国家彻底毁灭的风险，但不发动这场战争，日本就会受到贸易制裁，不得不向外界的压力屈服。

1941年11月24日，美国太平洋舰队总指挥官赫斯本德·金梅尔（Husband Kimmel）上将接到海军作战部长哈罗德·斯塔克（Harold Stark）上将的警报。斯塔克上将告诉金梅尔上将，与日本的战争随时可能爆发。金梅尔上将立刻召集了他的部下开会，讨论来自华盛顿的警报。大家一致认为，与日本的战争是不可避免的，但肯定不会在珍珠港爆发。日本或许会袭击关岛，或许会袭击菲律宾或马来亚，或许会袭击英国和荷兰，但绝对不会长途奔袭，攻击夏威夷。

要不要加强空中警戒呢？如果实行360度的全方位空中侦察，会花费很多费用，消耗宝贵的燃料，干扰正常的飞行训练。最后，大家决定，仍然把飞机用于训练项目，没有派出哪怕一架飞机执行侦察任务。他们也没有考虑把军舰分开，没有派出专人监视，甚至没有取消周末休息。夏威夷的海军指挥官们认为，即使日本胆大到了敢派军舰和飞机过来，雷达也会迅速发现他们的行踪。雷达站是归陆军管的，但陆军也没有采取任何警备措施。雷达系统并没有全天候启动。更糟糕的是，陆军把飞机都集结在跑道上，每架飞机的翅膀差不多都能碰到另一架飞机的翅膀，这比分散的时候更容易被敌机炸毁。

1941年12月7日，日军以迅雷不及掩耳之势成功地突袭了珍珠港。这是一个星期天的早上，大多数海军官兵和士兵正在休假，或是刚刚起床。飞机整齐地排列在机场上，等着日军来轰炸；高射炮无人操作；弹药库大门紧锁，钥匙也不知去了哪里。日军的突袭造成了严重的破坏，美国的8艘战列舰或被炸沉，或遭重创，188架飞机被毁，159架飞机炸坏，2000多人死亡。这是美国历史上遭受的最大的军事灾难。

◆ 不是敌人太狡猾，而是我军太团结

是因为情报部门没有提出警报吗？事实上，从1940年起，美国就已经

破译了日本的密码，几乎了解日本政府的所有想法。根据国会调查委员会在事后搜集的证据，在珍珠港偷袭之前，华盛顿所得到的情报资料是接近理想状态的。情报部门得到的大量信息都表明，日本已经准备好了一场大规模的军事行动，然而，美国人并不清楚日本的具体攻击地点。

从事后来看，确实有很多情报能够透露出日本可能会袭击珍珠港的蛛丝马迹。比如，12月2日有一封从东京发给日本驻檀香山总领事的电报，详细地询问珍珠港内船只动态、防鱼雷网以及阻塞气球的情况。当然，信息多了，噪音相应也就多了。由于情报数量很多，重要的军事情报中有很多相互矛盾和不相关的信息，常常使人感到迷惑，有时出现错误的理解。

战争委员会的成员和五角大楼的军官认为，他们已经警告过夏威夷海军。但华盛顿发来的电文措辞含糊，即使谈到夏威夷可能会遇到袭击，谁知道会不会只是一些小的威胁呢？比如，或许是当地的日本间谍偷偷摸摸地搞一些破坏活动，或是日本派一艘潜艇越过夏威夷周围的防御水域。

是因为夏威夷海军指挥部平庸无能吗？恰恰相反，这是一支经验丰富、团结一致的队伍。美国著名军事史学家、《珍珠港》一书的作者沃尔斯泰特（Roberta Wohlstetter）说，“负有保卫珍珠港责任的人，是我们可以找得到的最有效率和忠诚的一群人”。金梅尔上将深得下属的尊敬，他的顾问团都是精明能干、忠诚奉献的高级军官。他们经常聚在一起，亲密无间，遇到困难互相支持，是一个非常团结的集体。

问题恰恰出在这里。越是团结的小群体，越容易出现“小集团思维”。小集团内部的人相信，只有紧密团结，才能一致对外。他们会高估自己的能力，相信自己的团队是一支无往不胜的“超级团队”，而对手则是不堪一击的。金梅尔上将和他的顾问不相信日本这样的三流国家居然敢挑战美国这样的超级大国。这不是以卵击石吗？

金梅尔上将一开始也担心珍珠港可能会有危险，但他的属下争先恐后地跟他保证，放心吧，即使日本敢打过来，我们也会在10分钟之内把他们消灭。还有属下跟他讲，停泊在珍珠港的军舰不会被敌机发射的鱼雷击沉。按照当时的技术，空中发射的鱼雷至少需要大约60米的水深才能击中目标后爆炸，珍珠港水域的深度只有30到40米。事实上，1941年秋天，日本已经设计并成功试验了一种新型的木质鱼鳍，可以装在常规的航空鱼雷上，这使得他们的飞机可以在浅水区炸沉船只。

◆ 人只愿意相信自己相信的东西

华盛顿也对珍珠港事件毫无心理准备。1941年5月，时任陆军参谋长的马歇尔将军告诉罗斯福总统，瓦胡岛是世界上最坚固的堡垒。美国军方一直认为，日本即使要发动进攻，也一定是先从力量较为薄弱的远东地区开始，不可能直接攻击美国的海军大本营。

每一个堡垒，在被攻破之前，都被防守者认为是坚不可摧的，遗憾的是，最坚固的堡垒，也有被攻破的时候。在嘈杂的警报信号中，小集团内部出现一种“愿景思维”，大家只愿意相信自己相信的东西。在集团内部，质疑这种坚不可摧的神话，是要冒很大的风险的，大家会觉得你在背叛，或者至少也是无比愚蠢的。于是，大家一起嘲笑那些预示着危险的信号，这是小集团思维的典型表现。

11月28日，华盛顿召集了一次高层会议，国务卿赫尔（Cordell Hull）说，日本可能会在不同的地方同时发起进攻，但是，没有人问他可能会在哪里，没有人有兴趣做进一步的讨论。即使在事情真的发生之后，小集团成员的本能反应仍然是拒绝相信。珍珠港事件的消息传来的时候，美国海军部长诺克斯说：“上帝，这不可能是真的，这一定是在菲律宾。”

小集团内部对敌人只有刻板的印象。没有人从日本的角度考虑，如果日本不对美国发动进攻，结局会怎么样？他们也没有对日本国内复杂的政治斗争做充分的了解。尽管日本国内的文官和军方之间存在矛盾，军方内部海军和陆军也争执不休；尽管海军次官山本五十六本人公开预言，如果和美国开战，日本终将失败，但向美国屈服，就意味着日本要放弃经过数年战斗和牺牲所获得的领土，丧失国家的尊严，这是日本绝对不能接受的。

在遭受袭击的战列舰中，加利福尼亚号受到的损失最严重，这艘船的舰长是派伊（William Pye）中将，派伊中将正是金梅尔上将的顾问团成员之一。遭受袭击之后，船上的水兵不知所措，乱作一团。没有受到小集团思维影响的，是一群低级军官。西弗吉尼亚号遭受的日军攻击比加利福尼亚号更多，但伤亡和损失更少。这是因为一群年轻的军官在12月7日之前已经严肃地讨论了舰队可能遇到空袭的可能性，并做好了一系列预防的准备。当第一个炸弹击中福特岛附近的飞机库时，西弗吉尼亚号的一位低级军官马上对全舰发出警报，在船上的所有人迅速采取了防空控制措施，并用高射炮火射击俯冲轰炸的敌机。

团结就是力量，但最团结的集体，也可能会犯下最愚蠢的错误。

移情力：读小说到底有啥用

◆ 移情力是成功人士的秘密武器

我年少无知的时候，曾是个文学少年。后来，虽然我把想当诗人这件事给忘了，但读小说的习惯还是保留了下来。这里跟大家讲讲，为什么要读严肃小说，哪些小说既严肃，又好读。

多读严肃小说的第一个好处是能锻炼我们的移情（empathy）能力。移情不是同情（sympathy），同情是跟别人有同样的感受，移情则是能够在不同的境况中理解别人的感受。这是一种能够从全局出发、由小见大、见微知著，能够在看起来没有联系的事物之间找到相互联系，能够在看起来不合情理的现象中发现规律的能力。成功人士各有特质，有的执着，有的胆大，但有一类人不仅成功，而且睿智，他们的秘诀就是具有强大的移情能力。

红杉资本的合伙人莫里兹（Michael Moritz）是硅谷最成功的风险资本家之一。硅谷的风险资本家大多是学技术出身，或是读过商学院，莫里兹和他们不一样，他在牛津大学读的是文学，年轻时候的梦想是成为一名像诺曼·梅勒（Norman Mailer）那样的作家。他的投资风格和其他风险投资家也大相径庭，他并不看重前沿技术或是市场预测，他关心的是公司的创始人是什么样的。他的本领就是能够和公司的创始人产生共鸣，能够理解他们心中的梦想。

有一天，一个小伙子找到莫里茨，跟莫里茨说，自己想做搜索引擎业务。当时，搜索引擎业务已经是一个“红海”，包括雅虎、微软和美国在线在内的商业巨头都斥巨资研发这一技术。这个小伙子和他的团队一没有钱，二没有经验，因此硅谷里其他十几个风险投资基金都没有搭理他们。不管别人的怀疑，不管别人的耻笑，莫里茨坚持给了这家企业1250万美元。这家企业叫Google。

移情能力在很大程度上是一种天分，但也可以在后天锻炼。阅读严肃小说，可以为你提供一个个案例，让你置身局中，体会各种不同的人生。好的小说，不管多么离奇荒诞，都是源自生活的，而且能够超越时空，让不同时代、不同国度的读者形成共鸣。人物传记看似更真实，但人的记忆都是有偏差的，尤其是自传，未必客观准确，不可尽信。小说是虚构的，也正是因为有了虚构的幌子，作家才能尽情地把真实的故事讲给你听。“假作真时真亦假，无为有处有还无。”

◆ 小说就是“悬置道德判断”

多读严肃小说的第二个好处是提升你的道德境界。道德不是说教，而是在遇到复杂问题时如何审慎取舍。学习道德的一种途径就是思考在遇到各种道德两难困境时何去何从。比如，我们很熟悉的“电车悖论”：一个疯子把五个无辜的人绑在电车轨道上，一辆失控的电车朝他们驶来，你可以拉一个拉杆，让电车开到另一条轨道上，但另一条轨道上有一个又聋又哑的老人，根本没有看到电车朝他驶来。你会拉这个拉杆吗？

作家米兰·昆德拉（Milan Kundera）说，小说就是要悬置道德判断。好的作家不会在作品中宣传、教化，他会不动声色地把人性中光明和黑暗的地方都呈现给你，让你自己做判断。这往往是没有标准答案的选择题。你选择了任何一个答案，都会有相反的观点跟你争辩。“人类一思考，上帝就发笑。”没有人知道终极答案。好的小说让你更加宽容、更加谦卑，对人类更加悲悯，对人性有更多理解。

多读严肃小说的第三个好处是能提高你的写作能力。文笔好不是什么了不起的本事。我们的语文教育一直在教我们如何才能写得文笔优美，结果是培养出来一批无病呻吟的小文人。中文有其独特的优势，音节铿锵、词义丰富、语法灵活，因此，中文很适宜抒情，但拙于叙述和说理。严复尝试用文言文翻译《天演论》等社科名著，雅则雅矣，达则难达。要学习叙述、学习讲故事，就要多看小说。中国古代也有小说，但大多数写得极烂。《红楼梦》《金瓶梅》洵属佳作，《水浒传》《聊斋志异》等而下之，而《西游记》《三国演义》已并无足观。中文爱好者不要不服气，中西文化，各有千秋，遇到别人比我们强的地方，虚心学习就是了。写首诗，可以“妙手偶得之”，写小说可就是技术活和体力活了。如何谋篇布局、如何控制节奏、如何刻画人物、如何选择视角，都是有讲究的。如果以为文无定法、自出机杼，那不过是师心自用而已。

◆ 一个“普通读者”开出的书单

那么多小说，读哪些好呢？这可没有什么标准答案。己之佳肴，人之毒药，读者的口味太不一样了。虽然，不妨借用英国作家塞缪尔·约翰逊（Samuel Johnson）的说法，以一个“普通读者”的身份去读。所谓的“普通读者”，乃是没有受过文学偏见的污染，仍然能够保持常识的读者。

最早读书的时候，我的阅读书单比较传统，大致就在经典著作里面，以我有限的阅读，比较喜欢的是狄更斯、列夫·托尔斯泰、简·奥斯汀、福楼拜、卡夫卡等。除了这些总书记读过的经典，这里我再给大家介绍一些我最近读过的当代作品。不多，只介绍20本。

推荐小说书单：

1. 玛格丽特·阿特伍德（Margaret Atwood），《盲刺客》。
2. 萨曼·鲁西迪（Salman Rushdie），《午夜之子》。
3. 阿拉文德·阿迪加（Aravind Adiga），《白老虎》。
4. 伊恩·麦克尤恩（Ian McEwan），《赎罪》。
5. 伊塔洛·卡尔维诺（Italo Calvino），《如果在冬夜，一个旅人》。
6. 弗兰纳里·奥康纳（Flannery O’Connor），《好人难寻》。
7. 雅歌塔·克里斯多夫（Agota Kristof），《恶童日记》。
8. 罗贝托·波拉尼奥（Roberto Bolaño），《2666》。
9. 唐·德里罗（Don Delillo），《地下世界》。
10. 石黑一雄，《长日留痕》。

11. A.S.拜厄特（A. S. Byatt），《占有》。
12. 朱利安·巴恩斯（Julian Barnes），《10½章世界史》。
13. 托马斯·品钦（Thomas Pynchon），《万有引力之虹》。
14. 翁贝托·埃科（Umberto Eco），《玫瑰的名字》。
15. 菲利普·罗斯（Philip Roth），《我嫁给了共产党人》。
16. 保罗·乔尔达诺（Paolo Giordano），《质数的孤独》。
17. 大卫·米切尔（David Mitchell），《云图》。
18. 艾丽斯·门罗（Alice Munro），《亲爱的生活》。
19. 马丁·阿米斯（Martin Amis），《时间箭》。
20. 乔治·马丁（Geoger Martin），《冰与火之歌》。

第二辑

到底是经济人还是政治人

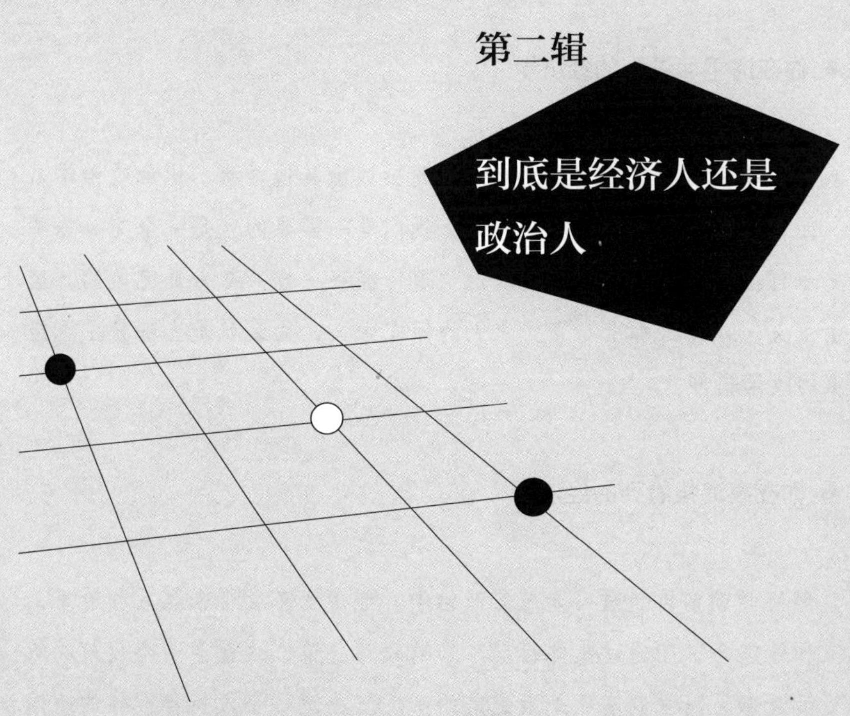

导读

◆ 你在海平面看到的经济学

我们只需要关心经济问题，政治问题应该由其他学科，比如政治学来解决。如果一定要关心政治问题，那么我们唯一需要的就是一个充分保护经济交易自由的政治制度。民主政治和市场经济一样，都是最完美的。经济自由主义，或许再加上一点文化上的保守主义，大致就是大部分主流经济学家的政治信仰。

◆ 你在高海拔看到的经济学

从经济学朝前再迈进一步就是政治学。经济变革会带来赢家和输家，而赢家和输家会试图通过集体行动，影响政策决策，这就会使得政策决策变得更加复杂。民主制度不是最完美的制度。决定一个人持什么样的政治观念，受到更深的心理因素的影响。我们的本能选择了自己喜欢的政治观念，我们的理性为其充当辩护人。

◆ 本辑导读

《政治经济学：一个极简的政治经济学分析框架》讲到，所谓的政治经济分析，可以先从经济学入手，分析经济变革对不同的社会群体带来的影响，也就是说，要找出谁是赢家，谁是输家。然后，再换上政治学的分析工具，去看这些赢家和输家是怎么行动起来、影响政策的。我们先用贸易政策为例，为大家做了解说。这个招数可以应用于很多场景，大家不妨多做练习。

《集体行动：小的是有力量的》讲到，即使很多人有一个共同的利益，也不一定会团结起来。每个人出于私心，总是希望让别人多做出贡献，但分享成果的时候却要平分，这就出现了著名经济学家奥尔森（Mancur Olson）所讲的“集体行动的困境”。小集团更容易监督每个成员的贡献，惩罚那些想要“搭便车”的成员，所以小集团的行动能力更强，反而是人越多，越难以达成集体行动。

《既得利益：公牛闯进了瓷器店》讲到，如果大家都努力工作，就能把蛋糕做大，如果大家关心的是怎么分蛋糕，就会影响到生产，如果大家一哄而上抢蛋糕，那么经济增长就会受到严重的损害。一个社会承平日久，就会出现越来越多的既得利益集团，它们就像公牛闯进了瓷器店，会把社会财富无端地糟蹋掉。如果经过大的社会变动，比如战争和革命，既得利益集团都被消灭了，这个社会可能会因祸得福，经济增长速度就会加快。

《流寇/坐寇定理：为什么人们要喊国王万岁》讲到，奥尔森教授观察到一个有趣的现象：当土匪流窜作案的时候，更喜欢烧杀抢掠，但一旦有了稳定的根据地，就会像保护下金蛋的母鸡一样保护当地的臣民。根据地越是稳定，统治的时间越长，可以预期这个统治者的治理就会越加开明、公正。

《中间投票人：站在中间，左右逢源》讲到，在一个民主社会里，不同的政治候选人向各个选民兜售自己的政治主张，在这种情况下，过于极端的政客只能吸引很少的铁粉，居于中间的政客才能左右逢源。所以，一般情况下，政治家们的政治主张到最后都大同小异，都挤到了中间地带。

《民主制度：民主制度没有说过自己是最完美的》讲到，在有些特殊的情况下，通过大家投票，不一定能够找到满意的集体决策。我们讲到了“单峰偏好”和“双峰偏好”，如果大家都是“单峰偏好”，那么通过投票就能找到共识，但如果有人是“双峰偏好”，就可能会陷入无尽的扯皮。

《阿罗不可能定理：烧脑的阿罗不可能定理》讲到，在公共选择理论中，影响了整个学科的是阿罗（Kenneth Arrow）提出来的“不可能定理”。阿罗从严格的逻辑推出，个体理性无法加总为集体理性。或者，更准确地讲，阿罗告诉我们，在满足一系列的严格的理性假设下，我们不可能通过集体投票的方式做出理性的决策。阿罗的“不可能定理”，引发了后人的很多深入讨论。我们要学习的是这种敢于质疑的勇气。

《零售政治：一次只接待一位顾客》讲到，在现实的政治运作中，有“批发政治”，也有“零售政治”。“批发政治”是面向所有的公众，“零售政治”则是针对一个个具体的人。有超凡魅力的领袖往往擅长“批发政治”，但“零售政治”的效果往往好得出奇。你需要“零售政治”建立自己的圈子，团结一切可以团结的人。

《政治观念：你是什么样的人，就会相信什么样的政治观念》讲到，我们原本以为自己持有什么样的政治观念，是自己经过理性思考的结果；但其实，在很大程度上是基因决定了我们的性格，而性格决定了我们会偏好何种政治观念。比如说，自由主义者更喜欢创新、变革和新奇的体验，而保守主义者则更强调秩序和安全。《阿甘正传》里的主人公阿甘很可能会投特朗普的票，而他的女朋友珍妮肯定投希拉里的票。

《道德的味道：拉黑，拉黑，直到周围一片漆黑》讲到，道德的依据是我们在漫长的进化过程中沉淀下来的一层层经验。我们遇到的挑战并非一种，所以对道德的选择依据也并非一种。打个比方，道德也是有口味的，有人重视公平，有人重视权威，有人重视自由，你对哪一种味道更敏感，决定了你的政治口味。好的政治家，不应该只给大家提供一种口味的道德，就像做菜的时候，不能总是只放盐，不放其他的调味品。

《部落文化：所有的好人都在我们这里》讲到，人天生就是群居动物，群居动物都会表现出内部的团结和奉献，但是，这种团结和奉献是为了应对来自外部的威胁。所以，吊诡的地方是，我们怎么才知道什么是"我们"？那是因为有了"他们"。为了内部的团结，人会格外地排外。但"我们"和"他们"之间的差异，远远没有人们想象中的大。

《民族主义：狂热民族主义为什么会抬头》讲到，所谓的民族国家，不是先有民族，再有国家，恰恰相反，是先有国家，再有民族。民族主义是国家之间为了加强对本国居民的控制而有意强化出来的意识形态。民族主义是源自西方的一种毒药，中国传统文化中的包容或许能够提供一剂解药。

政治经济学：一个极简的政治经济学分析框架

◆ 赢家和输家

我们要培养自己的大局观，就不能只看经济，不看政治。所谓政治经济学，就是既要看经济，又要看政治。我先给大家讲一个极简的政治经济分析逻辑。首先，我们要用经济学的分析工具。经济变革（比如经济全球化、技术进步等）会带来赢家和输家，经济学可以帮助我们找出这些赢家和输家。接着，我们再换政治学的分析工具。这些赢家和输家会形成不同的利益集团，试图影响政策。政治家会听取或利用这些不同的意见，哪一种政治力量占了上风，政策就会顺风而倒。

我给大家演示一遍，什么是极简的政治经济分析思路。最经典的案例是国际贸易。国际贸易能够给交易双方带来好处。如果对外开放，一个国家能够获得的收益更大，胜过闭关锁国、自力更生。但是，为什么有时候一个国家会选择自由贸易，有时候会选择保护贸易呢？这就不是仅仅用经济学能够解释的，我们还得学会政治经济的分析思路。简单地讲，贸易会带来赢家和输家，这些赢家和输家都想让政府听自己的，那就要看谁的影响力更大了，这种政治力量的均衡会影响经济政策的决策。政治经济分析，始于经济学，终于政治学，当然，政治又会反过来影响经济，由此引发下一轮政治经济博弈。

◆“比较优势”：既重要又正确的经济学理论

为什么说国际贸易能给大家带来好处呢？最浅显地讲，国际贸易可以互通有无。中国过去没有辣椒，也没有玉米、土豆、红薯和西瓜。有了国际贸易，才有交换，才有好吃的川菜，引入高产的红薯之后，中国的人口才出现了快速增长。这样的例子很多很多。

更重要的是，国际贸易能够带来“比较优势”。比较优势是大卫·李嘉图（David Ricardo）提出的。著名经济学家萨缪尔森曾经说，许许多多的经济学定理中，在理论上重要的往往在现实中不正确，在现实中正确的往往在理论上不重要，要是有个经济学理论选美比赛，能够夺冠的很可能是“比较优势”理论。

我们举个例子来说明什么是比较优势。假设城里最好的律师，同时又是城里最好的打字员。她应该是专心当律师呢，还是同时兼做律师和打字员？显然，当律师能够带来的收益更高，所以她应该专注于做律师，然后请个人为她打字。这种合作的结果是，律师能够充分发挥她的“比较优势”，赚更多的钱；打字员也能从中获益，因为打字不是她的绝对优势，但却是她的“比较优势”。

把这个例子换成两个国家，假设说东方国很穷，生产什么都不是最好的，西方国很牛，能够生产各种各样的产品，样样都在行。再假设它们只生产两种产品：纸巾和长寿药。西方国可以选择同时生产长寿药和纸巾，但这样做并不划算。西方国生产长寿药和纸巾都有绝对优势，但生产长寿药的“比较优势”更大，所以应该专心生产长寿药。东方国生产长寿药和纸巾都有绝对劣势，但生产纸巾的劣势相对少一些，所以生产纸巾是它的“比较优势”。最终，贸易带来了专业化，专业化带来效率的提高，效率的提高让大家得到了更多、更便宜、更好的产品。

◆ 为什么会有人反对国际贸易？

经济学先介绍到这里。如果大家感兴趣，可以读读相关的经济学普及读物。现在，我们进入政治学的世界。

尽管贸易会带来收益，参与贸易的双方都能从中获益，但贸易可能会损害到别人的利益。我们再举律师和打字员的例子。假如说在纽约的律师发现，可以通过互联网，把打字等秘书工作外包给在班加罗尔的印度人，那原本在纽约当打字员的人就要失业了。他就会很不高兴，就会投特朗普的票。

在我们假设的东方国和西方国的例子里，假如东方国有一个企业能生产长寿药，它就会起来抗议，理由也很好找：要保护民族工业，要保护幼稚产业，进口长寿药会损害国家利益，等等。假如西方国有个企业生产纸巾，它也会起来抗议，理由也很好找：要保护传统文化，要维护工人利益，东方国用了童工，破坏了环境，东方国的纸巾不适合西方国人民的皮肤，等等。

我们再练习几道思考题。如果中国从澳大利亚进口牛肉，谁获益，谁受损？显然，澳大利亚的牛肉出口商获益，而中国养牛的农民受损。如果美国从中国进口鞋子，谁获益，谁受损？当然，中国出口鞋子的企业获益，美国生产鞋子的企业，以及意大利等国的生产鞋子的企业都会受损。

听起来很简单，对吧。且慢，现实可能比这个更复杂。我们刚才是按照行业来划分利益集团，从而判断哪个利益集团是赢家，哪个是输家。按照我们上面的分析，美国生产鞋子的企业家和工人会一起抗议进口中国的鞋子。但企业家和工人可能不在同一个战壕里。资本是可以周游世界的，一看形势不妙，美国的资本会跑到中国的东莞，在中国投资建厂，雇用中国工人。但劳动力是很难迁移的，所以最后是美国的工人反对美国的资本家和中国的工人。我们过去讲，全世界无产阶级联合起来。这是很难的。全世界资本家很容易联合起来，但各国的工人在更多的时候会发现他们之间是竞争对手。所以，另一种方法是按照资本和劳动来划分阵营。资本和劳动之间不一定总是对抗，他们也会分分合合。“没有永恒的朋友，没有永恒的敌人，只有永恒的利益。”

总结一下。在修炼政治经济分析方法的时候，一个重要的动作要领就是，要仔细地区分利益集团，判断谁是赢家，谁是输家。按照部门划分，或是按照资本和劳动划分，或是按照其他的标准划分，比如按照城乡划分，会找到不同的利益集团，而这些利益集团之间会形成结盟或选择对抗。

◆ 赢家和输家如何影响决策？

假设我们已经找到了赢家和输家，比如中国出口衬衫，美国进口衬衫。中国获益的是出口企业的资本家和工人，美国受损的是生产衬衫的资本家和工人。中国也有受损的，假设这些衬衫出口企业的工人，本来是生产劳动服的，然后都跑去生产出口的衬衫了，中国的劳动服企业就不开心了。专供国内的劳动服企业就得不到足够的资金和工人，相应的劳动服价格就会提高，要买劳动服的就不高兴了。美国也有受益者，一部分是跑到中国来投资的美国资本家。还有跟在后面获益的，比如说，美国的衬衫生产不景气了，工人都失业了，养老院里正好缺人，就能趁机以较低的价格雇用一批转岗的工人，来做护工。当然，最重要的受益者是美国的消费者，他们可以用更为低廉的价格买到中国制造的衬衫。

美国纺织行业会跑到华盛顿抗议。中国生产劳动服的企业也会跑到北京诉苦。政府该怎么办？如果美国政府愿意帮助纺织行业，可以设置门槛，减少进口中国的衬衫。比如，美国可以直接提高中国衬衫的进口关税，这叫关税壁垒；或者，美国可以说，要提高对中国衬衫的质量检查标准，这叫非关税壁垒；或者，美国可以规定，所有出口到美国的衬衫都必须拉到阿拉斯加的一个小镇里接受寒冷天气的考验，这叫欺负人。美国纺织行业可以通过贿赂政客，或是威胁政客（不同意就不给你投票），或是利用大众传媒的力量，说服政府。

他们能够成功吗？这取决于几个条件：首先，要是美国的纺织行业相对集中、规模不大，反而容易成功。假设美国只剩下了七家纺织厂，只雇用了700人，但他们团结一致，告诉媒体，他们都是祖传数代的家族企业，给"二战"期间的美国士兵缝过军装，他们的工艺获得了联合国非物质文化遗产认定，你觉得政府更容易被说服呢，还是更不容易被说服？他们很可能会成功，因为他们锲而不舍，而且因为帮助他们对政客来说惠而不费，何乐不为呢？

再看看赢家的这一阵营。在中国投资的资本家已经赚了很多钱，如果美国减少进口中国衬衫，他可以把衬衫卖到别的地方去：欧洲、加拿大、澳大利亚、日本。等待吸收失业工人的其他部门看起来像是要占别人的便宜，在道义上没法占据高位。广大的消费者是一个人数庞大的利益集团，但也是最为无能的利益集团。如果政府提高了关税，每个美国人买进口中国衬衫，要多付出15%的成本，比如说原来100美元的衬衫现在是115美元。你心疼吗？当然心疼。但为了这15美元去华盛顿抗议一下？想来大部分消费者都没有这样的兴趣。

输家阵营团结一致，赢家阵营各怀鬼胎，政府就很可能会出台贸易保护主义政策。意大利著名经济学家帕累托（Vilfredo Pareto）很早就说过，之所以会有贸易保护主义，是因为它"使少数人获得很大的利益，而只造成多数人很小的损失”。所以，大家还要记住，在修炼政治经济分析方法的时候，另一个重要的动作要领就是，要进一步去看这些利益集团会如何采取行动。他们的人数是否众多，力量是否团结，是否和其他的利益集团有结盟，是否在为生死存亡而战。这在经济学里叫“集体行动的逻辑”，即一个利益集团如何行动起来，发挥作用。回头我们专门讲讲集体行动的逻辑。

再想想另一种局面。赢家和输家各不相让，旗鼓相当，最后的结果是什么？赢家和输家都要讨好政府，但政府可以什么都不干。赢家和输家讨好政府的目的不是为了让政府帮助自己，而是为了不让政府帮助对手。这就是一种“囚徒悖论”，大家的行为都是合理的，但最后的社会结局是不合理的。

链接阅读：贾格迪什·巴格沃蒂（Jagdish Bhagwati），《贸易保护主义》，中国人民大学出版社。

集体行动：小的是有力量的

◆ 人多力量大？

毛主席说：“我们都是来自五湖四海，为了一个共同的革命目标，走到一起来了。”也就是说，一群有着共同利益的人，会团结起来，达成“集体行动”，形成自己的利益集团。工人们团结在一起，形成了工会，同一个行业的企业聚集在一起，形成了行业协会，这都是利益集团。

既然大家都是为了一个共同利益走到一起来的，那么，如果有共同利益的人越多，力量自然就越大，不是吗？我们在生活中看到的例子却恰恰相反。全世界的消费者应该人数最多，跟消费者相比，厂商在数量上绝对处于不利地位。那么，为什么我们总是见到厂商欺负消费者，没有见过消费者欺负厂商呢？被统治者的人数绝对超过统治者。被统治者经常怨声载道，觉得自己被盘剥欺诈。要是人多力量大的话，被统治者只要揭竿而起，不就能推翻统治者？但为什么历史上很多暴君仍然能够安稳地坐在王座上呢？

是的，如果能够达成集体行动，大家都能获得收益。比如，假设有个汽车厂商推出的某一款车存在质量问题，那就可能有消费者出来维权。不过，维权是费时费力，而且要生一肚子气的。经过九九八十一难，维权成功了，汽车厂家认错了，这一款车都召回，给车主补偿。你要是维权，跟大家一样，得到了一份赔款；你要是不维权，等别人维权成功了，你的那一份赔款也少不了。那么，你是参加维权，还是不参加维权呢？

有个笑话讲，一群老鼠开会，商量怎么对付猫。有个老鼠建议，要是给猫脖子上挂个铃铛，猫走到哪里，铃铛就响到哪里，老鼠们只要听到铃铛响，就知道猫来了，就可以赶紧躲起来。这个建议真是太高明了！但问题来了：谁给猫挂铃铛呢？去给猫挂铃铛，要冒着生命的危险，但如果猫的脖子上有个铃铛，所有的老鼠，不管是不是去给猫挂铃铛的那位，都能听到警报，早早逃跑。如果你是老鼠，你会不会去给猫挂铃铛呢？

◆“搭便车现象”

这就是著名经济学家奥尔森谈到的“集体行动的逻辑”。按照奥尔森的解释，由于集体行动所产生的收益由集团内部每一个人共享，但成本却很难平均地分担，每个集体成员在做个人的成本-收益分析时，都会选择让别人去努力而自己坐享其成。王朔在小说里写过，一个小痞子对几个姑娘讲，你们的思想觉悟真不高。我本来还指望你们去堵机枪眼，留下我过幸福生活呢。这就是奥尔森所说的“搭便车现象”。

所以，你可以理解为什么“一个和尚挑水喝，两个和尚抬水喝，三个和尚没水喝”。人数越多，所有人一起协商如何分担成本就会越困难，搭便车的行为越不易被人发现，人们搭便车的动机就会越加强烈。一个和尚不需要跟别人合作，自己去挑水就有水喝，不挑水就没有水喝，自然会乖乖去挑水。两个和尚就麻烦一些，需要彼此合作，因此就需要考虑如何分担成本、如何监督别人的行为的问题。但在两个人的时候，这些问题相对容易解决。水桶放在扁担的中间，大家轮流走在前面或是走在后面，这就能保证公平。你看着我，我看着你，对方有没有卖力，彼此心知肚明。三个人就复杂多了。怎么确保公平地分担成本？怎么监督其他人？责任无法明确落实，积极性就不会高，扯皮的事情也就越来越多，所以，三个和尚就没水喝了。正所谓：“人少好办事，人多好吃饭。”吃饭的时候，一喊都来，干事的时候，大家都磨磨蹭蹭。

◆ 怎样把利益集团做大做强?

如果按照奥尔森这个逻辑，世界上不可能出现集体行动。但我们在生活中确实能看到工会、行业协会等集体组织。这又是为什么呢?

奥尔森提出了一个概念，叫“选择性激励”。第一，对不同的人来说，偏好是不一样的。你不能否认，有的人就是爱当英雄。《西游记》里写到，一群猴子发现一股瀑布飞泉。“一派白虹起，千寻雪浪飞。”大家都想看看瀑布后面是啥，但都不敢。一个石猴跳进去，发现瀑布后面是个“天造地设的家当”，于是，大家都搬到了这个宝地：花果山水帘洞。为什么石猴要冒这个险呢？因为猴子们有约在先：“哪个有本事的，钻进去寻个源头出来，不伤身体者，我等即拜他为王。”也就是说，为了达成集体行动，必须向积极分子提供额外的激励。这个激励不是大家能够共同分享的集体利益，一定得是他们自己独享的特权。没有特权，就没有革命。当然，革命之后就该收拾特权了，这是后话。

第二种“选择性激励”是负向的，也就是说，谁不参加集体行动就惩罚谁。美国钢铁工会的前任主席戴维·麦克唐纳（David McDonald）就曾经讲过，工会早期实行过一种“形象教育”。啥是“形象教育”？说白了就是让工人纠察队收费。一群已经缴纳了会费，而且身高马大的工会成员，手持铁锹或是棒球棍，站在工厂的门口，在工人上班的时候盘问他们是否缴纳了会费。

总结一下，如果你想达成集体行动，那就参加小的利益集团。小的是有力量的。如果你想混日子，可以参加大的利益集团，大的是松散的。

链接阅读：曼瑟尔·奥尔森，《集体行动的逻辑》，格致出版社。

既得利益：公牛闯进了瓷器店

◆ 做蛋糕不如分蛋糕，分蛋糕不如抢蛋糕

“二战”后的20世纪50年代初，奥尔森在游历欧洲的过程中发现，作为战败国的德国一片欣欣向荣，经济充满了活力，而战胜国英国的经济增长却陷入困境。不仅如此，同为战败国的日本也在50年代开始经济崛起，成为当时发达国家强有力的竞争者。

这是为什么呢？请容我先宕开一笔，讲讲做蛋糕和分蛋糕。经济学里有个很流行的比喻：经济增长就是把蛋糕做大，而收入分配就是分蛋糕。你是关心把蛋糕做大呢，还是关心分蛋糕？经济学家的主流看法是，先把蛋糕做大，然后再考虑分蛋糕。这就是所谓的效率和公平之争。经济学家担心，如果大家都关心分蛋糕，为谁分的多、谁分的少争吵不休，就没有工夫把蛋糕做大了。

谁关心分蛋糕？各个利益集团最关心分蛋糕。之所以会有很多利益集团，是因为它们十有八九是为了团结起来，分更多的蛋糕。所以，利益集团太多了，就会阻碍经济增长。

奥尔森说，经济学家低估了利益集团对经济增长的负面影响。利益集团哪里是文质彬彬的绅士，怎么会围着一块蛋糕开会讨论。事实上，他们是要抢夺这块蛋糕的，在抢的过程中，利益集团就像闯进了瓷器店的公牛，会把店里的瓷器撞个稀巴烂。在涉及国家政策的时候，“小而灵活”的特殊利益集团纷纷出动，它们行动力很强，可以通过游说等活动影响政

策制定者做出有利于自身利益的决策，比如政府补贴、贸易保护、改变收入再分配的方案等。特殊利益集团为了一己私利，往往不顾社会整体和长远的利益，产生巨大的破坏力。

◆ 制度僵化症

奥尔森对国家兴衰的解释，主要是从利益集团这个角度观察的。他讲到，如果一个社会承平日久，就容易滋生更多的特殊利益集团。特殊利益集团的数量越多，就越是会降低社会效率，同时加剧政治生活中的分歧——大家都忙着抢蛋糕，愿意从事生产活动的人就少了。假如工会或行业协会的力量过于强大，那么，那些可能会导致企业、工人失去竞争力的革新就会遭到抵制，创新就很难实现。

发达国家的医生、律师收入都很高，为了维护这种高收入，最好的办法就是限制新人进来，于是，律师和医生的团体就会游说政府，要求新进入者必须要考执照。看起来，考执照是为了保护病人或客户的利益，但要真是这样的话，那每隔几年，老医生、老律师也要参加考试，不然他们怎么赶上知识的更新呢？为什么这些资格考试都是仅仅针对新进入者呢？所以，这是一个既得利益自我保护的巧妙机制。如果单是挤进既得利益集团，就能得到这么多的好处，那么可想而知，这些集团很容易变得越来越封闭。为什么过去的王族和贵族都时兴互相通婚呢？就是不愿意把好处给了外人。

大量的既得利益集团都来抢蛋糕，于是，政府干预经济的程度越来越深，管制变得越来越复杂，让市场参与者寸步难行。这时候，这个国家就得了制度僵化症。出现制度僵化症之后，唯一的治疗方法就是打碎既得利益集团，而打碎既得利益集团的最直接的方法，就是出现革命或战争。回想奥尔森在欧洲所观察到的，作为战败国的德国和日本在战后的迅速发展，他认为主要得益于战争对既得利益集团的破坏。

◆ 不破不立

先来看德国，希特勒上台的时候，把国内其他政党、社会组织全部干掉，把军事、政治和经济权力牢牢地握在自己的手里。“二战”之后，盟军通过1947年的《反卡特尔法》和反纳粹计划等措施，又把右翼的既得利益集团一扫而清。再看日本，军国主义上台之后，消灭了原来的左翼组织，“二战”之后，盟军占领日本，在1947年实行了《反垄断法》，并以战争罪的名义清洗了原来的大财阀和高官。当既得利益集团都被清除之后，经济增长的道路也就畅通无阻了。相比之下，英美等战胜国的利益集团分利联盟不仅没有削弱，反而进一步强化了，英国有庞大的特殊利益集团网，美国则有以利益集团游说参众两院为代表的各式各样的“院外活动”。奥尔森认为，正是分利集团的寻租活动导致了以英美为代表的西方国家在20世纪70年代遭遇经济停滞与通货膨胀并存的“滞胀”现象。

听起来是不是有些耳熟？毛主席说过，不破不立。据说，他曾经讲过，“文化大革命”每隔七八年就要来一回。这听起来有些令人恐惧，对吧，但不妨从另一个角度来想一想：为什么中国的改革很成功，而苏联的改革却非常失败呢？当然，我们能够想到的理由很多。比如，在对外开放的时候，中国在海外的大量华人，就成了一个巨大的优势，这些海外华人在中国对外开放的过程中起到了引路人的角色。还有一个原因似乎是不能忽视的：由于中国搞了“文化大革命”，当中国在20世纪70年代末开始实行改革的时候，几乎没有什么既得利益集团。除了极个别的思想僵化者之外，人人都想变革。这不是“文化大革命”的初衷。毛主席发动“文化大革命”，不是为了清除搞市场化改革的政治阻力，但粉碎既得利益集团无疑是它的一个副产品。

近年来，我们常听到一种说法：今天中国的改革比起20世纪80年代之所以更困难，是因为改革进入了“深入区”，指的就是改革会触及广泛的既得利益集团的利益。我们要澄清一下，奥尔森可不是鼓吹革命的造反派，但他相信，经过“震荡”后的国家往往有比较快速的经济增长，如大革命与拿破仑战争后的法国，“二战”后的日本与德国，“文革”后的中国。不过，奥尔森可能也会承认，既得利益集团的崩溃并不是经济增长的一个充分条件。

奥尔森在探讨国家兴衰的起源中把政治和经济结合起来，在他的理论里面，战争、改革和革命都有了经济学意义。奥尔森关于国家兴衰的理论超越了传统的增长理论，不再局限于从人口、资本积累、技术进步的角度解释国与国之间或者国家内部各地区间经济发展的差异，而是从利益集团的演变乃至制度的层面探究国家兴亡的深层次原因。

链接阅读：曼瑟·奥尔森，《国家的兴衰：经济增长、滞胀和社会僵化》，上海人民出版社。

流寇/坐寇定理：为什么人们要喊国王万岁

◆“流寇”和“坐寇”

研究制度的经济学家经常会陷入一个怪圈。首先，要想有经济增长，必须要有好的制度。这一点所有人都承认。那么，要想有好的制度，就要有一个政府来实施这一制度。这一点大部分经济学家也都承认。即使是反对政府实施产业政策、反对政府扩大公共支出的那些经济学家，也会认同政府的作用就是要保护产权。接下来，我们就要问了，政府是不是无私的？相信大部分经济学家都会承认，政府有自己的利益。教科书上能够代表所有人利益的社会福利函数，在现实中是不存在的。那么，最令经济学家头疼的问题来了：既然政府也追求自己的利益，为什么它要保护产权呢？如果统治者把民众的东西都抢走，不是能攫取到更多的利益吗？在人类历史上，国王抢夺民众的东西，并不是一件稀罕的事情。所以，经济学家得告诉我们，一个追求自利的政府，为什么会心甘情愿地为民众提供产权保护。

奥尔森也一直在思考这一问题。有一天，他读到一本关于冯玉祥的传记。20世纪20年代，中国处于军阀混战的时期。大大小小的军阀占山为王，到处强取豪夺。当时，有一支转战河南、安徽、陕西、甘肃的农民起义军，首领被称为“白狼”。“白狼”的军队先在豫西起义，然后东进，打到安徽。随后回师河南，再从武关入关中，西入甘肃，最后又杀回河南。冯玉祥当时奉命围剿“白狼”，受到当地百姓的拥戴。奥尔森读到这里，陷入了沉思。在他看来，“白狼”也好，冯玉祥也好，都是军阀，为什么一个军阀去打另一个军阀，能赢得百姓的民心呢？这两个军阀，有什么不一样的地方？

奥尔森发现，“白狼”军的最大特点就是没有根据地，是一股“流寇”，而冯玉祥则是驻扎在一个地方的“坐寇”。“流寇”和“坐寇”的行为，存在着很大的差异。表面上看，“流寇”抢完了就走，“坐寇”却会不断地要钱要粮，为什么百姓会反对只掠夺一次的“流寇”，更愿意生活在反复掠夺的“坐寇”的统治下呢？

如果你是“流寇”，你肯定会把能够抢走的东西都抢走，你不抢，别的“流寇”会过来抢，这就像在火车站和地铁口兜售假货的骗子一样，能骗一个就骗一个。但如果你是“坐寇”，你就不会杀光抢光，你要留下“会下金蛋的鹅”。既然这个鹅现在是你的，你就会“保护”当地的百姓，不受其他土匪的掠夺。当然，百姓还得给你上贡，把自己的收成中很大一部分交给你，但至少，老百姓对自己每年的损失会有稳定的预期，于是，就会有一些动力扩大生产。

◆“看不见的左手”

于是，我们可以猜测到国家演进的秘密。一开始，国家就是黑社会，黑社会就是国家，你很难将它们区分开。它们共同的特点就是垄断了暴力，只有他们有枪，谁不听话就打死谁。这群暴徒到处烧杀抢掠，看起来很爽，其实他们也是过着朝不保夕的生活。后来，他们发现，如果不到处流窜，而是待在一个地方，占地为王，向臣服自己的百姓征税，能得到的好处比到处抢劫更大，于是，“流寇”就变成了“坐寇”。

为了保护自己的地盘，“坐寇”会赶走其他的强盗、土匪和军阀，而且会积极维持社会秩序稳定——在我的地盘上，谁也不能乱来。这样一来，“坐寇”就提供了基本的安全和产权保护。慢慢地，“坐寇”会发现：如果征税征得更少一些，臣民的积极性更高，自己反而能收上来更多的钱；如果提供一些水利工程、道路桥梁，产出也会更多。于是，“坐寇”就变成了政府！

奥尔森发现，欧洲的王朝基本都是“流寇定居”这一故事的不同版本。奥尔森说：理性的、自利的“流寇”头子好像是在一只看不见的手引导下变成坐寇，戴上皇冠，自封君主、国王、天子或者皇帝，以政府取代无政府状态。这只看不见的手被奥尔森称为“看不见的左手”，与亚当·斯密（Adam Smith）的“看不见的右手”相对应。

这个故事还涵盖了一个重要的概念：共容利益。“坐寇”之所以不像

“流寇”那样强取豪夺，甚至还会保护当地居民的人身安全和产权，是因为他们在这片土地上有共容利益。老百姓希望获得保护，过安稳日子，而“坐寇”的利益又依赖于老百姓在稳定的环境下所从事的生产活动。就是因为这种“共生关系”，统治者追求的是自己的利益，结果却可能对社会的长远发展有利，因为统治者并非一味地争取获得社会产出的更大份额，而是想方设法扩大社会总产出。

◆ 为什么人们要喊“国王万岁”？

如果一个统治者只能在台上待一两年，那么，人们会相信他有足够的积极性提供产权保护吗？很可能不会。这个统治者一定是短视的、追求短期利益的，所以，他很可能不愿意提供产权保护，而是能捞多少捞多少。如果一个统治者能够在位50年呢？人们有理由相信，这个统治者的眼光会更长远，更可能在私人产权和契约执行上提供更多保障。当人们高喊“国王万岁”的时候，他们可能是发自真心的：因为长寿的国王对老百姓更有利。

那么，一个能在位50年的专制者，和一位只能在位5年的民主国家统治者，会有什么不一样呢？如果专制者身体健康，而且有雄才大略，他愿意提供的产权保护可能不亚于民主政治能够提供的产权保护。专制统治和民主统治最大的差异发生在要换届的时候。对于专制统治来说，国王的更换很可能会伴随着宫廷密谋、军事政变、甚至是内战。新的国王和老的国王或许性情完全不一样。换言之，专制统治下，不确定性太大。民主统治最大的好处是能够保持政策的连续性。也就是说，民主统治不一定能够带来最伟大的统治者，但有助于避免最糟糕的统治者。在奥尔森看来，富裕的发达国家之所以都是民主国家，根本上是因为民主制度能够在长期内有效地提供共容利益，使得统治阶层的决策与社会长远发展的利益一致。

共容利益就像另一只看不见的手，引导着“流寇”向专制的统治者再向良善的统治者过渡。奥尔森提醒我们，从专制跨越到民主，并不是推翻专制统治者的结果。别忘了之前的集体行动的逻辑，推翻专制政权这一集体行动往往难以达成。他认为，民主政体形成于许多小型独裁集团的领导人在势均力敌的对峙情形下做出的对他们来说最好的选择——分享权力。

链接阅读：曼瑟·奥尔森，《权力与繁荣》，上海人民出版社。

中间投票人：站在中间，左右逢源

在经济学的世界里，大部分情况下，金钱说了算。你开发了一个产品，这个产品好不好呢？那要看消费者是不是愿意掏钱购买。你推出了一个创业项目，你的创新算不算成功呢？那要看你能不能为投资者带来利润。金钱说了算，这个规则真是简单粗暴，但也没有比它更公开、透明的规则了，所以在很多情况下，通过市场交易做决定，大家还是能心服口服的。但是，不是所有的决定都是金钱说了算的。

假设有一个原始人的部落，原来住在一个平原上，后来天气干旱了，平原上的食物来源少了，更令人头疼的是，北边还有另一个凶悍的部落，经常过来抢东西。怎么办？族长召集大家讨论。有三种方案。第一种方案是出击，打到北方去，灭了敌人，北方有一片更浓密的森林，食物来源更多；但这一方案的代价是，既然打，就得有牺牲，而且可能打不赢。第二种方案是不动，继续留在原来的地盘，不去冒险，听天由命。第三种方案是撤退，撤到南方；南方更干旱，有一片荒漠，没有人烟，不会有敌人侵扰，但可能食物来源比现在更少。怎么办？要是大家都同意北上，或是都同意南下，或是都同意留在原地，事情就好办了。可是，人们会有不同的意见，有人愿意北上，有人愿意南下，有人愿意不动，这时候该怎么办？

估计大部分读者马上想到的办法是举手投票。大家注意，要真是在原始社会，很可能不是这样决策的，比如，他们可能各自发言之后，由族长一个人拍板决定，也可能，他们会找个巫师，烧个乌龟壳，通过观察龟壳的裂纹，揣测上天的旨意。通过投票来实现集体决策，和“进步”观念、“平等”观念一样，是非常晚近的事情。这是在法国大革命之后才出现的新鲜事物。当时，法国思想家托克维尔（Alexis Tocqueville）就敏锐地观察到了这种变化。他讲到，法国大革命让法国社会“变平”了。大革命“并非仅仅定义了法国公民的权利，而且也试图改变公民作为一个整体如何影响其中的每个个体，以及公民作为政治群体成员的权利”。他指出：“法国大革命用新的社会和政治制度取代了原有的简单而统一的体制，这种新的政治制度是建立在所有的人一律平等这一概念的基础上的。”

人人平等是不是一种社会进步？当然是了。不过，这会使得集体选择变得更加复杂。集体选择理论有时候又被叫作公共选择理论。你也可以这么理解，这是用经济学的思路去解读政治。在政治学领域，这一学派被称为“政治分析”或“实证政治理论”。

什么叫用经济学的思路去解读政治？传统的政治学是要读经典，解读先哲们的微言大义，然后再阐发自己的一点见解。经济学的思路不一样。经济学要求先下定义，然后再去分析。

所谓的定义，其实就是说要把你的前提假设说清楚，把你想要解释的问题变得更加清晰，省得在概念的问题上大家争论不休。所谓的分析，就是分而析之，把一个大的问题，拆解成简单的问题，或是简单的部分，从易到难，从部分到整体。

这里我们就介绍一个最简单的集体选择理论：空间投票理论。我们先举个例子。假设有一条街道，很长，很繁华，商家都想到这里开店。假设这是像簋街一样的小吃一条街，街上所有的店都卖麻辣小龙虾。商家需要考虑的问题是：在街道最左边的尽头开店，还是在右边最尽头开店，还是在街道居中的位置开店？

假设你在街道最左边的尽头开店。从左边来的顾客，有些一进这条街，就会扑进第一家馆子，有些要再转转看，继续往前走走。他们可能走了不到一半，就在附近找个馆子，当然，如果他们对你这家店印象深刻，也可能会多走几步，转回来上你这家馆子。如果顾客都是这样，那么，从街道右边过来的那些顾客，没有一个会到你的店里来。同理，如果你把馆子开在街道的最右端，那么，从左边过来的顾客也不会到你这家店。如果你再往中间挪挪呢？那么，你可能既能吸引来自左边的顾客，又能吸引更多来自右边的顾客。最后，你会发现，最佳的位置是在这条街的中间。

假设要开店的不是麻辣小龙虾，而是政客。政治光谱犹如一条街道，也可以分成左右。“左派”“右派”之分也来自法国大革命，当时持不同政治观点的议员聚在一起，坐在国民议会的不同位置，不跟别的派别混着坐。什么是左派，什么是右派，要是争论概念，谁也说不清楚。我们简单地给左派和右派下个定义：左派是主张有更多的改变，极端的左派可能支持革命；右派则倾向于维持现状，极端的右派反对所有的改革。

政客关心的是如何吸引到更多的支持者，这跟卖麻辣小龙虾的想要拉拢更多的顾客有相似之处。那么，你该如何选择自己的政治立场呢？假如你先选择极端左派，你会有不少拥趸。比你更激进的，也就是说，在你左边的，都支持你。在你右边的也有一些支持你。比你再右得厉害一些的人就开始不认同你了，最靠右的那些人看到你这张脸就烦，讨厌死你了。假如你先选择极端右派，处境也差不多。

那么，如果你把观点稍微温和一下，也就是说，你把你的政治立场稍微往右边挪一下呢？那么，比你左的人还会支持你，但在你右边的人会有更多支持你的。再往右挪一点呢？可能会吸引到更多的人。最后，你会发现，可能最佳的位置是在中间。按照这一理论，所有的政治党派到最后都会选择更为中庸的立场，这样才能尽可能地团结最大多数的人民。同样，按照这一理论，处于中间的投票人总是处于最有利的地位，因为左边的党和右边的党都要拉拢你。站在中间，左右逢源。

在正常情况下，空间投票理论的结论是对的。你有没有发现，西方国家在竞选的时候，候选人好像吵翻了天，但仔细一看，其实他们的政治主张都差不多？在很多情况下，空间投票理论也能解释其他一些有趣的现象。你有没有发现有些小国很狡猾，在北京和台北之间耍滑头，等着两边都给大笔的银子？你有没有发现刚出道的学者往往语不惊人死不休，但成名之后，会变得格外慎重，说话总是面面俱到、四平八稳？

再举个例子，在20世纪80年代，有个日本影星在中国很火，他叫高仓健。高仓健的风格是啥？他是个硬汉，不苟言笑。当时，这种风格真的迷倒一片。现在很难再找到像高仓健这样极端风格的明星了，越来越多的明星走的是中间路线。你说李宇春更像女孩还是男孩？鹿晗更像男孩还是女孩？为什么明星都越来越中性化了呢？这很可能和演艺市场竞争越来越激烈，大家都要往中间挪有关。

回到那个原始人部落的案例。假如这个原始人部落选择投票，哪一派的票数多，哪一派赢。你猜哪一派会赢？假设北上派首选北上，次选不变，最讨厌畏缩不前的南下投降派，南下派首选南下，次选不变，最讨厌咋咋呼呼的冒进派，最后，很可能是中间派获胜。

再假设，这个部落有100人，主张北上的有33人，主张不变的有33人，主张南下的有33人。只有一个人还没有拿定主意，这个人就成了最受欢迎的宝贝了。推荐大家看一部电影《关键投票》（又名《关键一票》），讲的就是这样一个故事。住在新墨西哥州一个偏僻小镇的蓝领工人巴德，突然成了全世界关注的人物，因为他手里的这张选票，能够决定谁当上总统！

链接阅读：丹尼斯·缪勒（Dennis Mueller），《公共选择理论》，中国社会科学出版社。

民主制度：民主制度没有说过自己是最完美的

◆ 在什么情况下中间派会胜出？

我已经跟大家介绍了一种最简单的集体选择理论，即空间投票理论。按照空间投票理论，结局很简单，谁站在中间，谁就占尽上风。照这样看，坚持信仰的人不如随风偃仰的人过得自在，但通过投票，总是能够做出集体决策的。但是我要告诉大家，这是不一定的。在有些情况下，投票是无法达成集体选择的，推而广之，民主制度有可能会失效。我们不讲人性阴暗、政治权谋。我们假设大家都是按照自己的真实想法，堂堂正正去投票，即使如此，投票制度也有可能陷入悖论。

还是用前面讲的原始部落案例来分析。为什么前面我们讲，投票能投出结果，中间派能最终胜出呢？

我们其实是这样推理的。假设这个部落分成了三派：北上派、恋家派和南下派。我们假设有三种选择：北上、不动和南下。对于北上派来说，最优的选择是北上，其次是不动，最差是南下。对于南下派来说，最优的选择是南下，其次的选择是不动，最差的选择是北上。对于恋家派来说，最优的选择是不动，北上和南下都是次优的选择。如果要在北上和不动两种选择之间选择，北上派选择北上，但不动派和南下派都会选择不动，因为在南下派看来，不动也比北上要好，支持不动的选票和支持北上的选票是2∶1，不动的方案胜出。同理，如果要在南下和不动两种方案之间选择，不动的方案也会胜出。如果在北上和南下之间选择，北上和南下都无法胜出，投票作废。

◆“单峰偏好”和“双峰偏好”

在这个推理里，大家可能没有察觉的是，我们假设北上派、恋家派和南下派的偏好都是“单峰的”。什么意思？请拿出一张纸、一支笔，画一画。画一个坐标系。横轴从左到右，是各种选择方案：北上、不动和南下。纵轴表示每个投票者的偏好程度，比如对于北上派来说，他们给北上这个选项打3分，强烈支持，给不动这个选项打2分，勉强同意，给南下这个选项打1分，甚至给零分、负分。那么，北上派和南下派的偏好连起来都是一条直线，恋家派呢？他们给不动的方案打3分，给其他两个方案都打1分，他们的偏好连起来，是一个中间高、两边低的“山峰”。

那好了，现在，我们假设在北上派和南下派之外，第三派是离家派。这一派对原来的家乡极其厌恶，对于他们来说，北上或南下都行，只要不留在原来的地方就好。他们给不动的方案打0分，给北上和南下的方案都打3分。如果你把他们的偏好连起来，是个中间低、两边高的“山谷”。公共选择理论把他们的偏好称为“双峰”。

要是有一派的偏好是“双峰”，麻烦就大了。回到原始人部落搬家的案例。如果先在北上和不动两个方案之间选择，北上派和离家派都选择北上。如果在南下和不动两个方案之间选择，南下派和离家派都选择南下。但这两个结果是互相矛盾的啊？这下子，投票制度陷入了一个怪圈。

◆ 孔多塞悖论

一个民主制度，不能因为某一派人的政治偏好不是“单峰”，就让人家闭嘴吧。但是假如偏好不是“单峰”，就无法找到一个均衡点。这就产生了一个悖论。在公共选择理论里，有很多这样的悖论。200多年前，在法国大革命的时候，就有个叫孔多塞（Nicolas de Condorcet）的法国思想家提出了“孔多塞悖论”。

孔多塞悖论是这样讲的：假设有一个人，要面对A、B、C三种选择方案。假设他认为A比B要好，而B比C要好。即使我们没有直接问他更喜欢A还是C，但是，显而易见，他更喜欢A。这叫偏好的传递性（transitivity）。我们再假设不是一个人了，现在有三个人，甲、乙、丙，同样还是A、B、C三种选择方案。假设三人的偏好顺序如下：甲的偏好顺序是A>B>C，乙的偏好顺序是B>C>A，丙的偏好顺序是C>A>B。

好，现在开始投票。如果在A和B之间投票，甲和丙都投A。按照少数服从多数的原则，由甲乙丙三个人组成的这个“社会”应该认为A优于B。如果在B和C之间投票，甲和乙都投B，按照少数服从多数的原则，“社会”应该认为B 优于C。既然A优于B，B优于C，那么在A和C之间就不用选了，肯定是A优于C，不是吗？不是的。在A和C两者之间选择的时候，乙和丙都选C，也就是说，“社会”认为C优于A。

问题出在哪里？其实还是因为偏好的“单峰性”。甲乙的偏好都符合“单峰性”，但丙的偏好并非如此。所以，公共选择理论的一个基本结论是：从个体理性无法推导出集体理性，即使每个个体的偏好都是“可传递的”，社会的偏好却不是“可传递的”，也就是说，社会的偏好是不符合逻辑的。

肯定会有人讲，你看看，我早就说过了吧，哪里有什么民主制度，民主制度都是有缺陷的，是虚假的，是骗人的。公共选择理论告诉我们，民主制度确实是有缺陷的，但民主制度什么时候声称过自己是一种完美的制度？丘吉尔说过，民主制度不是最好的制度，它只是一种最不坏的制度。有些支持民主制度的人会把它神圣化，他们认为，只要是投票投出来的结果，就肯定代表了民意，而民意是不可能错的。公共选择理论告诉我们，哪里有这么容易的事情。投票无非就是投票而已。民主作为一种信念，是不能轻易动摇的，但作为一种制度，是存在各种各样的缺陷的。

链接阅读：戈登·塔洛克（Gordot Tullock），《公共选择——戈登·塔洛克论文集》，商务印书馆。

阿罗不可能定理：烧脑的阿罗不可能定理

◆ 不世出的天才

这一篇我们介绍阿罗不可能定理。阿罗于1972年获得了诺贝尔经济学奖。诺贝尔经济学奖得主的水平并非整齐划一，用统计学的术语讲，方差是很大的，有的很牛，有的很水。这就好比班上得了100分的孩子，其实水平不是一样的。有的孩子是拼命读书，而且运气好才考了100分，有的孩子是智力超常，学校教的对他来说是小菜一碟，这个100分根本测试不出他的真实水平，但没有比100分更高的分数了。阿罗就好比后一种学生。他是大师中的大师，不世出的天才。

阿罗不可能定理的高明在于，他用严格的数学推导论证了一个石破天惊的观点。这里我试着不用数学，只用通俗的逻辑，介绍一下什么是阿罗不可能定理。研究集体选择的学者很可能会觉得这是于丹讲孔子，既不入门径，又暴殄天物。我给自己定的目标是，只要能激发大家对阿罗不可能定理的兴趣就行了。高深的学问，大家继续自己修行。

◆ 从个人理性能否加总出集体理性？

我们说民主制度好，是因为每个人都能理性地做出判断，而且规则是公正透明的。既然每个人都理性，那么每个人的意见加总起来，不也应该是理性的吗？

让我们再讲得清楚一些。什么叫每个人都是理性的？你的观点要前后一致，不能不符合逻辑吧。在数学上，如果A>B，B>C，那么A>C，这没错吧？不辣、微辣、变态辣，放在一起，由你来选，如果你认为不辣比微辣好，微辣比变态辣好，那么你一定会认为不辣比变态辣好，这叫可传递性。

什么是所谓的集体选择规则？首先，如果大家来投票，按照事先规定好的规则，大家认为A比B好，那么，就要选A而不是B。这在经济学术语上叫“帕累托法则”，这是由意大利学者帕累托最早严格定义的。其次，你不能限制某些观点和偏好，比如，你不能规定所有的人都要喜欢清淡的口味，有人就是口味重，最喜欢变态辣，不行吗？这在经济学上被称为“无限制定义域”（unrestricted domain），也就是说不许对公民的偏好进行人为限制。再次，当你在对两个选项做出选择的时候，你要就事论事，就这两个选项表达自己的看法，不能因为其他选项的存在就干扰了自己的意见。这叫“无关备选项的独立性”（independence of irrelevant alternatives）。最后，我们要有个限制条件，即不能有独裁者。这是说，所有集体选择的结果应该是由每个人自己投票投出来的，不能有人跟大家不一样，搞特殊，能帮别人做决定。

什么是阿罗不可能定理？阿罗证明了，当一个社会中的个体数目确定，面临的是不少于三种方案的选择时，不可能同时满足帕累托法则、无限制定义域和无关备选项的独立性以及非独裁这四个条件。

等一等，阿罗到底是怎么证明的？接下来我简要介绍一下推导思路。

推导阿罗不可能定理的关键在于，把社会个体的集合设为G，要证明G具有“可决定性”（decisiveness）且不违反上述四个条件，也就是说，这个社会个体的集合说了算。这个G从理论上讲是可以只有一个人的，如果有这么一个只有一个人组成的具有“可决定性”的G，就违反了非独裁者条件。

假定有特定一组备选组{x,y}，也就是说，要从x和y中间做出选择。如果集合G中的所有个人都偏好x胜于y，则x较y一定是社会最优的。如果对任意备选组都局部成立，则这个社会个体的集合G具有全局“可决定性”。这是比较容易证明的，但这只是第一步。

证明的第二步是：如果社会个体的集合G具有可决定性（且其中个人数目大于1），则G的某些部分（“真子集”）也具有可决定性。这一步的证明是把G分拆为两个子集G1和G2，并证明G1和G2二者其一必具有“全局”可决定性。要是你能够证明了这一步，那么好了，你可以继续拆分下去，直到G的某个子集中只包含一个个体，于是，G的这个子集同样具有“全局”可决定性，而这和非独裁者条件是违背的。

这样研究民主制度有什么意义呢？在阿罗出现之前，讨论民主的学者是“见山是山，见水是水”，而在阿罗出现之后，一切都要重估，研究民主问题进入了“见山不是山，见水不是水”的境界。阿罗把一个公说公有理、婆说婆有理的问题变成了一个可以用数理逻辑一环扣一环分析的问题。其实，阿罗最初的数学证明也有错误，后来才有更年轻的学者指出来，但他提出的这个分析框架开创了一个崭新的领域。

◆ 股东也要投票

其实，阿罗最初感兴趣的不是民主投票制度。他之所以关注投票问题，是研究厂商理论的副产品。厂商理论是经济学教科书里面必教的。经济学教科书告诉我们，厂商的目标是利润最大化。那么多老师教厂商理论，那么多学生学厂商理论，对此都深信不疑。只有阿罗考虑到，厂商并不是一个人啊，股东可能有好几个啊。即使每位股东都想让利润最大化，但不同的股东对选择何种生产计划，也会有不同的看法：有的会主张扩大产量、有的会主张压缩成本、有的会要求增加研发投入，怎么办？厂商在生产决策的时候也会用到投票，但怎么投票呢？阿罗一头钻进去，越想越觉得有意思，最后就捣鼓出来了这个不可能定理。

阿罗数学功底深厚，但读书不多。他发表了不可能定理之后，才有读者告诉他，很多年之前，法国思想家孔多塞就研究过类似的问题。有些人不理解阿罗不可能定理，就想当然地说，阿罗证明了民主制度是不可行的。说这种话，不是智商低就是别有用心。听完我的介绍，你们会明白，所谓的不可能定理，是说在满足严格的一系列前提下，不可能通过集体投票推导出理性的决策。他说的独裁者，不是我们通常意义上的独裁者。

阿罗不可能定理给我们插了一个路标：此路不通。如果此路不通，是不是就没有别的路可走了？当然不是，我们可以绕着走。如果把阿罗所提的那些苛刻的前提条件放松，就不会出现不可能的结局。后来获得诺贝尔经济学奖的森（Amartya Sen，印度裔经济学家）和马斯金（Eric Maskin），都是沿着这个思路，要么放松阿罗的前提条件，要么限制一些比较冷僻的排序，最后避免了不可能的结局。

链接阅读：埃里克·马斯金、阿马蒂亚·森等，《选择的悖论：阿罗不可能定理与社会选择真相》，中信出版社。

零售政治：一次只接待一位顾客

◆“批发政治”和“零售政治”

1963年11月22日，肯尼迪总统在达拉斯闹市遭枪击身亡。时任副总统的林登·贝恩斯·约翰逊随即就任美国第36任总统。很多人觉得，约翰逊不过是一个撞了大运的小人物。约翰逊出生于得克萨斯，他个子魁梧、嗓门大、举止粗鲁。他曾当着众人的面撩开衣服，给大家看身上阑尾手术留下的伤疤，还会坐在厕所马桶上办公。在电视上，约翰逊的公众形象是可笑的。他戴着一副滑稽的老花镜，不断地斜着眼睛看讲稿提示器，紧张得大汗淋漓。像他这样的人，怎么能胜任美国总统呢？他最多干完一年，就得下台。

1964年，四年一度的总统大选开始了。约翰逊被提名为民主党候选人，他的竞争对手是共和党总统候选人、保守派参议员戈德华特（Barry Goldwater）。出人意料的是，约翰逊大获全胜，他在国民普选中获得的支持率高达61.1%，是1820年以来美国总统候选人获得的最高支持率。在动荡不安的20世纪60年代，约翰逊向美国人描述了“伟大社会”的蓝图。他是美国历史上最成功的总统之一。

为什么在风度翩翩、年轻英俊的肯尼迪总统之后，美国人民还能接受粗鄙无礼、毫无个人魅力可言的约翰逊呢？有一些政治家擅长“批发政治”，他们能够施展个人魅力，直接跟民众对话，直接赢得大众的支持。富兰克林·罗斯福就是这样一位人物。当他在广播里发表“炉边谈话”的时候，大街小巷几乎空无一人，大家都聚集在收音机旁边。约翰·肯尼迪也是这样的人物，他在波士顿竞选众议员的时候，很多爱尔兰裔天主教家庭的女孩子都来做志愿者，她们因为能够帮肯尼迪写传单而激动不已。

约翰逊的风格不是这样的。他擅长的是“零售政治”，一次只招待一名顾客。约翰逊的祖父和父亲曾多年担任得克萨斯州议员，约翰逊从小耳濡目染，很早就深谙官场上的处事待人、见风使舵。22岁的时候，约翰逊开始给得克萨斯州民主党众议员理查德·克莱伯格（Richard Kleberg）做秘书，到了首都华盛顿。刚到华盛顿的时候，他住在宾馆里，还有很多政界人士也都住在同一间宾馆。那天晚上，他一共洗了四次澡，四次披着浴巾，沿着大厅走到公用浴室，四次打开水龙头，打好肥皂。第二天早上，他又早早起床，跑去刷了五次牙。为什么约翰逊这么爱清洁呢？不，他不是有洁癖，而是要借去浴室的机会认识有用的人。他用这样的方式结识了75位议员的秘书。当时，国会议员的秘书们成立了一个自己的组织，俗称“小国会”，约翰逊由于表现出众，人缘又好，短短一年之后就被推选为“小国会”的“议长”。

有个《纽约时报》的记者曾经回忆自己和约翰逊的交往。那时，约翰逊还是副总统。记者受报社的指派，报道参议院活动。在国会大厅里，他还在四处张望，忽然，约翰逊一把拉住他，非常亲热地说："快，快跟我到办公室来，我一直在找你。你是唯一了解这里情况的记者，我得跟你透露些情况。"然后，约翰逊开始了他的长篇大论。他一边讲，一边在纸上随手写东西，并把秘书叫来，把纸条递给他。秘书出去了一会儿，又把纸条递给约翰逊。约翰逊瞄了一眼，把纸条塞进口袋，继续亲热地跟记者拉家常，说到他的工作、过去做过的报道，对他的才华大加赞赏。记者不禁目瞪口呆、受宠若惊。后来，这位记者辗转问到了约翰逊的秘书，纸条上到底写的啥。秘书告诉他，约翰逊写的是："我是在跟谁说话？"

懂得这套把戏的政治家很多。里根总统竞选的时候，高举"反华盛顿"的标语，他的名言是："政府并不是解决问题的地方，政府本身就是问题。"但这丝毫不妨碍他一到华盛顿，就参加首都各界人士的聚会，招待华盛顿政界的各方人士，甚至包括他的对手民主党阵营的人。他跟大家说："我们就是想让大家知道，我们也是这里的居民，大家都是邻居了。"

◆ 好使的零售政治

零售政治为什么好使？第一，关系网是最重要的。你不知道自己认识的人在什么时候就能派上用场。1981年，白宫新闻秘书急急忙忙地要找乔治·布什副总统。有人告诉他，布什正在和埃及副总统一起喝咖啡。什么埃及副总统啊？不过是华盛顿无人关注的小人物。就在那一年秋天，埃及总统萨达特遇刺身亡，继任的穆巴拉克总统，就是和布什喝咖啡的那位。他成了美国在中东最重要的盟友之一。第二，所有的政治都是本地的。杜鲁门总统有句名言："邻居丢了工作的时候是经济不景气，我们自己丢了工作的时候就是大萧条了。”人们只关心自己身边的事情。知识分子喜欢去研究公共生活的远大图景，普通人对此并不买账。

1991年，宾夕法尼亚州有一次特别选举。该州参议员海因茨（Henry John Heinz）在一次空难中丧生，需要补选一位参议员。所有人都认为前任州长索恩伯勒（Dick Thornburgh）是最佳人选，最后他却败给了一位退伍军人沃福德（Harris Wofford）。沃福德何德何能？很简单，他在电视里跟大家讲了一句话。他说：“如果每个美国犯罪分子都有获得律师的权利，那我觉得工人家庭生病时当然也应该有获得医生的权利。”这句话深深打动了那些人到中年、担心丢掉工作的丈夫和害怕全家会失去医疗保险的妻子。

三年之后，希拉里·克林顿作为第一夫人，想要推行医疗保健改革。她从沃福德的意外胜利中得到一个启发：也许，普通民众最想要的就是“包括所有人在内”的医疗保险体系。不幸的是，她的这一方案遭到了普遍的抵制。人们不觉得“包括所有人在内”说的是他们自己，他们觉得，这个医疗保险改革是为了让那些享受福利救济的不工作的人得到医疗保险，而让辛勤工作的人为此埋单。

同样的政治方案，零售的时候能畅销，批发的时候却可能滞销。

链接阅读：克里斯·马修斯（Chris Matthews），《硬球：政治是这样玩的》，新华出版社。

政治观念：你是什么样的人，就会相信什么样的政治观念

◆ 柏拉图、休谟和杰斐逊，我们听谁的？

理性和情感，到底谁听谁的？古希腊哲学家柏拉图说，当然应该奉理性为统治者。英国哲学家大卫·休谟说，理性不过是激情的奴隶，理性的工作就是侍奉和服从激情。美国的国父之一托马斯·杰斐逊出来劝架。他说，理性和情感是共同的统治者，就像有个东罗马皇帝，还有个西罗马皇帝。

三个哲人，三种不同的说法。到底谁说的才对呢？

不管是柏拉图、大卫·休谟还是托马斯·杰斐逊，都是在做自己的猜想。他们并没有认真地对理性和情感做科学的研究。在西方思想的擂台赛中，柏拉图的粉丝最多。尤其是在启蒙运动之后，人们慢慢地接受了一种理念，即人之所以高贵，乃是因为人有理性。我们每个人都觉得，自己是在深思熟虑之后，才做出道德判断，选择了不同的政治信仰。

不得不承认，人是最会自我欺骗的物种。我为大家揭开答案吧。其实，说得最有道理的是大卫·休谟。

人会迅速地靠直觉做出道德判断，决定我们道德判断的是情感上的反应，而非理性的推理。道德判断是快思考，理性推理是慢思考。道德推理的目的不过是事后找个理由，让人们说服自己，相信自己做出的判断是对的。

情感做决策。理性不过是情感的新闻发言人。不管情感做出多么糟糕的决策，理性都要想办法去赞美和诠释。在传统的相声《扒马褂》里，有个信口开河的少爷，后面跟着一个挖空心思给少爷圆谎的帮闲。理性就是那个帮闲的角色。

你可能会觉得，这是那些没文化的人才干的事情，他们什么事情都不过脑子，我跟他们不一样。不，你跟别人一样。我们很难真正地用理性去反反复复地拷问道德信念，我们只是把所有的聪明才智用来寻找支持自己的理由。智商的高低、教育水平的高低，和人们相信什么样的道德观念之间，并没有因果关系。

◆ 象与骑象人

我跟大家推荐过一位著名的心理学家海特（Jonathen Haidt）的书：《象与骑象人》。他用了一个比喻，将直觉比作大象，而意识是骑在大象背上的人。跟大象相比，骑象人的力量是弱小的。骑象人无法违抗大象的意愿，要是大象就是不听骑象人的话，骑象人一点儿招都没有。但骑象人比大象看得远，能够更好地引导大象。骑象人的作用就是为大象服务。

为什么不是大象为骑象人服务呢？因为把缰绳直接交给骑象人是很危险的。从寒武纪大爆发算起，生物已经有了5亿年的历史。在漫长的进化过程中，自发过程一直操纵着生物的意识：有了食物就吃，遇到危险逃跑，碰到异性交配，生物并不需要什么道德观念和政治信仰。这就像一套经过无数次测试的软件，已经变得相当完善了。人类在近百万年的某一时间点上才进化出了语言和推理的能力。这是这套软件一个刚开发出来的补丁。这个补丁是为了进一步完善原有的软件，而不是为了替代它。大脑凭什么要把驾驭自己的缰绳交给一个新的、毫无经验的骑手呢？

◆ 政治信仰的基因

你也许会觉得，我们有时候确实会是激情的奴隶。比如在热恋的时候，我们会被爱情冲昏头脑。但政治信仰是一件很冷静、很严肃的事情，怎么可能是由直觉随随便便地决定了呢?

传统的政治学认为，经济利益决定了人们的政治立场。这也是一种经不起检验的假说。收入水平和意识形态的关系非常混乱。实业工业家大多数是右派，科技出身的亿万富翁多是左派。农村低收入者偏向右派，城市贫民多为左派。支持特朗普的并非都是低收入阶层，中产阶级支持特朗普的大有人在。

当然了，你为什么会信仰某一种道德观念或政治信仰，影响因素很多。比如你的家庭出身、周围的环境，你遇见了一位老师，甚至你读了一本书，都能对你产生影响。但还有一种很容易被人们忽视的因素，就是人在基因上的差异。基因决定了我们的性格，性格在很大程度上影响了我们的信仰。你是什么样的人，就会信仰什么样的意识形态。研究者发现，支持左翼和支持右翼的人，在基因上存在着差异。这些差异大多与神经递质功能有关，特别是与谷氨酸和血清素有关。这是两种涉及大脑对威胁与恐惧反应的物质。简单地讲，有的人更愿意体验新鲜事物，更喜欢差异性，而有的人则不喜欢变化、更愿意维持稳定，在面对危险信号的时候反应更为敏感和强烈。

◆ 阿甘会投谁的票，珍妮会投谁的票?

在美国有两种主要的政治信仰。自由主义者更关心收入不平等、同情同性恋、主张堕胎自由、支持枪支管制。他们热爱科学、艺术、诗歌和城市的自由生活。民主党里面的自由主义者要多一些。保守主义者更关心传统的家庭观念，更可能是虔诚的教徒。大部分保守主义者都反对大政府、厌恶同性恋和外国人，更尊崇传统、纪律、信仰和权威，更注重小团体内部的关爱。共和党里的保守主义者要多一些。

总之，自由主义者更喜欢创新、变革和新奇的体验，保守主义者则更强调秩序和安全。阿甘肯定投特朗普的票，他的女朋友珍妮肯定投希拉里的票。

你可能要问了，为什么大学里面的师生更容易支持自由主义，乡下的白人男性更容易支持保守主义呢？难道只要考入加州大学伯克利分校，大家的性格就会变得一样吗？一个村子里的人，基因会更相似？

人是长腿的，他们会流动。向往更多体验的人会聚集在大城市，而不喜欢冒险的人更愿意祥和的乡村生活。久而久之，人们会更多地和那些跟自己一样的人在一起。特朗普当选那天，你在微信的朋友圈里一定很忙，倒不一定是忙着发帖子，可能是在忙着拉黑微信里的联系人。饶毅教授就在微信群里发了一条消息，说谁挺特朗普他就拉黑谁。在一些别的敏感话题上，大家会突然发现一些自己不喜欢的人。这个人怎么会这么讨厌啊。拉黑。拉黑。再拉黑。几回下来，六根清净，眼前全无碍眼之人，多好。

于是，我们就陷入了一个个的小圈子。大家都在讲美国政治变得极端化，支持希拉里的和支持特朗普的人势不两立。其实，在互联网和全球化的时代，政治极端化早已变得越来越普遍、越来越容易。

链接阅读：乔纳森·海特，《象与骑象人：幸福的假设》，湛庐文化，浙江人民出版社。

道德的味道：拉黑，拉黑，直到周围一片漆黑

◆ 政治自由主义的低潮

理解别人，是一件困难的事情。理解别人的政治信仰，是一件非常非常非常困难的事情。不谈论政治话题的时候，大家看起来都文质彬彬、和蔼可亲，可为什么一谈论政治话题，就可能会导致朋友反目、母子离心，甚至夫妻散伙呢？

政治信仰在很多时候不过是一种标语口号。它把复杂的问题简单化，彩色的问题黑白化。这些标语口号不能全当真，但也不能不当真。好的标语口号要直指人心。政治信仰之所以重要，是因为它代表着我们对一些基本的道德价值观的取舍。

相信2016年11月9日这一天，是很多政治自由派人士极为郁闷的一天。大部分政治自由派人士都更偏好希拉里，这不是因为他们喜欢希拉里，而是因为他们厌恶特朗普。然而，特朗普居然战胜了希拉里，这真是世界上最黑暗的一天。

政治自由主义是一种向善的政治，他们相信宽容、慷慨和自由，关心受到压迫的弱势群体。在他们看来，这是历史进步的方向、人类文明的升华。相比之下，保守主义贩卖的是低级、庸俗、下流和粗鄙的货色。为什么在政治市场上，保护主义卖得比自由主义还好呢？

问题就出在这里。从某种程度上讲，正是因为自由主义者的傲慢和偏见，正是因为他们关上了自己的大门，忽视了外边的声音，看不见自己身

边的陌生人，冷落了那些心怀不满的人们，才成就了一代狂人特朗普。

◆ 道德的五种味道

这里给大家介绍著名心理学家乔纳森·海特的另一本书：《正义之心》。和很多大学教授一样，海特也是一名自由主义者，但他却不得不承认，自由主义者对人性的洞察反而不如保守主义者细腻深刻。

人为什么有道德？按照海特教授的解释，这是我们在漫长的进化过程中演化而来的。人要生存，生存就要面对种种挑战，为了应对这些挑战，我们积累了很多经验，这些经验一层层沉淀下来，就成了我们在选择道德观念时候的依据。由于我们会遇到的挑战不止一种，因此，道德观念的维度也不止一个。

打个比方来说，道德犹如味觉。你对哪一种味道更敏感决定了你的政治口味。海特教授讲到，如果仔细辨认，道德至少能够尝出来五种不同的“味道”。

第一种味道是关爱。这是因为人们要照顾脆弱的孩子，因此会对弱势者产生怜悯之心。第二种味道是公平。这是因为人们在合作中会遇到欺骗，我们希望惩罚欺骗的行为，讨厌别人揩我们的油。第三种味道是忠诚。我们相信自己的小群体，无论这个小群体是部落也好，还是民族国家也好，我们痛恨那些跟我们作对的敌人，以及背叛群体的败类。第四种味道是权威。人是一种群居动物，所有的群居动物都天然存在等级秩序，当尊卑秩序确立之后，才能减少内部的摩擦，我们对等级和地位非常敏感。第五种味道是圣洁。这是因为人是杂食动物，吃错了东西容易生病，所以我们进化出来对不洁之物的厌恶，并反映到对某些“不洁”的社会行为的厌恶。

海特谈到，人们总想要符合自己道德的意识形态。如果把意识形态比作一条狗，自由主义者想要一条温柔可人、聪明伶俐的狗，而保守主义者则想要一条忠心耿耿、驯服听话的狗。

◆ 只用盐做出的菜

自由主义者之所以没能更好地推销自己的意识形态，乃是因为自20世纪60年代的民权运动以来，他们提供的道德图景过于狭隘，过于关心帮助受害者和为受压迫者的权利抗争。他们关心黑人，同情印第安人，为非洲的饥民募捐，为同性恋者辩护，为其他国家的持不同政见者声援。他们很努力，但未免用力过猛，久而久之容易令人生厌。这好比一个厨师仅仅提供糖和盐，那怎么能烧出一道道好菜呢？特朗普的厨艺可能不好，但他的调味品多，酸甜苦辣都有，就算是地沟油烧出来的麻辣小龙虾，你也不得不承认，确实容易吸引食客。

时代变了，人们的口味也变了。当危机到来，人们预感社会基础会受到动摇的时候，会本能地回归一个小集团，在同伴中寻求保护。为此，他们甘愿放弃自我，更多地选择服从和追随。在全球金融危机之后，保守主义出现了抬头的趋势。这当中有其客观、合理的因素。正如法国社会学家埃米尔·杜尔凯姆（Émile Durkheim）所说的："如果人们看不到自己从属于任何更高的东西，那他们就不能附着于更高的目标，不能服从某种规则。将自身从所有社会压力下解放出来，就是抛弃自我，并使之堕落。"他的意思是说，如果放任自由，人们就会去追求肤浅的、感官的和自私的快乐。而一个社会的凝聚，是需要社会成员有更多的自我控制、更多地承担责任、更忠诚于自己的小群体的。

讨厌特朗普的自由主义者需要反躬自省，从保守主义那里学习。自由主义者过分地相信理性，过分重视自我。这和启蒙运动以来西方的思想演变有关。康德、边沁这些哲学家推崇的都是基于个人主义、逻辑推理和普世主义的道德体系。人是有理性的、独立的个体，社会是以单个人为基本单位，而非以一个群体为基本单位的。这种理念已经深入人心，但放在历史的大背景下来看，放在世界其他各种文化中来看，却是非常怪异的。

狗摇尾巴是觉得高兴，但你没法强摇狗尾巴来让狗高兴。人是无法被说服的，因为人只相信自己愿意相信的东西。你无法通过辩论，改变别人的道德价值观。如果你想改变人们的想法，就必须跟他们的“大象”交谈，做一个优秀的大象耳语者。如果真正想要影响更多的人，自由主义者就必须承认自己的错误。为什么会有世界上最黑暗的一天呢，恰恰是因为自由主义者自己不断地拉黑，拉黑，拉黑，直到周围漆黑一片。

不过，世界并不会从此漆黑下去。自由主义者的“比较优势”是自我反省的能力更强，更有自我批判的气魄。我们期待着，在特朗普现象之后，或许会有新的潮流以及真正的进步。

链接阅读：乔纳森·海特，《正义之心：为什么人们总是坚持“我对你错”》，湛庐文化，浙江人民出版社。

部落文化：所有的好人都在我们这里

◆《蝇王》

让我先给大家讲一个故事。有一群孩子因为飞机失事，被困在了一个孤岛上。

对，你已经猜出来了，我要讲的就是戈尔丁（William Golding）的《蝇王》。一开始，这群孩子还能够团结在一起，并努力建立起来纪律和秩序。但是，很快，孩子们就分成了两派。一派孩子代表理性和文明，另外一派代表野性与原始。拉尔夫是一个海军军官的儿子，成了理性派的代表。杰克是唱诗班的大孩子，代表着野兽本性。他把打猎时得到的野猪头插在尖木桩上，逼着其他孩子，像野蛮人一样把脸涂得花花绿绿，跳舞狂欢。在戈尔丁的小说里，野蛮派的孩子逐渐占了上风，两派孩子最终陷入了互相杀戮，整个小岛陷入了恐怖和火海。

戈尔丁因为这本小说获得了诺贝尔文学奖。但《蝇王》其实写得非常糟糕。作家本来应该善于观察生活，但戈尔丁在书中写到，上岛之后，大孩子们和大孩子们待在一起，小孩子和小孩子们待在一起。任何一个有孩子的人都会知道，根本就不是这回事。小孩子是不喜欢和更小的孩子玩的，即使大孩子会欺负他们，他们也要千方百计地和大孩子一起玩。

◆“响尾蛇”和“飞鹰”

那让我再给你讲一个故事。这是一件真事。

1954年，也就是《蝇王》发表的同一年，俄克拉荷马州大学的几位社会学家做过一个社会试验。他们精心挑选了22个孩子，这些孩子要尽可能地一样：他们都是11岁，都来自信仰新教的家庭，都是男孩，学习成绩在班上都是中等；没有戴眼镜的孩子，没有胖得引人注目的孩子，孩子们都没有不良嗜好；这些孩子来自不同的学校，之前互不熟悉。研究者将孩子分成两组，每组11个孩子。一个组叫响尾蛇（Rattlers），另一组叫飞鹰（Eagles）。

孩子们并不知道自己是试验的对象，他们以为要参加一个为期三周的夏令营。响尾蛇队和飞鹰队分别坐着不同的公车来到一个国家公园的童子军宿营地。头一周，他们各自活动。到第二周，研究者才告诉他们，还有另一组男孩。这才是试验的真正目的。研究者们想看看，当两组男孩互相接触之后会发生什么变化。果然不出所料，两队男孩看到对方，都本能地产生了敌意。两队男孩刚开始也一起打棒球、拔河、玩寻宝游戏，但很快就出现了冲突。当响尾蛇队看到飞鹰队踢球的时候，就想赶他们走。棒球比赛获胜之后，响尾蛇队把自己的旗帜插在球场上，愤怒的飞鹰队员把旗帜撕碎、烧掉。飞鹰队赢了拔河比赛，响尾蛇队认为这是一种耻辱，他们夜袭飞鹰队的营地，把床掀翻，撕碎蚊帐，抢了一条蓝色的牛仔裤来当他们的新旗帜。飞鹰队的报复是，第二天白天袭击响尾蛇队的营地。要不是研究者干预，局势就会失控，因为孩子们已经带着棍子和球棒倾巢出动了。在研究者劝说之下，他们各自归队，但回去之后，两队都在自己的营地外边挖了壕沟。

怎么让孩子们和解？研究者告诉男孩，可能出现了新的敌人，因为营地的水管被人破坏了。他们需要把供水系统修好，得齐心协力，把卡车推上山坡。让这群男孩彼此仇视的原因，是因为在“我们”之外，出现了“他们”。让这群男孩再度合作的原因，是因为出现了更厉害的“他们”，所以，所有的男孩都成了“我们”。

◆ 所有的好人都在我们这里

著名作家吉卜林写道：

所有的好人都同意
所有的好人都这样说
所有的好人都在我们这里
剩下的他们，其心必异

“我们”和“他们”的界限是极其随意而模糊的，但我们根深蒂固地要把人分成“我们”和“他们”。你可以让一群人穿上蓝衣，另一群人穿上红衣，穿蓝衣的人就会自动地团结在一起。一起扛过枪、一起同过窗，或是来自一个家乡，都能形成自己的部落。我们是我们，他们是他们。对待我们和对待他们，人们会有不同的道德标准和行为模式。如果是我们自己人，那一切好说，因为所有的好人都在我们这里。如果是他们，那肯定是“非我族类、其心必异”。

为什么会这样呢？

因为人是一种群居动物。所有的群居动物都有一个共性：在团体内部会有很多利他主义行为，但在小团体之间存在着激烈甚至残酷的竞争。我们会为亲人牺牲自己，我们会热心帮助自己的朋友，我们会为保卫祖国献出生命。但是，要是遇到“非我族类”的“他们”，我们立刻会进入警戒状态。

还记得我们在介绍“小集团思维”那篇文章里说的吗？小团体内部的人会对敌人形成刻板的印象。人总是宽以律己，严以待人。如果你上班迟到了半个小时，你会跟老板说，这是因为长安街上有交通管制，或是昨晚忘记设置闹钟了。总之，你会从具体的情境解释自己的行为。不是我这个人不好，而是有某些特殊的原因。要是你的下属迟到了半个小时，你肯定觉得这个人不靠谱、工作不负责、没有敬业精神。你是假设人性不变，从人性的角度评价别人的。同理，对待小团体内部的成员，我们会在具体的情境中解释他们的行为，不会轻易地评判这个人是好人或是坏人。但一旦要评价团体外部的成员，我们就容易按照某种刻板的印象，武断地下结论。

有人觉得，随着全球化的发展，最后会出现世界大同，大家用同一种语言，都成为好朋友。这是不可能的。就算大家都学会了同一种语言，也一定会出现不同的方言。方言之所以存在，就是为了刻意地和其他“部落”分开。这就是为什么沈阳人会觉得铁岭人讲话很搞笑，而苏州人会觉得杭州人说话真难听的原因。我们会高估群体内部的一致性，同时也会高估群体之间的差异性。群体内部的成员会互相模仿，但他们会刻意寻找和其他群体之间的差异。

找同伴是人类的本能，区分“我们”和“他们”本无可厚非。人们很善于鼓励团队内部的合作。家风、公司文化、爱国主义，这都是很好的东西。但黑暗和光明总是共生的。从另一面来看，人类并非生而自私，但我们生来都是仇外的。为了保护自己，为了“部落”内部的团结，我们会有意无意地寻找来自外边的假想敌。这是一种强大的黑暗力量。这种黑暗力量强大到了如果我们不了解、不时时刻刻地提醒自己，就会把我们自己吞噬掉的程度。

真正的世界团结会出现在什么时候？只有在外星人入侵的时候，地球上的人们才能亲如一家。在外星侵略者到来之前，可悲的人类只能互相歧视和仇恨。

链接阅读：阿马蒂亚·森，《身份与暴力：命运的幻象》，中国人民大学出版社。

民族主义：狂热民族主义为什么会抬头

◆ 想象的共同体

这一篇我们讲一下另一件非常困扰大家的事情，为什么民族主义的势力突然抬头了。

很多已经被大家认为理所当然的观念，其实历史起源并不久远。主权国家一律平等的理念源自近代的西方世界。以个人主义为基础的道德观念也源自近代世界。今天要讲的民族主义也是一样。

罗马帝国崩溃之后，西欧一直陷于小国林立、长年征战的局面。战争的结果是催生了国家。为了打赢战争，国家必须尽可能地提高效率、挖掘潜力、调动人们的积极性。所谓的民族国家，不是先有民族，再有国家，而恰恰相反，是先有国家，再有民族。民族主义是国家之间为了加强对本国居民的控制有意强化出来的意识形态。著名的历史学家本尼迪克特·安德森（Benedict Anderson）讲过，民族不过是“想象的共同体”。美国政治学家亨廷顿（Samuel Huntington）在《文明的冲突》中也说过：“除非我们憎恶非我族类，便不可能爱我族类。”

不幸的是，西方逐渐征服了世界，也就将民族主义的毒芽播种到各个地方。巴尔干号称是“欧洲的火药桶”，这里有异常复杂的民族和宗教。但是，当西方没有到这里之前，当地的民族认同相当淡漠，大家都能相安无事。当民族主义被传播到这个地区之后，战火才开始绵延不断。

◆ 怎么区分“胡图族”和“图西族”？

非洲的卢旺达，原本生活着许多不同的部落。到20世纪30年代，当时的比利时统治者非要把卢旺达人分成两个民族，一个叫“胡图族”，一个叫“图西族”。1994年，在卢旺达爆发了一场惨绝人寰的种族灭绝大屠杀。胡图族对图西族赶尽杀绝，杀死了将近100万人。在被屠杀的人中，有很多是胡图族，因为很难分辨出谁是胡图族，谁是图西族。推荐大家看一部电影：《卢旺达饭店》。在这部电影里，一群惊恐的图西族闯进当地的酒店避难。一个西方记者问当地人，这两个民族究竟有什么不同。据电影里说，区分的标准是鼻子的高度不同、走路的优雅程度不同！

中国自古以来就没有民族的概念。中华是个文明的概念，不是个民族的概念。中国古代的世界秩序是按照文明的程度、亲疏的程度，由内而外，一层层推广。《史记·夏本纪》就讲到“五服”，根据距离天子之国的远近，先是甸服，甸服外面是侯服，侯服外面是绥服，绥服外面是要服，要服外面是荒服。这是中国古代理想中的天下。

我们在前面提到过亨廷顿的《文明的冲突》。他预言，基督教文明和伊斯兰教文明会出现尖锐的对立。其实，绝大部分冲突并非出现在文明之间，而是在文明内部。在长期进化的历史中，我们的祖先很少能见到其他种族的人，他们见的最多的是来自山那边的、和他们长得差不多的人。人们最大的敌人，很可能是熟悉的陌生人，即从同一个大的团体里面分裂出来的另一个小团体。什叶派最大的敌人是逊尼派。红卫兵最大的敌人是另一支红卫兵。

美国的创始人早已经提醒要“合众为一”。美国一直号称自己是“大熔炉”，结果呢？这个大熔炉变成了分离器。据说，在特朗普当选的次日，很多在美国的穆斯林女孩已经不敢戴面纱去学校了。臭名昭著的3K党专门开派对庆祝特朗普上台。

欧洲的情况比美国更差。欧洲人口老龄化的程度远比美国严重，最近又遭遇一波一波的难民潮。如何处理不断萎缩的白人人口和潮水般涌来的非洲、中东、中亚人口之间的矛盾？

◆ 民族主义是一个恶魔

民族主义是西方人打开潘多拉盒子之后放出来的第一个恶魔，到现在西方也没有找到解决这一问题的办法。西方世界经历过极其残暴的种族歧视，现在的西方人非常在意保护少数民族的权利，但这也许是矫枉过正。这在政治上是自由主义，在文化上是多元主义，遗憾的是，这样的努力可能适得其反。

这种政策尽管不像过去的民族主义那样咄咄逼人，但其历史基因和过去的民族主义是一样的。说是要区别对待少数民族，给他们更多的补偿、给他们更多的自由，但这一政策的结果是在不断强化族裔之间的差异。美国社会中的“黑白界限”依然分明，黑人不仅没有感到满意，反而变得越来越愤怒。如今，白人也变得愤怒了。美国社会的伤口已经被撕裂，不得不忍受更多的疼痛。

或许，有一个古老的国度能够为西方世界提供智慧。中国自古以来就没有民族的概念，汉族人口中包含了人类学意义上完全不同的人种，包含了不同的宗教信仰，包含了异彩纷呈的语言、习俗和文化。有种说法讲，北方人是蒙古人种，南方人是马来人种，当然，这一说法仍然存在很多争议。中国各地的方言差异极大，但统一的文字使得人们能够互相交流。中国历史上并非没有残暴的时候，北方的游牧民族经常骚扰中原农业地区，“五胡乱华”的时候，北方汉人几乎惨遭灭族，蒙古人铁蹄南下，汉人也被大肆屠杀。但和西方世界相比，中华文明才是真正的“大熔炉”。

我曾经读过一本《犹太史》。书中说到，犹太人漂流到世界各地，都遭到当地人的白眼，因此他们在异乡仍然顽强地保留着自己的习俗和传统。唯独有一支犹太人，到了中国的河南，被当地善良而懒散的农民同化了。

链接阅读：本尼迪克特·安德森，《想象的共同体》，上海人民出版社。

第三辑

政府与市场

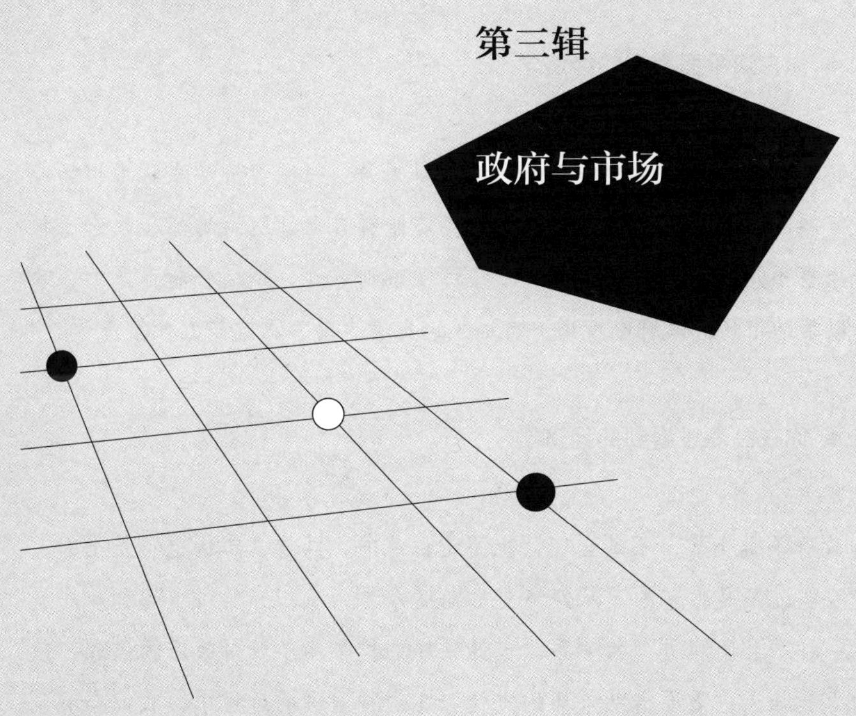

导读

◆ 你在海平面看到的经济学

你在海平面会碰到两派经济学家捉对厮杀。一派经济学家认为市场经济是万能的，通过市场的自发交易，经济能够自动地达到均衡；政府干预总是成事不足、败事有余。另一派经济学家则认为，市场并非万能的，政府可以帮助市场；政府比市场更有远见、更看大局、更有能力聚集资源。

◆ 你在高海拔看到的经济学

政府不是全知，不是全能，也不是仁慈的，同样，市场也不是全知，不是全能，不是仁慈的。从经济史的角度来看，从一开始，市场和政府就处于一种“共同演进”的关系，市场秩序的扩张离不开对政府的依赖，政府的力量壮大也需要借助市场的支持。在这种演进的过程中，我们会看到更为精彩的故事，比如中国的计划经济体制是如何起源、如何演进，最终又是如何消失的。

◆ 本辑导读

《政府与市场：经济学家的手》讲到，经济学家关于政府与市场之间的关系，杜撰出了各种各样的手。市场经济是看不见的手。企业管理是看得见的手。能够帮助市场的政府行为被赞扬为支援的手，干扰市场的政府行为被斥为掠夺的手。公允地讲，政府和市场都不是全知、全能和仁慈的。

《经济政策：凯恩斯的猫》讲到，仿照“薛定谔的猫”，我们可以再提一个“凯恩斯的猫”。所谓“凯恩斯的猫”是说，在我们没有揭开政策决策的黑箱之前，政府的政策究竟是好的政策，还是不好的政策，我们是不知道的。公众会对政府的政策做出反应，政府可能会遇到信息不对称，利益集团会影响政府的行为，而政府决策从本质上来讲是应急式的。

《富国陷阱：发达国家为什么会撤掉梯子》讲到，当今的发达国家处于赶超阶段的时候，无不曾保护过幼稚产业，使用过贸易保护主义政策，也不怎么注重保护知识产权。但它们却跟发展中国家讲，只有自由贸易、充分竞争和保护产权，才是经济增长的唯一通道。我们要警惕，这种冠冕堂皇的理由背后，是发达国家试图让规则对自己更加有利的私心：当他们上了楼之后，却把梯子撤掉，不想让别人再上来了。

《赶超战略：计划经济在中国的起源》讲到，新中国在建国之初实行的是新民主主义，并没有急着要实行社会主义，但是，外部环境的改变使得当时的领导人认识到，必须首先发展重化工业，以巩固国防力量。在一个资本稀缺的穷国，发展资本密集型的重化工业，只能放弃市场经济，改为命令与服从式的计划体制。

《M型经济：为什么中国的计划经济和苏联的计划经济不一样》讲到，即使都是计划经济，中国和苏联也不一样。中国的工业化基础较差，中小企业数量众多，地方差异性很大，所以从来也没有建成像苏联那样分工明确、自上而下的垂直型计划体制。到了改革的时候，中国的这种“M型经济”的特征帮了大忙，因为可以各自为战、互相竞争，创新的机会、容错的空间更大。

《温州的故事：南下干部与游击队干部》讲到，温州的民营经济非常发达，很多人以为这是政府无为而治的结果。其实，我们还能看到背后的政治博弈。南下干部跟中央政府的联系更加紧密，而游击队干部则是土生土长的。游击队干部有更大的激励保护本地经济，而在关键时刻，游击队干部保护了温州民营经济的生存，促进了其发展。

《制度变迁：农民与国家的博弈》讲到，为什么在农业集体化的时候农民处于弱势的谈判地位，是由于土地的产权原本不属于农民自己。20世纪60年代初期出现了大饥荒之后，政府做出了若干政策上的让步，这为后来的农村改革埋下了伏笔。在70年代、80年代初的农村改革时，不同地区的政治态度是不一样的，这是由不同地区的资源禀赋所决定的。

《故事思维：影响经济信心的秘密》讲到，好的故事胜过一千个道理。凯恩斯讲，投资是受到“动物精神”影响的。只有讲一个好的故事，才能给市场带来信心。我们在20世纪80年代讲的故事是改革，在90年代之后讲的故事是开放，现在需要再讲一个宏大的故事，重新提振市场信心。在我看来，最好的故事题材应该是讲民生。

政府与市场：经济学家的手

◆ 有没有只有一只手的经济学家?

美国前总统杜鲁门有一次跟手下说："能不能给我找一个一只手的经济学家？"手下迷惑不解。杜鲁门抱怨："我的所有经济顾问都爱说'一方面（on the one hand），另一方面（on the other hand）'，他们就不能明确地给我一个答案？"想要明确的答案？那是真的没有。经济学家不仅有两只手，而且他们还发明了很多只手。

最有名的莫过于"看不见的手"。按照亚当·斯密的学说，在某些情况下，追求自利的人们会形成互利的社会秩序。注意，这里说的只是在某些情况下，饶是如此，这仍然能算是我见过的最乐观的社会理论了。"看不见的手"就像重力一样，它无处不在，但我们几乎感觉不到它。你为什么不担心明天早上起床之后，卖早点的不再为你提供早点了，做清洁的不再打扫卫生了，办报纸的突然撂挑子不干了？"看不见的手"帮你把这一切打点得井然有序。

离开了市场经济中自发形成的合作，我们几乎寸步难行。就拿生产铅笔这样看起来很简单的事情来说吧。你能自己生产出一支铅笔来吗？你得先砍树，但没有铁匠，谁给你提供斧头呢？你还得开采石墨，把石墨做成笔芯，把木头削成笔杆，还得找胶水黏合，你一个人做得了这么多的事情吗？

◆ 看得见的手

有“看不见的手”，就会有人出来较真，说有“看得见的手”。哈佛大学商学院教授小艾尔弗雷德·.D. 钱德勒（Alfred D. Chandler, Jr.）的一本书就叫《看得见的手：美国企业的管理革命》。钱德勒教授出身豪门，他母亲那一边的祖上是标准普尔公司的创始人之一。1940年钱德勒从哈佛大学毕业后，赶上了第二次世界大战，于是他一身戎装上战场，打完仗之后又回到哈佛读博士。博士论文该写啥好呢？他灵机一动，跑到家里，找到老祖宗关于铁路行业的资料，攒了一篇出色的博士论文。1977年，他出版了经典著作《看得见的手：美国企业的管理革命》。

啥是“看得见的手”呢？按照钱德勒的说法，随着工业化的发展，市场经济不再是零星散乱的小企业，而是出现了一批大企业。当企业规模变大之后，就需要一批职业经理人采取专业化的管理方法，他们就是“看得见的手”。钱德勒用了大量的资料描述大企业和职业经理人的崛起，这是一本非常精彩的企业史著作。但是，职业经理人就是“看得见的手”吗？如果说斯密的“看不见的手”藏得很深，让我们找都找不到，那么，职业经理人的一言一行我们就能清清楚楚地看到吗？柳传志也好，马云也好，会让我们知道他们天天都在干啥吗？

◆ 支援的手

有的经济学家把政府的作用称为“支援的手”，即政府会对市场经济起到促进的作用。公允地讲，市场经济的运转需要良好的规则，而政府有义务维护竞争规则。比如，政府需要保护产权、裁决交易中的纠纷、防止欺行霸市，等等。

但有的经济学家更为积极乐观，他们认为，政府可以加速市场经济的发育。比如，在经济发展的初期，储蓄率太低，导致投资率也太低。没有投资，哪儿来的经济增长啊。所以，政府可以有意地提高投资率（或者说，政府可以有意地强制大家储蓄），实现经济赶超。还有一种流行的说法是，政府可以找到一些关键的产业，大力扶植，帮助企业扩展市场（比如政府先下订单，或是用高关税阻止国外竞争对手进场）、增加研发（比如政府出钱帮助研发），后来居上。这些关键的行业发展起来之后，又会带动更多的相关行业发展。

听起来很好，但实践中却经常不如人意。不可否认，苏联实行计划体制的时候，经济增长一度超过了资本主义国家。当苏联的人造卫星上天之后，美国著名经济学家米尔顿·弗里德曼说什么也不相信这是真的，理由是计划体制不可能带来科技进步。当时资本主义国家感到自己正处于劣势，紧张得不得了。遗憾的是，到了计划体制晚期，弊端就逐渐暴露，效率越来越低，人心越来越冷。

据说，产业政策的成功典范是日本和韩国，但到底产业政策在日本和韩国经济起飞的过程中起到了多大作用，谁也说不清楚。能够比较有把握的倒是，即使产业政策曾经成功了一次两次，但不可能次次都成功。越是到了技术前沿，技术演进的分岔就越多。这时候，最好的办法是让市场派出很多支小分队各自探路，而不是让政府指挥着大部队，盲人骑瞎马一样地朝前冲。

◆ 掠夺之手

政府还可能会做得更糟糕。哈佛大学经济学教授安德烈·施莱弗（Andrei Shleifer）和罗伯特·维什尼（Robert Vishny）在《掠夺之手：政府病及其治疗》中讲到，政府经常会阻碍经济增长。政府的干预会引起涟漪效应，一波一波地破坏市场经济的良好运转。

首先，政府干预会导致资源错误配置，企业家不是把心思花在研究新产品、开拓新市场上，而是要千方百计地和政府官员勾结。其次，当这种“寻租活动”蔚然成风，一个社会中最有才华的年轻人就会想，与其做企业、搞科研，还不如去当贪官呢。

施莱弗对政府的抨击不可谓不义正词严。不过，具有讽刺意义的是，苏联解体之后，施莱弗被俄罗斯政府聘为顾问，设计私有化计划，他居然自己搞了个公司，在俄罗斯大捞一把。这一丑闻被曝光之后，美国联邦法院裁定施莱弗违反了《反欺诈法案》，连累哈佛大学也被迫赔偿2650万美元。原来经济学家一不小心，也会露出“掠夺之手”。

◆ 政府并非全知，并非全能，也不仁慈

比较客观中立的立场是著名经济学家阿维纳什·迪克西特（Avinash Dixit）在《经济政策的制定：交易成本政治学的视角》一书中所说的，传统教科书上的政府，是全知、全能、仁慈的政府，但政府其实并非全知，并非全能，也不仁慈。

全知，是指政府知道一切经济主体的所有信息。但事实并非如此，这不仅仅是因为统计数据不准确、统计方法不先进，也是因为很多信息是在特定的情景下产生的，这些信息难以觉察，且又瞬息即变。这就是哈耶克强烈反对计划体制的最主要原因之一。

全能，是指政府可以如其所愿地实现政策目标。但政府想干的事情很多，能够调动的资源却总是有限的。有些事情看似很好，但预算从哪里出？谁来具体操办？巧妇尚且难为无米之炊。此外，政府追求的政策并不是单一的。想要GDP增长率，就可能会破坏青山绿水；想要减少收入不平等，就有可能会影响经济效率。政府不得不在多个互相冲突的目标之间做出选择，难免会顾此失彼、捉襟见肘。

仁慈，是指政府没有私心，唯一关心的是如何使社会福利最大化。施莱弗认为，官员都有私利，会腐败变质。我们姑且不像他这样愤世嫉俗，就算我们假设官员们个个廉洁守法，他们的行为也不可避免地会有偏差。部门有部门的利益：铁道部会觉得修高铁比什么都重要，教育部肯定觉得教育是百年大计，国家体委会觉得奥运会拿金牌、为国争光最重要，国家语言工作委员会会觉得，要是纵容大家用GDP、VCD、Wi-Fi这些外来语，简直就是对中国文化的亵渎。腐败的危害可以清清楚楚地看到，但官僚主义、本位主义这些毛病，大家可能最后都见怪不怪了。

◆ 市场同样并非全知，并非全能，也不仁慈

不过，话又说回来，市场同样并非全知，并非全能，也不仁慈。信息不对称告诉我们，市场主体之间的信息是不可能完全一样的。每一个消费者都会知道，买家没有卖家精明。“逆向选择”和“道德风险”无处不在。所谓“逆向选择”，是次货会冒充正品。如果一个二手车商人向你热心地推销一辆汽车，你该不该相信他呢？如果你是二手车商人，你会不会想方设法把问题最多、最不好脱手的车子先推销出去呢？所谓“道德风险”，是指事先的承诺到了事后不再兑现。上这个当的人太多了。怎么结婚之后和结婚之前，人就变了个样呢？正式上班之后的表现和实习阶段的表现，怎么会相差这么大呢？

市场也不是全能的。有很多市场是空缺的。比如，一个人在读大学阶段，并没有收入，但却需要交学费。按说，大学生可以在这个时候贷款，毕业之后拿自己的收入偿还，但大学生哪里有什么抵押和担保，他们如何才能贷到款？小企业面临着同样的困境。全球气候异常也是我们必须面对的严峻挑战，我们这一代人总得对子孙后代有个交代吧。但哪里有一个市场机制，可以让我们的后代和我们这一代进行交易？企业污染环境，带来的负的外部性，也是一个经济学里“市场失灵”的典型案例。

市场更不是仁慈的。市场不负责温情和关怀，市场经济从来就没有一颗仁爱的心灵。哪怕一人独占全球的财富，其他人都无立锥之地，也不是市场经济操心的事情。市场经济既不善良，也不邪恶，它只是冷冰冰地计算，它只知道追求效率，甚至不会考虑到，这种短视而极端的行为是否会葬送它自己。

离开了政府，市场经济的扩展会受到很大的局限，但有了政府，政府就会闲不住，总想干预市场经济。有时候，这种干预会有效；有时候，这种干预没有效果，但也不会带来致命的副作用；极端情况下，政府的蛮干可能会让市场经济一蹶不振。政府和市场经济是在同一个生态系统中，彼此相生相克，谁也离不开谁。但总有些学者，一定要辩出个孰是孰非。

著名哲学家丹尼尔·丹尼特（Daniel Dennett）说，如果你看到有两批人马，围绕着一个问题长期争执不下，争得脸红脖子粗，但就是谁也说服不了谁，那么，十有八九，他们争论的是个伪命题，或是他们只见树木，未见森林。

链接阅读：阿维纳什·迪克西特，《经济政策的制定：交易成本政治学的视角》，中国人民大学出版社。

经济政策：凯恩斯的猫

◆ 薛定谔的猫

在动物保护主义还没有成为一种时尚之前，天才物理学家薛定谔设想了一个著名的思想试验：薛定谔的猫。

假设一只猫被关在盒子里。盒子里有一个毒气瓶。瓶子上有一个锤子，锤子由一个电子开关控制，电子开关由放射性原子控制。如果原子核衰变，放出阿尔法粒子，就会触动电子开关，于是，锤子掉落，砸碎毒药瓶，猫被毒死。问题是，物理学家只知道原子核衰变的概率，无法确定在某一个时刻，原子核到底衰变了没有，因此，如果用薛定谔方程来描述这只猫的处境，我们只能说，它处于死亡和活着的“叠加状态”：既是死了，又是活着。只有当我们揭开盖子的那一瞬间，才能确定地知道猫到底是死了还是活着。

◆ 凯恩斯的猫

不太严格地借用薛定谔的思想，我们可以构想出另一种佯谬：凯恩斯的猫。很多人都把凯恩斯视为主张政府干预的代表人物，其实凯恩斯只是主张在特定的市场失灵的情况下才实施政府干预。不管了，让我们将错就错。假设凯恩斯提出，政府就像一只关在黑箱里的猫，在酝酿某一项政策。“凯恩斯的猫”可以这样表述：当我们没有揭开政策决策的黑箱之前，政府的政策究竟是好的政策，还是不好的政策，我们是不知道的，它既是好的，又是不好的。只有当我们揭开了这个黑箱，政策大白于天下，我们才能知道它是好的，或是坏的。我们把这种假说称为“弱凯恩斯的猫假说”。“强凯恩斯的猫假说”可以表述为：即使我们打开了黑箱，也仍然无法判断一项政策是好的，还是坏的。

何以如此呢？第一种解释是，政府在决策的时候往往面临多重目标。政府要关心经济增长，只有经济增长了，才能得到足够的税收，并创造出足够的就业。但是，如果是粗放型的经济增长，又会带来环境污染，比如出现严重的雾霾天气，老百姓就要抗议，给市长写信。如果政府把造成污染的工厂都关了，汽车限单双号，就算空气污染问题得到了缓解，但经济急剧滑坡了，老百姓还会抗议，还是要给市长写信。怎么办？第一届诺贝尔经济学奖得主简·丁伯根（Jan Tinbergen）就指出，如果你有n个政策目标，那至少要有n个政策工具。可惜，政府工具箱里的政策工具太少了。所以决策就是选择。就像台湾作家李敖说的，你不能选了红烧明虾，还选干烧明虾、吉列明虾——你没有那么大的胃口。什么是智慧？智慧就是你认为红烧明虾最好。什么是意志？意志就是当你选了红烧明虾之后拒绝吉列明虾。什么是哲学？哲学就是吃了红烧明虾泻肚子，坐在马桶上还能笑出来。

第二种解释是，政府在决策的时候总是要受制于信息不对称。如果你是领导，你会知道真实的情况吗？这好像是不值得问的问题。如果你是领导，你每天都能收到几麻袋的报告，各个渠道都有反映上来的情况，你掌握的信息量是最多的，怎么可能不了解情况呢？可是，领导收到的几麻袋报告中，99%以上都是掺杂着部门利益、地方利益的。计生委肯定觉得生育率太高了，得狠狠地征社会抚养费。教育部肯定觉得教育投资太少了，得投更多的钱，而且得给我钱，让我来管。你敢完全相信他们的意见吗？剩下不到1%的报告是不掺杂私利的，比如，是来自中国社科院的报告。但中国社科院的秀才们根本就不会写报告，洋洋洒洒、离题万里、引经据典、言不及义，看得你头都大了。信息多就一定能知道真相吗？恰恰相反。信息多，反而意味着噪音多，噪音会干扰决策。日本偷袭珍珠港之前，美国并非没有得到有关的情报，但各种不同渠道、意见相反的渠道太多了，搞得美国政府无所适从，掂量来掂量去，最后把信号当成了噪音，把噪音当成了信号。

◆ 政府从来不关心长期问题

第三种解释是，政府总是短视的，或曰，政府的决策时域不够长。一种流行的谬误是，政府一定要高瞻远瞩、制定长期的战略规划。没有比这种幻觉更错误的了。一届政府，在任的时间也就那么几年，你不考虑自己在任期间的政绩，反而要去操心自己下台之后的事情？孔子说："不在其位，不谋其政。"先管好你自己那一摊事情吧。你在台上的时候，所有的眼睛都看着你，期待着你有出色的表现。难道你告诉他们，我做的事情只有到了五十年之后才能看出效果？经济学家在考虑政策建议的时候，总是要计算哪种政策会带来社会福利的最大化。政府在决策的时候，首先要考虑哪种政策的成本最小。如果没有决策时域的约束，这两种思路在数学上是完全等价的，但在现实政治中却经常有着极其不同的结果。

政府决策在本质上讲都是短期决策。没有一个政府会忽发奇想，要制定一套核发展计划。政府关心的问题是，怎么抢在敌人的前面制造出原子弹。没有一个政府会正儿八经地思考，几代人之后如何建成福利国家，政府关心的问题是，一堆失业者在政府办公大楼前面晃荡，马上就要出事了，怎么把这些人好好地打发走。普鲁士的"铁血宰相"俾斯麦被后人称为"福利制度之父"，因为他在德国带头实施了强制性的健康保险、老年人保险和残疾人保险。俾斯麦为什么要这样做呢？他只是为了让工人不要造反。俾斯麦曾说：“任何一个有养老金的人，都会比那些没有这样的期望的人更容易感到满足，更容易管理。看看那些私人仆人和宫廷仆人的区别：后者能忍耐更多的东西，因为他可以期盼得到养老金。”在他的回忆录中，对社会福利只字未提。

第四种解释是，政府很可能会受到利益集团的阻挠。著名经济学家乔治·斯蒂格勒（George Joseph Stigler）曾经指出，很多情况下，政府管制都是被管制者主动要求的，管制的目的是为了限制潜在的竞争者进入。谁说做学问非得有博士学位呢？那梁漱溟、陈寅恪、梁启超还能不能当教授了？进大学教书必须要有博士学位，这个规定是为了保护我们这些已经有了博士学位、但又缺乏自信心的所谓的学者的既得利益。最近的一则消息说，政府取消了很多资格证书，浏览一下，真是五花八门。都什么资格证书啊？除了一些看起来高大上的技术类别，还有割草操作工，还有不伦不类的中国职业经理人。真是亏他们想得出来。如果想象力更丰富一些，恐怕母乳抚育师的资格证书都能发明出来。

我丝毫也没有批评政府的意思，只是要提醒大家，不当家不知柴米贵。清高而单纯的知识分子会故作高深地说，制度最重要。都是体制的错。把现在这套体制改了，一切就迎刃而解。我刚刚提到的这几点，在任何时期、任何一种体制下都是普遍存在的，和体制一点关系都没有。从历史的演变来看，制度不过是由一连串的政策形成的，而看似应急的政策之中，往往蕴含着未来的制度变迁的基因。凯恩斯的猫和薛定谔的猫不一样的地方在于，凯恩斯的猫会犯错、会学习，并会在犯错和学习的过程中成长。

链接阅读：考希克·巴苏（Kaushik Basu），《政策制定的艺术：一位经济学家的从政感悟》，中信出版社。

富国陷阱：发达国家为什么会撤掉梯子

◆ 发达国家说的和做的为什么不一样？

自由贸易是好的，产权保护很重要，只有民主制度才能促进经济增长。这些理念已经变得几乎不容质疑。这还有什么好质疑的呢？如果你去看看发达工业经济体，哪个不是支持自由贸易？哪个不是全力保护私人产权？哪个不是实行了民主竞选？

但是，在发达国家还处在发展初期的时候，它们采取的政策并不是这一套。德国曾是保护政策的积极支持者。德国经济学家弗里德里希·李斯特（Friedrich List）说，如果让一个幼儿和一个重量级拳击手按照同一个规则同台竞技，这本身就是不公平的，所以要保护本国的幼稚产业。美国也曾长期实行贸易保护主义政策。林肯总统大幅度提高了美国的进口关税。美国在经济增长初期的时候，大量盗印英国的书籍，还派工业间谍到欧洲窃取技术秘诀。杰弗逊总统有一句名言，他说奴隶是可以私有化的，但知识怎么能私有化呢？知识本来就应该让大家一起分享。就连自由贸易的旗手英国，也曾经长期实施贸易保护政策，后来才改弦更张。发达国家在经济发展初期，没有一个称得上是真正的民主国家，历史上没有一个发达国家在人均收入低于2000美元的时候实行过普选制度。

为什么发达国家自己做过的事情，如今却不让发展中国家做了呢？德国经济学家李斯特在批评英国的时候说，英国是上了楼之后就把梯子撤掉，不让德国上去。韩裔剑桥大学经济学家张夏准写了一本书，就用李斯特的这句话做了题目，叫《撤掉梯子（Kicking Away the Ladder）》（编者注：本书中文版由社会科学文献出版社在2007年出版，书名为《富国陷阱：发达国家为何踢开梯子？》）。张夏准讲到，发达国家不让发展中国家干的事情，当初自己却做得不亦乐乎。

以贸易政策而论，从理论上讲，自由贸易当然能够促进国际分工，扩大市场规模。但是，当今发达国家在处于赶超阶段的时候，无一不曾保护过幼稚产业，从竞争对手那里挖走技术工人，从更发达的国家走私机器，从事工业谍报活动，还故意侵犯专利及商标权。等它们的竞争力提高了，跻身发达国家行列之后，它们才开始倡导自由贸易，大力保护专利和商标，偷猎者摇身一变，成了正气凛然的护林员。

再以产权保护而论，从理论上讲，保护私人产权能够提供有效的激励机制，促进经济发展。然而在历史上，却经常会出现以侵犯某种既有产权来推动经济发展的案例。英国的圈地运动侵犯了共有财产，却方便了人们在侵占的土地上养羊，从而推动了毛织业的发展。“二战”后，日本、韩国、台湾地区的土地改革侵犯了地主的既有产权，却为这些国家和地区随后的发展做出了贡献。奥地利、法国等国实行工业企业国有化，将某些工业产权从因循守旧、死气沉沉的工业资本家阶级转移到热衷现代技术、热心投资活动的公有经济职业经理人手中，大大推动了国家的工业发展。

◆ 没有一种政策能够适用于所有的时期和所有的国家

这就把我们弄糊涂了。那么，是经济学讲的自由贸易理论、产权保护理论不对吗？从理论上讲，自由贸易理论和产权保护理论都没有错。自由贸易当然能够带来更多的好处，产权保护也能够让投资者对未来更加放心。但是，每一种理论、每一种政策都不可能适用于所有的时期和所有的国家。

在经济发展初期，一个国家刚刚打开国门，会遇到很多来自外部的冲击。为了缓和外部冲击，更好地维护本国的社会稳定，国家应该提供更多的保护。最理想的保护是巩固本国的社会保障体制，尽可能地帮助在对外开放的过程中，本国利益受损的那部分群体，尤其是工人阶层。哈佛大学经济学家丹尼·罗德里克（Dani Rodrik）就发现，一个国家的对外开放程度越高，其政府规模相对就越大，典型的例子就是北欧国家。北欧国家个个都是小型开放经济体，高度依赖国际贸易，但恰恰因为对外开放程度高，它们的社会保障制度也更加发达，是远近闻名的高福利国家。次优的选择是贸易保护主义，贸易保护主义是一种很笨拙、低效的保护政策，但总归聊胜于无。

在社会逐渐趋于板结化的时候，既得利益集团会成为经济发展的障碍。打破既得利益集团，有助于促进经济发展。怎样才能打破既得利益集团呢？最好的办法是引进新的竞争者，让新的竞争者去挑战既得利益集团，迫使既得利益集团也能振作起来，打起精神参加平等的竞争。如果做不到这一点呢？那么，次优的选择可能就是出现较大的社会变动，剥夺既得利益集团的特权，粉碎前进道路上的障碍。这一过程不可能是非常温文尔雅的，一定会带着暴力甚至流血，但从长时期来看，是非功过，谁与评说？

◆ 怎么才能让博尔特跑不过我？

我们再换一个角度来思考这些问题。如果我们实行贸易保护主义，是不是就能自动地带来经济增长呢？如果我们破坏私人产权保护，是不是就能自动带来经济增长呢？如果我们反对民主制度，是不是就能给经济增长创造很好的条件呢？当然不是。如果A不一定导致B，那么非A是不是一定能导致B呢，也未必，导致B的可能是另外的因素，比如C。模仿西方不能保障发展中国家成功，反对西方也不一定能够保障发展中国家成功。经济增长没有一种放之四海而皆准的标准答案。就像种子发芽，那是要在一切条件都具备的情况下才能出现的：土壤、水、阳光，缺一不可。

我们更需要警惕的是，有些西方观点未必是出于对发展中国家的关心，未必是单纯地好为人师，而是要用制度为藩篱，限制发展中国家的手脚。规则是不是都是平等的？这很难说。如果跑步，我比不过“飞人”尤塞恩·博尔特，但如果允许我改一下规则，我就能跑赢他。比如，我可以规定，每跑100米，就必须默写一篇《古文观止》里的文章，考一道宏观经济学的题目，通过了才能跑下一个100米。在这种新的规则下，你觉得谁能跑第一呢？

在国际政治的格局之中，规则由强者写就。发达国家利用它们控制和操纵世界经济的实力，在制定国际经济体系规则时很喜欢采用双重标准。比如，发达国家对知识产权的保护越来越严，这不一定是好事。打个比方，如果我在河上修了一座桥，向过往的车辆行人收过路费，大家应该觉得是公平的吧。那么，如果我规定，禁止任何人再修其他的桥，到河对面都要走我这座桥，是不是就很无理了？很多现行的知识产权保护，不是保护某种特定的生产工艺，而是保护最终产品，也就是说，哪怕你用其他的生产工艺，只要你生产的东西跟我的相似，那都是不可以的。

再比如，关于气候变化和环境保护，发达国家也会更强调现有的排放，忽视历史上的排放。如果按照现有的排放，发展中国家当然责任更大，但要是考虑历史上的排放，发达国家做得远远不够。这就好比一桌盛宴，发达国家已经吃撑了，但到了上甜点的时候发展中国家才赶到，于是，发达国家说，甜点都归你了，那么，你把这一桌酒席的钱都付了吧。你觉得这样的做法公平吗？

遇到这样的问题，不要轻易地感情用事，忙着去站队，多想想事物的不同方面。“横看成岭侧成峰，远近高低各不同。不识庐山真面目，只缘身在此山中。”你应该爬得更高一些，欢迎来到海拔3000米的地方，再看看下面的风景。

链接阅读：张夏准，《富国陷阱：发达国家为何踢开梯子？》，社会科学文献出版社。

赶超战略：计划经济在中国的起源

◆ 朝鲜战争与赶超战略

中华人民共和国刚刚建国的时候，实行的不是“社会主义经济”，而是“新民主主义”，所谓的“新民主主义”，不妨认为在经济上要更多地依靠市场经济和私人部门。这是一种暂时的缓冲，还是深思熟虑的结果？从建国初期的历史文献来看，共产党确实打算在较长时间内实行“新民主主义”。对中国经济“一穷二白”的底子，共产党比别人更为了解。

那么，为什么后来又急转而左，出现了计划经济体制呢？这里面的一个重要历史事件就是朝鲜战争。朝鲜战争改变了中国面临的国际政治格局。在“二战”时期，中国和美国的关系不错，美国固然和国民党政权联系更多，但对共产党也颇有好感，尤其是后来对国民党倍感失望，一度还想拉拢共产党。对新中国的成立，美国国内一直在辩论：是支持还是打压呢？但朝鲜战争导致中国和美国正式交恶，中国这才注意到，在自己的周围，已经形成了一条“岛链”，从韩国、日本到中国的台湾岛，直到菲律宾等东南亚国家，全部是反华的前哨。

为了保障国家的安全，就必须发展国防，而重化工业又是国防的基础。中国过去不是没有工业，但有的大多是轻工业。中日战争爆发之前，江南的纺织业相当发达，但一旦打起仗来，日本的飞机一下就把厂子炸没了。痛定思痛，中国共产党决定实施“赶超战略”，在较短的时间内“赶英超美”，借鉴苏联的经验优先发展重化工业。

轻工业是劳动力密集型的，但重化工业是资本密集型的。新中国成立之初，百废待兴，哪里有那么多的资本。重工业有三个基本特征：建设周期长，大部分机器设备需要进口，初始投资规模巨大。建国初期的中国经济也有三个特点。一是资金短缺，由市场决定的利率很高，靠市场自发力量无法在短期内积累发展重工业所需要的巨大资金；二是当时中国可以出口的产品很少，外汇短缺，无法满足进口国外机器设备的需求；三是生产分散，动员资金非常困难。在这种国情下，要想优先发展重工业的发展战略，唯一可行的办法就是集中有限的资源，通过计划和配给的方式优先分配给重工业部门，国家必须用行政命令的方式，把军工企业迁到偏远的内地，国家也必须用行政命令的方式，把上海的工程师、东北的老工人，送到各地的“三线工厂”。

为了降低重工业的生产成本，需要人为压低重工业原料价格和工人工资，同时人为扭曲汇率以低价进口机器设备。要想控制价格，前提是国家对经济领域的全面垄断和控制，因此在1953到1956年的社会主义改造时期，国家将私人资本全部国有化。即使在计划体制时期，经济学的规律也是存在的，价格压低的结果是生产短缺，生产要素的供应远远低于需求。因此国家需要对经济中各行各业的发展进行计划，并且用行政手段对原材料和资金进行分配，以保证重工业的优先发展。

这种高度集中的计划也渗透到微观层面，公司管理层没有经营自主权，要绝对服从国家经济计划部门的指令。于是，计划体制的形成，是一环扣一环的。首先，价格不能由市场定，只能由国家定；其次，资源配置不能由市场价格指挥，只能有国家调配；再次，生产不能由厂长、经理自主决定，一切都要听国家的。这就形成了一个三位一体的经济制度：压低生产要素价格的宏观政策环境，以计划为基本手段的资源配置，以及没有自主权的微观经营机制。

不仅是工业，连农业也被纳入了“赶超战略”的全盘计划。在低工资和低物价的情况下，为了让农村持续给城市工人和工业提供廉价的原料，国家先是在农村实行粮食的统购统销，以维持人为扭曲的低价，发展到最后成了所有农产品都统购统销。1953年开始农村合作化进程，从合作组、初级社到高级社，合作化程度越来越高。当时有一种考虑就是，当重工业发展之后，农业也要实现高度的合作化，集体农庄才能用上重化工业部门生产的拖拉机、收割机等。到最后，人口的自由流动也被严密地管制起来，这就出现了户籍制度、各省的粮食自给等。

◆ 为什么会有上山下乡?

资本密集型的重化工业是要烧钱的，它们无法提供足够多的就业岗位。农村的年轻人可以都去种地，自己养活自己，城里的年轻人怎么办?当时实行过“顶替”制度，如果父母早早退休，家里的孩子可以顶替父母的工作岗位。但是，当时家里的孩子往往不止一个，老大顶替了爸爸的工作，进厂里上班了，老二、老三该怎么办?伟大领袖毛主席大手一挥：广阔天地，大有可为。(《在一个乡里进行合作化规划的经验》)

于是，就有了知识青年的上山下乡运动。为什么要让知识青年上山下乡?从表面上看是一场政治运动，为了让知识青年向贫下中农学习，实际上是经济问题，因为城里没有工作岗位了。

最早，政府曾经考虑过仿照建设兵团的方式，整建制地把知识青年送到农村，后来一算账，发现这太贵了：你总得给下乡的青年盖宿舍吧，还得给他们拉电线，通自来水，花钱太多了。那怎么办?插队呗。插队能省下不少钱。要是把知青派到云南去插队，冬天的衣服不用给他们买，更省钱。为什么有大批上海知青到了云南呢?跟我们当时算过账是有关系的。

◆ 能造出原子弹，但生产不了的确良裤子

实事求是地说，用计划体制发展重化工业，有其历史必然性，也有一定的成绩。新中国几乎在完全自力更生的情况下，建立了门类相对齐全的工业体系。在国民经济最为困难的时候，中国爆炸了自己研发的原子弹。时过境迁，我们很难理解当时中国人的心情。我们来听听国民党元老白崇禧将军的儿子、著名作家白先勇怎么说。他讲道："我记得中共在1964年试验原子弹的消息公布之后，我跟其他很多人一样，很'中国'起来，忘了政治，忘了共产党什么的，只知道中国人也有原子弹了，是一个很骄傲的事情。"他和别人一样激动得热泪盈眶，眼泪干了，才想起来这是共产党的原子弹。

但是，在计划体制下，中国的经济能够实现现代化吗？1971年毛主席到南方视察，走到长沙的时候，毛主席给身边的工作人员放假，让他们到处走走，买点东西，搞些调查。一位身边的工作人员回来后很高兴，毛主席问她怎么回事。小姑娘说，今天很幸运，排了半天队，终于买到一条"的确良"裤子。后来，毛主席很感慨，他跟周恩来总理说，建国这么多年了，老百姓还买不到"的确良"裤子，为什么不能多生产一些？（注：原文是"我们能不能也搞点化纤？不要让老百姓穿衣这么千辛万苦"。）这个真的没有。生产"的确良"裤子，需要用到化纤原料，中国没有这个技术。我们能够生产出来原子弹，却生产不出来"的确良"裤子。计划体制时期的工业化，充其量只能说成功了一半。

链接阅读：林毅夫、蔡昉、李周，《中国的奇迹：发展战略与经济改革》，格致出版社。

M型经济：为什么中国的计划经济和苏联的计划经济不一样

◆ U型组织和M型组织

上一篇提到，中国仿照苏联的经验，制定了“赶超战略”，并走上了优先发展重工业的道路，整个经济体系最后都变成了计划经济。虽然苏联和中国高度指令化的计划体制有很多相似性，都是为了将有限的资源优先分配给重工业部门，但改革前中国的经济结构仍然不同于苏联的计划体制，这也导致二者后来在改革路径和转型结果上的差异。

著名经济历史学家钱德勒对比了美国汽车公司的两种组织结构。一种是以福特公司为代表的U型结构，在一个大公司下面有销售部、市场部、制造部等专业化部门，这些部门由一个中央集权的执行机构集中监管；另一种是通用汽车的M型结构，通用旗下的子品牌分别成立一个部门，例如雪佛兰部门、庞蒂克部门和奥兹莫比尔部门，每个部门拥有各自的销售部、市场部和制造部，相当于在一个大公司内部有好几个小公司。

钱颖一、许成钢等经济学家受到钱德勒的启发，将中国计划体制下的科层制经济组织称为“M型经济”，而苏联更接近于“U型经济”。换言之，中国经济是根据地域原则运用多层次、多地区的形式组织起来的，即使在计划经济体制下权力也是分散的，地方政府的力量很大，从来没有出现过苏联那种严密的垂直计划体制。

中国的M型经济有其历史根源，可以追溯到1949年以前根据地的经济和军事组织形式。建国初期中国也曾经学过苏联的U型模式，但后来在“大跃进”运动和“文化大革命”中出现了两次行政性分权的高潮，由此中国经济的组织形式朝着M型发展。

◆ 中国的计划体制是M型，苏联是U型

这两种组织形式可以很好地帮助我们理解中国和苏联在经济结构上的区别。苏联在中央层面成立了一百多个部委，分管不同的产业，然后由中央计划部门来协调各产业间活动的联系，这就像福特公司的U型结构。中国经济则是按照地域原则组织起来，中央将经济和行政权力下放到省级政府，每个省相当于一个小经济体，如同通用汽车下属的分公司一样，能够独立自主地管理辖区内的经济活动，这就是“M型经济”。

中国和苏联后来在经济改革战略和路径上的差异，很大程度上就是源于这种组织形式上的差异。具体来说，M型经济比U型经济更有利于进行市场化改革。

首先是M型组织下可以进行改革的试验，如果不奏效，也不会令整个经济体受到严重损伤。20世纪80年代以来，中国的很多改革都是先在一些地区进行局部试点，成功之后再在全国范围推广。但对于苏联这样的U型结构来说，各个部门是高度专业化协作关系，“牵一发而动全身”，改革必须经过全盘设计，整体推进。

其次是M型经济能够在相同层级的地方政府之间形成竞争，调动经济体的积极性。M型结构比U型易于进行经济绩效的评估。中国的中央政府可以比较不同省份的诸如GDP等经济产出指标，但苏联却无法进行这样的比较，因为煤炭部与钢铁部的经济活动是不可比的。有了经济指标的衡量，就可以在地方政府层面形成有效的竞争关系。只要确立了绩效评价体系，

激励机制就会起作用，地方政府会有动力推行能够增加绩效的经济政策。这种地方政府的潜在竞争关系还有利于在全国范围内形成一种竞争性的市场环境，在一定条件下能够加速非国有经济部门的成长。

研究计划经济转轨的人通常会赞扬中国的渐进式改革，批评1989年以后大部分东欧国家和苏联采取的大规模私有化和“休克疗法”。但大部分人都忽略了一点，东欧国家并不是一开始就进行激进式改革，而是在尝试了渐进式改革、最终却毫无成效的背景下，转而尝试激进式改革的。东欧和苏联的U型结构决定了局部或渐进的改革难以成功，反而会引发经济整体的困难。中国沿用东欧早期渐进式改革的许多方法取得成功，正是因为中国经济的M型结构。

当然，M型经济也会带来很多潜在的问题，比如，行政性分权给中国经济带来的市场分割导致的规模经济损失、重复建设、地方保护主义等问题。“天下大势，合久必分，分久必合”，分权和集权的周期一直存在。

链接阅读：钱颖一、许成钢，《中国的经济改革为什么与众不同——M型的层级制和非国有部门的进入与扩张》，《经济社会体制比较》，1993年第1期，第29—40页。

温州的故事：南下干部与游击队干部

◆ 为什么温州的民营经济最发达？

改革开放以来，民营经济的壮大是中国经济最亮眼的成绩之一，其中又以浙江的民营经济最为发达。2016年中国民营企业500强，浙江有134家民营企业上榜，连续18年蝉联全国第一。为什么浙江的民营经济最发达？

一个常见的解释是江浙一带有经商传统，当地的习俗和文化有利于民营经济的发展。但这个回答忽略了浙江省内巨大的地区差异。浙南和浙东地区，例如温州和宁波的民营经济，在改革初期就突飞猛进，这些年来的表现一直十分出色。浙北和浙西南的部分地区，如衢州和嘉兴，则缓慢得多。还有，浙江温州和福建宁德两地相邻，历史上国有资本在两地都没有什么势力，但为何改革开放后温州的民营企业家名满天下，宁德却远为落后？

很多人会认为，民营经济壮大是政府无为放任的结果，所以越是民营经济发达的地方，政府的行为就越不重要。但真正的答案往往藏在被我们忽视的地方。在接下来要讲的温州故事里，你会看到，地方政府的激励和行为与民营经济有着十分紧密的联系。

早在改革开放以前，温州的民间地下经济就一直存在并且十分活跃，这为20世纪80年代以后民营经济的发展打下了良好基础。在“走资派”要被杀头的年代，民间经济能够偷偷存活，离不开地方干部的保护。但为什么在全国都跑步进入共产主义的时候，温州的地方干部会冒着生命危险保护资本主义的幼苗？而且最令人费解的是，在极“左”的“文革”时期，温州竟然来了一次“资本主义复辟”，一些县的民营经济甚至超过了国有部门。

◆ 南下干部派与游击队干部派

这个故事要追溯到浙江省的革命史。1949年以后浙江省的地方干部可以分为两派，一部分是解放战争期间随野战军南下的干部（简称“南下干部”），另一部分则是抗日战争中发展壮大并坚持在浙江打游击的地方游击队干部。1949年以前，在浙南一代活跃的武装游击队在当地有着较为广泛的群众基础，在基层政权中影响力很大。在长江以北，几乎没有游击队解放当地城市的案例，但当共产党的军队打到长江，国民党已经溃不成军，于是，在长江以南，比如温州，就出现了游击队解放当地城市的“英雄事迹”。新中国成立后，浙江的大部分地方政权都被南下干部控制了，他们从土地改革运动中提拔年轻干部以取代本地游击队出身的干部。只有在游击队力量较强的浙南地区，如温州乐清，宁波慈溪、金华等县，基层干部队伍还是以地方游击队干部为主。

建国初期，浙江省的高层领导绝大部分都出自南下干部队伍，地方游击队干部在政治权力网络中被边缘化了。这对当地的经济发展反而是一件好事。对于游击队出身的本地干部而言，与上级关系的疏远和当时巨大的政治压力给了他们从基层寻求“政治保护”的动力，因此在本地推行保护群众利益的经济政策，以维持自身的政治生存。与之相比，地方政权中的另一派别——南下干部的日子就好过多了。南下干部的权力来自上级，他们的政治生涯取决于上层领导的提拔，因此他们更倾向于执行上级的命令，而不是保障群众的利益。这也是为什么在历次政治运动中南下干部更可能表现出“左倾”倾向的原因。

特别要强调的是，地方游击队干部当时作为一个政治群体，可能遭到整体性的打压，而不是其中某个干部的政治生存面临威胁。他们也许聪明地意识到了，他们的政治“竞争者”很难在地方政权中进行大清洗，除非是通过政治运动发动群众揭发和批斗才能做到。因此，为了保证自身的政治生存，地方干部只有从基层中获得广泛政治支持才能消解这一潜在危险。所以，地方游击队干部在当地默许和包庇地下经济活动，其实是在以保护群众的经济利益来交换不被群众运动清洗的政治保障。

◆ 激励相容理论

如果你还记得激励相容理论，那么你会想到，这一理论应用到这里再合适不过了。游击队出身的本地干部之所以在最敏感的时期都小心翼翼地维护民众“赚钱”的自由和保护私人产权，并不是因为他们大发慈悲，而是因为这符合他们自身的政治利益。1949年以后，浙江省地方政权上的权力分化，带来了一种非常奇特的激励机制，使得地方游击队干部更倾向于维护本地利益，而非执行上级的“左倾”经济政策。

“文革”爆发之前，南下干部在地方政权中处于强势地位，游击队出身的本地干部只能在执行政策的时候“阳奉阴违”，以减缓政治运动对当地民间经济的破坏。“文革”期间，大规模的群众运动削弱了南下干部的政治影响力，游击队干部由于其对基层利益的保护受到的冲击较小。20世纪70年代，中央鼓励地方政府发展社队企业，地方干部有了更大的空间推行有利于保护民间地下经济的政策，因而出现了一个民营经济发展的小高潮。改革开放以后，这些游击队干部掌权的地区由于有民营经济的延续性，产权保护等市场经济发展的制度条件较好，在民营经济和地区经济的增长上很快脱颖而出。

总结一下，由于南下干部和游击队干部在地方政权的权力分配中所处的地位不同，在政治激励和行为上产生了不同的结果。温州的游击队干部为了保障自身的政治生存，必须依靠保护群众利益的经济策略，默许包庇本地民众从事地下生产和交易，也因此保存了民营经济的火种，这才有了今天发达的民营经济。

链接阅读：章奇、刘明兴，《权力结构、政治激励和经济增长：基于浙江民营经济发展经验的政治经济学分析》，格致出版社。

制度变迁：农民与国家的博弈

◆ 改革不会出现在最困难的时候

在讲中国的经济体制演变之前，我先给大家推荐一本书，即托克维尔的《旧制度与大革命》。我们在《旧制度与大革命》中读到的很多精辟观点，在观察中国的经济体制变革时，同样能够找到共鸣。

《旧制度与大革命》中谈到，真正发生变革的时候，不是经济最困难的时候，反而是经济状况有所改善的时候。托克维尔讲到，如果一个奴隶的手脚都戴着镣铐，他可能不会有反抗的勇气，但如果把他的脚镣去掉，剩下的手铐就会变得格外令人难以忍受。

回顾中国的经济体制演变，我们能够看到，改革并没有发生在经济最困难的时候，而是发生在形势相对较好的时候。在计划体制时期，中国经济经历的最困难的时候是20世纪60年代初期的大饥荒。大饥荒期间，有很多人死亡。虽说是天灾，其实是有人祸的原因。

建国初期，在优先发展重工业的战略驱使下，国家的行政权力深入到乡村社会。为了保证粮食和农产品的供应，国家一开始规定了农村的生产指标，并且限制农民自由买卖自己生产的产品。随后，伴随着农业集体化运动和大范围推行公有化的人民公社，进一步消灭了农民的私有权。

在和国家的博弈之中，农民处于劣势。为什么农民的私有产权可以很轻易地被国家收走？这就要回到农民过去是如何在土地改革中获得私有权的。简单来说，建国最初，农民获得土地不是靠自己买来的，是国家通过土改分给农民的，既然是国家给你的地，国家说要收回，你又有什么话说？

这段时期，农业生产受到极大的影响。在集体化农业生产中，干好干坏一个样，农民无法从中得到好处，当然不会有积极性，就连监管农民生产的基层干部都没有积极性。集体化生产长期低效的后果到1959年开始显现，随后是三年歉收，导致了大饥荒的悲剧。

大饥荒是对国家合法性的极大挑战，国家随后不得不对农村的经济政策进行短期的调整。值得一提的是，这些调整不是真正的改革，不过是一时的权宜之计。到1964年农业生产逐渐恢复以后，很多政策改革就被摒弃了。这一次的短期调整并没有打破人民公社的制度框架，但却保留了两个农村产权改革的萌芽。一是恢复了以生产队为基础的所有制，不再激进地建更大规模的人民公社了。二是承认家庭副业的合法性，允许农民在房前屋后种点儿菜，以免再次出现饥荒时期饿死人的悲剧。

◆ 小小的让步，为后来的改革埋下了伏笔

这两个政策上的妥协为日后的农村改革埋下了伏笔。首先，生产队的

所有权在一定条件下得到了保护，这在全面公有化的农村经济中开了一道口子。其次，允许农民家庭的自留经济之后，农民不仅不再完全依赖集体生产，还可以通过部分退出集体劳动转投家庭副业的方式来表达对集体农业制度的不满。不管你到哪里，都能发现，自留地种得很好，集体的地常常种不好，这就是激励机制导致的。在这一时期，农民保留了局部的退出权。在与国家的博弈中，虽然农民不能不服从国家的指令，但已经可以采取消极劳动的策略来要求国家做出一些让步。

到了20世纪70年代，中国的经济增长其实是不错的。“文化大革命”对中国经济增长有短暂的冲击，生产秩序遭到破坏，大家只抓“革命”，不促生产了。但随着“文化大革命”的高潮逐渐退去，生产秩序逐步得到恢复。许多政治人物被当作“当权派”被打倒，但相对而言，中层和基层负责经济管理的业务干部陆续被再次启用。尤其是在1971年“林彪事件”之后，人们已经对政治斗争失去了兴趣，人心求稳。70年代末，中国的粮食生产在局部地区出现了困难，这引起高层的关注，担心会再度出现大规模饥荒。安徽省凤阳县小岗村“冒天下之大不韪”偷偷搞起“包产到户”的壮举已经是人们耳熟能详的故事。但“包产到户”并不是小岗村的制度创新。早在1960年大饥荒后国家开始调整农村经济政策，就曾经短暂地允许农村包产到户甚至分田单干。这也是《旧制度与大革命》中的一个有名的观点：大革命时代的很多制度，其实在旧制度时代就已经存在了。

20世纪70年代末，中国的农村改革几乎就是60年代政策调整期的大规模重演，但这一次国家的上层政治结构发生了重大变化，使得农民在和国家的博弈中，能够通过分步沟通、讨价还价与国家达成互惠互利的交易，形成一个有利于调动生产积极性和经济增长的产权制度安排。在这种新的制度安排下，农民通过“包产到户”的形式，以保证对国家的粮食上缴和承担经营责任，换得土地的长期使用权。大家注意，“包产到户”不是土地私有化，它只承认农民可以获得土地的承包权，并保护农民可以支配上缴国家之后的农业产出。但在当时来说这对农民是更为重要的，而国家也看到了这种产权形式能够带来更高的收益——不仅有稳定的税收，还有对农村经济低成本的控制系统和农民的政治支持。由此，新的均衡产生了，农村的产权秩序得以在农民和国家的交易中重建。

◆ 阳关道与独木桥

我们还得讲讲地方政府在这一制度变迁中的作用。是不是所有的地方政府都支持包产到户呢？并非如此。万里同志还在安徽的时候，北京有个长期从事农业工作的老同志过去调研，说包产到户可不能搞，那是反对社会主义的。万里则说，包产到户是群众要求的，他反问那位老同志，你是要群众，还是要社会主义？那位老同志毫不犹豫地说：我要社会主义。1980年，中央召集各个省市的领导开会讨论农村改革，黑龙江省省委书记杨易辰反对包产到户，贵州省省委书记池必卿插话说，你走你的阳关道，我走我的独木桥。黑龙江省地广人稀，自然不愁粮食生产，但安徽、四川和贵州这样的地区，再不改革，真有可能再次出现饿死人的事件，所以当地的官员对农村改革的积极性更高。

所以，中国经济的M型结构对农村改革的推进也有帮助。各地可以根据本地的实际情况，进行局部的试验和创新。当改革带来了显著的经济绩效的改善，便可能会引起中央决策的注意，由中央与多方协调在全国推行，完成全局改革。

中国的经验表明，有效的产权制度可以以渐进的方式，通过社会和国家的博弈，在不断的摸索和调整过程中形成。当然，国家是否允许群众的自发创新、是否真正贯彻群众路线，是改革最终能否成功的关键。体制的优劣，不取决于在一时一地是否效率更高，而取决于其发现问题、解决问题、自我调整的能力。失去了这种能力，社会就失去了活力，体制就失去了抗击风险的能力。

链接阅读：周其仁，《产权与制度变迁：中国改革的经验研究》，北京大学出版社。

故事思维：影响经济信心的秘密

◆ 真理姑娘进村记

真理是一个面若桃花、冷似冰霜的姑娘。她心地善良，但讲话毫不给人留情面。她来到村子里，每到一户人家，都会惹得那一家人不愉快，最后，整个村子的人都不喜欢她，大家把她赶出了村子。

真理又冷又饿，蜷缩在村外的树林里。寓言发现了她。好心的寓言把她带回家，给她吃的喝的，还给她穿上了一套漂亮而温暖的衣服，叫故事。披着故事外衣的真理再次走进村民的家里，村民们忽然觉得，她是那么可爱、动人。大家把离火炉最近的地方让给她，邀请她同桌吃饭。真理变成了大家最喜欢的姑娘。

一个好的故事，胜过一千个道理。为什么会是这样呢？因为人不仅仅是理性动物，“动物精神”影响着人的行为。在漫长的进化过程中，人类变成了一种讲故事、听故事的物种。

什么是故事？故事就是把事实串起来，让事实变得有情节、有意义、有逻辑。如果没有故事，我们很难理解外在的世界。生活对我们可能只是一桩一桩烂事。故事是我们的知识的基础。有了故事，人生才有了意义。

◆ 大家都在讲故事

好的婚姻都是靠故事支撑的。心理学家罗伯特·斯滕伯格（Robert Sternberg）在《爱情是一个故事：斯滕伯格爱情新论》一书中谈到，在成功的婚姻中，夫妻两人创造出了属于他们自己的故事。婚姻生活就是不断地为这个爱情故事增加细节。这个爱情故事编织了夫妻两人的共同记忆，并把这些记忆升华为一种价值。要想增加夫妻之间的信任，就要更好地讲这个故事，通过故事不断地增加双方的信任。哪一天，这个故事讲不下去，婚姻也就完蛋了。

好的企业家都会讲故事。老板要是想让你努力工作，就会给你讲建造金字塔的故事。有两个奴隶，都在工地上搬石头。一个垂头丧气，另一个精神抖擞。一个路过的行人问他们，你们在干什么呀？那个垂头丧气的人说："还不是天天把这些破石头搬来搬去。"那个精神抖擞的人说："看，我们在建金字塔。"

各个行业都在比着讲故事。比如互联网行业就最会讲故事。技术进步难道仅仅出现在互联网行业吗？当然不是啦。如果你去看看做鞋子的、挖隧道的、养牛养猪的、造汽车轮船的，各行各业都有技术进步，而且这些技术进步可能给我们带来的实惠更多，但这些行业却从未引起公众的兴趣，我们的注意力全都跟着互联网行业走了。

故事都是套路。神话学家坎贝尔（Joseph Campbell）有一本名著，叫《千面英雄》。他分析了各个文明的神话传说，发现其实情节都差不了太多。研究叙事学的学者认为，基本的故事情节其实只有20多种，但我们翻来覆去地讲这些故事，乐此不疲。在人类历史上，少数打动人心的故事被不断讲述和传送，变化的只是故事的名称和细节。

◆ 中国经济奇迹背后的故事

经济学家不曾认真地对待故事。如果你认同凯恩斯的观点，即人们的决策会受到情绪的影响，那么，你就会发现故事的用处。人们不需要理解，但是他们需要信任。能够移动大山的是信仰，而不是事实的力量。事实无法形成信任，信任需要故事来维持。只有故事才能激发信任和希望。信心不仅会影响到每个人的情绪，也会影响到群体的情绪。信任是会传染的，失去信任也是会传染的。一个国家也好，一个市场也好，都会出现信心围绕着故事的波动和起伏。要想理解经济的波动，我们必须理解当时的深入人心的故事。

让我们回想一下，过去30多年来，中国的经济奇迹是由什么故事支撑的。当说起过去30年中国的经济奇迹时，我们似乎讲的只是一个故事，其实并非如此。20世纪80年代的中国经济和90年代的中国经济，增长的样子非常不一样。

20世纪80年代，我们讲的故事是改革。比如，最有传奇色彩的故事是小岗村的农民怎么偷偷地把村里的地给分了。改革释放出巨大的潜力，几年的时间内，中国的温饱问题就解决了。90年代，我们讲的故事是开放。最有说服力的故事是中国加入WTO。在加入WTO之前，几乎所有的人都担心，加入WTO之后，外资大举进入中国，中国企业的竞争力会受到很大的冲击。结果，中国企业的竞争力反而在入世之后迅速提高。在80年代和90年代，中国经济并非事事顺利，比如，80年代城里的国有企业改革，效果就不如农村体制改革好。90年代初期的宏观调控，事后来看也有可以改进的地方，但是，大的故事讲好了，人心就稳，人心就齐，信心自然就有了。

当前的中国经济基本面并不差，但信心却不如以前。一个原因，可能就是这几年的故事讲得不好。无论是反腐、“双创”和“互联网+”，都不可能和当年的改革、开放那样醒目、清晰、震撼人心。要是想提振中国经济的信心，讲小的故事是没有用的，必须找到一个宏大的故事。在我看来，最好的故事题材是讲民生。如果能够突出这条故事的主线，从教育、医疗体制改革突破，同时解决中国过去遗留的环境污染问题和未来不得不面对的人口老龄化问题。短期内提高投资、中期内调整结构、长期内推动体制改革，才能够真正把人气凝聚起来。

2017年是讲一个新故事的最好的时机。观众已经入席，喧闹声已经消失，大家屏住呼吸，只等幕布揭开。

链接阅读：乔治·阿克洛夫（George Akerlof）、罗伯特·希勒（Robert Shiller），《动物精神》，中信出版社。

第四辑

经济增长的迷雾

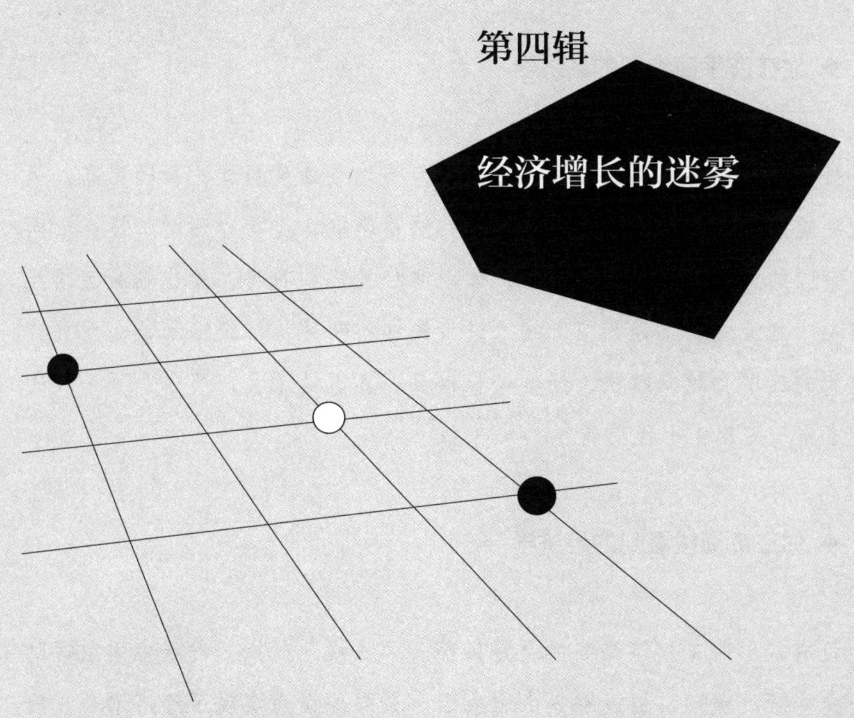

导读

◆ 你在海平面看到的经济学

按照主流的经济增长模型，穷国的经济增长速度应该比富国更高，最终达到趋同。穷国之所以穷，是因为其储蓄率低，没有办法增加投资。同时，穷国的人民受教育程度不高，如果增加投资和教育，就能刺激穷国经济增长。主流经济学还相信，技术进步能够不断地推动经济增长，而且技术进步的速度会越来越快，经济增长也会一直保持下去，所以，下一代的生活水平一定比上一代更高。

◆ 你在高海拔看到的经济学

没有能够带来经济增长的灵丹妙药。“冷战”时期，发展中国家得到了不少外来的援助，但没有一个国家因为获得外援而实现了经济增长。教育也无法自动地促进经济增长，因为学校的文凭并不代表着劳动力的生产效率真的提高了。经济增长归根到底要靠激励机制，而这要靠各种条件和一点关键的运气。技术进步和经济增长不是线性的。从1920到1970年，发达世界经历了一次技术进步和经济增长的“大跃进”，但在20世纪70年代之后，全球的经济增长率在下降，而且很可能以后会进一步下降。

◆ 本辑导读

《李约瑟之谜：什么是提问题的最佳方式》讲到，我们应该怎样认识东西方的差异。李约瑟之谜问的问题是：为什么西方出现了工业革命，中国却没有出现？这种提问方法是错误的。你不能问，为什么鸭子会游泳，而鸡不会，你应该问，在进化的过程中，鸭子是如何学会游泳的本事，而鸡为什么选择了另一种进化的道路。

《储蓄-投资缺口：穷国之所以穷，是因为它们没有钱吗》讲到，“二战”之后，发展经济学认为穷国之所以穷，是因为他们收入低，所以攒不了很多钱，储蓄很少，储蓄少则投资少，投资少就无法实现经济增长。根据这种想法，如果给穷国更多的援助，它们就能加快发展。遗憾的是，从来没有一个国家是依靠外援实现经济增长的。

《人力资本投资：为什么教育无法促进经济增长》讲到，发展经济学家又说，穷国之所以穷，是因为教育水平不高，用经济学的术语，就是人力资本的投资不足，所以要帮助穷国发展教育。遗憾的是，这一招也不灵。学校里教的，未必是找工作的时候需要的技能。知识改变不了命运，只有改变思路，才能改变命运。

《溢出效应：贫穷会传染，富裕也会传染》讲到，经济增长中存在着偶然性。贫穷是一个均衡，富裕也是一个均衡，关键在于如何让穷人跳出“贫困陷阱”。只要有了创新的种子，而且有了土壤、水和阳光，种子很快就会生根发芽。一旦进入到富裕均衡，所有的成功都会变得更加容易。

《现代生活：我们所熟悉的现代生活是从何时出现的》讲到，我们熟悉的现代生活其实还没有100年的历史。在100年前，人的寿命是短暂的，医疗技术极差，生活条件艰苦，缺少现代生活中的种种便利。我们所能够享受到的生活质量，是100年前的王公贵族都不可能享受到的。

《衣食住行：重温带来现代生活的衣食住行革命》讲到，在过去100年的时间里，我们的衣食住行都发生了哪些重要的变化。过去我们自己缝衣，现在都买成衣；过去我们很难让食物保质、无法长距离运输肉类，现在则大量依靠冷冻和加工食品；过去我们靠步行和马车，现在则坐飞机轮船、开汽车；过去我们的房子是独立的，现在的房子则通过各种公共设施连接在一起，城市里有了电，有了给水和排水系统，有了公路，才彻底改观。这是一次史诗般的革命，可惜找不到可以赞颂的英雄人物，是无数无名英雄推动了这场革命。

《黄金时代：1920—1970年间的“大跃进”》讲到，在过去100年中，1920—1970年的经济增长表现最为突出，是前无古人、后无来者的“大跃进”，相比之下，1970年之后，直到今天，经济增长的表现都很平平。不要忘记，在1920—1970年期间，爆发了大萧条、第二次世界大战，“二战”之后全球经济长期处于管制，还能有如此高速的经济增长，不能不令人惊叹。

《不破不立：为什么大萧条和第二次世界大战能够刺激经济增长》讲到，祸福相依，大萧条和第二次世界大战反而刺激了经济增长。大萧条推动了一系列社会改革，这些改革提高了工人的积极性。第二次世界大战期间，战时经济不仅仅给制造业企业提供了订单、给工人提供了就业岗位，而且迫使企业不断地提高生产效率。最大的奇迹在于，第二次世界大战之后，军用经济在很短的时间之内转化为民用经济，成功地避免了一场衰退。

《新经济幻觉：电比电子计算机更重要》讲到，20世纪70年代之后，美国的经济增长风光不再。在90年代出现的“新经济”短暂地拉动了美国经济增长，但很快又走向低迷。以电子计算机为代表的第三次产业革命和以电为代表的第二次产业革命相比，对经济的影响范围更小，拉动作用不强。即使我们考虑到未来可能出现的较大的技术变革，比如生物工程、人工智能、3D打印等，期望再回到1920—1970年间的高速增长都是不现实的。

《未来风险：经济增长遇到了“顶头风”》讲到，美国经济未来可能会遇到更多的“顶头风”，比如收入不平等的加剧、教育水平的下降、债务压力居高不下，以及全球化退潮、气候变化等。这些因素会形成更大的阻力，使得美国的经济增长举步维艰。这些问题不仅仅是美国经济遇到的问题，很多其他国家也会同样遇到类似的挑战。

《长期停滞：如何生活在一个经济增长率放慢的时代》讲到，即使是像中国这样的新兴经济，高速经济增长的黄金时代也已经一去不复返了。从人口因素、经济结构变化看，我们都无法想象中国仍然能够保持像过去那样的高速增长。从中等收入国家晋级高收入国家，不需要过分关注一年、一个季度的经济增长率，更为关键的是要在一段较长的时间里保持持续稳定的增长。

李约瑟之谜：什么是提问题的最佳方式

◆ 李约瑟之谜，引无数学者竞折腰

大家可能听说过“李约瑟之谜”。英国学者李约瑟（Joseph Needham）对中国古代的科学技术很感兴趣，他编著了15卷的《中国科学技术史》。在回顾了中国古代灿烂辉煌的科技成果之后，李约瑟不解地问：“中国古代对人类科技发展做出了很多重要贡献，但为什么科学和工业革命没有在近代的中国发生？”

对无数学者而言，“李约瑟之谜”太刺激了，“引无数学者竞折腰”，他们都希望自己能解答“李约瑟之谜”。李约瑟本人也做了尝试，但并不理想。比如，他谈到，中国古代有科举制度，科举制度禁锢了人们的自由思想，学生都去背四书五经了，所以无法去探索科学真理。

这个解释非常牵强。的确，科举会影响到学生的知识准备。唐朝科举加试写诗，于是，文人们都去写诗了，这是唐朝诗歌雄极一时的重要原因。但是，元朝几乎绝了士子的科举之路，于是，大家都去写剧本了，元曲也能蔚然成风。同理，如果科举加试科学，那可能中国古代的“科学家”会多很多，但这样就能激发出中国的“科技革命”？如果按照李约瑟的说法，那么，废除科举，士子们就会去探索科学道理？我看不见得，估计获利的是秦淮河边的歌台舞榭。

后来，学者们把“李约瑟之谜”进一步放大。从中国为什么没有出现现代科学，变成了中国为什么没有出现现代化，为什么没有出现资本主义，为什么落后，等等。

问题越大，回答起来就越难。为什么中国落后？因为制度不行。这是最容易被人们接受的一种回答。那究竟是什么制度不行？为什么不行？答案就五花八门了。

◆ 为什么鸭子会游泳，而鸡不会?

当我们遇到这种大而无当的问题时，应该后退一步，认真想想，是不是题目出得不对。不是说老师出的每个题目都是对的。当碰到糊涂老师出的糊涂题目，你可以拒绝回答。

我们先不要着急去回答“李约瑟之谜”。不妨仔细想想这一问题背后的前提假设。“李约瑟之谜”背后的假设是，近代科学和工业革命是每个文明都必然会出现的东西，但历史中充满了偶然性，近代科学和工业革命很可能是西方的希腊-欧洲文明演化出来的特有的偶然性事件。好比你问，为什么鸡不会游泳？废话，鸡天生就不是要游泳的，游泳是鸭子的事情好不好。那我们应该怎么提问呢？或许，我们应该问的是：为什么鸭子在进化中学会了游泳的本领，而鸡却没有？回到“李约瑟之谜”，更准确的提问应该是：为什么西方文明演化出了近代科学和工业化，而其他文明却没有？

◆ 加州学派

看起来这和原始版的“李约瑟之谜”并没有太大的差别，但问题的表述变了，思路就会改变。这里给大家推荐几本书，供大家进一步阅读。这几本书的作者大多在美国加州的大学里执教，因此被称为“加州学派”。

1. 彭慕兰（Kenneth Pomeranz），《大分流：欧洲、中国及现代世界经济的发展》，江苏人民出版社。

2. 弗兰克（Andre Gunder Frank），《白银资本：重视经济全球化中的东方》，中央编译出版社。

3. 王国斌，《转变的中国：历史变迁与欧洲经验的局限》，江苏人民出版社。

即使同属“加州学派”，不同的学者观点也有分歧。大体而言，他们的共同之处在于，都不承认所谓的“欧洲中心论”。在1500年前后的世界，财富主要集中在东方，而中国在这个“东方”世界中地位举足轻重。之后，欧洲才开始崛起，并且在18世纪较晚的时候，东西方的“大分流”才出现。

为什么欧洲会率先出现工业革命呢？其实，跟近代科学并无直接的关系。工业革命初期的技术进步是工匠们推动的，跟科学家无甚干系。工业革命首先出现在英国，是各种因素因缘际会的结果。最早建立全球帝国的是西班牙和葡萄牙，工业发展最早的是意大利和荷兰，英国之所以能后来居上，一个重要的原因是因为有煤。法国人梯奎（Ticquet）曾把煤称为“英国财富的最大来源”。有了煤，就能炼铁。英国的铁器制造业在16—17世纪有了长足的发展，能够生产上千种铁器。据估计，当时英国人均使用的铁的数量，是中国人的10倍。与英国相比，中国最发达的江南地区缺煤缺铁，也缺少木材。江南一带人家盖房，都不得不“兼用竹木”。当时，英国冶金工人一年砍伐20万株大树，只是为了烧炭，这对中国人来说是难以想象的。

◆ 江南的早期工业化

为什么中国没有出现工业革命呢？不是因为中国在科技方面不行。中国人并非对技术陌生。尽管中国未发明出蒸汽机，但与蒸汽机有关的许多关键技术，比如活塞、阀门、皮带传动，在中国出现得比欧洲还早，甚至有欧洲学者认为，欧洲的蒸汽机发明，在有些方面受到中国技术的启发。1862年，徐寿和华蘅芳在安庆成功地研制出中国第一台蒸汽机，但由于江南缺少煤铁，始终未能在中国广泛流传。中国在唐宋时代就会制作明轮船，但由于金属匮乏，中国明轮船的关键设置，比如转轴和传动齿轮，一直是木质的。活字印刷一度是用铜版，但到万历之后就少有用铜活字。到康熙年间，朝廷要编纂《古今图书集成》，用铜版活字。到了乾隆年间，由于铸钱缺铜，又把铜活字销毁，拿来铸钱了。

尽管中国没有煤和铁，但我们有优秀的人力资本。江南富有人工，且是素质较高的劳动力。江南士子不仅冠盖文物，就连普通的农夫农妇，也大多接受过读写和计算的教育。这种不同的资源禀赋，导致江南和英国采取了不同的技术路径。

在英国早期的工厂里，工人的处境是非常悲惨的。这些工人多是没有受过教育，又失去了土地的农民，不到工厂里打工，又能干什么呢？尽管工作环境恶劣，劳动时间长，还要忍受工场主或工头的呵斥，那也只能认命了。马克思曾经说过，英国的一些手工工场，宁愿使用一批“半白痴”，来从事简单机械的工作，这就是工厂的秘密。

你能想象中国江南的技工甘心到污浊的工厂里打工吗？资源禀赋不仅决定了技术路径的差异，还导致生产组织方式的不同。中国的原始工业化并未催生欧洲那样的工人集中生产的工厂制度，在江南盛行的是独立经营的中小企业。这不仅是因为江南缺乏机械和机器，而且也是因为江南难以建造大厂房。营建厂房的成本高昂，只能让普通人家望洋兴叹。从另一个角度来讲，既然江南技工心灵手巧，大多是熟练劳动力，自己就能够运作一个小型的手工作坊，自己就把生产、记账、销售都包揽了下来。

我们学习的目的不是为了寻找标准答案，而是为了锻炼独立思辨的能力。我们讲“李约瑟之谜”，是借这个案例，引导大家不断反思。

链接阅读：李伯重，《江南的早期工业化（1550-1850）》，中国人民大学出版社。

储蓄-投资缺口：穷国之所以穷，是因为它们没有钱吗

◆ 富国援助穷国的逻辑

穷国之所以穷，是因为它们没有钱吗？

这听起来是同义反复，“穷”的定义不就是没有钱吗？其实不然。

最早的经济增长理论非常强调投资的作用。经济学家认为，投资才能带来经济增长，而且，他们做了一个很“简单粗暴”的假设，即投资的增长率和经济增长率之间有固定的比例关系。举例来说，如果投资率（即投资占GDP的比例）为4%，能够带来1%的GDP增长率，那么，如果你想把GDP增长率提高4%呢？很简单，投资率需要提高到16%。西方经济学家提

出这个理论，是从当年苏联制定经济计划受到的启发。苏联当年就是这么预测经济增长的。怎么提高投资率呢？你必须提高储蓄率。投资需要的钱，来自储蓄存下来的钱。可是，穷国的储蓄率很低，拿不出足够多的钱投资。比如说，一个穷国的储蓄率只有GDP的4%，但要想实现4%的经济增长，需要16%的投资率，也就是16%的储蓄率。这就有一个12%的储蓄–投资缺口。

怎么办呢？富国可以给穷国提供援助，填补这个缺口。咦，富国又不是雷锋，它们为什么要做这个好事呢？

20世纪50年代，正是铁幕刚刚落下、“冷战”刚刚登场的时候，西方国家对苏联体制充满了恐惧。这种恐惧也不是没有道理的。50年代和60年代是资本主义国家经济增长的黄金时代，但就在这段时期，计划体制国家的经济增长仍然超过了资本主义国家。1950—1965年期间，西方资本主义国家的年均GDP增长率为3.15%，而计划体制国家的年均GDP增长率则达到4.43%。西方的经济学家注意到，计划体制国家的储蓄率和投资率普遍比较高。为什么呢？因为计划体制国家可以用国家的强制力量，汲取更高的储蓄。计划体制国家几乎都以“赶超战略”为基本政策，强烈地追求经济增长，但对消费者的福利水平则很少考虑。

很多西方的经济学家对此忧心忡忡。有一个叫罗斯托（Walt Whitman Rostow）的经济学家写了一本书叫《经济增长的阶段：非共产党宣言》。他在这本书里说，在经济起飞阶段，最重要的因素是投资率能否从5%提高到10%。罗斯托的这本书的副标题是“非共产党宣言”，他认为，如果西方不对发展中国家提供援助，就会有更多的发展中国家变成社会主义国家。

罗斯托是艾森豪威尔总统的经济顾问，在肯尼迪总统和约翰逊总统执政期间，他都是政府要员。罗斯托成功地说服了几任美国总统增加对外援助。艾森豪威尔总统期间，美国的对外援助开始大幅度增加。1959年，美国通过了对外援助法案。肯尼迪总统期间，美国的对外援助增加了25%，约翰逊总统期间，美国的对外援助创下了历史新高。

◆ 加纳：援助失败的案例

大规模对外援助的结果如何呢？几乎没有一个发展中国家依靠援助实现了经济增长。影响投资决策的是投资的回报率。如果投资的回报率高，人们自然会乐于投资，但对外援助无法提高投资的回报率。这些受援国拿到更多的钱之后，只是把这些钱轻易地挥霍掉了。我们不妨看看当时的一个明星国家。1957年，非洲撒哈拉地区的第一个独立国家诞生了，这个国家原本被殖民者叫作黄金海岸，后来改名加纳。苏联和美国争相向加纳提供贷款和技术援助。当时世界上许多最著名的经济学家为加纳出谋划策，其中包括第一个获得诺贝尔经济学奖的黑人经济学家阿瑟·刘易斯（William Arthur Lewis），著名的宏观经济学家尼古拉斯·卡尔多（Nicholas Kaldor）和发展经济学家阿尔贝托·赫希曼（Albert Hirschman）。

加纳国父恩克鲁玛（Kwame Nkrumah）是一位具有超凡魅力的领袖，深受群众爱戴。他在宾夕法尼亚大学获得硕士学位，在伦敦政治经济学院获得博士学位。加纳自然资源丰富，盛产可可、铝土矿和黄金。独立之初，加纳算得上是非洲大陆“富裕”的国家之一，基础不可谓不好。恩克鲁玛政府野心勃勃，他们修筑公路、发展工业、兴建学校，希望让加纳尽快成为一个工业化国家。恩克鲁玛政府最雄伟的计划是在西非第二大河流沃尔特河上修筑一座大坝。大坝可以发电，电可以提供给铝厂。水库可以灌溉，还可以发展渔业。世界银行和英美政府提供了贷款，恩克鲁玛政府很快修建了阿科松博大坝，大坝围出来了当时世界上最大的人工湖——沃尔特湖。加纳经济起飞的时刻终于来到了。

过了30年，当年建成的发电厂和铝厂依然存在，但加纳人和20世纪50年代早期一样贫困。生活在湖边的老百姓成了灾民，原来的家被淹没了，人们还不得不忍受血吸虫病、疟疾、十二指肠溃疡和水盲症等疾病的困扰。1966年，军方发动政变，把恩克鲁玛总统赶下了台。听到这一消息，首都阿克拉居然出现了盛大的游行，加纳人民已经对恩克鲁玛失望透顶，他的雄心壮志只是给人们带来了食物短缺和通货膨胀。继任的加纳领导人也不怎么样。在这之后的15年内，加纳发生了4次政变。1983年，加纳的人均收入甚至低于刚刚独立时的水平。

愿意帮助穷国的人们想当然地认为，它们最缺的就是钱，能够用来投资的钱。只要有了足够的资金，能够填补所谓的“储蓄–投资缺口”，落后地区自然就能实现经济起飞。一次又一次，这样的美好幻想最终都以失败告终，但似乎阻挡不了新的计划犹如飞蛾扑火一样前仆后继。

链接阅读：丹尼·罗德里克，《一种经济学，多种药方：全球化、制度建设和经济增长》，中信出版社。

人力资本投资：为什么教育无法促进经济增长

◆ 并不是教育越发展，经济增长就越快

各国政府和世界银行等国际组织都很重视教育。在全球范围内，教育有了长足的发展。20世纪60年代，发展中国家的小学入学率只有66%，现

在已经达到了100%，中学入学率也已经从14%提高到了40%以上。

无论是哪个流派的经济学家，主张政府作用的也好，主张自由市场的也好，都认为教育能提高劳动生产率，而且会带来正的溢出效应。也就是说，要是大家一起好好学习，比每个人自己好好学习，带来的收益更大。按照这个推理，发展教育就能促进经济增长。

真的是这样吗？2004年，曾经为世界银行工作多年的哈佛大学经济学家兰特·普利切特（Lant Pritchett）发表了一篇报告，题目叫《教育都干啥用了》（Where has all the education gone？）。他分析了1960—1987年间十几个富国和穷国的数据，结论是：没有确凿的证据表明教育发展和人均产出增长率之间存在正相关关系，也就是说，并不是说教育越发展，经济增长就会更快。

举例来说，非洲的一些穷国教育发展其实很快。1980—2004年，撒哈拉以南的非洲国家人口识字率从40%上升到了61%，但就在这个时期，这些非洲国家的人均收入下降了0.3%。你可能会说，那是因为非洲国家一开始教育水平太低，所以才显得它们的教育发展速度更快，不能高估它们的教育水平。

那我们不妨再看看东亚四小龙。很多人认为，东亚四小龙之所以实现了经济起飞，是因为这个地区的人们更重视教育。而其他亚洲经济体，以及非洲、拉丁美洲的国家一直落后，是因为教育不行。

我们把时光倒回1960年。这一年，中国台湾地区的人口识字率只有54%，菲律宾是72%。台湾地区实现了经济腾飞，菲律宾没有。同一年，韩国的识字率是71%，阿根廷是91%。韩国实现了经济腾飞，阿根廷没有。我们还可以再举个例子：苏联、东欧国家的国民受教育年限并不逊色于西欧和北美，但其人均GDP却远远低于后者。

你可能会说，东亚的孩子学习更刻苦，老师教得更卖力。你可能还会说，苏联、东欧的教育体制不对，不像欧美国家那样强调学生的创造力。

各国之间的教育质量是有差异，但这种差异似乎并不足以解释它们经济增长的巨大差异。

◆ 学校教育和技能训练脱节

如果说发达国家和发展中国家之间的教育质量差异很大，那么，发达国家之间的教育差异应该没有那么大吧？让我再告诉大家一个“瑞士悖论”。瑞士不能不算是发达国家吧，而且它可以算是发达国家中的发达国家、优等生中的优等生。奇怪的是，瑞士的大学入学率是富国中最低的。20世纪90年代，瑞士的大学入学率只有富国平均水平的三分之一。1996年，瑞士的大学入学率只有16%，OECD（经济合作与发展组织）国家的平均大学入学率是34%。2007年，瑞士的大学入学率提高到了47%，但芬兰是94%，美国是82%，丹麦是80%，事实上，瑞士的大学入学率比希腊、立陶宛和阿根廷都低。

让我声明一下，不是说教育没有用。教育启迪了民智，充实了我们的心灵，给我们的生活增添了更多的乐趣和意义。即使教育没有促进经济增长，也不能因此就给教育判了死刑。

◆ 不要对教育过于迷信

为什么教育发展和经济增长没有直接的关系呢？可能是因为，我们在学校里学的某些知识，对劳动生产率的提高没有直接的作用。如果你是个小提琴手，学习微积分并不能提高你的演奏水平。如果你是一个银行家，学习欧洲中世纪的历史并不能提高你的经营业绩。

从另一个角度来看，应该区分学习和教育。学习是你自己的事情，教育是老师的事情。学习大于教育。教育往往局限于学校里老师照本宣科教给你的那些知识，但要是真的想提高技能，实习和在岗培训比学校教育更重要。真正的技能都是“从干中学”的，很多都是“只可意会，不可言传”的，不亲身体验就无法体会。

如果给政府提个建议，那就是不能对教育过于迷信。增加教育投入是对的，但更要关注怎么教、教什么。我们的教育政策不是没有犯过错误。从1989年开始，为了救助贫困地区的失学少年，政府搞了“希望工程”，建了很多“希望小学”。有用没有用？当然有用，但不是那么有用。

我曾经到很偏僻的山区调研，发现村子里村民的房子破破烂烂，半山腰上却有一座相当现代化的“希望小学”，但走到门口一看，门是锁着的，锁是生锈的。“希望工程”没有考虑到后来发生的一个巨大的变化：很多农村的孩子跟着父母到城里去了，村里没有那么多学生了。1999年，大学开始扩招。这本来是好事，但培养出来的大学生该到哪里就业呢？这个政策实施了十几年，弊端越来越多，不得不叫停。

如果给家长和学生提个建议，那就是不能对教育过于迷信。学校教给学生的，不是都有用，或至少不是对提高劳动生产率最有用的。找到孩子真正的天分和兴趣，培养孩子的自学能力、动手能力、社会实践能力、团队精神，才是更重要的，而学校里未必教得了这些。拿一张文凭，就能找到一个理想的、稳定的工作，这种想法已经越来越不靠谱了。

最后，还得要告诫大家，不能在学习这件事情上太功利。不是所有的教育都是为了以后挣更多的钱。如果你把教育当作投资，就必须认真筹划，尽量提高教育投资的收益率，但就算是你认真地筹划了，很可能也不得不面对教育投资的收益率不断降低这个黯淡的前景。如果教育投资的收益没有你想象中的那么高，你会不会就不再学习了呢？其实，教育也可能不是投资，而是消费，甚至是一种必需的消费。要带着你的好奇心去学习，要学会用平常心看待教育。

链接阅读：张夏准，《资本主义的真相：自由市场经济学家的23个秘密》，新华出版社。

溢出效应：贫穷会传染，富裕也会传染

◆ 孟加拉国成衣业的奇幻之旅

1980年，孟加拉国的一位商人努尔·卡迪尔（Nur Qadir）创办了一家服装公司，生产衬衫。在此之前，孟加拉国没有一家大型服装企业。1979年，孟加拉国全国的服装行业工人加起来还不到40个。卡迪尔曾经在政府部门工作过，他社会关系很广。为了开办服装公司，他找到了一个国外的合作伙伴——韩国的大宇公司。大宇公司当时是世界上最大的服装企业之一。大宇公司和卡迪尔一拍即合，因为韩国的服装出口受到美国和欧洲的限制，必须有进口配额才行。为了绕开美欧的贸易壁垒，大宇也在寻找海外生产基地。孟加拉国没有配额限制，在孟加拉国生产衬衫，可以绕道出口到美欧市场。

大宇公司和卡迪尔的公司签了一个合作协议。卡迪尔送了130名员工

到韩国接受培训。作为回报，卡迪尔的公司要把总销售收入的8%交给大宇，算是支付专利费和销售佣金。卡迪尔的公司发展得很快。开业第一年，他们就生产了4万件衬衫。更成功的是，孟加拉国的工人很快就掌握了韩国的技术。仅仅在投产一年之后，卡迪尔的公司就取消了和大宇的合作协议。他们能自己生产衬衫了。1987年，这家公司的产量已经达到230万件。

大宇一开始签合作协议的时候，并没有想到孟加拉国的工人这么快就把技术学走了。卡迪尔也没有想到接下来发生的事情。他送到韩国培训的130名孟加拉国工人中，有115人先后离开了他的企业，自己办厂当老板了。10年之后，孟加拉国的成衣出口规模已经达到20亿美元。

后来，孟加拉国的成衣出口也遇到了美欧的贸易壁垒，发展得并不是一帆风顺。孟加拉国到现在也没有实现经济腾飞，还是一个落后国家。但是，卡迪尔的故事告诉我们一个道理，经济发展说难也难，说容易也容易。最关键的不是从1到100，而是从0到1的“惊险的一跃”。

◆ 贫穷是一种均衡，富裕也是一种均衡

贫穷是一种均衡，富裕也是一种均衡。假设你生活在一个贫穷的社区，周围的人都无所事事，不思进取。你会干什么？

你很可能也会随波逐流。就算你不甘心虚度光阴，想做些事情，该做什么？你不知道。假设你想开个小作坊，生产些东西卖，该生产什么？生产玩具好呢，还是生产袜子？你不知道。就算你听说了，有一种玩具卖得很好，比如说孩子们都喜欢航模飞机，你也想生产，该怎么生产？你没学过。就算你到处拜师，学会了怎么生产，图纸也画好了，到哪里买材料？为什么致富这么难呢？因为你掉进了“贫困陷阱”。

你玩过《帝国时代》没有？《帝国时代》是微软出品的一款电子游戏。游戏一开始，你站在一棵灌木的旁边，周围一片黑暗。你得一点点探

索，周围的世界是什么样子才会展现出来。在贫穷的社会里，周围的世界对你来说，就是这样黑暗无助。经济学家总是觉得，只要有了市场经济制度，人们马上就会找到创造财富的机会。这真是站着说话不腰疼，你让他们自己试试？

假设你生活在一个富裕社区。周围的家庭有的办企业，有的做投资，有的是教授，有的是官员。你们家里办个家庭聚会，各行各业的精英都会过来，大家各自交流心得体会，他们见多识广，创业经历丰富多彩。你无意中提到，自己有个好点子，可以把机场的电梯改成自动安检。马上有个风险投资家说，好，我先给你一千万，你做一个试试看。

你真的做出来了，马上有一个朋友说，我认识机场的经理，帮你推荐一下。你的长处是有好的点子，隔壁的年轻人是个工程天才，你们还有个朋友擅长市场推广，很快就组建了一支“梦之队”。

你想要成功，就得跟成功的人在一起。成功的人在一起，会更加成功。《圣经》里讲：“凡有的，还要加倍给他叫他多余；没有的，连他所有的也要夺过来。”

按照经济学的解释，这是因为知识有溢出效应。一个社会积累的知识越多，新的知识就越容易涌现。知识的存量越多，每一项新知识的收益越大。新知识的收益越大，进行知识投资的激励就越强。

链接阅读：威廉·伊斯特利，《经济增长的迷雾：经济学家的发展政策为何失败》，中信出版社。

现代生活：我们所熟悉的现代生活是从何时出现的

◆ 没有抽水马桶的日子

我听一位老师讲过一个关于科索沃战争的故事。1999年，以美国为首的北约组织强迫塞尔维亚同意科索沃独立，遭到塞尔维亚的拒绝。于是，北约组织以保护人权为名，向塞尔维亚发动空袭。第一轮和第二轮空袭主要针对塞尔维亚的部队和军用设施，但是，塞尔维亚并不屈服。北约要炸塞尔维亚的大桥，就有塞尔维亚人站在桥上示威。第三轮空袭扩大了攻击的范围，北约开始轰炸塞尔维亚的民用设施，比如电厂、水厂、通信系统、公路、铁路、工厂、商店，等等。塞尔维亚最终屈服了。

我的这位老师曾经问一位塞尔维亚人，为什么北约轰炸你们的桥梁的时候，你们连死都不怕，敢站在桥上跟北约叫板，而后来轰炸了电厂、水厂，你们就屈服了？那位塞尔维亚人说，停水断电之后，晚上没有电灯，抽水马桶用不了，每天都不能洗澡，生活就像回到了中世纪，这谁能受得了？

死都不怕，但一个星期用不了抽水马桶就受不了了。这就是现代生活对我们的影响。我们是如此熟悉现代生活，以至于很难想象得出来没有这些现代化的便利，生活会变成什么样子。

◆ 现代社会只有不到100年的历史

但是，我们所熟悉的现代生活，只有不到100年的时间。就连欧美发达国家的中产阶级，也是在“二战”之后才过上了现代生活。美国西北大学教授罗伯特·戈登（Robert Gordon）认为，在1870年到1970年这100年的时间内，出现了对人类生活影响最为广泛、深远的“大创新”。

如果再细分，又可以把这100年分为1870年至1940年这前70年，以及1940年至1970年这后30年。前70年世界经济经历了许多波折，包括两次世界大战和20世纪30年代的大萧条，但这些巨变都没有停止技术变革的步伐，甚至还因祸得福。后30年是资本主义的黄金时代，这一时期欧美国家的经济增长速度更快，而且更稳。20世纪70年代之后，欧美国家的经济增长逐渐放缓，全要素劳动生产率只在20世纪末、21世纪初出现了一次“回光返照”，这就是人们津津乐道的“新经济”。但是，戈登指出，在1870年到1970年这100年之间出现的“大创新”，是历史上独一无二、不可复制的。

想到我们所熟悉的现代生活居然只有不到100年的时间，真是让人觉得不可思议。现在时兴“穿越”故事，一个现代人突然回到了过去的某一个时代，那该多好啊。如果真的让你“穿越”，你到底该“穿越”，还是不“穿越”呢？

无论回到古代的哪一个时期，都是作死。1900年，还有高达37%的死亡人口是流行病所致，而当时人们对流行病的病理与治疗知之甚少、束手无策。你吃的东西当然都是有机食物，但它们很可能会过期或变质，你会因此生病。没有清洁的自来水，也没有排水管道，水源很容易会被污染。当年伦敦的霍乱就是因为水井被粪便污染引起的。在法国科学家巴斯德（Louis Pasteur）发现细菌之前，人们对狂犬病、鸡霍乱等疾病一筹莫展，没有疫苗，也无从预防疾病。手上破一个小小的伤口，都可能会引起感染。如果你需要做手术，没有麻醉药，也没有有效的止血方法，你很可能在手术中痛苦地死去。在20世纪之前，有江湖郎中，但没有现代的医院、医生，更谈不上护士。正如著名哲学家霍布斯所说的："生命是孤独、贫穷、肮脏、残酷而短暂的。"

即使是你命大福大，没有生病，也要面对现代人无法忍受的不便。如果你住在农村，你很难走出自己的村庄。交通和通信是闭塞的。农民的生活极其辛苦，土里刨食，不过糊口而已。如果你住在城市里，城市更加污浊、不健康。街道两边都是人畜的粪便和污水，你喝的河里或井里的水，很可能已经受到别人的粪便污染，因为当时没有排水管道。城市里到处散落着贫民窟，这里是瘟疫最容易爆发的地方。一旦瘟疫爆发，不管是贫民还是王公贵族，都无法幸免。晚上没有电灯，你只能点蜡烛，或是油灯。在欧洲，煤油灯都是很时髦的产品，在煤油灯之前人们烧的是鲸鱼油。不管哪种方式，照明都会带来火灾隐患，燃烧之后的气味很难闻，烟雾缭绕，很是呛人。房间里也没有空调和暖气。室内的温度和室外的温度差不多。没有热水器，洗澡是一件很奢侈的事情，能一周洗一次就不错了。

没有汽车和铁路，人们的旅行速度很慢，最快的速度是骑马，或是坐船。路上可能会染病，可能会遇到土匪，可能会钱财耗尽。出门旅行一趟，或许就是与家人的永别。没有报纸，没有电话和电报，也没有电视。人们的收入很低，而且基本上都用于吃饭和穿衣，消费很少，但这一点点消费，就占去了收入的绝大多数。

◆ 要不要穿越到古代？

没有养老金，老年人的生活是悲惨的。年老就是贫穷的同义词。年老之后，人们能够等待的命运就是"填沟壑"。当个孩子也不容易。直到19世纪末期，婴儿死亡率仍然居高不下，每1000个新生儿中，大约会有200多个夭折。长大的孩子也不是人人都有学上。如果转世投胎，千万不要“穿越”到过去做个女人。你的一生都是无尽的辛劳，不说别的，过去每天挑水的活儿都是妇女干的，一家用的水：做饭、洗碗、洗衣、洗澡，都是要从远处的河里或井里挑回来。家务事永远做不完。农田里的活儿还得妇女过去帮忙。还得生孩子，由于婴儿死亡率太高，必须多生孩子，而产妇的死亡率极高。女人的一生，就是在生孩子、养孩子的过程中逐渐枯萎黯淡。

欧美国家完成从传统生活到现代生活的转变，花了大约100年的时间，中国只用了三四十年的时间。很多传统生活的记忆，像我这一代人，或是比我们更年长的人，都记忆犹新。我小时候住的房子就不带厕所，必须跑到公共厕所去方便，真的很不方便。我们小时候没有电视，没有电子游戏，看电影是在操场上看露天电影。所以，我们要珍惜今天来之不易的幸福生活，不要老是去羡慕遥远的过去。民国比现在好？盛唐比现在好？三皇五帝比现在好？别瞎扯了。如果非得去穿越，我最多穿越到90年代初期，趁着房子没有涨价，赶紧先买一套。更早的年代我才不去呢。请我去我都不去。Thanks but no thanks.

链接阅读：Robert J. Gordon, *The Rise and Fall of American Growth: The U.S. Standard of Living since the Civil War*, Princeton University Press.

衣食住行：重温带来现代生活的衣食住行革命

◆ 住宅革命

如果是在20世纪之前，大部分美国人都住在农村，而农村的住宅是木屋、泥巴房。住在城里的人大多住在拥挤不堪的贫民窟。有没有豪宅？当然有，但那不是所有的人都能享受的。

大约在1910—1940年间，美国出现了一次住宅革命。原来的房子，不管是豪宅，还是草屋，都是各自独立的。进入20世纪之后，房子逐渐互相连接了起来：电线接进了家家户户；自来水龙头一拧，干净的水就哗哗流了出来；排水管道和给水管道分开了，污水和排泄物神秘地消失了；中央供暖系统日益普及；越来越多的家庭装上了电话。这是住宅的网络化。

网络化会带来平等。富人的豪宅里有自来水，穷人的陋室里也有自来水。富人的电灯很亮，穷人的电灯一样亮。这些设施和产品，最早是从富人那里时兴的，随后逐渐扩展到中产阶级，最后在穷人的家里也普及了。

当条件成熟之后，美国在20世纪20年代出现了住宅业的井喷。大量的新兴住宅如雨后春笋般出现。在20世纪之前，有钱人住的是模仿英国的维多利亚式住宅，屋檐高耸，房顶上还有个尖塔。屋外有围廊和阳台，进屋有小客厅，墙壁上有各种繁复的装饰。这种建筑风格看起来很精致，但中看不中用。20世纪初期，先是在洛杉矶，之后在芝加哥，出现了小平房（bungalow）。尤其是在芝加哥，一排排的小平房密密麻麻地铺开，占据芝加哥市区面积的三分之一。在1910—1930年间，芝加哥市区兴建了8万栋小平房，而在郊区又建了2万栋小平房。

这些小平房里，各种现代生活设施一应俱全。很多小平房建成了两层，“楼上楼下，电灯电话”。小区的规划也很专业，有统一丢垃圾的地方，市政会统一回收垃圾。小平房摒弃了浮华的维多利亚风格，外表看起来朴素无华，没有门厅、阳台和围廊，进门就是客厅，客厅旁边就是厨房，大大提高了房屋的利用效率。小平房的价格大大低于维多利亚住宅，很多中产阶级家庭住进了小平房。小平房的价格之所以能够大幅度降低，一是由于采用了标准化和流程化的作业方式，提高了建造的效率；二是很多建筑材料的价格大幅度下降；三是当时出现了按揭贷款，方便了中产阶级家庭拥有自己的住房。

再说房子里面的家电。电灯的出现带来了照明革命。爱迪生并不是电灯的最早发明者，但是他让电灯变得可以商业化。爱迪生在新泽西州门洛公园（Menlo Park）的实验室开发出了一种碳丝灯泡。来自各地的游人慕名前来观看。爱迪生的拿手好戏是装了300盏灯泡，一按开关，300盏灯全亮，火树银花，璀璨夺目，再一按开关，300盏灯全灭。这把大家都看傻了，人们从来没有看见过这么方便、这么明亮的灯。

一开始是电灯，随后又出现了洗衣机、电冰箱、空调、吸尘器、电熨斗等电器。这些电器的普及是非常缓慢的。这主要是因为最早拉到住家里的电线只够供应照明，没法给其他大功率家电提供电力。等到家庭供电有了改善之后，这些家电才陆续飞入寻常百姓家。首先普及的是洗衣机，之后是冰箱，而空调的普及要到“二战”之后了。

如果你没有当过家庭主妇，是无法理解这些家电带来的革命性变化的。想象一下没有洗衣机、厨房电器、吸尘器和电熨斗，家庭主妇的生活会变得多么忙碌辛劳。家电革命的最大功绩就是解放了妇女。越来越多的妇女可以走出家庭，参加工作。妇女的教育水平提高、经济收入提高之后，其社会地位也随之提高。妇女的社会地位提高之后，她们在家庭的生育、教育决策方面能发挥更大的作用。这又影响了家庭的结构、人口的数量和质量。在1870—1970年间，美国经济增长的一大推动力就是妇女大规模地进入劳动力市场。

推动美国经济增长的另一个重要的推动力是城市化。如果没有汽车，城市不可能扩张得如此之快。如果没有电梯，就不可能出现高层建筑，城市不可能变得如此密集。如果没有大规模、高密度的城市，就不会带来规模经济，促进更多的创新和增长。如果没有供水、供电、排水、垃圾处理等公用事业的出现，城市只会是疾病和贫穷的渊薮，不会变成最干净、最安全、最健康的地方。

住宅和家庭革命是对我们的日常生活影响最为深远的革命之一。这一革命对我们的幸福程度的提升，超过了电子计算机，超过了互联网，超过了手机。遗憾的是，我们往往会忽视自己最熟悉的东西。住宅和家庭革命中，除了爱迪生发明电灯，我们几乎讲不出其他的"英雄人物"。没有戏剧性的情节，没有家喻户晓的传奇人物，这场革命就显得非常平淡、乏味。在这场革命的背后，有无数普通的无名英雄，一点一滴地推动了社会的进步，但他们并未得到应有的景仰。当我们想感谢他们的时候，会发现就连他们是谁，我们都不知道。

◆ 吃穿革命

跟住宅、家庭领域发生的革命相比，吃穿方面的革命似乎并不大。早在19世纪末，美国人民已经能够吃饱肚子了，而且跟欧洲相比，吃得还更好一些。从人均日摄入的卡路里来看，从1800年到1950年，变化不大，大体上在3000—3500之间（19世纪后半期曾经跌落到2500左右）。但是，在传统生活中，衣食占了家庭消费的绝大部分。19世纪末，衣食两项开支占美国家庭消费的56.4%，经过100年"大创新"，衣食两项在家庭消费中所占的比例稳步下降。人们吃什么，在哪儿吃，穿什么，在哪儿买，都发生了巨大的变化。

每个民族的饮食习惯都不一样。在19世纪末的时候，美国人的饮食习惯是吃牛肉较多，蔬菜水果较少。大部分食物都是自家生产的，加工食物很少。猪肉消费一度很多，因为养猪更容易，让它们到处跑，自己找食儿就行。玉米产量高，好伺候，所以玉米的种植和消费也很多。绿叶类的蔬菜难以储存，所以农民更多地会种植萝卜、南瓜和豆子这样的蔬菜。除了苹果，几乎没有其他水果，因为只有苹果能保存时间更长。

在没有冷藏车厢之前，人们是怎样运输易腐烂的农产品的？早在19世纪70年代，就已经出现了机械制冰的冷藏列车，但成本太贵，一直没有被广泛使用。最早的冷藏车厢，其实就是用冰块。到1870年，美国的铁路已经贯通了东西海岸，但有了铁路，运什么呢？最需要运输的是肉类。当时，大量移民涌入纽约、费城，当地的肉类供应跟不上。大量人口移居加利福尼亚，加州的肉类供应也很紧张。美国主要的畜牧业基地是在中部，尤其是以芝加哥为中心。于是，铁路运输开始从中部运输肉类到东部和西部。

当时的做法是这样的：把冰块放在肉的上边，随着冰的融化，冰水渗透到肉里，保鲜时间会大大延长。火车到达沿途停靠站的时候，工人会打开冷藏车厢上边的天窗，换上新的冰块，下面的肉保持不动。促进美国国内市场繁荣、铁路运输繁荣的革命性的技术创新，就是这种原始的冷藏车厢，其核心技术秘诀就是把冰块放在肉的上边。你觉得这种技术能申请到国家科技进步一等奖吗？引发重大变革的技术，不一定是最先进、最复杂的技术，可能一个小小的改进，就能引发市场的巨大改变。

能够制冷的冷藏车厢到20世纪之后开始推广，但冷冻食品的普及仍然较慢，这是因为家里的电冰箱存放不了冰冻食物。在20世纪初期生产的电冰箱没有设置专门的低温冷冻室。直到20世纪40年代之后，带冷冻室的冰箱逐渐流行，冷冻食物才开始大量销售。冷冻食物、罐头食品，使得饮食变成了工业化产品。1954年的一本杂志谈到，这就是食物的未来。冷冻食物能够把妇女从厨房里完全解放出来，做什么饭啊，冷冻食物加热一下就能吃了。幸好，这一预言并没有实现。潮流又出现了逆转：如今，人们更偏爱有机食物、新鲜的蔬菜和水果。

再来看看穿。直到19世纪末，服装业尚未萌芽。男人和孩子穿的衣服、鞋子大多到乡村的集市上买，但女装都是女人们自己在家里一针一线缝制的。每个成年人有一两套衣服就很不错了。想要每天洗衣服是奢望，一周洗一次就算很勤快了。人们穿着日常的衣服在肮脏的环境里工作，衣服每天都是油腻腻的。家里的体面衣服，是留着去教堂，或是参加婚礼、葬礼的时候才穿的。

成衣业的发展，据说跟东欧移民的大量涌入有关，因为他们中间有很多都是裁缝。缝纫机的出现也助了一臂之力。百货商店和邮购服务已经流行，服装的销售可以很方便地利用这些已有的渠道。在“大创新”时代，衣服的价格越来越低，种类越来越多。人们买的衣服越来越多，但在家庭消费支出中，买衣服占的比例不断降低。19世纪末，衣服占美国家庭消费支出的15%左右，到1940年下降到10.1%，到2013年下降到3.1%。

之所以在20世纪末，衣服的价格再度急剧下降，跟沃尔玛的崛起有关。沃尔玛不仅颠覆了传统的销售方式，而且改变了原有的生产布局。沃尔玛大量从发展中国家进口服装等日用品，使得这些商品的价格变得极其低廉。“沃尔玛效应”甚至影响到宏观经济变量，CPI（即居民消费价格指数）能够保持在很低的水平，沃尔玛居功甚伟。

从吃穿革命，我们能够得到几个启示：

第一，创新总是交织的网络。一种创新引发另一种创新，最终导致一群创新突然到来。比如，自行车的问世改变了女士的服装。在此之前，裙子都是长裙，几乎要拖到地上，自行车出现之后，女士们才开始尝试穿裤子和短裙。再比如，特许权和军事化训练造就了麦当劳等连锁快餐店的兴起，而汽车的流行进一步刺激了这些快餐店的扩张。

第二，和历史中的其他演变一样，衣食的演变也充满了偶然性。比如，美国人原本更爱吃牛肉，但在“二战”期间，政府实行了食物配给，牛肉在配给清单上，但水产和禽蛋不在。于是，鸡肉的消费量增加，而这又刺激了大规模养鸡场的出现。于是，鸡肉的价格进一步下降，卖得比蔬菜还便宜，这使得鸡肉的消费量进一步提高。

第三，吃穿革命的最大贡献就是使得食物和服装的价格大幅度下降，减少了衣食这两项生活必需品在家庭消费支出中的比例，使得人们能够消费更多其他的产品和服务。吃穿革命也提高了产品的安全性。在传统生活中，食物固然新鲜，但也更容易受到污染，更容易变质腐烂。食品安全性的提高跟政府加强了监管有一定的关系，但归根到底，是由于出现了冷藏车厢、冰箱、罐头食品等，工业化有工业化的弊端，但带来的好处我们也不能抹杀。

第四，吃穿革命在一定程度上减少了不平等。过去，只有上流阶层定制服装，中产阶级家庭都要自己缝制衣服。现在，所有的家庭都不用自己缝衣，直接去商店购买就行。但是，新的不平等又出现了。比如食物，在传统社会中的主要问题是吃不饱、挨饿，但是在现代生活中，虽然还有极少数食物匮乏的穷人家庭，但广大低收入家庭遇到的问题是过度肥胖。这肯定是和饮食结构有关的。更为健康的食物，比如蔬菜、水果、水产，价格都太贵，低收入家庭大多以鸡肉、快餐为食。不平等和过度肥胖之间存在着显著的相关关系。穿衣也分社会等级。现在穿衣不是能不能御寒保暖的事情了，而是用穿衣把自己的社会阶层表达出来，用时尚人士的话讲，这叫“品位”。

◆ 交通革命

过去的旅行主要靠骑马或坐船。坐船要看有没有河流，即使是有河流，河流也是弯弯曲曲的，到了冬季结冰，河流就无法通行。如果是骑马或坐马车，马的速度大约是每小时6英里，如果走了25英里，就要换马，否则马会吃不消。马吃掉了美国大约四分之一的谷物，马同时会带来各种污染和疾病，只要是依靠马匹作为交通工具，城市就不可能变得干净整洁。

首先出现的是铁路革命。一个标志性的事件是1869年，来自太平洋联合铁路和太平洋中央铁路的员工聚集在犹他州的海角峰（Promontory Summit），完成了横跨美国、连接东西海岸的第一条铁路的合龙。最早的铁路运输并不方便。如果你在1860年坐火车从纽约到华盛顿，沿途要换4趟火车，坐3次渡轮，还要骑7次马。早期的铁路标准不统一，各家公司互相恶性竞争。当时人们抱怨最多的就是铁路投资“过热”。要说也真的是过热。这一时期美国的铁路建设热火朝天。从1870年到1900年，平均每天新铺设20英里铁路。到1893年，已经有7条跨洲铁路。从芝加哥到明尼苏达州的明尼阿波利斯，有6条不同的铁路线。

铁路大大缩短了城市之间的距离。跟河流不一样，铁路可以在很大程度上超越地理的限制，逢山开洞、遇水架桥。除非遇到极端恶劣的天气，比如暴风雪，铁路几乎可以全天候地通行。跟其他运输方式相比，铁路的速度更快、运力更强、也更可靠。铁路的出现，尤其是有了卧铺之后，长途旅行才不再是一种冒险。铁路货运的影响更大，我们之前讲过，正是由于冷藏车厢的出现，才使得芝加哥的屠宰场一片繁荣。邮购业务在美国很早就出现了，也是拜铁路运输之赐。

铁路主要承担了从一个城市到另一个城市的交通。在城市内部，过去的交通主要靠步行，或是马车。这导致城市的规模不可能太大，人们只能聚居在一起，不可能出现郊区。城里的交通革命发生在电力普及之后。爱迪生的公司把电连到了城市里，于是，很快就出现了电车。之后，由于城市交通拥堵，地铁应运而生。最早的地铁是在英国伦敦出现的，纽约随后也开始挖地铁。到1880年，曼哈顿已经有4条地铁线了。

汽车的出现晚于火车、电车和地铁，但其扩张的速度更快。在汽车行业，革命性的技术突破是发动机。1876年，德国人奥托（Nikolaus Otto）发明了往复活塞式四冲程发动机，但其功率不够大。1879年，也就是爱迪生发明电灯的同一年，德国工程师本茨（Karl Benz）发明了第一台单汽缸两冲程发动机。1901年，德国产的梅赛德斯汽车在美国一台要卖12450美元，而当时美国人的平均年收入不过1000美元。

汽车是在欧洲出生的，但却是在美国被抚养大的。1908年，福特推出了T型车。T型车的售价只有950美元。早期的T型车存在各种瑕疵，打火非常麻烦，而且没有车顶。但是，T型车改进的速度很快，陆续添加了车灯、挡风玻璃、顶棚、喇叭、计速器等配件。T型车价格的下降速度也很快，到1927年下线的时候，T型车的售价已经降到259美元。福特采用了革命性的生产方式，他创造了生产流水线，将生产分拆成不同的环节，每个环节都尽可能地标准化。我们现在担心的是机器会不会替代人，而在100年前，福特就已经把人变成了机器。1914年，T型车占美国汽车市场销量的46%，到1923年已经上升到55%。20世纪20年代之后，福特汽车遇到了其他对手，尤其是通用汽车。于是，福特汽车放弃了T型车，开发了一款新的A型车。

汽车在早期推广较为缓慢，是受到了公路的制约。在20世纪初期，美国没有什么像样的公路，大多是坑坑洼洼的，而欧洲进口的汽车无法在这么烂的道路上行驶。有三个因素导致了美国公路的修建：一是自行车的流行，骑自行车的人也忍受不了破破烂烂的公路；二是美国邮政系统的发展，为了推进全国境内的邮政，罗斯福总统在1916年签署了《联邦公路支持法》，支持各地通过发债的方式修路；三是道路修建技术的不断发展，美国的公路修得越来越快，也越来越好。到20世纪40年代，美国的公路网络基本形成。

"二战"之后，美国做的一件重要工作就是修筑跨州的高速公路。这是艾森豪威尔总统倡议的。再也没有比他更合适的倡议者了。在第一次世界大战期间，艾森豪威尔还是一名年轻的士兵。他曾跟随部队，坐汽车从华盛顿到旧金山，一路走了62天。在第二次世界大战期间，艾森豪威尔作为盟军总司令奔赴欧洲战场。德国四通八达的公路给艾森豪威尔留下深刻印象。正是由于密集的公路网，德国部队才能迅速集结，快速进攻。1956年，美国通过了《联邦资助公路法案》，要求到1969年完成4.1万英里的跨州高速公路的修建，总投资额约为250亿美元。

美国被称为“车轮上的国家”，到20世纪40年代，几乎每个家庭都有一辆汽车。现在，每个美国家庭平均拥有不止一辆汽车。有三个因素导致汽车最终在美国大行其道：其一，汽车不仅在美国的城市里迅速流行，而且在小城镇、农村一样流行。农民把汽车视为生活必需品。一位母亲说，我们一家没有像样的衣服，但汽车却是必须要买的。其二，在20世纪初期，出现了消费信贷。很多美国家庭通过贷款，用分期付款的方式买车。其三，也是最重要的因素，汽车的价格大幅度下降，使得普通家庭都能买得起汽车。1910年，以T型车为例，汽车价格相当于美国平均个人可支配收入的3.16倍，到1923年，这一比例下降到0.43。

和前面所讲的住宅革命、吃穿革命一样，交通革命也影响到了现代生活的方方面面，城市化迅速发展，郊区不断膨胀，人们的出行变得更加方便。这一革命不仅仅是由于出现了突破性的技术创新，恰恰相反，从美国汽车业的发展来看，影响更大的是在出现了突破性技术创新之后，如何不断地改进质量、降低价格。一连串小的创新胜过一次大的创新。

最后，这一革命也是空前绝后的。“二战”之后，美国的汽车价格不仅不再下降，反而有所上升，主要是因为汽车的配置要求越来越高、油耗越来越多。到后来，美国的家庭平均汽车保有量反而有所下降。汽车带来的尾气造成了空气污染，太多的汽车加剧了交通拥堵，所以，汽车革命暂时告以尾声。

链接阅读：Robert J. Gordon, *The Rise and Fall of American Growth: The U.S. Standard of Living since the Civil War*, Princeton University Press.

黄金时代：1920—1970年间的“大跃进”

◆ 短暂的新经济

1987年，美国著名经济学家罗伯特·索洛（Robert Merton Solow）曾经讲过一句很有名的话，他说：“我们到处都能看到电子计算机，就是在生产率的统计数字中看不到其踪影。”索洛的意思是说，大家都在歌颂新经济，但是，从统计数字来看，电子计算机似乎并没有带来生产率的提升。另一位研究经济增长的经济学家保罗·大卫（Paul David）说，着什么急啊，要有耐心。他举了电的例子，从爱迪生发明电灯，并把电引入城市，到电的革命拉动生产率提高，大概用了40年的时间。越是重大的发明，其酝酿的时间越长。原有的基础设施需要改造，生产流程需要调整，人们要学会适应新的技术变化，以及技术变化带来的生活变化，这一切都需要时间。

保罗·大卫话音刚落，他的预言就应验了。从1996年到2004年，美国的劳动生产率出现了大幅度的提升，新经济终于发挥了作用。但是，好景不长，到2004年之后，美国的劳动生产率再度下降。2004年之后，技术仍然在快速进步，笔记本电脑、智能手机、云计算、大数据，都是在2004年之后出现的，但是，美国的劳动生产率似乎并未受到足够强大的刺激，仍然停滞不前。

◆“大跃进”

罗伯特·戈登把过去100多年的经济增长划分为三个时期。第一个时期是从1890年到1920年，第二个时期是从1920年到1970年，第三个时期是从1970年到现在。从这三个时期的经济增长表现来看，第一个时期和第三个时期的表现平平，最为突出的是第二个时期，即从1920年到1970年。在1920年到1970年间的技术进步和经济增长，是前无古人、后无来者的，堪称资本主义的“大跃进”。

为什么会有经济增长呢？我们可以把经济增长分解为两个影响因素：一是人均的产出更多，二是人均的劳动时间更长。有意思的是，在1920—1970年间，人均的劳动时间不仅没有增加，反而下降了。为什么劳动的时间少了，技术反而进步更快、经济增长反而加速了呢？

我们先来看看人均劳动时间为什么会减少。19世纪末，随着大规模人口从农村进入城市，人均劳动时间延长了。看过卓别林的电影《摩登时代》的人，都会对流水线把工人变成了机器颇有感慨。卓别林的这部电影是20世纪30年代拍摄的，其实，人均劳动时间从20年代开始就逐渐下降了。起初，工人每周平均要工作60小时，到了20年代，已经降低到52小时。大萧条之后出现了罗斯福新政，罗斯福采取了很多保护劳工的做法，工会的力量也逐渐强大。在工会的要求下，工厂普遍实行了8小时工作制，于是，工人每周平均工作时间下降到了48小时。第二次世界大战之后，工人每周平均劳动时间进一步降低，这跟婴儿潮的到来有关。从1947年到1964年，人口出生率出现了一次高峰。大量婴儿出生，很多妈妈不得不待在家里照顾孩子，妇女参与劳动的比例下降了。直到70年代之后，妇女的劳动参与率提高，工人每周平均劳动时间才有所回升。

尽管美国经济在20世纪30年代出现了大萧条，但正是因为有了大萧条，才带来了罗斯福新政。罗斯福总统推出的《国家工业复兴法》，以及

1935年通过的《国家劳动关系法》，使得各个行业的工会纷纷兴起，工人的谈判能力提高，而这导致工人的实际工资提高。工人的实际工资提高，改变了资本和劳动的相对价格，工人更贵，而资本相对更便宜。于是，企业开始摸索用资本替代劳动，由此带来了技术进步的加速。工会谈判能力提高的另一个结果是使得工人的劳动时间减少。劳动时间减少之后，劳动生产率反而提高，这是因为劳动时间缩短之后，工人的疲劳感下降，磨洋工的少了，工作效率反而提高了。

从另一个角度来看，我们又可以把每小时产出的增长速度分解为三个因素：一是教育，即人力资本的提高。如果受教育程度更高，劳动者单位时间的产出可能会更高。二是资本深化，即每个工人每小时的资本投入。“工欲善其事，必先利其器。”如果劳动者拥有的生产工具更多、更精良，单位时间的产出也会提高。三是全要素生产率的提高。这里面主要包含了技术进步，也反映了结构变化，比如劳动力从农村进入城市，从农业进入工业或服务业。这部分贡献的具体成因很难一一甄别出来，经济学家把它称为“残差”，仿佛是提炼到最后，剩下的一堆无法再分解的矿渣。如果比较过去100多年的这三个时期，我们会发现，教育和资本深化的贡献都比较稳定，1920年到1970年间的快速增长，主要来自全要素生产率的“跃迁”。事实上，这一时期的全要素生产率的增速是其余两个时期的三倍左右。

为什么这段时间的全要素生产率急剧提高呢？这可能说明，从影响范围来看，电比电子计算机更重要。电带来了城市照明的革命，引发了家用电器的普及。除了电，20世纪初还出现了内燃机的革命，汽车很快大行于世。1900年，美国只有8000辆汽车，30年后激增至2680万辆，而到了30年代，将近90%的美国家庭都拥有汽车。汽车、电、家电、城市化，这些因素互相促进，使得我们从传统的生活进入了舒适的现代生活，这一变革影响到我们的衣食住行，对人均寿命、消费者福利、城市规划都带来了深远的影响。相比之下，电子计算机和互联网主要影响到我们的通信、娱乐，最多再加上购物和出行，从影响范围来看，电子计算机和互联网远不如电和内燃机。尤其是如果比较对劳动生产率的影响，那电子计算机更是不如电。《王者荣耀》这款游戏可以称得上是商业奇迹，但它对提高劳动生产率有多大贡献呢？

链接阅读：Robert J. Gordon, *The Rise and Fall of American Growth: The U.S. Standard of Living since the Civil War*, Princeton University Press.

不破不立：为什么大萧条和第二次世界大战能够刺激经济增长

◆ 真正的新技术革命还没有到来

罗伯特·戈登的很多观点都挑战了我们惯常的理念。比如，我们认为现在的世界经济发展比过去更快，但是戈登教授告诉我们，资本主义的黄金时代是在1920—1970年之间，或者更准确地讲，是在“二战”之后到1970年间。从1970年到现在，经济增长开始回落。虽然从1996年到2004年间曾经出现了一次生产率的提高，但持续的时间还不到十年。

再比如，我们总是觉得现在的科技进步更快。戈登教授告诉我们，电比电子计算机更重要。我们经历了三次产业革命。第一次产业革命是靠蒸汽机带动的。蒸汽机带来了铁路和轮船，并使得能源消费由木材转向煤炭。有了煤炭，炼钢开始迅速兴起。工业时代正式到来。在1770—1820年间，出现了跨越式的技术进步。第二次产业革命出现在19世纪末。这次产业革命是靠电和内燃机带动的。除了电和内燃机，还有供水、排水，医学方面的革命，这些技术进步带来了婴儿死亡率的大幅度下降，人口预期寿命显著提高，城市变得更加密集，也变得更加洁净、舒适。生产车间里出现了流水线，人变成了机器的一部分。超市、连锁店和邮购业务兴起，带来了商业流通领域的革命。相比之下，兴起于20世纪70年代的电子计算机和互联网只对交通、通信、娱乐、电子支付等少数领域有影响，我们已经习惯的现代生活，从本质上并没有出现太大的变化。

当然，我们也可以反驳戈登教授，或许真正的产业革命还没有到来。比如，要是人工智能真的出现了“奇点”，或许不仅是我们的生活，甚至人这个物种，都要发生重大的变化。不过，至少到现在为止，那一天还没有到来，戈登教授说的还是有道理的。

◆ 动荡时期的经济增长

这里，我们再讲戈登教授的又一个惊世骇俗的观点。他认为，大萧条和第二次世界大战促进了资本主义的黄金时代。可能有读者已经发现了，当戈登教授讲到1920—1970年的“大跃进”时，这段时间经历了20世纪30年代的大萧条，随后是第二次世界大战，一直处在动荡不安之中，怎么会有技术进步和经济增长呢？

这可能反映出来我们在认知中的一个误区。我们更容易高估戏剧性事件的影响。比如，我们容易高估“9・11”恐怖袭击对美国国家安全的影响，也容易高估像“非典”这样的传染病对中国经济的冲击。以中国的经济增长而言，建国之后我们受到的最严重的冲击，一次是20世纪60年代初期的大饥荒，另一次是1966年“文化大革命”刚刚爆发的时候。但到了70年代，尽管“文化大革命”还没有结束，经济增长已经在相当程度上恢复正常了。是的，美国在20世纪上半叶经历了股灾、大萧条，但汽车和家用电器的普及、城市化水平的提高，都没有受到太大的影响。

多难兴邦。大萧条和第二次世界大战，意外地推动了战后的经济繁荣。我们先来看大萧条。大萧条之后出现了罗斯福的新政。罗斯福新政是个大杂烩，里面有刺激经济的扩张性财政、货币政策，也有旨在节制资本、保护劳工的改革政策。工会的兴起导致工人在和资方谈判时更有优势，于是，劳动时间下降，工人的实际工资提高。工人实际工资的提高，使得企业家更积极地增加对机器设备的投资。设备投资在30年代一直非常强劲，这同时也反映出技术在不断地更新。

◆ 从战时经济到和平经济

那么，第二次世界大战又起到了什么作用呢？“二战”，而非罗斯福新政，结束了美国的经济萧条。战争机器开动之后，美国的失业迅速消失，工厂开足马力生产各种军用物资。碰到机器设备不够用，政府帮助企业大规模投资扩建。很多战时的生产奇迹发生了。比如，1941年罗斯福总统下令加紧建造货轮，他说，“不自由，毋宁死”，于是，这批货轮被命名为“自由号”。当时，其他的工厂都在造军舰，根本顾不上造货轮，一位美国企业家亨利·凯泽（Henry Kaiser）站出来说，他可以接下来所有的“自由号”的生产订单。1942年，凯泽的工厂大约要用8个月建造一艘“自由号”，到了第二年，造船时间就锐减为数周。在两个船厂的生产竞赛中，工人们用几天的时间就组装好了“自由号”。这样的例子很多。亨利·福特（Henry Ford）负责建造一家专门生产B-24轰炸机的工厂。这家新工厂仅仅用了一年的时间就建成了。1943年2月，该工厂产量是75架飞机，1943年仅11月就能生产150架，1944年8月更是达到月产432架飞机的纪录。

一般来说，战时的经济繁荣是虚幻的。一旦战争结束，大量的军工订单消失，而且退伍军人复员，会带来经济萧条和大规模失业。在第一次世界大战之后就出现了这种情况。当时，人们普遍感到“二战”之后美国经济会像英国经济在“一战”之后那样一蹶不振。但历史不会两次跨进同一条河流。“二战”之后，大量的军工生产能力迅速转化为民用生产能力，而这既要归功于技术进步带来的家电革命，也要归功于政府公共支出规模的扩大。与此同时，美国推出了《退伍军人权利法》，退伍军人不仅能够享受到包括失业保险、优惠贷款等福利，也能够享受到参加高等教育及职业培训的补贴。大批退伍军人脱下军装，进入学校，这从长期来看提高了美国的劳动力素质。“二战”之后，美国人民士气高昂，无论是企业还是家庭，对未来都充满了信心，这也是避免了战后萧条的一个重要原因。

戈登还讲到，从1870年到1913年，大约有3000万移民进入美国，推高了美国的人口增长。这一时期美国的年均人口增长率为2.1%。大量的移民不仅带来了劳动力供给，而且其本身也创造了巨大的需求，因此大量移民并未冲击国内劳动力市场，造成严重的失业。但进入20世纪20年代之后，美国从鼓励移民转为限制移民，每年的移民占美国人口的比例从1909—1913年的1%下跌为1925—1929年的0.25%。很多经济学家认为反移民政策加剧了美国的大萧条。但是，反移民政策的结果是，从1930年到1960年，美国经济进入了一个相对封闭的时期，厂商不必担心外国竞争对手，也不会考虑把生产转移到国外。没有移民的竞争，美国本国低层劳动的收入能够不断提高，形成了一个庞大的国内市场。于是，在这段相对封闭的时期，美国的国内市场发展较快，收入不平等程度较低，到处欣欣向荣。

戈登的这一观点和传统经济学的理念也有不同。传统的经济学认为，只有对外开放，才能促进竞争和发展。但戈登对美国经济史的解读告诉我们，对外开放也不是越开放越好，在特定的时期，维持一个相对稳定而封闭的国内经济环境，对促进经济繁荣、提高本国居民的福利更有利。没有一种经济政策，可以适用于所有的地区、所有的时期。所有的经济学问题，都只有一个答案，那就是：It depends.（视具体情况而定。）

链接阅读：Robert J. Gordon, *The Rise and Fall of American Growth: The U.S. Standard of Living since the Civil War*, Princeton University Press.

新经济幻觉：电比电子计算机更重要

◆ 新经济的影响范围不大

从20世纪70年代开始，美国的经济增长开始逐渐放缓。大约在1994—2004年期间，由于新经济的兴起，美国的经济增长速度一度上升，但随后又再度放缓。不过，在这段时期，尤其是进入21世纪之后，技术进步的速度并没有停止。“数字经济”仍然是个火爆的话题，无数创新企业争先恐后地上市，创造出了一个又一个“独角兽”，“独角兽”多得都快能当猪养了。大数据、人工智能、3D打印等新技术，激发了人们对未来的无尽想象。但是，为什么这么多的新技术，却没有拉动强劲的经济增长呢？

我们这里就来看看最新的技术进步的影响。我们先看看迄今为止已经出现的新技术对经济增长的影响，然后再展望一下最热门的未来技术可能会对经济增长有哪些影响。

已经出现的新技术主要是发生在通信和信息领域。从20世纪90年代开始，这一轮技术进步改变了很多企业的办公模式，并影响了交通、零售、金融等各个行业，带来了家庭娱乐业的巨大变化。但这一浪潮对经济增长的影响并没有我们想象中的那么大。

从办公模式来看，现在的办公室里都放上了电脑，电脑都连上了互联网。电脑的存储能力和计算能力发展得很快，互联网使得办公的效率更高了。我们可以更方便地查阅资料、准备文件、在网上订票、用手机互相联系，随时随地沟通。但是，你有没有发现，尽管电脑不断升级换代，但如今的办公室和十年前的办公室并没有太大的变化？互联网对办公效率的提升，似乎遇到了一个瓶颈。

电脑之后出现的影响最大的新产品是手机。有了手机，人们都变成了“低头族”。手机似乎成了人的一种新的器官，一旦离开手机，人们会像丢了魂一样。但是，为什么手机问世以来，没有出现劳动生产率的大幅飙升呢？一个主要的原因是，人们在手机上更多的是进行人际交流，或是消磨时光，这些活动和劳动生产率的提高一点关系都没有。不信你可以做个试验，如果你把手机关机一个月，对比一下，很可能这一个月是你工作和学习效率更高的时候。

“数字经济”改变了商业销售，使得网上购物成为我们生活的一部分。在美国，网上购物的销售量从2000年到2014年增长了11倍，但网上购物却只占零售总额的6.4%。网上购物兴起的同时，还带来了实体店的衰落。如果算其“净效应”，网上购物能够在多大程度上成为经济增长的新引擎呢？电子银行让金融业的效率大大提高，金融和人们的生活场景结合得更加紧密。但是，银行网点似乎也没有像人们想象的那样迅速消亡，ATM机越装越多，但银行柜员也越来越多了。

家庭电器的革命在20世纪50—70年代，已经大体在美国普及。70年代之后出现的家电，主要是用于娱乐和通信。电视机越来越炫，游戏机也不断升级，但这和洗衣机、电冰箱相比，对人们日常生活的影响是不可同日而语的。现在的家电更多的是在营销，不断告诉你新的产品有多么多么好，你得把旧的换成新的，不然就落伍了。其实他们都在骗你，新的产品只在细微的地方有所改进，家庭电器的功能大体上跟过去差不了太多。

◆ 寻找未来的新技术

那么，未来可能出现的技术，会不会带来一次新的经济革命呢？

一种预测是生物工程会带来医学革命。人们可能会找到治疗癌症和一些遗传病症的办法。但是，过去的医疗革命主要是降低婴儿的死亡率，而现在的医疗革命主要是为了延长人的寿命。人的寿命是有极限的，我们当然可以尽可能地延长人的寿命，但其代价是整个社会为老年人的护理和治疗花费的成本会急剧膨胀。

另一种预测是3D打印会改变工业。的确，3D打印使得我们不必千篇一律地制造同一种产品，个性化的生产将成为可能。但也恰恰因为如此，3D打印的生产规模不可能很大，那么，其对经济增长的影响就不会有大规模工业生产那么大。

再一种预测是机器人和人工智能。机器人的概念源远流长，但其发展却始终较为缓慢。尽管在工厂的生产线上已经有大量的机器人，但想要让机器人代替人类，还非常非常困难。对人类来说很难的事情，机器人觉得很容易，但对人类来说很容易的事情，机器人却觉得很难。麻省理工学院的计算机专家鲁斯（Daniela Rus）教授说，像叠衣服这样的简单工作，却没有机器人能够完成。怎么把搅在一起的袜子分开，怎么折叠蕾丝内衣，怎么处理各种不同质地、不同款式的衣服，对机器人来说是一件极其复杂的事情。现在谈论得很多的无人驾驶汽车，如果真的能够实现，将彻底改变汽车行业。但无人驾驶汽车在现实中遇到的技术和法律问题仍然很多，可能在很长时间内都只是一种试验。

技术专家当然要敢于幻想，要保持一种乐观和积极的精神，但经济学是一门“阴郁的学科”，经济学家要看技术进步对经济的最终影响。让数字说话，让数字告诉我们事实。在劳动生产率数字没有明显地提高之前，我们所谈论的技术革命都只是“故事”。当然，换另一个角度来看，经济学家也有其乐观的地方，如果技术变革不如我们想象中的那么激烈，那么，人们担心的机器替代劳动的事情，也不必过度担心。人工智能会替代更多的属于中产阶级的工作，这是我们以前没有想到的。但总体来说，至少在可预见的未来，机器人不会夺走太多原本属于人类的工作。

链接阅读：Robert J. Gordon, *The Rise and Fall of American Growth: The U.S. Standard of Living since the Civil War*, Princeton University Press.

未来风险：经济增长遇到了“顶头风”

◆ 四股“顶头风”

让我帮罗伯特·戈登澄清一下。戈登教授承认，技术仍然在飞速进步，经济也在不断增长。但是，从20世纪70年代之后，经济增长的速度放慢了，即使出现了所谓的“新经济”，也无力回天。

戈登教授对未来经济增长的前景比较悲观。除了他反复讲到的，1920—1970年间的“大创新”很难复制，电子计算机对人类社会的影响不如电来得广泛，他认为，还有一些“顶头风”，会进一步阻碍经济的进一步增长。

第一股“顶头风”是不断恶化的收入不平等。收入差距不断扩大，不仅对穷人不利，对富人也不利；不仅会加剧社会矛盾，还会影响到经济的长期可持续增长，甚至动摇市场经济的基石。

第二股“顶头风”是教育。教育进步曾经是推动美国经济增长的主要动力，如今却如强弩之末。1900年，只有10%的美国人能够高中毕业，到1970年，这一比例已经上升到80%。奇怪的是，到了2000年，这一比例反而下降到了70%。据说，这是因为进监狱的美国青少年增加了，所以上学的就少了。在所有的发达国家中，美国是唯一一个25—34岁之间人口的高中毕业比例比55—64岁之间还低的。大家都说美国的高等教育发达，但其中小学教育水平已经大大落后，就算是其高等教育，也出了很多问题。学费越来越贵，给学生们带来沉重的债务负担。全美国的大学学费债务已经达到1.2万亿美元。平均来讲，一个大学生如果在上学的时候借了10万美元，他要工作到34岁才能还清贷款，而以后能够还清贷款的时间会越拖越长。教育中的阶层分化也越来越严重。富人区的小学质量远远超过贫民区的小学，而精英大学的学生大多来自高收入家庭。在美国，一样有“学区房”，一样要拼爹。

第三股“顶头风”是人口因素。人均产出是由劳动生产率，即单位时间的产出和劳动时间共同决定的。劳动时间又取决于每个劳动者的平均劳动时间，以及有多少参加工作的劳动者。有多少参加工作的劳动者，取决于人口中的劳动人口（即扣除了不能工作的孩子和老人），以及劳动参与率，即这些劳动人口中有多少人确实参加了工作。

“二战”之后，促进经济增长的一个强大因素是汹涌而来的婴儿潮，即在1946—1964年生育高峰时期出生的一代人。如今，婴儿潮一代已经到了要退休的年龄，劳动人口将大大减少，而且，劳动参与率也在下降，这反映出很多劳动者找不到工作，只能等待政府的救济。如果你到美国走一趟，会发现美国也有“鬼城”，比如伊利诺伊州的盖尔斯堡（Galesburg），宾夕法尼亚州的斯克兰顿（Scranton），以及纽约州的雪城（Syracuse），都已经不复当年的盛况，萧疏破败。雪城18岁以上的劳动人口中，有42.4%没有参加工作。

第四股“顶头风”是债务压力。按照美国国会预算办公室的预测，美国的联邦债务占GDP的比例在2038年将达到100%，而戈登教授的预测是将达到125%。除了联邦债务，还有不断积累的州和地方政府的债务压力。

除此之外，还要考虑到全球化退潮，以及全球气候变化对美国经济带来的冲击。根据经济学家威廉·诺德豪斯（William D. Nordhaus）的计算，在未来70年内，全球气温如果上升3度，将导致全球人均GDP减少2.5%。这一影响与人口因素的变化相比，要温和很多。

◆ 美国未来的增速在1%左右

综合以上各种因素，让我们对未来的经济增长大致做个预测。对未来的预测，最靠谱的方法不过是趋势外推。我们把美国从1948年以来的实际劳动生产率增长速度划分为四个阶段。第一个阶段是1948—1970年的高速增长时期，这一时期实际劳动生产率的年均增速为2.71%。第二个阶段是1970—1994年的低迷时期，这一时期实际劳动生产率的年均增速为1.54%。第三个阶段是1994—2004年的新经济时期，这一时期实际劳动生产率的年均增速为2.26%。第四个阶段是2004年至今，这一时期实际劳动生产率的年均增速只有1%左右。取最好的时期，即1948年至1970年的2.71%，和最差的时期，即2004年至今的1%，可以得到一个加权平均值：1.38%。也就是说，如果美国经济没有更好，也没有更差，较大的可能性是保持1.38%的增速。

但是，我们不是讲过未来的“顶头风”吗？这些因素都是长期性的、趋势性的，很难扭转。尤其是人口因素，会直接影响到未来的增速。按照研究经济增长的专家乔根森（Dale Jorgenson）的分析，人口因素在未来会使美国的经济增长速度降低0.3%，扣掉这0.3%，美国未来的增速就变成1.08%了。

当然，你可以讲，事在人为，政府如果采取了有效的对策，还是可以鼓励创新、缓解贫富差距、化解债务危机、提升教育素质的。按照戈登教授的估计，即使政府采取了各种对策，乐观地看，把美国未来经济增速目标定在1.2%是比较合适的，再高就不现实了。

链接阅读：Robert J. Gordon, *The Rise and Fall of American Growth: The U.S. Standard of Living since the Civil War*, Princeton University Press.

长期停滞：如何生活在一个经济增长率放慢的时代

◆ 高速经济增长从来就不是常态

回想一下，20世纪90年代之后，直到全球金融危机爆发之前，是一个经济增长的黄金时代。全球金融危机爆发之后，世界经济进入了“大衰退”。乐观的中国领导人说，中国经济将进入“新常态”，国际货币基金组织总裁克里斯蒂娜·拉加德（Christine Lagarde）则略带苦涩地预言，全球经济将进入“新平庸”（New Mediocre）。如果把视野拉得更长一些，我们就会看到，20世纪90年代之后的“新经济”外表光鲜，但不免自我评价过高，若论全球经济增长的表现，20世纪50—70年代才是真正的黄金时代。我们已经对现代化的生活方式习以为常了，可是，即使是在欧美国家，像汽车、家电这样的产品，也只是在“二战”之后才“飞入寻常百姓家”的。

中国人没有赶上20世纪50—70年代那场经济革命。过去30年的经济起飞，是我们对经济增长的唯一集体记忆。30年，足以给一代人的思想烙下深深的印记，但在历史的长河中，这只不过是一个极其短暂的瞬间。我们当然会留恋那个狂飙突进的年代，但是，对不起，那个年代已经一去不复返了。欢迎来到“平庸时代”。

为什么经济增长会出现退潮呢？因为高速经济增长从来就不是常态，只是特例。只有在一国出现经济起飞和赶超的阶段，才会有异乎寻常的高速增长，过了这个阶段，一切都要回归常态，就像抛到空中的球会落到地面上一样。全球经济如此，中国经济亦然。

◆ 经济增长的两个来源

简单地讲，经济增长的来源可以分为两个部分，一是人口的增长，二是人均产出的增长。要想有经济增长，要么有更多的劳动力，要么有劳动生产率的提高。先看劳动力的数量变化，这就要对未来的人口格局有清醒的认识。我们对未来的很多预测，都建立在全球人口数量将会不断增加这一假设之上，然而，这是一个错误的假设。

21世纪，全球人口变化会出现一次新的革命，即全球人口规模将在达到一个峰值之后逐渐回落。全球人口增长率预计到2030年会降至0.4%，到2070年会降至0.1%左右。21世纪后半叶，即从2050年到2100年，预计全球人口增长率平均为0.2%。如果再细分，又能看到，这一时期人口的净增长将全部来自非洲（人口增长率大约为1%），美洲的人口增长率为0%，欧洲和亚洲则出现负增长（分别为–0.1%和–0.2%）。中国将会遇到最为严重的人口老龄化：我们会在变得富裕之前就衰老。

过去，人们担心的是人口爆炸，害怕人口的增长会带来更多的社会负担，现在我们才看到，经济增长先是会带来人口的加速增长，但随后就会导致人口增长率的下降。一开始，随着经济发展水平的提高，粮食供给增加，尤其是医疗卫生条件大幅度改善，人口增长会加速。之后，随着妇女文盲率的降低，避孕药具可以合法、公开且较为廉价地出售，再加上孩子抚养成本的上升，人口增长率又出现了下降趋势。这已经是大势所趋，也正因为如此，即使中国已经局部放松了对生育的管制，但仍然无法逆转人口增长率下降的大势。

人口数量减少，尤其是劳动人口的减少，直接导致经济增速放缓。人口增长率下降会带来老龄化问题，扶养老人的担子越来越重，也会影响到经济增长的潜力。

进入老龄化社会之后，一个国家的改革动力也会消失。年轻人居多的时候，一个社会尚有勇气和魄力做出暂时的牺牲，完成艰难的改革。到老年人居多的时候，暮气沉沉，朝不保夕，很难再做出调整。老龄化社会同时也更容易成为一个贫富悬殊的社会。如果子女多，则能够继承到的财产相对较少，更多地要靠自己去努力，但如果子女少，遗产继承更容易导致财富集中。想想我们这一代，生逢高速增长时代，你如果努力、勤奋，能够赚到的钱会远远超过父母一辈子的积蓄。但是，假如人口增长放缓，经济也进入低迷状态，家庭财富的积累就会变得更重要，自己干得再好，到头来还是比不过人家的爹妈有本事。由财产继承带来的贫富分化在中国尚未成为一个尖锐的社会矛盾，但要不了多久，我们就能感受到令人窒息的不平等问题。

从另一个方面来看，就算劳动力的数量减少，但如果劳动生产率不断提高，我们不是仍然能够保持经济高速增长吗？没错。可是，我们过去能够保持劳动生产率的迅猛提高，主要是因为我们处于赶超阶段。处于赶超阶段的落后国家有一个独特的优势，那就是可以看到学习的榜样，依葫芦画瓢，通过模仿，迅速地逼近技术前沿。这在工程学上有个说法，叫“反向工程”（reverse engineering），说白了就是把别人的东西拆了，重新组装，多拆几次就学会了。问题在于，随着中国的经济发展，技术水平不断提高，跟技术前沿的差距越来越缩短，赶超的难度也就日益增加了。

◆ 产业结构转型能维持中国经济的高速增长吗?

经济发展还会带来产业结构的变化。我们可以大致把产出分为三类：

一是制造品。制造业的劳动生产率增长速度最快，新产品层出不穷，日新月异。电脑和手机如果过了半年还没有新款出来，我们就会觉得慢得难以接受。

二是初级产品。这些部门的劳动生产率也在增长，但同时更多地受到自然条件的约束，增长相对缓慢一些。以农产品为例，育种、灌溉、化肥、农药、运输、仓储、食品加工等技术的进步，在相当程度上提高了农业生产的效率。

三是服务业。服务业涉及的范围非常广泛，差异也极大。一般来说，传统服务业的劳动生产率提高是最为缓慢的。最典型的以理发为例，美国的理发师不比中国的理发师高明到哪里，但理发的价格会比中国贵很多。一般来说，随着经济的发展，服务业在一个国家经济中所占的比例会越来越高。但这不一定会导致一个国家潜在经济增长率的提高，相反，倒是很有可能导致潜在经济增长率的降低。

那我们为什么还要发展服务业呢？发展服务业的最主要意义不是为了促增长，而是为了保就业。像中国这样的制造业大国，服务业也已经超过制造业，成为创造就业机会的冠军。

◆ 中国能否走出“中等收入陷阱”？

时下有个很热的讨论，就是中国能否走出“中等收入陷阱”。按照世界银行1989年提出的标准，以1987年为基准年，人均国民收入低于或等于480美元的国家为低收入国家；人均国民收入高于480美元，低于或等于6000美元的国家为中等收入国家；人均国民收入高于6000美元的国家为高收入国家。到了2013年，中等收入国家的门槛为1045美元，高收入国家的门槛为12745美元。排除物价和汇率的影响，以实际收入来衡量，这和1987年的480美元、6000美元门槛是等价的。从进入中等收入国家（人均480美元），到从中等收入国家毕业（人均6000美元），意味着人均收入水平要提高12.5倍。

这是一个漫长的征途。要是想在20年内“毕业”，一国的人均国民收入的年均实际增长率需要达到13.5%。人类历史上还没有哪个国家有这个能耐。要想在50年内“毕业”，一国的人均国民收入的年均实际增长率需达到5.2%。这也是一个艰巨的挑战，但是有可能实现。中国在过去50年内的人均GDP年均增长率就达到了6.7%。

换一种算法，要想跨越这12.5倍的收入差距，如果能保持4%的经济增长速度，需要64年；如果保持3%的经济增长速度，需要85年；如果保持2%的经济增长速度，需要127年；如果保持1%的经济增长速度，则需要253年。

设想一下，中国经济从此告别了10%以上的高增长，慢慢地回落到7%、6%甚至5%，那岂不是一个黯淡悲观的前景？倒也不是。经济增长放慢并不可怕，只要不出现“硬着陆”，能够维持持续、稳定的增长，中国经济仍然会有长足的进步。经济增长的本质是“复利”，一年一年如同滚雪球一般越滚越大。只看单独一年的经济增长率高低没有太大的意义，重要的是要有耐力。

狂飙突进的高速经济增长时代已经一去不复返了，再去追求过高的经济增长速度，没有任何意义。我们已经跑完了400米跨栏，现在比的是跑马拉松。不能再按照跑跨栏的节奏参加比赛了，未来的竞赛，比的是耐力和毅力，所以更重要的是要保持长期、稳定、持续和平衡的经济发展。眼光不要盯着面前的跑道，要目视前方，调匀呼吸，保持好步伐的节奏，心中想着最终的目的地。生活在一个经济增长率放慢的时代，我们需要有更多的平常心。

第五辑

创新的来源

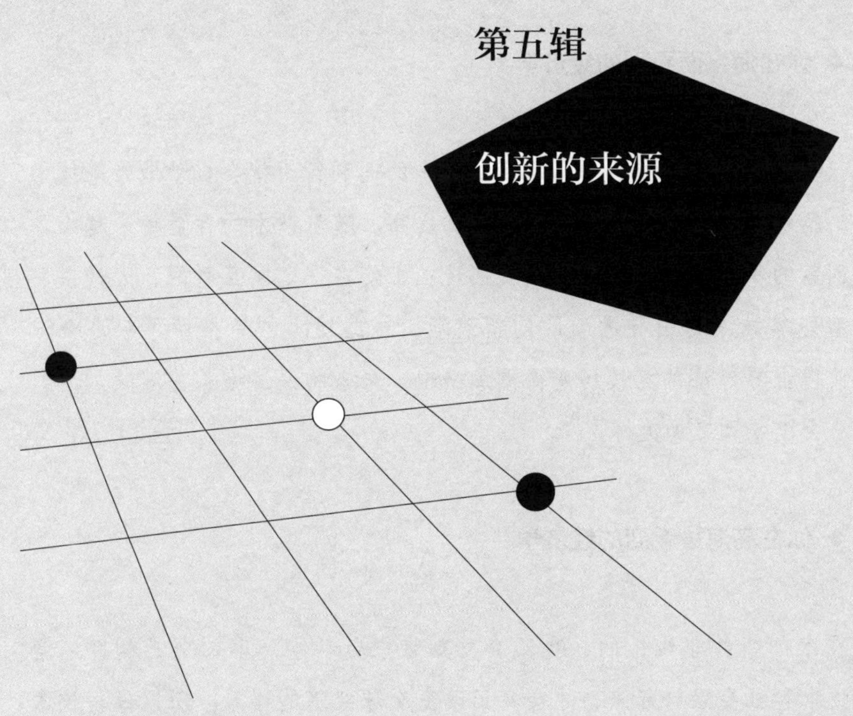

导读

◆ 你在海平面看到的经济学

只要做好知识产权保护，市场经济中的逐利行为就会自动地带来技术创新。技术创新将会带动劳动生产率的提高。随着技术的存量越来越大，技术创新的步伐也会越来越快。我们现在正处在一个以互联网、大数据、人工智能等技术为引导的新的创新浪潮，这些技术创新推动了经济全球化，使得世界经济的竞技场变得更加平坦。未来的经济增长将继续加速。明天总会比今天更加美好。

◆ 你在高海拔看到的经济学

技术创新并非线性的，也不会立刻带来劳动生产率的提升和经济增长。技术和社会融合起来，才会真正改变全球经济的格局。所以说，技术进步不是一个快变量，而是一个慢变量。技术进步的速度很快，人类适应技术进步的能力却很慢，由此会带来很多潜在的风险。比如，大数据有可能带来隐私的泄密，也可能使得互联网企业变得越来越集中。

◆ 本辑导读

《指数型增长：不是我不明白，这世界变化快》讲到，技术的进步可能是指数型的。硬件在进步，软件在进步，而且各种技术叠加、混搭，催生出更多的进步。不过，人类适应技术进步的能力是线性的。我们适应技术进步的速度已经落后于技术进步的速度。要想在加速变革的时代能够幸存下来，我们必须学会“快速失败”、快速迭代。

《超新星：来自云端的超新星》讲到，《纽约时报》专栏作家托马斯·弗里德曼（Thomas L. Friedman）把“云”称为“超新星”。“超新星”是指恒星出现的爆炸，这是宇宙中能够发生的最大规模的爆炸。大数据和“云计算”会把旧的事物变成新的事物，从方方面面改变经济活动。

《大数据：为什么说天才数学家谢顿是错的》讲到，在科幻作家阿西莫夫（Isaac Asimov）的小说《银河帝国》中，天才数学家谢顿（Hari Seldon）说，历史是可以预测的，但单个个体的行为却不可预测。谢顿恰恰说反了。历史是不可预测的，但我们每个人的行为可以非常精准地被预测出来——因为我们都是习惯的奴隶。

《数据隐私：你的一生，分分秒秒都已被监控》讲到，大数据固然能够给我们带来很多便利，但也会让我们失去了隐私权。当隐私泄露之后，企业和政府都有可能秘密地加强对社会个体的控制，我们不仅仅会失去自由，也会在一定程度上失去公正。

《人工智能：未来的工厂里只有一个人，一条狗》讲到，有个关于人工智能的笑话是，未来的工厂里只有一个人，一条狗，狗是负责看住人，不让人去动机器的。这个笑话表达出人们对人工智能替代劳动者的担心，但我们距离这一天还早得很。

《技术失业：谁来帮助求职者》讲到，我们应该更多地思考，如何能够利用互联网和大数据，帮助那些处于弱势的求职者。如果能够更加精准地帮助求职者，不仅有利于企业用更有效率的方式雇佣到更好的员工，而且能够让每一个求职者找回自信，这个社会会因此更加美好。

《唯快不破：为什么游击队能够战胜正规军》讲到，在加速变革的时代，传统的大型社会组织，比如政府、政党、军队，都会遇到挑战，而新兴的力量正在崛起。这是一个游击队战胜正规军的时代。但是，新兴的力量大多只会破坏，不负责建设，因此，权力的终结或许会带来更多的混乱。

《新的旧思想：100多年前，马路上跑的都是电动车》讲到，很多新的点子，其实早就有了，比如电动汽车。只不过，有些新点子太新颖了，就会生不逢时，后来又被人们遗忘了。如果想要更好地创新，不能只是朝前看，还要不时地复习历史，“温故而知新”。

《旧的新思想：有能帮你获得心灵平静的可穿戴设备吗》讲到，有些新点子，看起来新，其实是很陈腐的。有一种可穿戴设备号称可以帮助你获得心灵平静，但其遵循的思路却是已经落伍的行为主义，即想让你做好事就奖励你，如果觉得你做了坏事就惩罚你。这是马戏团驯兽的方法，怎么可能用这种方法修炼到心灵平静的境界呢？小心被所谓的新技术忽悠了。

《旧的旧思想：为什么有人相信地球是平的》讲到，在思想的市场上，不是所有的假冒伪劣产品都会被自动地淘汰，很多荒谬的观点会一直存在，相信它们的人自以为真理在手，固执得很。我们都可能会不小心掉进陷阱，对这些荒谬的观点将信将疑。

《皮浪主义：做一个积极的怀疑主义者》讲到，当我们分辨不清什么是真理、什么是谬误的时候，先不要妄下结论。要先悬置判断、放空自己、心无旁骛、胸中无剑，才能有更宽广的胸怀去接受新事物。

指数型增长：不是我不明白，这世界变化快

◆ 摩尔定律

当世界变快了之后，人们会有不适应的感觉。速度并不总是带来激情，速度也会带来眩晕。如果你坐上一台跑车，两三秒钟就能加速到100公里，那是多么爽的事情，但要是一直按照这样的速度加速，车子跑得比火箭还快，你能受得了？我们的种种不适应，都是因为技术的变化速度太快，而人类的适应速度太慢。

为什么技术变化的速度会不断加速呢？先来看看摩尔定律。摩尔（Gordon Moore）是著名的仙童半导体公司的创始人之一，硅谷的元老级人物。他曾任仙童半导体公司的研发实验室主任。1965年4月19日，他在《电子》杂志上发表了一篇文章，题目叫《将更多的原件塞入集成电路中》。摩尔在文章中预测："（半导体芯片上）集成的元件数量将每年增加一倍……而且有理由相信这种增速在至少十年内会保持相对稳定。"

这一预言太激进了。这意味着技术进步会不断加速增长，呈指数型增

长，越到后来，增长速度越快。这和我们的直觉是不一样的。连摩尔本人都觉得这一预测太离谱。1975年，他修正了自己的预测，说翻倍的时间不是每年一次，可能是每两年一次。

一次又一次地，人们预言摩尔定律已经到头了，但一次又一次地，出现了新的技术创新，于是，摩尔定律继续有效，到现在一直持续了50年。当然，终有一天，摩尔定律会失效。最近两次迭代大约用了两年半的时间，而非两年，所以技术加速确实有所减慢，但技术进步的步伐是不会停息的。

为什么会是这样呢？硬件在不断进步，软件在不断进步，还有各种技术叠加起来，混搭起来，催化出了更多的进步。

比如，从硬件来看，50年来，半导体行业一直在寻找新的方法，要么保持成本不变，但缩小晶体管的尺寸；要么保持晶体管的大小，但减少制造成本；要么找到新的工艺，开发新材料。

仅仅是硬件的改进，还不足以带来如此快速的技术进步。软件的改进，可以在不改变现有硬件的基础上，大幅度提高其效率。

◆ 美国电话电报公司的赌注

2006年，美国电话电报公司和乔布斯签订了一个合同，成为iPhone在美国的独家服务提供商。这是一个很大的赌博。第一，当时美国电话电报公司连iPhone长什么样子都没有见过，他们只是因为相信“乔帮主”，才签了约。第二，美国电话电报公司隐隐约约感觉，手机用户会暴增，会给他们的网络容量带来巨大压力，但压力到底多大，谁也不知道。时间紧、任务重，也不可能把原来的线路和无线网络设备大规模改造。怎么办？美国电话电报公司的思路是用软件之长，补硬件之短。他们把能够调动的技术人员，几乎都调到了软件部门。

你可以把电话线路想象成高速公路。如果高速公路上都是开车不讲规矩的司机，或是胆战心惊的新手，交通很容易拥堵。那么，如果全部换成无人驾驶汽车呢？同样是一条公路，能够通行的车辆一下子就会倍增。这就是美国电话电报公司的思路。还是原来的网络交换机、电线、芯片和电缆，通过软件进行优化之后，能够传输数据、文本和语音的速度大幅度提高。

计算机的存储和计算能力越来越强大，软件越来越先进。互联网又进一步促进了软件和硬件之间的相互促进。如今，人工智能又成了新的热点。当人工智能突破临界点之后，就会和人一起推动技术、加速进步。

◆ 直线最终会落后于指数型曲线

人类很难理解指数型增长的威力。美国科学家乔治·伽莫夫（George Gamow）在《从一到无穷大：科学中的事实和臆测》一书里讲过国王和国际象棋发明者的故事。据说，发明国际象棋的是印度舍罕王的宰相达依尔。国王见到这个新奇的游戏，一下子就入了迷。国王心情愉快，顺口跟达依尔说，你想要什么奖赏都可以，尽管说。达依尔说，我只有一个很谦卑的要求，能带回去一点大米给家里人吃就好。要不这样，请您在国际象棋棋盘的第一个小格里放1粒米，第二个小格里放2粒，第三个小格放4粒，以后每一个小格都比前一个小格多一倍，请把摆满棋盘上64个小格的米粒赏给您的仆人吧。国王觉得这根本不算什么，后来才大吃一惊。一开始，每个小格里的米粒确实不多，到了第16个方格时，就得放上1公斤米。到了第20个方格时，得推来一手推车的米。事实上，要想填满64个方格，需要的麦子超过了1000年来全球大米的生产总量。这就是指数型增长的巨大威力。

人类的确在努力适应技术的进步，但我们的适应速度是线性的，不是指数型的。如果把一条指数型的曲线和一条直线画在一张图上，你就会发现，两条线会有个交叉点，然后，指数型曲线会越来越陡峭，而直线落后于指数型曲线的差距会越来越大。现在，我们已经到了直线落后于指数型曲线的地方。

不是我不明白，这世界变化快。这就是我们感到越来越焦虑的原因。我们从小到大，要接受12年、16年，甚至更长时间的教育。我们原本以为，上完学，就不用再学习了。但现实很可能是，当你读完大学了，才发现自己所学的都已经过时，你必须从头再学。这是一种什么样的感受？

创新的周期越来越短，学习和适应的时间越来越少。这是我们不得不面对的未来。有些人能够做得更好，有的人可能做得更差，但没有人能够做得十全十美。要想在加速变革的时代能够幸存下来，我们必须学会“快速失败”：用更短的时间、更低的代价去尝试、去失败，然后迅速地调整、迅速地改进，如此循环，不断迭代。

链接阅读：托马斯·弗里德曼，《谢谢你迟到》，湖南科学技术出版社。

超新星：来自云端的超新星

◆ 啤酒和尿布

沃尔玛在每个商品上都贴上了条形码，这样，他们可以监测各种商品的销售量，以及它们之间的关系。有一天，沃尔玛的销售部门发现了一个奇怪的现象：啤酒和纸尿布的销量似乎会一起增加。

这两种商品风马牛不相及，为什么会出现这种正相关的关系呢？后来，他们才搞明白这是为什么。当家里有了新生婴儿的时候，最忙碌的是妈妈，以及照顾妈妈的外婆，或是保姆，爸爸当然也很高兴，但他帮不上什么忙。于是，家里人就说，去去去，去沃尔玛买包纸尿布，不要在这里正忙不帮帮倒忙。于是，爸爸就到沃尔玛去买尿布了。有了孩子，他非常高兴，觉得自己要庆祝庆祝，所以，买完纸尿布，他会顺手拎几瓶啤酒回家。沃尔玛的销售人员试着把啤酒放在纸尿布的货柜旁边，啤酒的销量增长更快了。

◆ 怎样知道奶牛排卵的时间？

这还不算最神奇的故事。

在《谢谢你迟到》里，有一个更有趣的关于大数据的案例。日本的奶农向富士通公司提出了一个问题：怎样才能提高繁殖奶牛的成功率？当奶牛进入发情期，开始排卵的时候，可以成功地进行人工授精。但是，在每21天内，奶牛只有大约12—18个小时是在发情期，而且通常是在晚上。你怎么知道奶牛什么时候排卵呢？就算找个人24小时盯着，但怎么才能知道奶牛排卵的准确时间？

复杂的问题常常会有意想不到的简单答案。富士通公司想出来的解决办法就是给奶牛装上计步器。奶牛发情时的一个简单秘密就是它走的步数不同寻常。根据这个数据，可以以95%的准确率预测奶牛的排卵时间。当计步器发现奶牛排卵的时候，就会给农场主的手机上发一条短信，农场主就能够在准确的时间进行人工授精了。

更奇妙的是，通过对奶牛数据的分析，富士通发现，在开展人工授精最理想的16小时时间窗口内，如果在前4个小时人工授精，就有70%的概率得到一头小母牛，要是在接下来的4个小时人工授精，就会有更高的概率得到一头小公牛。牧场主可以更方便地调整公牛和母牛的比例。富士通还发现，通过识别奶牛脚印的图形，可以提前发现八种不同的奶牛疾病。这一切都是因为在奶牛的身上挂了一个传感器！

◆ 不是云，而是超新星

为什么我们会进入大数据的时代？首先，技术进步使机器具有了更多的感知能力。机器能看、能听、能说，甚至能辨别味道。于是，越来越多的信息可以被转化为数字化的数据。其次，存储能力和计算能力正按照摩尔定律的速度加速提高。再者，互联网带来更多的共享和合作，我们处理和分析大数据的能力越来越强，这就带来了一个新的生态。我们习惯于将这种新的生态称为“云”。

《纽约时报》的专栏作家托马斯·弗里德曼觉得“云”这个术语不过瘾，他将之称为“超新星”。这个说法最早是微软的计算机设计师克雷格·蒙迪（Craig Mundie）提出的。所谓“超新星”，是指恒星出现的爆炸。恒星爆炸之后，会在极短的时间之内爆发出极强的亮度，最强可以是太阳亮度的5000多倍，在短短数周时间内，超新星释放出来的能量，可以媲美太阳在一生中释放的能量的总和。这是宇宙中能够发生的最大规模的爆炸。

这一表述显得多少有些夸张。其实，这更像化学中所说的从固态到液态的“相变”（phase change）。当物体处于固体状态时，是僵硬、固定、不变、摩擦力很大的。当物体从固体变成液体之后，突然变得更加灵活、到处流动，而且好像没有了摩擦力。在硅谷，人们常说：凡是可模拟的东西皆可数字化，凡是可数字化的东西皆可存储，凡是可存储的东西皆可分析。这是我们能够加速变革的重要推动力。

火车上装了传感器，就不再是传统的火车。在行进的过程中，火车能够感知铁轨的状况，能够监测在不同的地形下行驶每公里需要消耗的能量，这就能够提醒工程师对出现异常的路段及时维修，并不断地优化两地之间的运输效率，思考如何才能减少能耗、开得又快又稳当。垃圾箱装上了传感器，就能及时地提醒清洁工，要清理垃圾了。船只装上了传感器，就能不断传输关于风浪的数据，方便更好地做天气预报。

于是，一切旧的东西可以变得更新，许多新的东西可以横空出世。

欢迎来到加速变革的时代。这听起来很像一个美丽新世界。当然，有激动人心的地方，就有令人沮丧的地方。大数据能够带给我们更多的方便，也能带来更多的烦恼。

链接阅读：托马斯·弗里德曼，《谢谢你迟到》，湖南科学技术出版社。

大数据：为什么说天才数学家谢顿是错的

◆ 谢顿的心理史学

阿西莫夫是最杰出的科幻作家之一。他在小说《银河帝国》系列里塑造了一位叫谢顿的天才数学家。谢顿最大的贡献是发明了心理史学。心理史学研究的是真正的大数据。据阿西莫夫的描述，当时银河帝国一共有2500多万颗住人的行星，总人口有千兆。谢顿发现，只要人数足够之多，人类的行为就能够用统计方法预测。所有人的合力决定历史的演进方向。

谢顿根据心理史学预测，统治银河帝国的川陀王朝将会在300年内崩溃，于是秘密地建立了一个能够保存人类文明的基地。据说本·拉登就是看了《银河帝国》后把自己的队伍命名为基地组织。谢顿还说，心理史学只能预测群体的行为，不能预测个体的行为，因为每个个体都是独特的，个体的行为没有什么规律可言。

谢顿恰恰弄错了。在大数据时代，个体的行为可以相当准确地被预测出来，但是未来是不可能预测的。心理史学的方法论是对的。谢顿假设，要使心理史学起作用，群体中每一个人都不能知道自己已经是心理史学的分析样本，这样才能保证每个人的行为都是随机行为。麻省理工学院的桑迪·彭特兰（Sandy Pentland）教授曾经做过一个研究。他的研究团队给大学生们免费发放智能手机，拿到手机的学生的一举一动都会被记录下来，比如给谁打了电话，聊了多长时间，都去了哪里，周围都有什么人，等等。一年下来，彭特兰教授的研究团队拿到了45万小时的数据。

◆ 每个人都是习惯的奴隶

大学生应该是最自由、最热情奔放的社会群体了吧？但是其实，大部分学生的生活都很单调。周一到周五，他们会去学校，晚上就回宿舍，过着“两点一线”的生活，只有周末才会释放一下内心的狂放。但这种狂放也是有规律的，周五和周六的晚上通常是狂欢时间，学生们会出现在相对固定的时间、固定的地点，和自己熟悉的人在一起。彭特兰教授的研究团队开发了一个运算系统，预测学生们的行为。这个运算系统的预测准确率高达96%。畅销书《爆发》一书的作者巴拉巴西（Albert-Laszlo Barabasi）买了一块带有GPS定位系统的手表。他的一个学生用彭特兰教授的运算系统，在几天之后，就能以80%的准确率预测到他的行踪。

或许你会说，彭特兰教授做的试验样本量太小，也就是麻省理工学院里面的一群学生。要是人数更多呢？比如，要是一个城市呢？彭特兰教授开发了一套系统，帮助旧金山探索科学博物馆搜集来自手机的GPS数据。根据这些数据，可以预测上千万人口在数天或数周之内的活动规律。

你猜怎么着？我们的生活比自己想象的乏味得多。正常时间，也就是工作日，我们每天沿着同样的路径，上班、下班，接孩子、回家做饭。周末和假日总该休息一下了吧，这是购物、休闲的好时光。令人吃惊的是，我们在休息时间去的地方和做的事情也几乎是一成不变的。我们会去自己熟悉的餐厅，叫自己最喜欢的那几道菜。城里那么多商场，我们只去离自己最近的，或是最喜欢的三两家。彭特兰教授的运算系统可以以90%以上的准确率预测出人们的行为。

让你更郁闷一下。在所有的人群中，富人的行为是最不好预测的，因为他们有的是时间，有的是钱，可以更随心所欲地到处探索，尝试新鲜事物。想体验丰富多彩的人生，可能最好的办法就是交一个像王思聪这样的朋友。

我们每个人都觉得自己是与众不同的，那是因为我们不够成熟。见得多了，体验得多了，你就会发现，其实每个人都是一样的。当人数足够多了之后，大数据可以准确地预测出我们的行为。不管是年轻人、中年人，还是老年人，所有人的可预测程度都是差不多的。每个人都是习惯的奴隶。

◆ 沙堆系统

但是，历史却是不可预测的。每个人的行为之所以能被预测，是因为它们在不断地发生，我们日复一日，年复一年，遇到相似的问题，会有相似的反应。历史是什么？历史是沿着时间之轴，在每一点上，所有人的反应的合力。马克·吐温说过，历史不会重演，但却押着同样的韵脚。读历史书的时候，我们总是会感叹，历史竟是如此惊人地相似。这很容易让我们猜测，或许，历史的发展背后，有一个亘古不变的规律。这样的规律是不存在的，任何试图去预测历史演进的努力都是徒劳。

归根到底，人类社会是一个复杂系统，而复杂系统是不可预测的。最简单的复杂系统是沙堆。假设你在沙滩上玩，随手用沙子堆了一个金字塔形状的沙堆。沙堆越堆越高。你有没有想过，能不能把沙堆一直堆下去，堆到月亮上？当然，这是不可能的，当沙堆堆到了一定的高度之后，随时有可能崩溃。但什么时候会崩溃？是再往上放一粒沙子会崩溃，还是再往上放一千粒沙子会崩溃？我们不知道，也不可能预测。

或许，你会不服气。要是用仪器记录下每一粒沙子的运动轨迹，怎么没有办法预测呢？

科学家还真做过这样的试验。IBM沃森研究中心的物理学家海尔德（Glenn Held）从沙滩上采来沙粒，再把沙粒烘干，放进一个像胡椒研磨器一样的罐子里。然后把这个容器和电脑连接起来，电脑控制着罐子的转动速度，沙粒一粒一粒地落下来，掉进一个盘子里。海尔德发现，当沙粒最初掉落的时候，好像有人在指挥一样，会自动地形成一个稳定的沙堆。这在物理学上叫作“自组织过程”。但是，当沙堆高到一定程度之后，就进入了不稳定状态。按照我们的常识，沙堆本来是一个稳定的系统，只有出现外界的强烈冲击时，才会突然倒塌。沙堆试验告诉我们，沙堆上再掉落一粒沙子，或是再掉落一千粒沙子，导致崩溃的概率是一样的。物理学里也有个术语描述沙堆的崩塌，叫“幂律分布”。简单地讲，导致沙堆出现小的崩塌的沙粒很多，而导致沙堆出现大的崩塌的沙粒很少。

自然界中到处都有“幂律分布”的例子。小的地震无时无处不在发生，大的地震极为少见，但破坏力会呈几何级数增加。小的社会骚乱经常发生，决定历史转折的大革命极为少见。但你怎么能知道，哪一次小小的骚乱会最终酿成革命呢？我们能不能预测沙堆出现的“革命”呢？海尔德发现，沙粒之间形成了一个系统，互相挤压，互相联系。随着沙粒的掉落，沙堆系统的复杂程度将不断扩大。哪怕再掉落一粒沙子，整个模型都要重新修改。如果谢顿想预测越来越遥远的未来，他需要知道的关于初始条件的信息将会呈指数形式递增。《银河帝国》里讲，谢顿能够预测未来1500年。这是不可能的。

沙堆理论告诉我们，未来是不可预测的，但并非不可知。就像你知道历史的演进也遵循“幂律分布”，但是你无法准确地预报下一场大地震将在何时何地爆发一样。但这并不意味着我们就要放弃对地震学的研究，我们可以逼近真理。有趣的是，19世纪的法国小说家雨果曾经说过：“我们怎么会知道这个世界是不是由掉落的沙粒形成的呢？”他一个文科生，怎么猜出来的？

链接阅读：阿莱克斯·彭特兰（Alex Pentland），《智慧社会：大数据与社会物理学》，湛庐文化，浙江人民出版社。

数据隐私：你的一生，分分秒秒都已被监控

◆ 你的隐私只剩零了

算来已经是18年前了。1999年，美国太阳微系统公司（Sun Microsystems）的CEO斯科特·麦克尼利（Scott McNealy）在一次发布会上，对台下众多媒体记者和分析师说道："你的隐私只剩零了，想开点吧。"

在大数据时代，你的一生，分分秒秒，都已经被别人监控。这个世界将分为监控阶级和被监控阶级，很不幸，你我都属于被监控阶级。

当你在网上购物的时候，你的信息已经被存储起来。当你在微信里刷朋友圈的时候，你的活动已经被跟踪。当你敲击电脑键盘的时候，电脑程序可以记录下你的键盘操控过程。当你走在大街上的时候，有无数监控摄像头正冷冷地盯着你。或许有一天，纸币不能再用，至少大额纸币会用得越来越少，于是，你的每一笔交易，都能在网络上留下痕迹。你五岁在幼儿园里欺负小姑娘的视频，可能会在50年后被人调出来在网上传播。你在酒酣耳热之后讲的那些愚蠢的话，转眼间就会在网络上被人疯传。

欢迎来到大数据时代。

我们在上一篇文章中讲过，大数据无法预测历史的演变，但却很容易预测每一个人的行为。只要样本量足够的大，每个人的行为其实很好预测，因为人都是习惯的奴隶。

◆ 你的女儿已经怀孕了

大数据时代的典型案例就是美国塔吉特公司（Target）预测顾客怀孕的故事。塔吉特是美国第二大零售商。他们有一个庞大的客户数据库。每个客户都有一个“ID”号，该号码与客户的信用卡、电子邮件和其他信息实行绑定。你只要在这里有消费，塔吉特就能预测你的行为。

他们有一份“已知孕妇”的数据库，从这个数据库，能够找到怀孕之后，顾客消费行为的变化。比如，在怀孕期的最初20个星期内，孕妇会购买更多的“钙、镁、锌之类的补充剂”。再比如，孕妇更偏好买没有香味的肥皂和洗发水，还会准备大袋子装尿布、奶瓶等用品。塔吉特的统计分析师建立了一个包含25种产品的“怀孕预测”评估程序。假如在亚特兰大，有一个23岁的女人在3月购买了“可可脂乳液、大到足以兼作尿布袋的手提袋，以及锌、镁补充剂和一条宝蓝色的毯子”，塔吉特公司就可以估算出她怀孕的概率是87%，预产期会在8月下旬。

对商家来说，这真是好消息，大数据提供了开采不尽的金矿。但对消费者来说呢?

首先，你的隐私没有了。在塔吉特的数据库里，你不是一个活生生的人，你只是一组冷冰冰的数据。塔吉特会根据他们的预测，向将要当妈妈的妇女邮寄婴孕产品广告。但是，不是每一个妈妈都期待收到这样的广告。如果这是一个还在读高中、不小心怀孕了的女生呢?如果这是一个被强奸的妇女呢?

其次，你很可能会处于更加不利的境地。常言道，买家没有卖家精。在大数据时代，卖家会越来越聪明，买家则越来越被动。

◆ 我们知道你的痛苦点

在经济学里，有个概念叫价格歧视，即对不同的消费者定不同的价格。经济学教科书告诉我们，商家是很难搞价格歧视的。的确，有的消费者精明，有的消费者鲁钝，但鲁钝的消费者只要跟着精明的消费者走就行了，她进哪家店，我们也进哪家店。现在不行了。

去赌场的人对风险的偏好各不一样，有人输了十块钱就心疼得不得了，有人输掉100万面不改色心不跳。但不论是谁，都会有个“痛苦点”。这个“痛苦点”的意思是说，如果你输掉的钱超过了这个额度，你就会对这家赌场深恶痛绝，再也不想来了。开赌场的有一个最佳策略，就是当你快要到这个“痛苦点”的时候，叫你住手。比如说，当你进入赌场之后，根据赌场的数据库，大致可以推断，像你这样的中年亚洲男性，“痛苦点”可能是五万元。那么，当你输掉四万九的时候，您的身边就会突然出现一个貌美如花的公关小姐，跟你说：“先生，玩累了吧，您今天是我们的幸运顾客，我们专门为您准备了法国大厨做的牛排，欢迎您带上家人朋友一起过去品尝。”怎么会服务态度这么好呢？因为你的最后一分钱已经被商家榨完了。

◆ 少数派报告

更令人不舒服的是，你可能会真的受到各种歧视。购物的时候被多收了几块钱还算小事，找工作和买医疗保险应该是个人生活中的大事吧。如果一家公司能够预测出来，像你这样的人，到50岁的时候得糖尿病的概率更高，所以即使你现在身体健康得很，他们一样可以拒绝你求职，你会觉得公平吗？

在医疗保险中，1%的病人会占用5%以上的医保成本，而且5%的病人会占用将近一半以上的成本，所以保险商希望“优选出”那些健康的投保人，同时“筛选掉”患病概率大的人群。怎么“淘汰”潜在的病人呢？比如，你可能只是上网搜索了某种疾病的表现，但在保险公司的数据库中，你就和这种病有了关联。你觉得这样公平吗？

离婚是一件很不幸的事情，对离婚的夫妇来说，最难以承受的是心理上的打击。但对信用卡公司来说，他们关心的是离婚可能会给这对夫妇带来财务上的损失。从统计数据来看，接受婚姻咨询的夫妇更有可能离婚。如果信用卡公司能够买到你是否接受过婚姻咨询的信息，并用这一信息来调整你的信用评级，你觉得公平吗？

失去了隐私，也就在很大程度上失去了自由和公正。著名科幻作家菲利普·迪克（Philip K. Dick）的《少数派报告》里讲了一个故事，在未来世界里，人们可以利用具有感知未来的超能力的“先知”预测出人的犯罪企图，并在罪犯犯罪之前逮捕他们。大数据就是这样的先知。那么，如果大数据预测，某个人出门之后参与谋杀的概率是90%，即使他并没有杀人，能不能就把他逮捕起来呢？如果预测一辆卡车可能要到市中心撞击行人，能不能在它没有进城之前就扣押下来呢？如果我们能够预测一个孩子长大之后变成希特勒的概率是90%，能不能在他还上小学的时候就把他枪毙呢？

在大数据时代，只有处于金字塔顶尖的一小群人才属于监控阶级。海量的数据、复杂的算法，使得大数据已经超越了常人的理解范围。对于不能理解的事物，我们能够采取的最简单的办法就是对其视而不见。这是一种可怕的“社会沉默”。

于是，我们会看到，能够掌握大数据的企业会进一步地践踏个人的隐私，而当他们拿到这些隐私之后，又会想方设法地保护对这些数据的垄断，以及利用这些数据为自己牟利的权利。

你每天都在被别人卖掉，你每天都在高高兴兴地帮别人数钱。

链接阅读：弗兰克·帕斯奎尔，《黑箱社会：掌控信息和金钱的数据法则》，中信出版社。

人工智能：未来的工厂里只有一个人，一条狗

◆ 如何思考会思考的机器

企业管理顾问华伦·贝尼斯（Warren Bennis）讲过一个笑话。他说，未来的工厂里只有一个人，一条狗。人是要喂狗，狗是要看住人，不让他碰机器。

总有一天，机器人会替代人。如果对物种进化做一个预测，那么，人类之后的下一个物种应该是机器人。推荐大家读一本《如何思考会思考的机器》，里面汇集了全球各个行业顶级专家对人工智能的看法。当然，即使是专家，对人工智能的看法也大多是猜测。谁也不知道未来会出现什么变化。

如果简单地讲，未来可能会有两条路径。第一种路径是机器人彻底替代了人。机器人不仅学会了人的思维模式，而且比人类做得更好。机器人也学会了人类的情感，而且比人类更加理性。机器人有了自我意识，不会再听命于人的指挥。这并非是不可能的。归根到本源，人的思维、情感，无非都是物理和化学反应，只是我们对其原理了解甚少而已。

第二种路径是人和机器人融为一体。手机让我们成为“千里眼”“顺风耳”，能够实时地、不受地域限制地与其他人沟通。大数据可以方便我们更好地学习和交流。人用上了各种人造器官。以后，人们很可能会运用更多的科技改善我们的记忆、延长我们的寿命、调节我们的情绪。记性不好？外接一个U盘就行。性格暴躁？吃一片药就改过来了。想体验一下南极探险？你可以从别人那里购买一段个人回忆。听不懂爪哇语？机器帮你

直接翻译。

无论出现哪种情况，我们都能想象得出最后的结果：人类这个物种，会被彻底改变。生活、工作，都会和以往大不相同，甚至人类的生存都会遇到挑战。

◆ “伦巴”是怎样学习的

人工智能是如何出现的？这是一个很复杂的问题。我们不妨从最简单的角度来理解。过去的电脑都是靠“程序”运转。程序员设想出可能会出现的各种情况，然后告诉机器，如果遇到某一种情况，该如何如何处理。这就会带来一个挑战，如果是一个非常复杂的问题，有很多环节，机器在每一个环节上都要穷尽所有的可能性，那么，计算和判断的复杂程度会呈指数型增长，直至机器彻底崩溃。

人每天也会遇到各种复杂的问题，要不要结婚，要不要生孩子，都是极其复杂的问题。人生有无穷无尽的可能性，有各种各样的偶然性。人是如何处理复杂问题的？

我们的思维方式比较偷懒。好比，在第一个岔口，有两个选择，我们会随便选一个，比如我们选A。再往前走，又遇到第二个岔口，又有两个选择，我们再随便选一个，比如我们选A1。如果A1是个死胡同呢？我们赶紧退回最近的分岔点，选择A2。如此循环往返，直至找到合适的路径。这种思维方式看起来很笨，不就是靠碰运气吗？确实如此，这是因为人的记忆储存能力和计算能力严重不足，才想出来的凑合的办法，但事实证明，这是解决复杂问题的唯一正确路径。

我们对智能机器人最直观的体验可能是家里的扫地机器人，一款叫“伦巴”（Roomba）的家伙。最早设计伦巴的时候，设计师非常苦恼。每个家庭的房间都不一样，有人住别墅，有人住陋室，有的房间方方正正，有的房间极不规则。如果想把所有的户型资料都预先输入，几乎是不可能的。而当他们换个思路之后，就豁然开朗了。

伦巴的设计思路是让机器人自己去学习。当伦巴刚到你家里的时候，它会像喝醉酒一样，到处碰壁。其实它是在学习。碰墙没有关系，它会把这当作一次失败的尝试，把结果记录下来。只要它把每一次失败都记录下来，不断修正，就能越来越熟练，最后，它就像在你家里尽情撒欢的小狗，来来去去，自如得很。

一言以蔽之，这种设计思路就是“试错法”。机器学习就是一个计算机算法在分析和预测中不断自我改进的过程。认知机器人的方法论无非是最基本的概率论，但它的技术进步在于，认知机器人已经开始理解更复杂的非结构化信息。也就是说，机器人不仅能够像过去那样理解数字，还能够“看懂”图像、“听懂”人讲的话，等等。

以机器翻译为例。IBM在开发翻译软件的时候成立了一个团队，最早，他们雇用了很多语言学家，希望语言学家能够教会机器不同的语法，然后让机器根据语法学习各种语言。后来，他们发现这样根本行不通。最简单粗暴的办法就是把海量的语言资料都输入电脑，让电脑自己去“试错”。一开始，电脑的翻译一定是不伦不类的。但慢慢地，如果你给电脑足够多的正确和错误的示例，它就会慢慢弄明白，哪些说法是不地道的，而哪些是更地道的，它的学习也会越来越快。它可以用同样的方法学会中文、俄语、班图语、尼泊尔语：其实它不是在学外语，而是在处理统计数据。以后，我们很可能不用再学习外语了，人工智能会比我们做得更好。它能够掌握各种语言，靠的就是大数据和“试错法”。

◆ 机器人会不会替代人？

说起人工智能，我们常常会有一种恐惧，认为我们的工作很快就会被机器替代。确实，越来越多的工作会被机器替代，但距离我所预言的那个机器人取代人类的时代还早得很。我们仍然处在人工智能的初级阶段。现在的人工智能大多局限在一个特定的领域。伦巴是负责扫地的。有的人工智能是为了翻译语言，或是帮助医生诊断疾病。它们各有分工。在其各自的领域，它们完全有可能替代很多常规性的人类的工作，但机器人会不会突然变得全知全能呢？你家的伦巴会不会有一天扫地扫腻味了，自己决定不想扫地，要设计汽车了？至少目前来看，这种可能性为零。

任务自动化和工作岗位自动化是两件不同的事情。工作岗位自动化是指机器完全替代了人，任务自动化是不会抢走人类的工作的。举例来说，由于工业革命，纺织行业在19世纪就从手工业变成了现代化工业。纺织行业中98%的劳动被自动化了，那么，纺织行业的就业人数是否相应地减少了98%呢？

没有。纺织行业的就业人数反而增加了。这是由于生产力大幅度提高之后，产品的价格会下降，对产品的需求就会增加。过去，许多人只有一套衣服，而且是妈妈手工缝制的。过去是“慈母手中线，游子身上衣”。现在，游子穿的都是买来的衣服，每个人的衣橱里都塞得满满的。此外，对窗帘、地毯、沙发罩等各种各样纺织品的需求也大幅度增加。于是，需求的增长抵消了机器对劳动力的替代。

同样的故事今天仍然在发生。自动取款机是在20世纪90年代之后开始出现的。当初，人们认为有了自动取款机，就不再需要银行柜员了，结果呢？银行柜员的人数却增加了，而且比美国整个劳动力市场就业人数的增加速度更快。条形码是从20世纪80年代开始出现的。扫描条形码，能让收银员的结账时间减少18%—19%，但收银员的人数反而增加了。20世纪90年代末以来，律师事务所越来越多地使用电子文档检索软件，这本是律师助理要做的工作，但律师助理的人数反而快速增长。

我们都听说过，技术可以创造出全新的岗位需求，比如数据科学工程师。但与此同时，技术也能改变很多传统的常规工作。银行柜员不需要再收付现金，他们可以花更多的时间帮顾客处理更复杂的事务。律师助理不用再在档案堆里找文件，他们可以帮助律师们更好地维护客户关系。会看CT片子的电脑没有完全替代医生的工作，医生可以借助电脑，进一步提高诊断质量。各种设计软件也没有替代设计师的工作，相反，会有更多的人更容易地进入这一行当。

所以，好消息是：未来的工厂里，会有一台机器，一个人，一条狗。有的工作是人来做主，机器辅助；有的工作是机器做主，人来辅助。至于那条狗嘛，它安安静静地趴在那里，像一个哲人一样若有所思。

链接阅读：约翰・布罗克曼（编著），《如何思考会思考的机器》，湛庐文化，浙江人民出版社。

技术失业：谁来帮助求职者

◆ 谁抢走了我们的饭碗？

西方国家之所以会出现保护主义、民族主义以及反全球化，很重要的一个原因就是很多劳动者觉得饭碗快要保不住了。谁抢走了我们的饭碗？

有的政客过来煽动他们：都是那些外国人，是那些移民抢走了你们的工作，是中国人和印度人抢走了你们的工作。于是，人们群情激愤。这就是西方出现保护主义、民族主义和反全球化的社会背景。

大部分经济学家都认为，导致发达国家贫富差距拉大、一部分工作岗位流失的主要因素有两个，一个是技术进步，一个是全球化。而且，技术进步的影响比全球化的影响更大。但是，如果你跟选民说，你之所以失去工作，是因为自己笨，掌握不了新的技能，选民会朝你扔臭鸡蛋。如果你跟选民说，你们都很努力，但狡猾的中国人和印度人把你们的工作抢走了，这是不公平的，大家就会满心欢喜地选你当总统。

◆ 落后的招聘制度

这里，我要从另一个角度谈谈就业的问题。就业的问题，可能既不出在技术进步，也不出在全球化，而是出在我们现在的就业体制太落后。

为什么这么讲呢？现在的就业体制是什么？当单位招聘员工的时候，先发布招聘广告。在广告里，单位会把要招聘的岗位、工作内容公布出来，然后写清楚对求职者的要求。不知道大家注意到没有，几乎所有的招聘广告，都要求求职者有一定的文凭。你要申请当个文秘吗？至少要有大学本科文凭。你想要到研究所做研究吗？那至少得有博士文凭。你想要到北京大学这样的名校教书吗？那得要国外名校的博士文凭。时下的网络红人范雨素的文学才能当然比不上莫言，也比不上萧红，但她找个文秘工作，或是编辑工作，应该是胜任的。为什么她只能去做保姆呢？吃亏就吃亏在没有一张文凭。

这背后的逻辑就是“教育信号”理论。著名经济学家迈克尔·斯宾塞（Michael Spence）说，教育不一定教会学生有用的技能，但能够帮助学生向雇主释放一个有用的信号：雇佣我吧，我是最聪明的。不信，你看我都考上大学了，而且上的是哈佛、耶鲁、北大、清华。

但是，在很多情况下，这种“教育信号”是失真的。文凭只能说明你能应付考试，文凭测不出来你掌握了什么技能，也测不出来你的情商、人际交往能力。文凭测不出来你对一份工作的热爱，也无法判断你到底有多大的潜力。在现有的招聘体制下，一份工作空缺，会引来无数份求职简历。人事部经理当然会感觉很爽，好像自己在选秀一样。一个要找工作的人，会寄出许多份求职简历，因为他们不知道到底哪一家企业更适合自己。这里面存在着大量的供求错配。每一次招聘，都要经过激烈的竞争，最后可能只有一个成功者，但却有一千个失败者。从经济上讲，这是极其没有效率的。从政治上讲，这会带来更多的不稳定性。如果每个求职者都要经历挫折和羞辱，他们是不会对这个就业制度，甚至不会对整个社会制度心存感激的。

◆ 怎样帮助求职者?

有几位年轻的企业家一起创办了一个求职网站，叫LearnUp.com，翻译成中文就是“得到”的口号：“好好学习，天天向上。”这几位年轻的企业家发现，在美国，大部分工作岗位并不需要大学以上的教育程度，但都需要一定的技能培训。很多人觉得，像在Gap店里卖衣服、在麦当劳卖汉堡包，或是到公司里做前台接待员，似乎不需要任何技能。这是非常错误的。哪怕是最基础性的工作，也需要独特的技能，遗憾的是，这些技能都没有在中学或大学里传授。我有个研究生到政府部门实习，去的第一天就傻眼了。领导交给她一份再简单不过的工作：请你把这份文件发个传真送出去。她站在那里不知所措：怎么用传真机呢？从来没有人教过她！

LearnUp.com都做些什么呢？他们和很多公司合作，帮助公司先做一些最简单的培训。比如说，你想到Old Navy（美国的一个服装零售品牌）

门店或是美国电话电报公司求职，当你进入这些公司的求职网页，就会发现一个“先准备再应聘”的按钮，点击之后，就进入LearnUp的网站。LearnUp会帮助你介绍，这些工作岗位都是干什么的，需要什么技能，适合什么样的人。你要是觉得这份工作适合你，就可以选择继续申请，如果觉得不合适，也可以选择退出。

这个网站更人性化的地方是提供了求职顾问服务。你以为每个求职者都是老手，经验丰富吗？不是的，有很多人，尤其是处于弱势群体的那些人，根本就不知道该向谁求助。他们没有校友，父母也帮不上忙，身边的朋友可能还不如自己，求职时会遇到的一些看起来非常简单的问题，对他们来说是无从下手的难题。

求职者都问LearnUp.com的顾问什么问题呢？有人问：“我求职面试的时候该穿什么衣服呢？”他们甚至把照片发给顾问：“我穿这一身去参加面试可以吗？” LearnUp.com的顾问会告诉求职者，面试那天当地的天气如何，他们帮你找到去面试地点的最佳公交路线，在面试的前一天给你发短信，提醒你该做好准备。你可以给他们打电话，模拟面试，回答面试官常问的问题，顾问会帮你找到“最佳答案”。他们会帮你找到以前求职的成功者，为你分享经验，甚至会在面试之后提醒你，不要忘记向面试官发送感谢信。

作为一个老师，当我的学生到了该找工作的时候，看着他们懵懵懂懂、栖栖惶惶，不知道路在何方，不知道未来怎样，我会感到非常心痛。更让我郁闷的是听他们讲述在求职过程中遇到的挫折，甚至是羞辱。从步入社会的第一天起，他们就对这个社会产生了怀疑和不信任。

2014年，盖洛普公司调查了大约100万名至少有5年工作经历的美国大学毕业生，也调查了他们的雇主。去哪里上学，对找到一份好工作是否最重要呢？不是。不管你上的是公立学校还是私立学校，综合性大学还是文理学院，从长远来看，对学生的职场表现并无本质的影响。几乎所有成功的学生，都会提到两件对他们来说最为重要的事情：第一，他们在学校里或职场上遇到了真正关心他们、激励他们的“导师”。他们从导师那里得到了鼓励和信任；第二，他们曾经有过一段能够实践所学技能的实习经历，从实习中发现了自己的长处和短处，也对自己的人生目标有了更为清楚的了解。这些毕业生不仅能够更加积极地参与工作，而且能更自信地经营自己的幸福生活。

人海茫茫，烟尘滚滚。谁才能真正关心这些年轻而迷茫的求职者呢？

链接阅读：托马斯·弗里德曼，《谢谢你迟到》，湖南科学技术出版社。

唯快不破：为什么游击队能够战胜正规军

◆ 天下武功，唯快不破

小詹姆斯·布莱克（James Black）是个12岁的男孩，他刚刚获得国际象棋“国际大师”的称号。在美国国际象棋协会的7.7万名会员中，只有不到2%的人拥有这一称号。布莱克对这么好的成绩并不满足，他还有一个更雄伟的目标，他想拿到“国际特级大师”的称号。这是国际象棋棋手能够获得的最高荣誉。小詹姆斯·布莱克有自己心目中的英雄。当时，美国最年轻的国际象棋特级大师是雷·罗布森（Ray Robson）。罗布森获得“国际特级大师”称号的时候，距离他15岁生日还有两周时间。

过去，要想获得“国际大师”的称号，可能需要付出一辈子的艰辛努力，要是想晋级为特级大师，除了坚持不懈的努力，还要有极为罕见的天赋。布莱克是纽约布鲁克林一个普通工薪家庭的孩子，他从超市买了一套塑料的国际象棋，下着下着就上了瘾。于是，他开始看国际象棋的棋谱，并利用计算机程序自学。像罗布森和布莱克这样的孩子越来越多。年轻棋手越来越频繁地击败世界冠军，棋手占据世界顶级位置的时间越来越短。为什么如今年轻棋手的成长速度如此之快呢？

这是因为我们生活在一个加速的时代。过去，一个棋手云游世界，也不一定能够找到足够多的实力相当的选手，如今，一个少年在网上就能下载所有的棋谱，不断地磨砺自己的棋艺。如果有幸获得了国际象棋冠军，你也不能掉以轻心。在这个世界上，至少有200个人有足够的实力向你发起挑战。

同样的现象也出现在政界和工商界。无论是哪一种权力，都出现了在位期缩短、权威下降的现象。看看现在的国际政坛，很多名不见经传的新人能突然崛起，挑战原有的权威。小国不再唯大国马首是瞻。几个小国，包括苏丹、玻利维亚、委内瑞拉。苏丹和太平洋岛国图瓦卢联手，居然能够在哥本哈根世界气候大会上成功地阻挠议程。财富排行榜上排名靠前的富豪，除了个别几个“常青树”之外，其他人能够保持名列前茅的时间明显在缩短。Zara本来是一家生产浴袍的家庭作坊，1988年才走出西班牙国门，到2007年，其销售额就超过了美国服装业巨头Gap。Zara就是所谓“天下武功，唯快不破”的典型范例。服装行业设计并生产出来一款新的产品，平均需要6个月的时间，而Zara只需要两个星期。

◆ 游击队能够战胜正规军

我把这个时代称为游击队战胜正规军的时代。游击队能够以极低的代价战胜庞大的正规军。“基地组织”为制造“9·11”恐怖袭击花费了大约50万美元，但给美国带来的破坏（包括恐怖袭击的直接损失和美国之后采取的补救措施）却超过了3.3万亿美元。换言之，“基地组织”每花1美元，美国就要花近700万美元。2006年，在黎巴嫩战争期间，真主党向以色列的轻型护卫舰“哈尼特”号发射了一枚巡航导弹，差点击沉目标。以色列军舰的损失为2.6亿美元，而真主党使用的导弹成本仅为6万美元。索马里海盗猖獗的时候，一群海盗坐着小舢板，手持廉价的AK-47步枪和火箭弹，可以轻易地劫持价值数百万美元甚至更多的大型船只。

为什么会这样呢？因为这是一场不对称的战争。正规军过去的优点，越来越成为其致命的缺点。游击队的缺点，反而成了其最大的优点。

在正规的组织里，其权力的来源是壁垒森严的等级制度。工业革命出现之后，传统而松散的家庭企业、行业协会、城邦联盟开始衰落，它们无法抗衡新兴的大型组织的压倒性优势。规模代表着权力。规模越大，权力越大。当组织的规模扩大之后，纪律更加严明、等级更加森严，这不仅能够提高效率，而且有助于积累经验、技术和知识，培养一个组织内部的传统和文化。看看我们的周围，无论是政党、公司、教会、基金会、军队还是大学，都依靠这种等级制度、规模效应和文化传统。要想完成一项长期而伟大的事业，等级制度是必不可少的。

世界上伟大的军队总是以等级制度和严明纪律为荣，但游击队不需要这些。正规军需要建立秩序，游击队只需要考虑破坏。观察一下在我们这个时代崛起的“异端”力量，不管是恐怖分子还是创业企业，不管是社交媒体还是新兴教会，它们都有一个共同的特点：规模很小，历史很短，但已经找到了削弱甚至是摧毁各种大型科层制组织的有效办法。它们的优势在于，不用像大的权力玩家那样为规模、资产、资源、集权和等级制度所拖累，也不用在组织的培育与管理上花费太多的时间与精力。

◆ 警惕新兴的破坏者

所以，这就带来一个问题：新的力量更关心的是破坏，而不是建设。这里向大家推荐一本书：《权力的终结》。这本书的作者是莫伊塞斯·纳伊姆（Moises Naim）。他曾担任委内瑞拉贸易和工业部部长，并出任过世界银行执行董事，现在是美国卡内基国际和平基金会的专家、国际知名专栏作家。在纳伊姆看来，到了21世纪，权力虽更易获得，但却更难运用，而且更易失去。

小人物战胜统治者、大卫战胜哥利亚的故事，总是很令人兴奋。但是，传统权力的衰退，真的能给我们带来一个“美丽新世界”吗？在很多方面，新兴的力量成事不足、败事有余。你真的相信社交媒体能够代替传统的政党？你真的相信NGO能够代替国家政权？你真的相信网上学校能够代替哈佛大学和牛津大学？

如果全球秩序没有领导，没有哪个国家说话算数，大家各行其道，是不是就更加自由、友好了呢？不会的，很可能会出现更多的纷争和动荡。如果每一个小人物都能够把大人物拉下马，是不是这个世界就更加民主、平等了呢？不会的，任何有价值的议题都可能会被轻而易举地推翻，这个世界反而会限于停滞甚至倒退。如果领导者变得不如以前强势，他们的权力被大大削弱，是不是人民的力量就能让这个世界更加理性、更加前瞻呢？不会的，权力变得越不稳定，整个社会就越容易被短期的诱惑和恐惧所控制，越不想制定长远的计划。很多重大的问题是没有办法在短期内找到一条捷径的，一定需要坚持不懈、艰难困苦的努力。可是，人们的耐心越来越少，这就为那些蛊惑人心者创造了沃土。这些煽风点火的人利用人民群众的愤怒和沮丧获取权力，许下好听而且听起来更为简单的诺言。事实证明，这些诺言最终都会变成谎言。

所以，任何事情都有利有弊。当我们为技术进步欢呼的时候，当我们庆幸现在的世界已经变得越来越扁平化、普通的民众拥有了越来越多的主动性、看起来不可一世的权威如今变得越来越脆弱的时候，请不要忘记，权力的过度分散和权力的过度集中一样有害。我们必须谨慎地寻找一个更好的平衡点。在从旧的均衡点到新的均衡点过渡期间，我们很可能会遇到更多的混乱、无序和动荡。

链接阅读：莫伊塞斯·纳伊姆，《权力的终结》，中信出版社。

新的旧思想：100多年前，马路上跑的都是电动车

◆ 还有人记得EV1吗？

1990年，通用汽车在洛杉矶车展上发布了一台全新的纯电动汽车。这款概念车叫Impact。由于这是新生事物，通用汽车仅仅生产了一小批样车，他们把这些送给50名客户试乘。经过几年的改进，到了1996年，通用汽车推出了第一款量产的电动汽车。这款车叫EV1。通用汽车对EV1寄予厚望，他们开展了浩大的宣传活动。EV1只能租，不能买，而且起初只

能在南加州和亚利桑那州租得到。当地有很多喜欢新奇事物的名流和土豪，他们对EV1赞不绝口。从外观设计来看，EV1不算惊艳，甚至看起来有点愣头愣脑的。但没有排气管的车尾、内嵌的头灯、全车大面积覆盖的玻璃，以及驾驶座旁边密密麻麻都是按键的操作面板，都给人带来了新奇感。

遗憾的是，这一项目失败了。EV1只生产了2000多辆，由于找不到销路，通用汽车只好在2002年宣布放弃该项目。大部分EV1汽车都被销毁，你只有到史密森学会下属的国立美国历史博物馆，才能看到陈列的EV1。

◆ 有人不知道特斯拉吗?

2004年，EV1败走麦城的阴影仍然笼罩着汽车业。这时，有位硅谷的企业家埃隆·马斯克（Elon Musk）宣布，他要投资电动汽车项目。所有的人都觉得他疯了。马斯克是PayPal的联合创始人，他已经功成名就了，为什么还要冒这个险呢？很多人直摇头：有钱人就是太任性了。马斯克投资了630万美元，并坚持要担任刚刚成立一年的特斯拉公司的董事长。

2008年，特斯拉推出了第一款高速公路上的电动汽车，即售价10.9万美元的Roadster。这款车外观极其炫酷，是一辆敞篷跑车，车身用的材料是赛车和高档跑车才用的碳纤维。Roadster的时速能在不到4秒钟的时间内从0加速到60英里。这款车一下子成了热衷环保的富人们的新宠。电影明星乔治·克鲁尼（George Clooney）、马特·达蒙（Matt Damon），以及硅谷的企业家，比如Google的联合创始人拉里·佩奇（Lawrence Page）和谢尔盖·布林（Sergey Brin）都买了这款车。

特斯拉公司乘胜追击，很快又推出了Model S。这款车雄心勃勃地想要赶超宝马5系——不，特斯拉公司的野心更大，他们之所以把这款车命名为S型车，有一个暗中的含义就是要挑战福特汽车公司在20世纪初推出的T型车。T型车奠定了现代汽车业的基础，而特斯拉公司想要颠覆它。Model S也获得了极大的成功。根据美国高速公路安全局的测试，这是迄今为止最安全的车。Roadster和Model S都是瞄准高端客户。2016年，特斯拉公司推出了Model 3，这款车是要卖给普通大众的。Model 3的售价为3.5万美元。消息发布24小时之内，特斯拉就接到了70亿美元的预订订单。

尽管还有很多这样那样的批评意见，但看起来电动汽车已经是锐不可当了。在不少人看来，电动汽车是一种新生的力量，代表着汽车未来的发展方向。

◆ 电动车并不是新生事物

然而电动汽车并不是什么新生事物。1873年，有位化学家罗伯特·戴维森（Robert Davidson）发明了第一台电力汽车。当时，伦敦、巴黎和纽约的街头跑着很多电动汽车。电动汽车和内燃发动机汽车相比，噪音更小，污染更少，不需要复杂的换档，也没有复杂的手动点火操作，比起马车来更是时尚、高效。当时，伦敦有很多电动出租汽车，人们管它们叫“蜂鸟”，因为发动机发出嗡嗡的声音。伦敦警察局也支持电动出租汽车，因为电动汽车比马车更省空间。纽约警察局也很快效仿，组织了一支电动出租车队。在19世纪和20世纪之交，大约有3万台电动汽车。

然而，大约10多年之后，电动汽车就衰落了，直到最终销声匿迹。一个原因是，伦敦的马车夫起来抗议，就像今天的出租车司机抗议Uber一样。他们指责电动汽车经常出故障，开着开着就抛锚了。电动汽车当然并非完美，但也不像其竞争对手诋毁得那样不堪；另一个原因是，后来油田大量开采，油价急剧下降，烧汽油的内燃发动机汽车比起电动汽车就更划算了。福特生产出来的汽车只有电动汽车价格的一半。于是，烧汽油的内燃发动机汽车一统天下，以至于我们现在讲起车子都叫汽车，而用电力的车子却得叫一个奇怪的名字：电动汽车。

那特斯拉为什么能够让电动汽车卷土重来呢？特斯拉用了一种新的视角去观察旧的事物。传统的电动汽车有一个致命的弱点，就是续航能力不行。充一次电只能跑几十公里。最初，城市的规模不大，汽车主要是在市区跑的，而城市外边的公路系统不发达，因此跑长途的机会不多。等到城市不断扩大，公路系统越来越发达，电动汽车就跟不上了。就算是通用汽车开发的EV1，也没有解决续航里程的问题。EV1一代车型的理论单次充电续航里程是80—112公里，二代镍氢电池车辆理论单次充电可以跑120—208公里。但在现实中，能开70—110公里就很不错了。电池技术是电动汽车的“阿喀琉斯之踵”。

特斯拉的前身是一家电动汽车公司AC Propulsion。这家公司的创始人艾尔·科科尼（Al Cocconi）是位工程师，曾经参与过EV1项目。AC Propulsion生产的电动汽车用的是铅酸电池。后来，特斯拉的创始人之一，一位来自硅谷的工程师马丁·艾伯哈德（Martin Eberhard）建议科科尼尝试用锂电池。他们最初用了数千块笔记本电脑的锂电池作为汽车动力，结果，汽车的行驶里程超过了480公里。现在，特斯拉电动车引以为傲的续航能力，就是由七千多块电池组成的电池组。特斯拉经过不断改进，研制出了一套电池控制系统，即使电池短路也不会着火，个别电池损坏也不会影响其他电池。

◆ 旧思想里藏着创新的基因

我们把特斯拉电动车的案例复盘一下。这个案例告诉我们：

旧的思想不一定是错的，其中可能包含着创新的基因。按照我们习以为常的观点，知识是不断进步的，人类是从愚昧逐渐走向开化。这就好比一开始到处都是黑暗的，随着人类知识的发展，亮的地方越来越多，最后就灯火通明了。总体来说是这样的，但我们不能说，已经亮了的地方就会永远一直亮下去。人类在知识发展的同时，还会不断地丢掉看起来没有用的旧思想，但这些旧思想里，很可能包含着仍然新颖而有用的创意。人类历史的发展，更像一个举着火把的夜行人，火把能够照亮眼前的路，但身后的道路又陷入了无尽的黑暗。从这个意义来看，创新不完全是抛弃陈旧观念的过程，相反，创新时常要重新从旧思想中发现新思想。

著名物理学家费米（Enrico Fermi）曾经心血来潮，去读20世纪初发表的物理学论文。那时候，现代物理学才刚刚成型。费米本来以为会读到很多幼稚而陈腐的观点，但让他很吃惊的是，当时的论文里提出了很多有趣的想法，而后来的物理学把这些有趣的想法都弄丢了。我有个经济学家朋友，曾经很得意地跟我吹嘘，他的论文引用文献，从来不引用五年之前发表的论文。我不禁暗暗感慨，正是因为这样，他可能永远也不会成为顶级的经济学家。

链接阅读：Steven Poole, *Rethink: The Surprising History of New Ideas*, Scribner.

旧的新思想：有能帮你获得心灵平静的可穿戴设备吗

◆ 历史上大部分时期都没有进步的观念

在我们这个时代，人们倾向于认为，凡是旧的思想，一定是在激烈的竞争中被淘汰掉的，是落后的、错误的；只有新的思想，才是有生命力的、正确的，是值得去追随、去学习的。

这一想法的背后是我们所习惯的进步的观念。我们这个时代的潜台词就是社会中的各个方面，比如科技、经济、文化、道德，以及时尚，都是后浪推前浪，不断进步的。但是，要是拉长视野，我们就会看到，这只是过去300多年才出现的一种很新奇的观念。剑桥大学学者约翰·伯瑞（John Bury）写过一本名著《进步的观念》。他指出，在人类历史上的大部分时期，都没有进步的观念。古希腊人认为历史是从黄金时代走向白银时代，再从白银时代到青铜时代、黑铁时代，一代不如一代。中国历史上更为人接受的是循环的观念，“盛极而衰，衰极而盛”，周而复始。《圣经》里的《传道书》写道：“已有的事，后必再有。已行的事，后必再行。日光之下并无新事。”在人类历史的大部分时期，这才是主流的观点。

◆ 什么是新的新思想?

如果我们认为人类历史必然进步，这可能是一种过于乐观的世界观。不过，凡事不能走极端。如果认为世界上的真理都已经存在，一切新事物都是古已有之，也过于偏狭。日光之下当然有新鲜事。我们讲完了包含新思想的旧思想，现在，我接着给大家讲什么是确实前无古人的新思想。

著名科学家牛顿有一句名言。他说：“如果我能够看得更高，那是因为我站在别人的肩膀上。”据说，这句话并不是牛顿发明的，但他确实用这句话表达了对自己的科学成就的谦逊态度。牛顿这句话是错的。当然，我们可以争辩，没有古人发明数字、代数、文字，牛顿是没有办法做研究的，但假如我们只论牛顿创立的万有引力，那么，不得不承认，在他之前，从来没有人这么思考过，他的观点对同时代人来说犹如石破天惊。

牛顿这么讲，不仅仅是因为谦虚，事实上牛顿可不是个谦虚的人。连他自己都不敢相信，为什么如此简洁的理论，能够如此有力地解释世间万物。他对自己的观点有那么一点点不自信。于是，他想证明，其实伟大的古希腊哲学家早已经理解重力了。他觉得毕达哥拉斯是知道万有引力的，只是用了一种很神秘晦涩的方式表达出来。他猜测，毕达哥拉斯知道钟摆的运动，并从中领悟了重心公式，也知道这一公式适用于其他物体。17世纪90年代，牛顿在出版其名著《自然哲学的数学原理》的修订版时，想专门增加一部分，介绍古希腊哲学家的现代物理学观点。他的几个朋友觉得这一想法很荒唐。最终，《原理》一书的修订版并未出版，牛顿也没有再去拜毕达哥拉斯为祖师爷。

矫枉不能过正。我们时常会听到有些说法，说一些崭新的观念，在很久以前都已经被先哲们说过了。比如，现代物理学不过是受到了《易经》的影响，现代经济学的基本观念，在《老子》《史记·货殖列传》中都能找到，等等。这一类说法混淆了旧思想和新思想。如果确实是新思想，我们就应该老老实实地承认这是新的，没有什么巨人的肩膀。

◆ 但也有旧的新思想

有“新的旧思想”，有“新的新思想”，那么，还应该有“旧的新思想”和“旧的旧思想”。接下来，我再举一个“旧的新思想”的案例。

先介绍一个传说中的“神器”。加拿大有家企业开发出了一款号称能给大脑做SPA的头带，叫Muse。这个头带的神奇之处在于，该设备内置了6

个传感器，能够监测用户的脑电波。此外，用户还能通过一款名叫Calm的移动应用，训练自己变得更加专注和冷静。

Muse头带有没有技术进步呢？当然有了。脑电波（EEG）技术能够对人们的脑部电活动进行测量。通常情况下，人们在进行EEG测试时需要将一些传感器贴在脑部，这些传感器通过线缆与计算机相连接，随后用户的脑部活动就能在计算机屏幕上显示出来。Muse头带没有任何线缆，造型就像一个无线运动耳机，只不过需要戴在用户的额头上方，使用起来非常方便快捷。

那它怎样给大脑做SPA呢？据Muse的介绍，原理是这样的：你戴上Muse，能听到耳机里传来轻柔的波浪和海风的声音，你要伴随着这一背景音，把意念集中于呼吸的控制。如果你走神了，Muse能监测得到，于是，你会听到一个略为严厉的女声提醒你："Muse能够监测到你走神了。"波浪的声音会变得更嘈杂，仿佛是对你的惩罚。

Muse是一种奇怪的混合。如果以脑电波监测技术而论，或许可以称之为新事物。但所谓训练你更加专注，获得心灵平静的说法，几乎可以肯定地讲，是在忽悠用户。如果你戴着Muse安静地看书，你的脑电波平静指数会非常低，只有在你深呼吸的时候，你的脑电波平静指数才比较高。如果你走神了，就把波浪的声音调高，以此惩罚你，这是一种相当陈旧的行为主义心理学的做法。行为主义心理学的风格就是简单粗暴，如果想让你做好事就奖励你，如果觉得你做了坏事就惩罚你。这是一种训练狗去接飞盘的方法。你真的以为，心灵的平静能够这样简单粗暴地训练出来？

或许我的判断过于武断了，或许过一些年我们能够用一种新的角度重新解读行为主义心理学，不过，我想要告诉大家的是，遇到各种纷繁复杂的思想，新旧本身不是判断这些思想是否有价值的标准。你要有一个矩阵的思维模式，试着去判别，这些思想究竟在矩阵的哪个方框里。它是新的旧思想，还是旧的新思想，会不会是旧的旧思想，还是让你幸运地碰上了真正的新的新思想？

链接阅读：Steven Poole, *Rethink: The Surprising History of New Ideas*, Scribner.

旧的旧思想：为什么有人相信地球是平的

◆ 地球是不是圆的？

很久很久以前，人们相信地球是平的。科学家告诉大家，不对，地球是圆的。愚昧的人们哈哈大笑：要是地球是圆的，地球那一面的人不是都该掉下去了？后来，哥伦布发现了新大陆，麦哲伦绕着地球航行了一圈，于是，人们才相信地球是圆的。

这是我们小时候从老师那里听到的故事。一个人成长的过程，就是不断地发现老师和家长过去教你的东西有很多都是错的，于是，你不得不自己去思考，去判断。

事实的真相是：很久很久以前，人们就相信地球是圆的。古希腊哲学家毕达哥拉斯和巴门尼德早就知道地球是圆的。亚里士多德注意到，在埃及和塞浦路斯看到的星星，跟在更北的地区看到的星星是不一样的，在月食的时候，地球在月亮上投射出一个弧形的影子。于是，亚里士多德推断，地球只可能是个球体。

到了中世纪，有一些固执的基督神学家认为地球是平的，并把古希腊哲学家的观点视为异端。但到了近代，越来越多的人相信地球是圆的。牧师们可能不相信人类是猴子进化来的，但他们可以毫不费力地接受地球是圆的这一观点。

不过，你可能没有想到，即使是在现在，也还是有很多人真诚地相信地球是平的。2016年，美国著名说唱歌手小鲍比·雷·西蒙斯（Bobby Ray Simmons, Jr，B.o.B）就在网上说，不要相信科学家的话，他们都在骗你们，事实的真相是：地球是平的。还有个网络游戏设计师叫马克·萨金特（Mark Sargent），他在YouTube上有个录像——《寻找平坦地球的证据》，居然有数百万名观众。这些人凭什么认为地球是平的？他们告诉我们：如果地球是圆的，那么，从南非到南美最快捷的飞行路线就是飞越南极，但是，没有一个航班飞过南极！那有没有南极呢？据他们讲，南极是有的，不过，南极其实是一堵很高很高的墙，把平坦的地球围了起来。正因为如此，才没有飞机飞过南极。

《南极条约》确实禁止各国的飞机飞越南极，但原因很简单，如果飞南极，按照规定，航空公司需要给机上乘客配备非常复杂的救生装置。航空公司觉得不划算，所以就绕开南极了。南极洲太大太偏僻，真在南极地区出了事情，距离任何一个机场都太远，叫天天不应，叫地地不灵，那麻烦就大了。相比之下，北极距离有人居住的地方就近，所以飞机可以飞越北极。

相信地球是平的的人又说，如果地球是圆的，那么，为什么从热气球上拍照的人，拍出来的地平线看起来都是一条直线呢？其实，他们拍出来的地平线应该是略带弧度的，但地球太大了，所以肉眼几乎看不出来。如果站得更高，比如从太空站往下看，拍出来的地平线就是弧形的。

那些相信地球是平的的人连连摇头：非也非也。那些照片都是假的，是阴谋！那人类登月呢？当然也是假的。就连你用的GPS都是假的，那是为了愚弄大家，让大家以为地球是圆的。

要想说服这些人是很难的。他们会反过来问你：你怎么知道地球是圆的？马克·萨金特说："有20代人都相信地球是圆的，他们唯一的证据就是在小学教室里看见了一个地球仪。"从某种程度上讲，他说的是对的。我们在听到老师教我们地球是圆的的时候，确实没有细究。地球是圆的，这一观念超越了我们的日常感受，但老师说什么，我们也就信什么了。大部分证明地球是圆的的证据，我们都无法亲自验证。我们中的大部分人都没有去过南极，更没有去过太空站。要想印证地球是圆的，其实也不难，如果你在海边，观察从远处开过来的船，先看到的是桅杆。不过，就算是这样的简单实验，也不是每个人都亲身尝试过。

◆ 错误的思想不会自动销声匿迹

我举的是一个非常简单的例子。地球当然是圆的。可是，还有很多问题我们并不是如此肯定。人类有灵魂吗？有来生吗？转基因农作物有毒吗？中医讲得有道理吗？"9·11"是不是美国政府自己制造的？网上流传说有姑娘在夜店被人下了迷药，醒来之后发现自己在宾馆的房间里，肾被人取走了，真的有这样的事吗？

很多事情看起来合理，其实荒诞不经。有的事情看起来不合常理，其实无比正确。我们怎么才能辨别真伪呢？

很难。就算是科学，也不是都能百分之百地证实的。就算是有事实、有证据，对事实和证据的解读也会不同。人类有轻信的毛病，往往是当第一个符合自己感觉的证据跳出来之后，我们就放心了，就会相信自己发现了真理。人类也有固执的毛病，当出现了和自己的信念不一致的事实或观点时，我们本能地会捍卫自己的观点，并想方设法攻击异己的观点。所以，我们要时刻记住：思想的市场并非完全有效。假设各种思想都在一起竞争，最后一定是正确的思想胜出吗？不一定。即使正确的思想胜出，错误的思想就会从此销声匿迹吗？不会的。即使是正确的思想，在任何时候、任何条件下都是正确的吗？当然不是的。

澳大利亚经济学家约翰·奎金（John Quiggin）写过一本书，叫《僵尸经济学》。他讲到，有很多错误的经济学观念，不仅不会消失，反而经常“借尸还魂”，像僵尸一样四处游荡。有的旧思想确实是陈腐的、错误的，甚至是反动的，但它们还会一波一波，不断地入侵。真的可能是假的，假的可能是真的。那我们该如何更好地鉴别真伪呢？秘诀是有的。欲知秘诀是啥，且听下文分解。

链接阅读：Steven Poole, *Rethink: The Surprising History of New Ideas*, Scribner.

皮浪主义：做一个积极的怀疑主义者

◆ 怀疑主义的鼻祖

皮浪（Pyrrho）出生于公元前360年，他的故乡是希腊城邦伊利斯（Elis），传说这是最早举办奥林匹克运动会的地方。皮浪年轻的时候是个画画的，但不是艺术家，而是在墙上画宣传画的那种。后来，他改学哲学，跟著名哲学家德谟克利特的学生阿那克萨库（Anaxarchus）成了好朋友。阿那克萨库对皮浪的影响很大。不知道出于什么原因，当时叱咤风云的亚历山大大帝和阿那克萨库是老朋友，他们的关系有点像光武帝刘秀和严子陵。亚历山大大帝自称是宙斯的后裔，阿那克萨库指着他流血的伤口说："看，这不是凡人流的血？"亚历山大大帝以为自己征服了世界。阿那克萨库说，有无穷尽个世界，而你就连其中的一个也没有彻底征服。

阿那克萨库不仅不把皇帝放在眼里，就连自己的生死也置之度外。他有次在酒席上得罪了塞浦路斯王子奈柯克里昂（Nicocreon）。亚历山大大帝去世之后，阿那克萨库落在了奈柯克里昂的手里。奈柯克里昂为报旧仇，派人把阿那克萨库扔进一个巨大的研钵，就是个像捣蒜臼一样的东西，要用铁杵把他捣成肉泥。阿那克萨库在临死前不慌不忙地说，你捣的是裹着阿那克萨库的皮囊，你不可能捣毁阿那克萨库。

皮浪追随阿那克萨库，一起跟着亚历山大的军队远征，他们到过印度，遇见了那里的裸体智者（gymnosophists），就是一群不穿衣服的修行人。阿那克萨库的一生对皮浪触动很大，他又受到印度修行人的启发，回到印度之后创立了怀疑主义。

◆ 此怀疑主义非彼怀疑主义

我们现在日常生活中所说的怀疑主义，和皮浪所倡导的怀疑主义不是一回事。当有人说他怀疑全球变暖的时候，他其实是在否定全球变暖。当有人说他怀疑政府干预的时候，他往往是在否定所有的政府干预。他们是悲观的怀疑主义者。皮浪对我们的教诲是："不做任何决定，悬置判断。”悬置判断的意思是先不要急于肯定，也不要急于否定。他教我们的是做乐观的怀疑主义者。

世间万物，大多是不可预测、难以判断的。我们的感觉，我们的意见，都未必是正确的。皮浪不相信我们感受到的就是本质。他说，蜜是甜的，但它本质上是不是甜的，我们其实并不知道。社会伦理也是如此。什么是美德，什么是丑行？什么是公正，什么是不公正？这里面有确定无疑的标准吗？或许并没有，或许只是风俗和习惯在指导着人们的行为。食人族吃人肉，他们也不觉得有什么不妥。著名人类学家马林诺夫斯基（Malinowski）写过一篇文章叫《我们都是食人族》，意思是说，如果其他文化的人们看我们，如果未来的人们看我们，也许会觉得我们一样愚昧、奇怪和丑陋。

所以，皮浪说，既然现象是不真实的，我们无权做出关于现象的判断，那么最好的办法就是保持沉默，毫不动摇地坚持不发表任何意见。为什么我们强调皮浪是乐观的怀疑主义者呢？他认为，如果你是一个怀疑主义者，就能达到内心的平静。这叫“不动心”（ataraxia）。有一次，在海上遇到风浪，其他人都惊慌失措，皮浪却若无其事。他指着船上一头埋头吃食的猪说，这才是我们学习的榜样。悬置判断、保持沉默，是不是就真能给我们带来心灵的平静，这很难说。不过，我们的认知模式存在着很多不易察觉的缺陷，为了对抗这种缺陷，锻炼自己悬置判断，是非常有必要的。

即使悬置判断，也不会立刻告诉我们真理，但这是避免错误的最好的办法。那么，我们该如何发现真相呢？不争论，先动身去找。著名物理学家理查德·费曼（Richard Feynman）有一句名言：“闭上嘴，算数去！”邓小平也说：“黑猫、白猫，捉到老鼠就是好猫。”知识分子喜欢发议论，喜欢臧否人物，他们即使说错了也不会对自己产生影响，所以更容易信口开河。如果你是一个股票操盘手呢？如果你是一个情报部门的主管呢？在判断股票价格、判断是否会爆发战争的问题上，你个人的观点重要吗？所以，闭上嘴，在没有找到真正的证据之前，不妨保持沉默。

从旧思想里面能够提炼出很多崭新的思想，但要想这么做，第一步就是悬置判断、放空自己、心无旁骛、胸中无剑。你要是连这一步都迈不出去，后面的路就更是寸步难行。

链接阅读：Steven Poole, *Rethink: The Surprising History of New Ideas*, Scribner.

第六辑

全球化退潮

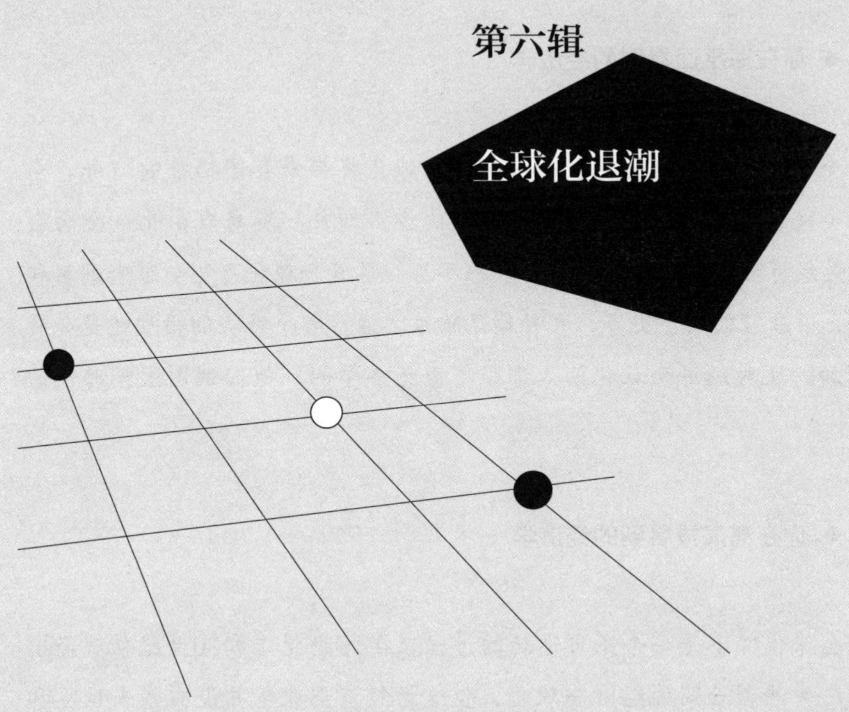

导读

◆ 你在海平面看到的经济学

全球化是一个不可逆转的过程。全球化将带来各国福祉的增进。全球化会促进世界和平，也能带动各国的经济增长。贸易自由化、金融自由化是经济全球化的两个轮子，缺一不可。尽管全球化可能会带来赢家和输家，但赢家的所得更多，在补偿了输家之后，整个社会的福利还是会有净增加。反对经济全球化的人都是不懂经济学的，他们试图阻挡时代的洪流。

◆ 你在高海拔看到的经济学

全球化并不是一个不可逆转的过程。在19世纪末和20世纪初曾经出现过一次波澜壮阔的经济全球化，但这场经济全球化并没有带来世界和平，历史的列车反而掉进了第一次世界大战的深渊。国际贸易会带来赢家和输家，赢家和输家必然试图影响政策，由此可能会加剧阶级冲突或城乡冲突。资本自由化会给发展中国家带来更大的风险。人民币国际化不可能自动地带来中国国际地位的提高，相反，只有当中国的国际地位提高了，人民币国际化才能进展得更加顺利。我们不能像特朗普那样修一堵墙，把自己和外部的世界隔绝，但也不能毫无防守，最好的办法是在墙上开一个门。门是敞开的，但要保留在危机时期关上大门的实力。

◆ 本辑导读

《全球化的历史：这些年我们追过的全球化》讲到，第一次世界大战之前，曾经是经济全球化的鼎盛时期，那时候的劳动力自由流动程度比现在还高。但是，全球化在它最繁荣的时候也种下了自我毁灭的种子。国际贸易、国际投资和国际移民都会带来赢家和输家的对立。

《贸易收益的分配：经济学家关于自由贸易的两套说法》讲到，大部分经济学家都主张自由贸易，但他们也知道贸易会带来收益分配。正是由于收益的分配是不可避免的，所以我们不能只从经济学的角度看国际贸易，还要从政治学的角度去看贸易带来的影响。

《贸易与政治：资本、劳动和土地的博弈》讲到，当贸易扩张的时候，一国相对丰富的生产要素就会从中获益，而相对稀缺的生产要素会因此受损；当贸易收缩的时候，一国相对丰富的生产要素会因此受损，而相对稀缺的生产要素会从中受益，这就带来了各种错综复杂的政治博弈。

《贸易和平论：对外开放能带来世界和平吗》讲到，很多人认为更加紧密的经济联系有助于维护世界和平。这种想法过于天真。贸易失衡常常加剧各国间的摩擦，经济也可能是潜在的国际冲突的来源。

《惊险的一跃：对外开放能带来经济增长吗》讲到，国际贸易确实有助于改善资源配置的效率，但不一定能够推动经济增长，好比能够补充营养的药未必能让人长得更高。只有当贸易能够带来技术的溢出效应时，我们才能更有把握地说贸易能带来经济增长。

《资本管制：要不要实行资本账户自由化》讲到，越来越多的经济学家认为，对于发展中国家来说，资本账户自由化可能弊大于利。盲目开放金融市场，不会直接推动国内金融业改革，反而可能诱发大规模短期资本的流入和流出，给宏观稳定带来更大的风险。

《货币国际化：人民币国际化能够提高中国的国际地位吗？》讲到，一国的金融对外开放应该有个先后次序，先实现汇率市场化，然后再有序地推进货币可兑换，最后水到渠成，实现本国的货币国际化。在升值期间，人民币国际化进展很快，但这是不可持续的，一旦遇到贬值压力，人民币国际化就会遇挫。

《三难选择：经济全球化的政治三难选择》讲到，一个国家面临着经济全球化、民主政治和民族国家这三个目标，而且最多只能选择其中的两个，并以放弃第三个目标为代价。如果选择经济全球化和民族国家，可能就要有铁腕人物弹压反对全球化的声音。如果选择经济全球化和民主政治，可能就要让渡一部分国家主权。如果选择民主政治和民族国家，可能就要暂时或局部地退出经济全球化。

《门户政策：墙与门》讲到，对待经济全球化的最佳策略不是修一堵墙，把外部世界挡在墙外，也不是毫不设防，而是既要有墙，更要有门。门是敞开的，可以监测的，而且，如果遇到紧急情况，应该可以把门关上，这样才能让人们有安全感。

全球化的历史：这些年我们追过的全球化

◆ 全球化可能“开倒车”吗？

全球金融危机之后，经济全球化遇到了各种阻力。反对全球化的声音越来越大。美国总统大选中，特朗普异军突起，而支持特朗普的有很多都是对全球化不满的社会底层人士。

那么，全球化有可能“开倒车”吗？当然有可能。历史从来就不是线性发展的，而是在起伏中发展的。历史经常会出现停滞，甚至倒退。我们总是以为全球化只是在20世纪后期才出现的新现象，其实，早在第一次世界大战之前，经济全球化就已经出现了第一次高潮。

著名经济学家凯恩斯在第一次世界大战之后写的《和平的经济后果》一书中，曾经无限叹惋地写到“一战”之前英国人的生活：“当时的伦敦人可以在床上一边喝着早茶，一边通过电话订购世界各地的各种产品，想订购多少悉听尊便，他也可以放心地等着这些东西运到自家门口；同时，他也可以把自己的财富投资到地球任何角落的自然资源开发和新的冒险事业中……如果他愿意，他可以利用廉价和舒适的交通工具，立即动身去任何国家，而不需要护照或填写各种表格，他可以派自己的仆人到附近的银行大厦，取出似乎非常方便的贵金属，然后可以在世界各个地方通行无阻。”

那个时候，贸易已经扩展到了全球。那个时候，大部分国家采用的是金本位制，黄金就是货币，货币就是黄金，要是到国外投资，比现在还容易。更重要的是，当时的人口流动也在很大程度上实现了全球化，不像我们现在，到国外旅游还需要护照和签证，更不要说出国移民了。

◆ 从第一次全球化到第一次世界大战

既然已经出现了如此繁荣的经济全球化，为什么没有带来永久的世界和平，没有带来持续的经济进步呢？为什么历史的列车从第一次全球化开出，反而驶入了第一次世界大战的深渊呢？全球化在它最繁荣的时候，也种下了自我毁灭的种子。国际贸易、国际投资和国际移民都会带来巨大的收益，但它们也会带来赢家和输家之间的尖锐对立。

从19世纪70年代开始，欧洲各国就已经从自由贸易政策转向贸易保护主义。欧洲的农民感受到了北美粮食进口的压力，所以，欧洲很多国家纷纷实行对农业进口的高关税。1880年之前，德国的小麦进口关税只有6%，其他谷物的进口关税是8%。1887年，德国将小麦的进口关税提高到33%，黑麦的进口关税提高到47%。1892年，法国推出了梅里纳关税法案，对农产品和其他初级产品的进口都征收惩罚性的关税。在没有实行有效的农业保护的国家呢？1879—1894年间，爱尔兰、西班牙、西西里岛和罗马尼亚都曾经发生多起农民暴动。

那么美国呢？美国当时实行的是保护工业的政策，同时开始限制移民。美国独立战争之后，林肯总统提高了工业品的进口关税。林肯是个贸易保护主义者，而且他这么做是有道理的。美国著名国际政治学家罗伯特·基欧汉（Robert Keohane）曾说，自由贸易政策从经济上讲是对的，但从政治上讲极其有害。要是美国当年坚持自由贸易政策，会打击北方的制造业，有利于南方的棉花种植园主，因为他们的棉花在国际市场上会卖得更好，结果，南方会变本加厉地维护奴隶制度。1866年之后美国的进口关税平均在45%以上，而且在第一次世界大战之前始终没有降低。美国原本是个移民国家，但新的移民像潮水般涌入，引起了老移民的恐慌。美国最早、最臭名昭著的排外法案是1882年的《排华法案》。至少14000名中国劳工，参加了美国太平洋铁路的修筑，美国人不仅没有感激，反而很快就通过一部法案，规定华工10年之内不准去美国。经济相互依赖并不保障世界和平。从爱尔兰来的大批天主教信徒同样受到了歧视，在纽约、马萨诸塞和马里兰等州，经常发生袭击爱尔兰人的事件。

到底哪里出错了呢？因为经济全球化的速度太快了，很多人赶不上剧烈的变革。这些在全球化中受损的人会要求停车，他们要下车。不是说经济全球化的方向不对，但变革的方向和变革的速度共同决定变革。这就是历史告诉我们的教训。

链接阅读：Kevin H. O'Rourke and Jeffrey Williamson, *Globalization and History: The Evolution of a Nineteenth-Century Atlantic Economy*, The MIT Press.

贸易收益的分配：经济学家关于自由贸易的两套说法

◆ 经济学家的“分裂症”

如果你有兴趣，我们可以来做个实验。你先给一位经济学家打电话，自报家门，说自己是一位记者，想要采访各国之间是应该实行自由贸易，还是采取保护政策。我们的这位经济学家马上会条件反射似的告诉你：“当然要实行自由贸易，实行贸易保护主义是一种愚蠢的做法。”如果他的兴致很好，说不定他还会给你上一堂课，教教你什么是比较优势。

请你换个装，穿上牛仔裤、T恤衫，背个双肩背书包，假装自己是位研究生，到这位教授讲国际贸易理论的课堂上，再问他：“自由贸易好不好呢？”

教授这次的回答就没有那么痛快了。他会略有警觉地看着你，迟疑地说：“这要取决于对谁而言。在自由贸易的条件下，有一部分人的福利会有所提高，但有一部分人的福利会不如以前。”他可能会觉得有些愧疚似的，赶紧再补充一句：“当然啦，从总体来看，自由贸易带来的福利改善会大于福利损失。所以，如果我们能够从赢家那里征税，去补偿受损的一方，那么自由贸易最后还是能够带来更多的福利的。”

你再问他：“自由贸易能够让一个国家实现经济增长吗？”他会更加警惕，担心你是要来挑战他。他会小心翼翼地斟酌自己的措辞，说：“有大多数模型中，自由贸易能够带来福利的提高，但是，如果你想讨论贸易和经济增长的关系，就要把贸易理论和经济增长理论联系起来，其中的关键是贸易能否促进技术创新。在某些情况下，贸易是能够促进创新和增长的。当然，如果你考虑的是大国，而不是小国开放经济，这里面的机制会更加复杂。”他的嘴唇略有些发干，他想了一想，又补充说：“如果从各国的数据来看，早期的计量模型大多发现贸易往往会带来更高的经济增长，当然，这里面也有很多不同的意见，事实上，经济学家还没有形成一个共识。”

很多有名的国际经济学家，都有这种“分裂症”。比如，很多人都知道克鲁格曼（Paul Krugman），他的经济学专栏文章写得又快又好。在他的专栏文章里，克鲁格曼一直是自由贸易的支持者。但是，他在国际贸易领域里最突出的学术贡献是什么？他提出了战略贸易理论，即在一定条件下，政府介入国际竞争，可能有助于本国企业获得更多的国际市场份额。举个简单的例子，假如美国有波音、欧洲有空客，两家公司都想研发一款大型客机，但整个国际市场上的需求只能给一家企业提供充足的订单，如果美国政府先砸钱帮波音研发，波音就有更大的胜算独占国际市场，美国政府的投资可以安全地收回，波音还能赚得钵满盆满。国际贸易领域里还有一位大师级的人物叫贾格迪什·巴格瓦蒂（Jagdish Bhagwati），他是克鲁格曼的老师。巴格瓦蒂也是自由贸易的旗手，但他在贸易理论中的一个主要贡献是贫困化增长，大意是说，在一定条件下，一个国家出口越多，这个国家面临的贸易条件（也就是进口价格和出口价格之比）就会恶化，最终反而会让该国的福利下降。

◆ 既要讲自由贸易的收益，也要讲收益是怎么分配的

这下你就糊涂了。为什么经济学家在公众面前讲的和在课堂上讲的会不一样呢？大部分经济学家，包括我在内，都是相信自由贸易的。所谓战略贸易，所谓贫困化增长，都是在一些极其特殊的前提条件下才会出现的

现象。经济学家们一向觉得，在公众场合有必要捍卫自由贸易的理念，因为比较优势理论能够带来更多的分工和交易机会，并让交易双方都获得更大的利益。

但是，大部分经济学家都只谈自由贸易带来的总收益，而不关心自由贸易带来的相对收益。自由贸易带来了赢家，也带来了输家。尽管从理论上说，把赢家的一部分钱转移给输家，大家就能都过上更好的日子，但现实中这种补偿机制很难实现。你想对富人征税吗？他马上就会跑路，把工厂转移到海外。

经济学家觉得理所当然的事情，在现实中却大谬不然。按照经济学的逻辑，所有的商品都应该是一种价格，所有的生产要素也应该是一种价格，这样才算是市场经济。你不可能设想在一个市场上，这家店的iPhone 7卖5000元，另一家卖6000元。但是，在不同的国家，同工从来没有实现同酬。瑞典司机的工资大约是印度司机的50倍，难道这意味着瑞典司机的车技比印度司机好50倍？恰恰相反，很可能印度司机的车技比瑞典司机还要好。印度的司机每天要在拥挤嘈杂的马路上钻来钻去，还得躲开牛群，瑞典的司机哪里见过这么复杂的路况！但是，为什么瑞典司机的工资反而比印度司机还要高呢？很简单，由于有移民的限制，印度的司机去不了瑞典。

所以，资本能够周游列国，劳动者却只能困守一隅。这样的全球化，其实是不公平的，也是不彻底的。全球化一定会带来赢家和输家，如果输家没有得到足够的照顾，他们就会要求停车，半路下车。这才是为什么会出现反对全球化的声音。什么时候反全球化的声音会更响亮？谁反对全球化？谁支持全球化？这就需要从经济学进入政治学的领域了。

链接阅读：丹尼·罗德里克，《全球化的悖论》，中国人民大学出版社。

贸易与政治：资本、劳动和土地的博弈

◆ 自由贸易的赢家和输家

我们先复习一下经济学。

首先，你们应该已经了解了资源禀赋的概念，也就是说，一个国家都有什么样的资源。我们主要考虑三种最重要的资源：资本、劳动和土地。如果是发达国家，资本相对更多，如果是落后国家，资本相对稀缺。但是在发达国家中，又有较大的差异，比如日本和欧洲国家相对而言人口密集、土地稀缺，但像澳大利亚、加拿大这样的国家则土地辽阔、人口稀少。落后国家中同样存在人多地少的国家，比如孟加拉国，也有人少地多的国家，比如拉丁美洲国家。

接着，我们让这些国家参加国际贸易。谁有什么资源，就能生产什么样的产品，资本密集的发达国家生产资本密集型产品，劳动密集型的落后国家生产劳动力密集型产品，土地多的国家往往生产农产品。于是，在发达国家，资本的所有者从国际贸易中获得的收益更多，落后国家的劳动力获得的收益更多，而人少地多的国家里大地主获得的收益更多。比如，在美国，沃尔玛更高兴，在中国，农民工更高兴，在阿根廷，种植园主更高兴。

接下来，我们要从经济学进入政治学的领域。一个简单的道理是，从贸易中获益的利益集团会支持自由贸易，而受损的利益集团会反对自由贸易。更进一步，我们会看到不同的利益集团合纵连横，形成政治联盟，由此带来更为复杂的政治斗争。

◆ 贸易扩张时的阶级斗争和城乡冲突

我们分贸易扩张和贸易衰落两种情况来具体分析。

假设贸易正在扩张，会在两种类型的国家引起城乡矛盾，而在另外两种类型的国家引起阶级矛盾。

如果是在人少地多的发达国家，贸易扩张使得资本家和地主同时受益，但工人却会受损，这就可能激发阶级矛盾。美国就是一个较为典型的代表。美国的工商界是支持自由贸易的，但劳联–产联这样的劳工组织和全国成衣及纺织品协会等行业协会会联手反对自由贸易。在美国加入北美自由贸易同盟以及围绕是否给予中国最惠国待遇谈判时，都出现了这种政治矛盾，我们现在听到的反全球化声音，只不过是更加喧嚣而已。

在人多地少的发达国家，贸易的扩张使资本家和工人从中受益，只有地主从中受损。因此城里的资本家和工人将一同支持自由贸易，地主阶级则反对自由贸易，由此导致了更加尖锐的城乡矛盾。

19世纪的英国正是如此。1846年，英国保守党首相皮尔（Robert Peel）废除了《谷物法》，其背后的支持力量就是新兴的资本家阶层和城里的工人。资本家想进口更便宜的农产品，这样可以降低其成本，工人也想进口更多的农产品，这样其生活水平能得到改善，唯一反对进口国外农产品的就是地主阶层。

在地广人稀的落后国家，贸易扩张同样会带来城乡间的冲突。在这种类型的国家中，资本和劳动力均为稀缺要素，所以贸易的扩张会同时使得资本家和工人的利益受损，但地主和农民能从中受益。因而，在乡村中会集结起一股力量反对城市。

以拉丁美洲诸国为例。由于这些国家人少地广，所以贸易的扩张总是有利于大地主和生产、出口农产品的农户，但城里的工人则主张实施保护政策、提高工资。并不奇怪的是，“二战”之后，在许多拉美国家上台的军政府均大力推行自由贸易、限制工人工资，并压制工会力量。可以明显看出，这是符合传统的大地主阶层利益的。

在人多地少的落后国家，贸易的扩张会带来更激烈的阶级斗争。在这种类型的国家中，资本和土地均为稀缺要素，所以贸易的扩张会同时损害资本家和地主的利益，工人却成为支持开放政策的最主要力量。需要指出的是，由于在落后国家中许多劳动力尚留在农村，他们会要求实施土地革命。19世纪后半期，全球贸易出现扩张，中国爆发了太平天国运动。太平天国运动正是在土地最为稀少、受到国际贸易影响较多的南方地区爆发的。20世纪初国际贸易对中国革命也有深远影响。国民党政府希望在不改变农村利益格局的前提下提高农村的生产力，他们热衷于修铁路和城市公路，但对农村交通设施建设不感兴趣。他们宁愿开展农村的教育、卫生工作，唯独不愿变更农村的土地所有权。相形之下，中共的土地改革运动获得了农民的更多支持。

◆ 贸易衰退时的阶级斗争和城乡冲突

假设贸易正在收缩，同样会在两种类型的国家引起城乡矛盾，而在另外两种类型的国家引起阶级矛盾。我们可以以20世纪30年代的大萧条对各国的影响为例进行分析。

在人少地广的发达国家，地主和资本家均因贸易收缩而受损，工人却意外地获益。这意味着工人的政治地位会提高。在20世纪30年代大萧条时期的美国，确实出现了工会力量的高涨。罗斯福新政通过《瓦格纳法》等法律加强了工会的地位。劳工界改变了长久以来与共和党结盟的传统，转而与民主党打得火热，而民主党也改变了其反对保护政策的一贯立场。美国当时非常热衷于实施贸易保护主义。直到1939年，美国的关税几乎仍然和1922年的水平一样高。

在人多地少的发达国家，资本和劳动力均为丰富的要素，所以资本家和工人会因贸易收缩而受损，而地主却因贸易收缩获益。30年代大萧条期间的德国即为一例。在纳粹党上台之前，右翼和农村势力便开始抬头，农民和地主是纳粹党最早的积极拥护者。总体来说，地主阶层在兴登堡政权和希特勒政权下的政治地位远高于其在魏玛共和国时期的政治地位。有关德国和意大利法西斯主义的研究还表明，大工业家向法西斯政权的靠拢总是晚于农村力量，且更加摇摆不定。

在人少地广的落后国家，只有地主从贸易收缩中受损，工人和资本家从中受益，所以城乡之间的冲突是最主要的表现。在20世纪30年代世界大萧条的打击下，拉丁美洲国家的大地主统治地位受到新兴力量，即工业资本家和工人的挑战。尽管大地主阶层不甘心失去特权地位，甚至不惜发动军事政变，但最终还是挽救不了颓局。由于进口竞争压力减少，这些国家的国内工业力量迅速崛起。

在人多地少的落后国家，只有工人从贸易收缩中受损，其政治力量亦随之低落，从贸易收缩中获益的地主和资本家将联合起来，镇压工人阶级，阶级斗争将更加尖锐。20世纪30年代世界经济陷入大萧条，而中国在20年代末和30年代也正是白色恐怖时期。国共合作受到破坏，共产党领导的红军被迫万里长征。从某种程度来讲，共产党力量的重新抬头，与世界贸易的复苏似乎有某种相关关系。

链接阅读：罗纳德·罗戈夫斯基（Ronald Rogowski），《商业与联盟：贸易如何影响国内政治联盟》，上海人民出版社。

贸易和平论：对外开放能带来世界和平吗

◆ 金色M理论、戴尔危机防范理论和“大幻觉”

第一次世界大战爆发前夕，英国和德国的关系已经很紧张。英国政府想要研究一下战争爆发的可能性。于是，他们找到伦敦金融城的金融界人士，想听听大家的意见。金融界人士斩钉截铁地说，德国和英国之间不可能发生战争。因为英国和德国有紧密的国际贸易，彼此之间有大量的投资，更重要的是，德国的进出口商人需要的贸易信贷都是由伦敦的金融机构提供的，一旦爆发战争，德国的进出口商人将会蒙受巨大的损失。他们告诉英国政府，放心吧，德国不敢惹英国的。话音刚落，第一次世界大战爆发了。

《纽约时报》的专栏作家托马斯·弗里德曼曾经提出过“金色M理论”和戴尔危机防范理论。金色M理论是说，如果一个国家的经济发展到了一定的程度，中产阶级的人数比较多，能够到麦当劳店去吃快餐了，那么，大家就会珍惜来之不易的吃汉堡包的机会。人心思稳，就不会有人愿意放弃安逸的生活，去跟别人打仗。戴尔危机防范理论讲的是中国的例子。托马斯·弗里德曼讲到，随着全球生产网络的兴起，跨国公司在世界各地投资。在台湾海峡的两岸，都有戴尔的工厂，组装生产电脑。如果发生了战争，像戴尔这样的跨国公司就会从中国撤资，那中国就亏大了，所以，战争在两岸是不可能发生的。

这几个例子表明，认为对外开放就能带来世界和平的观点，其实是非常浅薄的。但有意思的是，一直有人对此坚信不疑。在第一次世界大战之前，有个记者在当时的名气比托马斯·弗里德曼还大。他叫诺曼·安吉尔（Norman Angell）。他出生在英国，17岁只身到美国闯荡江湖，做过记者，后来投身政治，在英国政坛非常活跃。1910年，安吉尔出版了一本畅销书《大幻觉》（*The Great Illusion*）。他的观点和托马斯·弗里德曼如出一辙。安吉尔认为，由于各国间的经济依赖程度越来越深，因此战争将变得没有意义、得不偿失。他谈到，文明国家之间的经济往来是通过信贷和商业契约为纽带的，如果一国入侵他国，占领了别人的领地，没收了当地人的财产，那么，当地人就没有积极性生产产品，所以侵略者从侵略中得不到任何好处，反而还得倒贴占领的费用，这笔买卖是不划算的。

四年之后，第一次世界大战爆发了。事实证明，安吉尔的观点才是“大幻觉”。但他仍然坚持自己的看法。令人不可思议的是，1933年，他的《大幻觉》修订之后再版，再一次成为畅销书，比第一版还要成功。这一年，安吉尔还获得了诺贝尔和平奖。结果，安吉尔再度被重重地打脸。五年之后，第二次世界大战爆发了。

为什么那么多人会相信对外开放能够带来世界和平呢？

◆ 贸易和平论和民主和平论

我们可以把这种信仰分解为两个假说。第一种假说是贸易和平论，第二种假说是民主和平论。

所谓贸易和平论，是说从经济上来看，对外开放能够让大家的利益捆绑在一起，而且能够带来更大的收益，所以大家会一起努力挣钱，不再互相争斗。这一假说的问题在于，经济学家只算总账，只看贸易带来的总收益，不去细究收益的分配。一旦我们考虑到贸易收益是怎么分配的，那就把政治因素放进来了，而一旦政治因素进来之后，正如我给大家讲过的，局势就会变得混乱多了。贸易会带来世界和平？那为什么会有鸦片战争呢？事实上，国际贸易时时刻刻都会搅动政治因素，不仅会影响到国内的政治斗争，也会影响到国际政治斗争。

所谓民主和平论，是说从政治上来看，对外开放使得每个国家的决策变得更加公开透明，如果更好一些，每个国家都变成民主国家，那就万事大吉了。你知道我想干什么，我也知道你想干什么，大家有话好好说，怎么可能有国际冲突呢？这在国际政治理论里被称为“积极的透明度”，即越透明越稳定。但是，如果你再细想，就会觉得这一假说有点不对头。除了有“积极的透明度”，还有“消极的透明度”。我们假设你的房子和你邻居家的房子都是透明的，你们的一举一动，彼此都能看得清清楚楚。如果你看到邻居在屋子里磨刀，你心里会怎么想呢？他可能是要准备杀鸡，也可能是想到外边砍人，问题在于，你确实能够看到他的行动，但你怎么判断他的动机呢？或者，他也没有磨刀，但他一直盯着你，注视着你的一举一动，你心里会不会发毛？媒体自由是开放社会的重要特征，但如果媒体可劲地鼓吹好战的沙文主义，这个世界是会变得更加太平，还是更加捉摸不定？

我们并不是说对外开放不好，一个国家必须要闭关锁国，但是，我们也不能对对外开放有不切实际的幻想。没有一劳永逸的良策。对外开放能够促进各国文化的了解和沟通，也同样能带来更多的误解和猜忌；对外开放能够促进各国经济的交流和合作，也同样能带来更多的竞争和摩擦；对外开放还可能带来意想不到的副产品，比如人员的流动、宗教的传播、疾病的扩散、恐怖分子的渗透，对外开放的程度越高，对一个国家治理水平的要求也就越高。从某种程度上讲，一个国家对外开放的程度并不自动地提高其治理水平，相反，我们要记住：一个国家治理水平越高，它能够实现的对外开放程度也就越高。

链接阅读：乔舒亚·雷默（Joshua Ramo），《不可思议的年代：面对新世界必须具备的关键概念》，湖南科学技术出版社。

惊险的一跃：对外开放能带来经济增长吗

◆ 惊险的一跃

对外开放能带来经济增长吗?

这个问题还需要问吗?中国不就是对外开放后才实现了经济增长的奇迹吗?再看看那些没有实现对外开放的国家，一个比一个落后，这不是明摆着的吗?大部分人都相信，对外开放一定能带来经济增长。据说，只要一个国家实行了贸易自由化、金融自由化，加入了世界贸易组织或者国际货币基金组织，采用了国际惯例，就能实现高速的经济增长。

其实，这个问题远没有那么简单。这里我们就来谈谈人们容易忽视的对外开放的代价和风险。

从亚当·斯密那个年代开始，经济学家就已经指出，自由贸易能够使双方得利。在教科书里面，经济学家用更严密的模型证明了，自由贸易条件下的一般均衡至少不劣于自给自足状态下的一般均衡。即使你没有学过经济学课程，举目四望，看看“二战”之后的日本、亚洲四小龙和中国吧。这些经济体的崛起让很多发展中国家羡慕不已，大家发现，这些经济体大多采取了对外开放、贸易立国的政策，这不是非常有说服力的证据吗？

遗憾的是，如果我们采用更为严格的研究方法，把影响经济增长的各个因素考虑进来，就会发现，对经济增长影响更大的是一个国家的投资率和宏观经济稳定程度。一个国家的投资率越高，增长率越高；一个国家的宏观经济失衡程度越深，经济增长率越低。相比之下，对外开放政策对经济增长的促进作用不大，资本流动的开放程度对经济增长也没有显著的影响。

这到底是怎么一回事呢？我们需要澄清的一点是，国际贸易理论讲的是，自由贸易能够改善一个国家的资源配置效率，但并没有直接证明，贸易能够促进经济增长。资源配置是个静态的概念，而经济增长是个动态的概念。经济学家还是非常谨慎的，但政策决策者想要的太多了。从理论到现实，惊险的一跃，结果失足了。严格地讲，贸易不会自动地带来经济增长，除非贸易能够带来技术的溢出。也就是说，贸易只有使得本国的企业家接触到了新的技术和管理水平，才能刺激到技术进步和创新。我们可以这样来理解：贸易不是经济增长的发动机，而是经济增长的催化剂。

你有点被绕进去了。那么，我们把经济学放在一边，举个生活中的例子。你可以这么想，锻炼身体会让肌肉更强健，会改善体质，但是，加强锻炼就能长个子吗？加强锻炼能够长寿吗？有可能，但不一定。其他因素，比如遗传，比锻炼或者不锻炼更重要。同理，自由贸易能够改善资源配置效率吗？能。自由贸易能够促进一国经济增长吗？不一定。

◆ 对外开放的收益和风险

我们不能只关注对外开放的收益，还要关注对外开放的风险。收益总是和风险并存的，收益越大，风险越高。如果全世界的开瓶器都由一家企业来生产，这家企业当然会赚很多很多的钱。但是，在全世界范围内，只要有另一家企业在竞争中超过了它，这家企业就会在转瞬之间全盘皆输。如果这家企业所在的城市，全靠该企业提供就业和税收，那么，垮掉的不仅仅是这家企业，还有整个城市。

所以，要想把潜在的巨大收益变成现实，还需要一个国家能够具备应有的能力。哈佛大学经济学家丹尼·罗德里克讲到，在开放条件下，一个国家的经济增长率会受到三个因素的影响：（1）外部冲击；（2）社会内部矛盾；（3）能够缓解社会矛盾的能力。也就是说，一个国家遇到的外部冲击越大，其经济增长率受到的负面影响也就越大；一个国家内部的社会矛盾越大，当遇到外部冲击的时候，就越容易受到负面影响，这就好比是堆放的易燃物质越多，发生火灾的时候损失就会越大；一个国家缓解社会矛盾的能力越大，遇到外部冲击的时候，就越有办法减少潜在的损失。

举个例子来说明吧。我们可以对比泰国、韩国和印度尼西亚在东亚金融危机之后的不同反应。泰国和韩国在危机之后均成立了新政府，泰国成立了川·立派（Chuan Leekphai）为首的八党联盟。韩国则由有“民主斗士”之称的金大中执政。两个国家的新政府均迅速采取措施，清除官员腐败、官僚主义等民怨深重的问题，开放渠道听取民众意见。政府表现出色，民众也就买账。两国公众表现出来的爱国主义精神以及对新政府的支持令人印象深刻。泰国出现了“泰国人帮助泰国人行动”，大家行动起来，一起帮助在危机中失业的泰国公民。很多人都还记得，在东亚金融危机之后，韩国人纷纷贡献出家里的黄金首饰，增加国家的外汇储备。韩国工会本来计划举行大罢工，但大难当头，患难与共，于是，他们主动推迟了原定的大罢工。尽管泰国和韩国是东亚金融危机受到冲击最严重的国家，但在危机之后，经济恢复较快，政治较为稳定。

与泰国和韩国的例子相反，印度尼西亚在东亚金融危机之后日益走向经济崩溃和政治动荡。印度尼西亚只是被东亚金融危机的“台风”顺带扫到的，但其受到的伤害反而比泰国和韩国更严重。金融危机之后，民众的生活水平降低，尤其是普通工人和穷人，受到的冲击最大，也最无辜。苏哈托（Haji-Mohammad Suharto）总统不愿意做出任何让步，不愿意放弃极权统治。反苏哈托的力量迅速转为暴动。印度尼西亚是一个多民族、多宗教的国家。不同族群和宗教之间本来就有矛盾，危机之后，社会冲突和种族仇视进一步恶化。华人成为暴乱分子掠夺、烧杀、强奸的受害者。为了转移对政府的不满和反对，印度尼西亚总统默许甚至怂恿极端民族主义情绪。结果是事态不断恶化，苏哈托被迫下台，但这时已经太晚了，整个社会上空阴霾沉沉，笼罩在仇视和暴力的氛围中。

要想建立一套行之有效的缓解冲突的机制，首先，政府需要提高自己的威望和信誉。这是一项长期的工作。点滴积累起来的制度创新、持之以恒的反腐倡廉、大刀阔斧地提高行政效率、减少官僚主义，都能有效地提高政府的信誉。其次，政府还应该建立依靠制度化的渠道，使政府能够听到公众的声音，也使公众中的不同人群听到彼此的声音。人们之间如果能够相互理解，如果能有更多互相妥协与合作的机会，就能减少潜在的社会冲突与动荡。公众若能充分理解政府的处境，则对政府的拥护程度会上升，政府也能有更大的政策腾挪空间。因此，让社会各界人士，比如企业家、农民、工人都能参与决策讨论，是增加政府合法性支持的有效途径。最后，政府要加紧建立社会安全网和保障制度。有效的社会安全网能够缓解社会矛盾，保护那些在对外开放过程中受害最深的公民，同时也能维护市场化改革和对外开放的合法性。否则，反对对外开放的声音会越来越洪亮，而社会各个阶层之间的相互撕裂和对立也会越来越严重，最终，所有的怒气和怨气都会撒到政府的头上。

链接阅读：丹尼·罗德里克，《全球化的悖论》，中国人民大学出版社。

资本管制：要不要实行资本账户自由化

◆ 支持资本账户自由化的理由

管不管资本账户？这是一个问题。国际经济学界为此争论了几十年，但到目前为止还没有得到一个能让多数人满意的结论。与资本账户管制对应的，自然就是实行资本账户自由化，也就是某个国家不限制资本的流入流出。哪怕是外国资本刚进入本国就马上走，也要大开便利之门。

为什么会有学者支持资本账户自由化呢？有几个为人熟知的理由。

其一，资本的跨境自由流动可以改善资源配置。缺乏资本的发展中国家可以从资本富裕的发达国家获得资本，而发达国家则取得较高投资回报。

其二，允许资本跨境自由流动对一国政府是很强的约束。这就好比当着亲戚朋友的面宣布自己要戒烟了，大家都会来帮助监督你。允许资本跨境自由流动的国家实际向国际市场表明一种态度：我会执行负责任的经济政策。如若不然，国际资本可以随时离开，失职的政府也会受到惩罚。

其三，资本的自由流动可以让国内居民有更多的投资机会。鸡蛋不能搁到一个篮子里。一个国家可能出现了经济衰退，但另一个国家却能逆风上扬。如果油价上涨，需要进口石油的国家得付出更多的代价，不过，卖石油的那些国家却能得到更多的收益。当年，日本的企业就是一边从澳大利亚购买铁矿石，一边购买澳大利亚钢铁公司的股票。这就是一种对冲。如果澳大利亚的铁矿石涨价，日本进口商的成本会增加，但它们能够从投资澳大利亚股票中得到补偿。设想一下，如果你既能投资中国股市的

A股，又能投资美国的纳斯达克股票，东边不亮西边亮，在A股下跌的同时，纳斯达克市场可能在上涨，这样投资会更稳健。

其四，有一种流行的解释是：资本根本就管不住，所以还不如不管。道高一尺，魔高一丈。天下没有不透风的墙。投资者总能找到各种各样的方法躲过管制。不光没用，实施资本管制的成本还很高。对资本流动的管制将导致市场价格扭曲、宏观经济失衡和腐败。

这些支持资本自由流动的观点在20世纪末非常流行。当时，国际货币基金组织到处游说发展中国家开放本国的金融市场，把资本账户自由化的好处说得天花乱坠，但是，1997年和1998年爆发了东亚金融危机，国际货币基金组织不仅没有解救这些国家，反而火上浇油，这动摇了人们对资本账户自由化的信心。2008年全球金融危机爆发之后，学者们更是全面反思资本账户自由化的利弊。

◆ 反对全面开放资本账户的理由

反对全面开放资本账户的学者指出：第一，指望资本自由流动改善资本配置效率恐怕不现实。正如我们之前已经讲过的，资本不仅没有从富国源源不断地流向穷国，相反，更多资本从穷国流向了富国。

第二，资本自由流动还会加剧本国经济周期的波动。一般来说，资本的跨境流动有很强的顺周期性。“多少人爱慕你的美丽，假意或是真心。”那些到其他国家资本市场上兴风作浪的资本，不是为了和东道国白头偕老，只是想一晌贪欢。国际资本都是“薄情郎”，本国经济好的时候，它们也想分一杯羹，大量流入的资本会加速经济过热；等到本国经济出现衰退的时候，国际资本比谁跑的都快，加剧本国经济萧条。

第三，刚刚说过，资本账户自由化之后，国内居民可以到国外购买资产以分散风险，但这也会导致资本外流。对于发展中国家，资本是稀缺性资源。限制资本的跨境流动会使得国内居民不得不把相当多的资产留在国内。这有助于国内融资，避免因资本转移而导致的国家经济发展资金短缺。同时，资本管制也有助于一国对流入的资本类型进行选择，重点吸引符合国家经济发展需要的长期资本。

最后，虽然资本管制可能会造成腐败，但也有助于防止来路不明的资金外逃、跨国洗钱以及非法转移资产。在当下，这恐怕是非常关键的理由。

◆ 资本管制的作用

总之，是否要放弃资本管制在学界始终没有共识。但学界有没有共识并不重要，只需要看一看过去发生的事情，我们就能大概知道资本管制究竟有多重要了。

20世纪八九十年代，泰国经济正经历高速增长，为了进一步吸引国际资本参与到国内建设中，泰国政府放开了对资本项目的管制。资本项目的完全开放意味着失去了控制短期资本跨境流动的屏障。此后，大量国际资本流入泰国。这些资本开始是会流入实体经济，后来逐渐开始炒房炒股。等到泰国经济出现问题，各类资本突然快速流出泰国，对泰国的金融市场造成巨大冲击。泰国政府试图用外汇储备来对冲资本流出，抵御投机者的冲击，但最终宣告失败，不得已允许泰铢大幅贬值。至此，东南亚金融危机拉开序幕。随后，韩国、马来西亚、印度尼西亚，都步了泰国的后尘，成为国际资本攻击的目标。反观当时的中国，由于实施了严格资本管制，短期资本不能自由出入，因此躲过了国际游资的攻击。

有了东南亚金融危机的教训，在2008年国际金融危机爆发之初，许多国家纷纷实施了不同程度的资本管制。这些国家既包括发展中国家，如韩国、巴西、印度、墨西哥、南非、俄罗斯、波兰等，也包括发达国家，如法国和德国。

资本项目开放的最大危险正是在于短期资本的长驱直入或突然流出对一国金融体系的冲击。一旦出现危机，发展中国家会处于非常被动的境地。发展中国家可以选择提高国内利率来抑制资本外流，土耳其曾经这么做过。结果呢？高利率抑制了土耳其的经济增长，国际市场对土耳其经济丧失信心，加剧资金外逃，经济更加一蹶不振。发展中国家还可以动用外汇储备进行干预，乌克兰和印度尼西亚曾经这么做过。结果是外汇储备快速下降，引起了国际市场对该国政府维持汇率能力的怀疑，反而诱发资本流出，最后经济面临崩溃的危险。当然，发展中国家还可以泰然处之，不采取任何政策措施。这种情况下，结局很可能就是汇率暴跌、货币贬值，国际市场对该国的信心丧失殆尽，最后还是经济崩溃。

别光顾着看别人家的笑话，中国也在这方面吃过亏。2009年，中国事实上已经在相当程度上开放了资本项目下的子项目。这些子项目涉及资本市场证券、货币市场工具、商业信贷、金融信贷等，大多与短期资本跨境流动有关。大量的投资者凭借这些已经开放的项目把美元换成人民币，然后购买国内金融资产。在取得盈利之后，投资者再把人民币本金和利润兑换成美元，绕道香港逃出中国。

套利者的所得必是国家之所失。2014年第三季度之后，中国经历大规模资本外流，汇率贬值压力很大。央行为了稳定汇率，动用了大量外汇储备来抵御冲击，外汇储备一度从最高的3.94万亿美元下降到3.1万亿美元，降幅达8000亿美元。到了2016年下半年，中国经济短期触底回升，同时政府加强资本管制，这才遏制住了资本外流的势头。

链接阅读：余永定，《最后的屏障：资本项目自由化和人民币国际化之辩》，东方出版社。

货币国际化：人民币国际化能够提高中国的国际地位吗？

◆ 人民币国际化的好处

记得在全球金融危机前后，中国人民银行关于人民币国际化的课题组做过一个测算：如果以美元国际化程度为100来衡量，欧元的国际化程度接近40，日元为28.2，人民币则只有2。此评分是否精准姑且不论，但其对现实的判断却是冷静客观的。

中国的GDP实力已经不亚于美国了，但在货币国际化这门课上，人民币和美元、欧元并不在一个班级，它其实和巴西、印度、俄罗斯的货币在一起，比它高一级的同学是韩元、港币、新加坡元等。这种情况和中国的经济实力是极不相称的。难怪，在全球金融危机之后，中国加快了推动人民币国际化的步伐。

有人说，人民币国际化，是为了有一天替代美元。呵呵。要是这样的话，中国国家足球队拿到世界杯冠军也是指日可待的喽。人民币国际化突然开始提速，与其说是有称霸的野心，不如说是形势所迫。金融危机暴露出以美元为核心的国际货币体系的内在缺陷。推动人民币国际化，无非是希望减少中国对美元的依赖，同时也是一次补课：同中国的经济实力以及中国对世界经济的影响力相比，人民币国际化的步伐实在是太落后了。

人民币国际化能带来什么好处呢？最直观地说，如果人民币被广泛用于中国的进出口贸易，就能减少汇率波动对国内进出口商的冲击。2008年中国进出口外贸依存度已接近70%，但对外贸易中90%以上的交易是以美元结算的。很多出口企业的利润率本来就已经很薄，如果汇率稍微出现波动，就可能辛辛苦苦白干了。再来畅想一下，要是人民币真的能在国外花了，老百姓获益，进出口企业获益，金融机构也能获益。

于是，从2009年开始，在政府的鼓励下，人民币国际化的速度不断加速。在贸易结算中使用人民币的比例大幅度提高，海外的人民币存款（尤其是在香港）急剧增加，甚至有几家国外的中央银行表示，要在自己的外汇储备中纳入人民币币种。2017年6月，欧洲央行公告出售部分美元外汇，换成人民币储备，成为首家公开声明将人民币作为储备货币的世界主要央行，此举对人民币国际化具有里程碑式的意义。

◆“跛足”的人民币国际化

但是，再仔细去看，我们会发现，在国际结算中，进口贸易更容易使用人民币，出口贸易中人民币使用量远低于进口贸易。这被称为“跛足”的人民币国际化。为什么会出现这种情况呢？

我们必须记住，当时人民币还处在升值之中，那么，假如你是一个国外的出口商，要卖东西给中国，你在中国的贸易伙伴问你，我付你人民币行不行，你会怎么考虑？如果给你人民币，人民币又在升值，那么，何乐而不为呢？但是，如果你是一个国外的进口商，要从中国买东西。你在中国的贸易伙伴问你，我付你人民币行不行，你又会怎么考虑？首先，你手头上可能没有人民币，因为人民币还不是一种国际货币，不是人人手上都有的。其次，如果你去跟别人借人民币，别忘了人民币是在升值，这意味着等你还人民币的时候，你得花更多的美元去买人民币，多么麻烦，多不划算啊。

这种“跛足”的人民币国际化会带来什么影响？首先，我们不是担心美元陷阱吗？我们不是不想收太多的美元了吗？可是，中国还是贸易顺差，我们出口的产品比进口的多，如今，在出口的时候还是用美元结算，拿回来的都是美元，进口的时候可以用人民币结算，于是花出去了一部分人民币，那最后的结果是我们收进来的美元比原来更多了！美元陷阱不仅没有躲开，反而陷进去得更深了。从另一个角度来看，“跛足”的人民币跨境贸易结算与其说降低了中国企业面临的汇率风险，不如说降低了外国企业的汇率风险。这是因为，少数中国出口企业减少了人民币升值的汇率风险，而大多数中国进口企业却丧失了人民币升值带来的获利机会。

那些声称要持有部分人民币作为外汇储备的国外央行也不是傻子。当人民币升值的时候，持有人民币当然是很划算的。到了人民币贬值的时候，你看他还是不是继续持有人民币？他很可能会把人民币卖掉。卖给谁呢？只能是卖给中国人民银行。于是，在人民币升值期间，升值的好处都被国外的央行拿走了，但有得必有失，吃亏的是我们自己。所以说，如果我们当初推行人民币国际化的目的是为了减少对美元的依赖，那么，在最初的人民币国际化过程中，我们反而积累了更多的美元资产，结果事与愿违、南辕北辙。

之所以出现这种情况，最重要的一点是在我们推动人民币国际化的时候，人民币正好处于升值，当一种货币不断升值的时候，自然有人愿意更多地持有，这跟人民币的国际地位提高，一点关系都没有。假如印度卢比、越南盾、菲律宾比索，甚至尼日利亚奈拉，一直处于升值，国际市场上想要持有它们的人一样会多起来。

“烈火见真金”，考验人民币国际化是否成功的标志是，当人民币贬值之后，大家还是不是会持有。如今，人民币确实面临一定的贬值压力，结果呢？海外人民币存款大幅度下降，说要持有人民币的国外央行也“王顾左右而言他”了，人民币倒是还想往外跑，但央行已经开始收紧资本管制，想到国外也不给机会了。

◆ 金融开放的次序

我们希望人民币能够变成一种国际货币，这是一种很好的想法，但不可操之过急。从根本上说，决定一个国家的货币能否变成国际货币，要看其国内的金融市场是否强大。原因很简单，不管是通过什么渠道出去的人民币，都不会只压在床铺下面，持有人民币的境外投资人希望拿人民币去买用人民币计价的金融资产，尤其是债券。从货币国际化的历史经验来看，高度发达的本国国债市场是货币国际化的坚实基础。当本国国债发行实现市场化之后，才能确定无风险的国债收益率，其他债券发行人才能据此定价。接下来，如果本国国债市场实现了市场化、汇率逐渐走向浮动、资本管制有序放开，才能出现有深度和广度的外汇交易市场。有了这样一个外汇交易市场，投资者才能互相匹配其不同的信用风险、汇率风险和利率风险。这才是中国金融对外开放的合理顺序：先发展国内的金融市场，再逐步使得本国货币的汇率更加灵活，然后才能有序地开放资本市场，最后，水到渠成，人民币才会变成国际货币。

但我们所能看到的却是，中国似乎没有遵循这一次序。2003年以来我们一直议论的是人民币汇率改革，2009年之后却改为推行人民币国际化。全球金融危机爆发之后，出于对出口下滑的担忧，人民币升值的步伐逐渐放缓，人民币回归到了事实上的盯住美元的汇率制度。那么，我们就遇到一种尴尬的局面：中国一方面担心大量持有美国国债可能会导致外汇储备价值缩水，希望通过人民币国际化和其他改革减少对美元的依赖，另一方面人民币汇率又紧紧盯住美元，这两种选择是自相矛盾的。盯住美元的结果就是和美元一起贬值，但中国经济的基本面却要求人民币升值。这种分裂表明，最艰难的政策取舍尚未做出。

话又说回来，即使人民币成了国际货币，故事也没有结束，因为潜在的风险会随之而来。一旦放松资本管制，允许外国投资者更自由地购买本国证券，国际资本流动可能出现大涨大落的波动。你的经济形势好，所有人都想来投资，于是，可能催生出资产价格泡沫；相反，你的经济形势不好了，所有的人都想跑掉，于是，可能出现大规模资本外逃，触发金融危机。

人民币国际化听起来很令人振奋，但说起来容易，做起来难。而且，从根本上讲，不是人民币实现了国际化，中国的国际地位就能提高，相反，是中国的国际地位提高了，人民币国际化推动起来才更顺利。这里的因果关系不能搞颠倒了。

链接阅读：余永定，《最后的屏障：资本项目自由化和人民币国际化之辩》，东方出版社。

三难选择：经济全球化的政治三难选择

◆ 三难选择

这一篇我们介绍哈佛大学经济学家丹尼·罗德里克的“全球化的三难选择”。罗德里克很早就讲到经济全球化可能会遇到阻力，到全球金融危机之后，人们才意识到原来他说的是对的。

还记得我们说过的吗？决策就是选择。决策者要权衡各种不同方案的利弊得失。之前我们介绍过开放条件下的宏观经济三难选择。之所以存在三难选择，无法三者兼顾，只能三选二，是因为政策目标太多，政策工具太少，不得不有所取舍。三难选择是一种很好的思维工具，我们可以用这种思维框架分析很多问题。怎么才能一方面呵护经济全球化，另一方面回应大众的呼声，提高政府的民众支持度？

哈佛大学经济学家丹尼·罗德里克提出了“全球化的政治三难选择”，给我们思考对策提供了一种参考思路。依然是三个值得追求的美好目标。罗德里克说，决策者可以选择世界经济一体化、民族国家和大众政治这三个目标。他这么说听起来比较拗口，我再给大家解释一下。这三个目标其实就是，“要不要对外开放带来的好处”，“要不要由本国政府拥有所有的经济主权”，“要不要什么事情都听大众的”。

如果决策者选择世界经济一体化，那就像我们当年敞开怀抱对外开放一样，想要的是加入国际市场，尽情地享受商品和资本跨越国界、自由流动带来的好处。

如果决策者选择民族国家，那意味着一国政府自己说了算，能够独立自主地制定和贯彻法律和政策。

如果决策者选择大众政治，那就是通常所说的民主。罗德里克这里讲的民主，不一定是非要采用直接选举、多党竞争等西方的政治模式，而是说，在民主政治下，公民有什么呼声，政府就要有所回应。穿上“金色紧身衣”就要有所回应。

接下来就是痛苦的选择。

假设一个国家选择了参与经济全球化，那么，要么放弃大众政治，要么放弃民族国家。如果要的是民族国家，那么，在全球市场的竞争压力下，一个国家并没有太大的政策选择空间。

《纽约时报》记者托马斯·弗理德曼说，在经济全球化时代，国家好像穿上了疯人院里的紧身衣，只不过在经济全球化的光芒下，这身紧身衣发出美丽的光彩，是一件“金色紧身衣”。托马斯·弗里德曼写道：“当你的国家穿上了金色紧身衣，它的政策选择范围就缩小到：要么可口可乐，要么百事可乐。”穿上“金色紧身衣”的国家，其实只有一个选择，那就是“跟国际惯例接轨”。你有没有注意到，很多推行对外开放的发展中国家政府，其实都是非常强势的威权政府，比如新加坡的李光耀政府、韩国的朴正熙政府，以及秘鲁的藤森政府。转入防守状态，只有威权政府才能镇得住场子、压得住子民、推得动开放。

但随着对外开放，各国的政策会越来越趋同，比如都会力争实行小政府、低税率、放松市场管制、私有化、降低关税、资本项目自由化、更灵活的劳工福利条例，等等，国家成了全球市场上的竞争者。

◆ 布雷顿森林妥协

那我们能不能暂时或部分地放弃经济全球化呢？

其实是完全可以的。我们并不是说，一下子完全退回闭关自守的状态，而是想告诉大家，在经济全球化和国内政策发生冲突的时候，政府应该考虑要不要调整一下对外开放的步伐，转入防守状态，让对外开放服从于国内政策。这种模式曾经运行得很好。罗德里克谈到，在“二战”之后的几十年里，国际经济制度基本上就是这种模式。他称之为“布雷顿森林妥协”。“二战”之后，在美国的带领下，各国政府建立了以布雷顿森林体系、关税及贸易总协定为基础的国际经济制度。关税及贸易总协定后来变成了世界贸易组织，负责给国际贸易定规矩，而布雷顿森林体系管的是货币政策和金融政策。

这套体系强调的是促进国际贸易，各国承诺降低关税壁垒和不互相实行贸易歧视。与此同时，各国拥有较大的自主权，可以选择适合自己的发展道路和经济政策。比如说，各国可以对资本流动进行限制。即使是在贸易领域，尽管通过历次关税谈判，世界关税水平有了显著的下降，但仍然允许存在例外，比如农业、纺织品等一直没有纳入谈判日程。关税及贸易总协定也允许各国通过反倾销政策等手段，在面临严峻的进口竞争时对国内产业加以保护。在这种相对宽松的国际经济制度下，各国选择了很不一样的发展战略。

欧洲国家一方面积极实行欧洲的联合，同时维持着比较高的社会福利水平；日本的资本主义在公司治理结构、银行和企业关系、产业政策等方面都和欧美资本主义大相径庭，它的出口极具竞争力，但服务业和农业却相对缺乏效率；当年亚洲四小龙走的是“出口导向”的发展战略，而拉美国家、中东实行“进口替代”，在20世纪80年代之前也实现了经济起飞。

要是我们既要经济全球化，又想要大众政治呢？那就得推动全球经济治理，而且要准备好让渡民族国家的一部分经济主权。极端地讲，国家之间解决不了的问题，放在一个国家内部，很可能就迎刃而解。

美国的工人抱怨中国人抢走了他们的饭碗，那为什么东北的工人没有抱怨在广东打工的四川民工抢走了他们的饭碗呢？他们可能也抱怨过，但肯定不会觉得那么理直气壮。欧洲债务危机的爆发，是因为希腊债务太多，还不起钱了。多大一点事啊。要是德国帮它把钱还了，不就没有这么多的麻烦了吗？但默克尔敢跟德国人说，我们要省吃俭用帮助希腊人还钱吗？如果是在一个国家内部呢？假设贵州省借的钱太多，还不上了，中央政府可以帮它还，中央政府的钱从哪里来的？是从其他地方，比如上海或者浙江收上来的钱。所以，理论上的最优解是建立全球联盟，大家都统一到一起，这才是真正的全球治理。建立一个世界政府，专门提供世界范围内的公共产品，而各国政府，都变成了地方政府，提供本地人的公共产品。在一个国家内部，中央政府负责军队、外交、治安和法律，地方政府负责提供教育、医疗卫生，再低一级的基层政府负责倒垃圾，各级政府按照他们的管辖权，分别提供不同层次的公共产品。

谈谈我自己的学习心得。穿上“金色紧身衣”是过去的选择。进入防守状态应该是我们今天的选择。通过全球治理合作走向世界政府，或许是未来我们努力的方向。随着全球化退潮，各国内部的社会矛盾更加复杂，国与国之间的关系也更加复杂，一味地强调对外开放可能会进一步激化矛盾。越是在经济低迷时期，各国间的政策协调就越是困难，能守住底线不出事就已经够好了。没有坏消息就是好消息。全球化也需要一段时间“休养生息”。

◆ 一则八卦

正文到此为止，接下来八卦一下。

丹尼·罗德里克的太太叫皮纳尔·多安（Pinar Dogan），他们夫妇两个都是土耳其人。皮纳尔·多安的父亲是切廷·多安（Çetin Dogan），土耳其的一位退役将军。2010年，罗德里克夫妇卷入了一场千里之外的政治风波。土耳其的一家自由派知识分子主办的报纸声称，切廷·多安涉嫌策划军事政变，企图推翻新当选的土耳其政府。据报道，这个军事秘密行动的代号是“大锤”，多安将军计划炸毁清真寺、击落民航飞机、逮捕记者。数百名军官被起诉。罗德里克陷入了两难困境：他相信自己的岳父是无辜的，这个所谓的“大锤”计划漏洞百出，纯属捏造，但土耳其知识分子群起而攻之，说罗德里克支持军国主义，为了救自己的岳父说谎。罗德里克发现了非常确凿的证据，比如，所谓的政变文件是用Word2007写成的，但这个版本的Word在指控多安将军谋划政变的时候还没有被开发出来。

想知道这对哈佛大学夫妇为亲人维权的结果吗？2012年，土耳其法院宣判300多名被告密谋推翻政府。多安将军被判20年徒刑。一年以后，土耳其政局突变，埃尔多安（Recep Tayyip Erdogan）总统反攻倒算，清除了政治异己，为“大锤案”平反昭雪。

对这段故事感兴趣的读者可以参阅美国《高等教育纪事报》2015年10月30日的封面文章：《一位土耳其将军，两位哈佛经济学家，一场神秘的政变》。

链接阅读：丹尼·罗德里克，《全球化的悖论》，中国人民大学出版社。

门户政策：墙与门

◆ 全球化的剧情梗概

对很多中国人来说，全球化是一件很晚近的事情。先是邓小平南行，然后是中国加入WTO，中国实行了对外开放政策之后，经济实现了高速增长，这不仅带来了中国历史上少有的太平盛世，而且也对全球经济带来了深刻的影响。但是，我们只看到了聚光灯下的中国，没有看到舞台上的其他演员和背景。我们是在戏快结束的时候才进场的，没有看到之前的剧情。

如果我们坐在观众席里，看全球化这场戏，故事梗概大致是这样的：

在19世纪，全球化已经达到一个很高的水平。当时，人们普遍非常乐观，认为技术进步、经济增长、文明盛开，这就是以后人类的发展路径了。不成想到了19世纪后期就出现了矛盾，各国开始提高关税水平、限制移民，而且开始扩军备战。在做这些事情的时候，大家仍然没有觉得真的会爆发战争。即使在第一次世界大战已经打起来之后，人们仍然觉得，这不过是一场速战速决的战斗。结果，第一次世界大战打了四年。

第一次世界大战之后，各国政府均进入了懵圈模式，昏招迭出，语无伦次。在短暂的战后复苏之后，爆发了1929年股灾，以及随后旷日持久的大萧条。伴随着大萧条的是各国之间的贸易战、货币战，最后矛盾日益尖锐，在不到30年的时间之后，又爆发了第二次世界大战。

两次世界大战、一次最严重的经济危机，彻底把西方世界震惊了。再加上当时社会主义国家的计划经济实施如日中天，经济增长速度比西方国家还快，到处都是红色的海洋，为了拯救资本主义，西方国家不得不改造资本主义。战后建立的国际经济秩序是布雷顿森林体系。布雷顿森林体系对国际贸易和国际资本流动都有严格的管制。战后至20世纪60年代，各国经济政策在左翼政党执政时期表现出国家大幅干预特点，如重要工业和交通部门企业的国有化、实施价格管制、推广福利政策、限制贫富分化、重新分配土地、加强计划管理等。取得了较大的成就，经济增长快速，民生也得到了极大的改善。

到了20世纪70年代，由于石油价格的冲击，引发了发达国家的经济“滞胀”：通货膨胀率居高不下，但失业率却降不下去。经济增长失去了动力。这里面可能有城市化和工业化都已经大体完成、新增长动能缺乏的深层次原因。于是，新一代的政策出现了。里根革命和撒切尔主义强调实行全方位的经济自由主义，减少政府干预。与此同时，计划体制国家内在的低效率也表现得日益突出。此外，新的技术进步出现了，以电子计算机为代表的新一代技术很快蓬勃发展，在很短的时间内改变了人们的生产和生活方式。苏联在其看起来仍然强大无比的时候，几乎在一夜之间土崩瓦解。中国实行改革开放政策，成为全球舞台上新出场的耀眼明星。

到了2008年，全球金融危机爆发，全球化峰回路转。即使是在危机爆发之后，很多人仍然觉得这场危机很快就会过去，我们还会回到原来的美好年代。但是，全球金融危机已经过去将近十年了，我们看到的只有更多的失望和焦虑，没有看到什么令人信服的希望。

◆ 历史的转折点

我们正站在历史的转折点。

全球经济高速增长的黄金时代已经一去不复返了。各国人民齐心协力在全球经济化的浪潮里专心致志赚钱的和谐世界已经一去不复返了。想要在很快的时间内从无到有，从0到1个亿，已经越来越难了。社会阶层的板结化越来越严重，仅仅靠努力，已经改变不了命运，家庭门第才是决定命运的最主要因素。

站在海拔3000米的地方，你会有不舒适的感觉。我们不歌颂新经济，也不畅谈财富自由，我们讲得多是风险、危机、政治对经济的扰动、人类命运的渺小。这是一种“忧郁的现实主义”，你要想更为客观，就要先变得更加悲观，把最糟糕的情况先考虑好。

欢迎来到全球比烂的时代。

我们的悲观，是为了更加清醒。我们清醒，是为了能够更好地生存。如果你没有看清趋势，在前一分钟，你还在岸边兴高采烈地看着潮水到来，到下一分钟，你可能就已经被卷进了浪里。

为了更好地生存，我们只能寻找一种新的道路，这条道路应该更少人走，更多荆棘。这条道路其实就是中庸之道。在混乱中寻找确定，在矛盾中寻找平衡。

◆ 门户政策

假如我们终于明白了，全球化其实是有风险、有成本的，那么，我们又该如何应对呢?

一种本能的反应是，那就修一堵墙吧。特朗普就是这么想的。在这一点上，我对他倒是比较同情。当然，修墙是一种极其愚蠢的做法，把自己和外部的世界隔离，最终只会让你自己受到更大的损失。但是，如果轻率地把所有的障碍物都清除掉，没有任何防护，你永远不知道在边界的另一边会出现什么：蛮族？难民？侵略者大军?

我们这个时代的中庸之道，应该是修一堵墙，但开一扇门。这个门应该天天都开着，人们可以来来往往，进进出出。最好刷一下证件就能过去，不需要烦琐、无聊、无效的安全检查。这个门应该开得足够大，不行就多开几个门。不能让所有的人在门口排一长队。这个门装有摄像头，也有卫兵把守，但在正常情况下，你看不到卫兵，也没有路障——你应该几乎感觉不到门给你带来的不便。

但是，如果你想越过边界，只能从门这里过。你不能爬墙，也不能跳窗户。谁从这扇门进来了，应该是有监控的。如果一切正常，那就没有问题。但假如出现了异常，监测系统应该能够迅速地感知，并做出分析和预判。比如，进来的人突然比正常情况下少了，出去的人突然比正常情况下多了，那背后是什么原因，就应该有所调查。

在极端的情况下，门是能够被关上的。当门被关上之后，应该能够有锁和门闩，保证外边的入侵无法进入墙的这一边。如果只是在特殊的情况下关门，应该告诉大家，这只是暂时的，到了警报解除之后，门还会打开。

为什么要有门？因为我们必须保持对外开放，要有人的流动、商品的流动、思想的流动，这个世界才会有生机和活力。为什么要有墙，因为墙给我们带来了安全感。正是因为有了墙，我们才能更放心地把门打开，否则，我们会一直处于惶恐不安的状态。你可以设想，墙越是结实、高大，我们也就会越放心。

在墙的里面，应该是充分开放的。如果在墙的里面还有墙，一层一层全是墙和障碍物，那么，墙的里面也会变得更加不安。墙总是要把人分开的，如果我们把人群分得越细，各个阶层之间就会变得更加固化，群体之间的矛盾会更加激化。墙使得我们可以集中力量搞好内部的团结，听取大家的意见，营造一个更为和谐的共同体，大家有共同的信念，能够互相协商，彼此愿意做出妥协，能够有对话的机制、交流的机制、制衡的机制。规则应该变得更加明晰，这样人们才能对未来做出长期的规划，才能鼓励长期投资。没有长期预期，就没有长期投资。没有长期投资，就没有长期的经济增长。

链接阅读：乔舒亚·库珀·雷默，《第七感：权力、财富与这个世界的生存法则》，中信出版社。

第七辑

不平等加剧

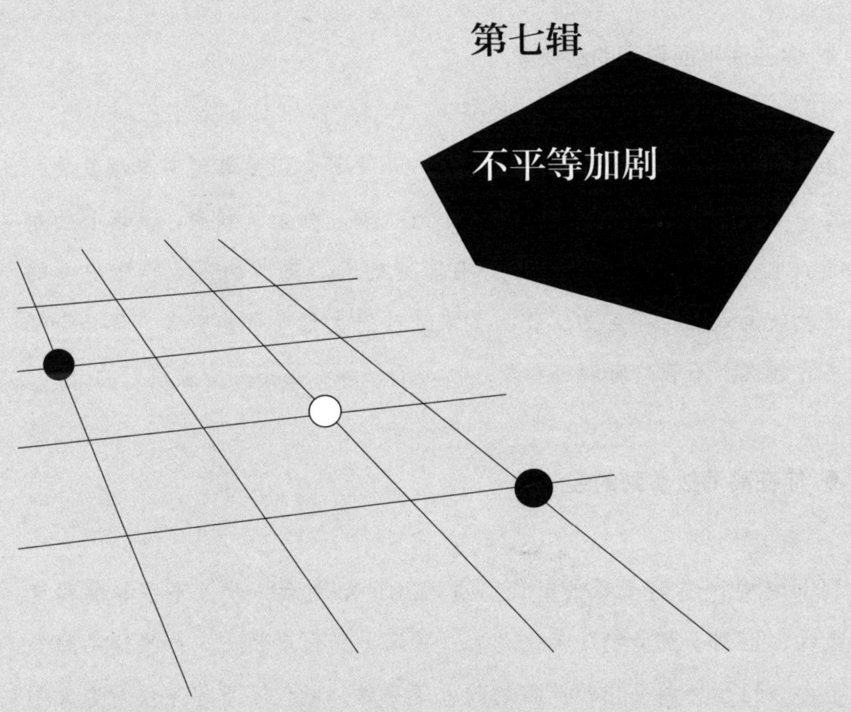

导读

◆ 你在海平面看到的经济学

虽然在经济增长的过程中会出现收入不平等，但随着经济继续发展，贫富差距就会逐渐缩小。大河涨水，小河也满。如果从刺激经济增长的角度来看，收入不平等是一件好事，有能力的人、勤劳的人才能赚更多的钱，这就鼓励人们个个努力工作。如果让政府去帮助那些穷人，势必会带来更多的懒汉。不管政府如何去做，收入不平等都是不可能被消灭的。

◆ 你在高海拔看到的经济学

19世纪是个贫富悬殊的时代。进入20世纪之后，收入不平等的程度有所缓和，但到了20世纪70年代之后，贫富差距再度扩大。如果这一趋势继续下去，21世纪将会出现严重的收入不平等。收入不平等不仅对穷人不利，也对富人不利。适度的收入不平等有助于激励人们更努力地工作，但严重的收入不平等会让人们感到焦虑、愤懑，甚至绝望。单靠市场经济，无法自发地解决收入不平等的问题，在自由和民主之间，如果要选择民主，就只能节制资本。

◆ 本辑导读

《财富鸿沟：不平等？跟我们有什么关系》讲到，经济学有“公平”和“效率”之争，但这样的争论也辩不出对错。什么才是公正的规则？著名哲学家提出了“无知之幕”，只有当我们不知道自己未来的运气如何、是富是贫的时候，才能找到共识。每个人都要有基本的自由权利，但同时，我们还要照顾弱势群体的利益。

《库兹涅茨曲线：从长时段看不平等》讲到，尽管在20世纪中叶出现了收入不平等程度的缓和，但这是受到两次世界大战以及30年代大萧条对财富的破坏、“二战”之后各国节制资本的相关政策，以及老牌资本主义国家的海外殖民地丧失等重大事件的影响，这段时期的趋势不是历史的惯例，只是一种特例。

《1%和99%：你站在收入分配的哪一个台阶上》讲到，若以财富而论，收入最低的人群是负财富，他们都没有见过财富。收入最高的10%可能认为自己已经是成功者了，但收入最高的1%又比他们高很多。真正的富人在收入分配的顶峰上，高处不胜寒。

《不平等的痛苦：收入不平等伤害了谁》讲到，收入不平等不仅对穷人不利，而且对富人也不利。在一个贫富差距较大的国家，即使是富人，也会过得更加焦虑，并没有获得更多的幸福感。

《自由和民主：纠正收入不平等是不是就破坏了市场经济》讲到，市场交易的自由和一人一票的民主是不协调的。如果坚决捍卫市场交易的自由，就得放弃民主，需要一个强权人物弹压反对者。如果想保护民主政治，就要适当地节制资本，这是一种更为稳妥的做法。

《穷人的美德：穷人该怎么办》讲到，当财富极端不均等的时候，贫穷并不是穷人个人的问题。穷人想要改变自己的命运，穷人的下一代想要改变自己的命运，变得越来越难。国家应该做得更多：提供平等地接受教育的机会，提供更多的社会保障和公共服务。

《富而不骄：富人该怎么办》讲到，炫富已经成为越来越不合时宜的行为，富人应该学会低调，学会感恩，更多地参与慈善和公益活动，有空多看看历史，体会一下当年贫富悬殊、社会震荡的社会群体心理。

《拉斯蒂涅的选择：拼搏还是拼爹，看你身处什么时代》讲到，收入不平等会影响到年轻一代的士气。在经济高速增长时期，年轻人更相信自我拼搏，拼爹是没有意义的。但是，随着贫富差距的拉大、社会阶层的板结化，年轻人会变得更加迷茫：拼搏反而变得没有意义了，想要出人头地只能拼爹。这会带来巨大的社会风险。

财富鸿沟：不平等？跟我们有什么关系

◆ 公平与效率之争

法国著名经济学家皮凯蒂（Thomas Piketty）跟我同年，他写了一本非常畅销的书，叫《21世纪资本论》。这本书经常出现在各种非小说类畅销书榜单上，也摆在书店里最醒目的位置上。据说，夹着这本书走在街上，有助于吸引进步女青年。这本书也非常富有争议。2014年年底，皮凯蒂到中国，他在北京的几场活动，都是由我来主持的。在一场中信出版社组织的活动中，轮到在场的观众提问时，坐在前排的一位中年男子异常激动地夺过话筒，大声地说："你说的都是胡说八道，你这是要让中国退回到计划经济！"

收入不平等是一个很容易让人激动起来的话题。有人抨击收入不平等，有人支持收入不平等。这两派人马，几乎势不两立。但如果我们仔细想想，就会发现，他们的分歧并不像想象中的那么大。

你去问问反对收入不平等的学者。你问他们，你们赞成所有的人都拿同样多的工资、住同样的房子、穿同样的衣服、吃同样的食物、上同样的学校、看同样的电影吗？我想没有哪个神志清醒的人会赞成这种极端的收入平等。就算是中国的计划体制时代，也没有实现人人平等。有人用全国粮票，有人用地方粮票；有人戴军帽，有人穿草鞋。供给制下隐藏的不平等，比我们能够看到的多很多。

你去问问支持收入不平等的学者。你问他们，你们赞成世界上的最后一分钱被一个超级富豪拿走，其他的人都必须饿死吗？你们赞成富人的孩子享受最好的教育，世袭最高贵的位置，而穷人家的孩子永世不得翻身吗？你们支持有钱的人同样可以更有权，可以法外开恩，可以控制媒体吗？你们支持当恐怖袭击爆发的时候，警察只保护亿万富翁，不需要管其他民众吗？我想没有哪个神志清醒的人会赞成这种极端的收入不平等。

那大家到底在争论什么呢？很多人说这是公平和效率之争。那么，是不是要公平就不能要效率，要效率就不能要公平了呢？显然不是这样的。经济学里有个“效率工资理论”，大意是说，企业家要是想让员工更努力工作，最好是付给他们高出市场价格的工资，这样才能赢得员工们的忠诚。这其实是“公平工资”啊，如果大家觉得更加公平，就会更有归属感和安全感。我们常说兼顾效率与公平，听起来很平庸，但最优的组合应该就在更为中庸的区间内。

◆ 机会平等与结果平等

什么叫效率，大家更容易产生共识。最小投入、最大产出，这就是效率。那么，什么是公平呢？这就比较复杂了。当我们在谈论平等的时候，我们有时候讲的是机会平等，有时候讲的是结果平等。支持不平等的人，并不是主张机会不平等是天经地义的，他们反对的是过分强调结果不平等，他们认为，强调结果平等会造成机会的不平等，这是不公平的。比如说吧，如果是高考，那就要把规则定得明确：是不是按分数高低录取呢？如果是按照分数高低录取，那么，大家就按照这个游戏规则公平竞争，智商高的人可以拼智商，智商低的人可以拼毅力，你认同这种游戏规则，那就愿赌服输。如果过分强调结果的平等，比如，大学必须招收同样比例的男生和女生，必须多招少数民族学生，必须照顾贫困家庭的孩子，甚至保证每个地区都有招生的比例，等等，就会弄得大家很郁闷。为什么亚裔的孩子比非裔的孩子考分高那么多，但上个大学那么难？什么叫贫困家庭？要是我们家比贫困线下的邻居家庭更努力，结果我家的收入比贫困线水平高一点，就无法享受优惠了，这公平吗？

所以说，说起机会平等，大家都不会有太多争议。两派人马的分歧主要集中在这一点：究竟需不需要在一定程度上关注结果平等？注意，我们讲的是在一定程度上，而不是完全追求结果平等。盲目追求结果平等，往往适得其反。但要是一点也不照顾结果平等，也有不公平之处。

如果你认为只要有机会平等就行，不需要关注结果平等，那么，你的假设条件是一个人最终能够实现的成就，完全取决于其个人的努力。举最简单的例子，比如我们要比赛跑步。我们必须假设，如果大家同样从起跑线出发，那么，跑得快、耐力好的选手就能胜出，不会受到任何其他因素的干扰，这样，我们才能相信，只要发令枪响起，我们就不必再操更多的心。就算是比赛这样的简单例子，其实也比我们想象中的复杂。如果一个实力很强的选手在比赛当天运气不好，突然拉肚子了呢？如果一个选手穿的是黑心商人卖的鞋子，一边跑，鞋子一边磨脚，因此影响了他的比赛结果呢？如果一个选手在比赛中途遇到一个小孩子掉进了河里，他去救孩子，结果耽误了时间呢？也就是说，即使事前的机会完全平等，在发令枪响了之后，也会出现各种意想不到的情况。如果在施粥的时候，要先对排队的穷人进行资格审查，看他们到底是环境不利，还是努力不足，这在道德上是很难令人接受的。作为一个社会，有必要向陷入困境的人提供援助，在一定程度上，结果的平等也是需要关注的。

如果你热衷辩论，这种解释未必能够说服你。公平与效率之争也好，机会平等与结果平等之争也好，都很像是大专辩论赛的题目。这种类型的题目从正方论证也有道理，从反方论证也有道理，但听完了辩论，很难让你对这一问题有更深入的理解。台湾作家李敖曾经说过，讨论是智慧的交流，辩论是无知的相加。

◆ 打牌与“无知之幕”

如果你听大专辩论赛听得越来越糊涂，那不如离席去换换脑。我们一起打牌好不好？打牌是不是最需要公平呢？如果规定每个选手手中的牌数目不一样、出牌的规则不一样，这样的游戏还有什么意思呢？那么，怎么才能保证打牌的时候大家都心甘情愿地遵守公平的规则？关键在于洗牌。洗牌之后，每个人都不知道自己下一轮能摸到什么牌，你可能摸到一把好牌，也可能摸到一把烂牌。如果摸到好牌和摸到烂牌的概率是一样的，那么，你就会有强烈的动机去维护规则的公平。

按照同样的思路，你就能从最浅显的角度理解著名哲学家罗尔斯（John Rawls）所说的“正义”。按照罗尔斯的说法，正义是社会制度的首要价值，正如真理是思想体系的首要价值。没有对正义的坚持，社会就不成为社会了。那么，我们怎么才能认同正义呢？罗尔斯说，可以设想有个“无知之幕”。你站在一个幕布的前面，准备投胎了，如果幕布打开，你就能知道自己会变成什么人。比如，幕布打开之后，你发现自己是世界首富比尔·盖茨，是不是好棒啊！可是，幕布打开之后，你也可能会变成叙利亚难民，是不是很惨呢？这就像你摸牌一样，摸到一把好牌和一把烂牌的概率是一样的。罗尔斯说，如果有这样的“无知之幕”，就会迫使我们每个人去设想在最初始的状态，到底什么规则才是好的。

首先，我们能够想到的是，每个人都得有最基本的自由权利，这应该没有争议吧。比如，我们得有保障个人财产的权利、保障言论自由的权利、不会随便就被逮捕的权利，等等。其次，即使有了自由，我们也不能保障结果的平等，有人运气好，有人运气差，偶然性的因素是不能排除的，于是，就会有社会和经济上的不平等。要是有了不平等，我们该怎么办？

罗尔斯讲到两点：第一，要照顾到最弱势群体的最大利益，第二，要保证把所有的职务和地位按照公平、平等的条件下向所有人开放。我们这里只谈第一点。第一点是什么意思呢，就是要照顾那些最弱势的人，否则，他们就会感到自己被剥夺了最起码的权利，就会感到自己被整个社会排挤在外，这种社会不会被人们尊重，只会被人们仇视。如果一个社会的共识没有了，那么我们每个人的处境不会变得更好，只会变得更坏。海明威在《丧钟为谁而鸣》里引用约翰·多恩（John Donne）的诗：“没有人是自成一体、与世隔绝的孤岛，每个人都是广袤大陆的一部分。”每一个人的不幸都是我的不幸，每一个人的哀伤都是我的哀伤，因为我们都是社会的一员。

链接阅读：约翰·罗尔斯，《正义论》，中国社会科学出版社。

库兹涅茨曲线：从长时段看不平等

◆ 倒U型曲线

经济学里有个库兹涅茨曲线，这是一条倒U型的曲线，讲的是随着经济发展水平的提高，收入不平等的程度会先上升，然后下降。或者说，有一部分人先富起来，然后先富的带动其他人，大家就都变得更加富裕了。之所以称之为库兹涅茨曲线，是因为这是美国著名经济学家库兹涅茨（Simon Smith Kuznets）在1954年提出来的。他发现，从1913年到1948年，美国收入不平等的程度有所下降。收入最高的10%人口的收入占国民收入的比例从45%—50%下降到了30%—35%。库兹涅茨就是根据这一观察，提出了他的假说。

我们看看中国在过去30多年发生的变化，大家会有什么感受？如果直观地讲，在20世纪80年代之前，大家都很穷，有些人确实有特权，但我们很难看得见。套用一句玩笑话，当时大家是平等地贫困。20世纪80年代改革开放之后，中国的经济增长速度很快，大家的收入水平都大幅度提高了。中国经济奇迹最大的功绩就是让上十亿人口摆脱了贫困。但是，随着中国的经济发展水平越来越高，收入不平等程度逐渐降低了吗？没有。中国的收入不平等程度不仅没有降低，反而越来越高了。

这不仅是中国才有的现象，贫富差距越来越大，这是一个全球现象。不仅出现在中国，也出现在俄罗斯，不仅出现在美国，也出现在日本，甚至出现在北欧国家。所以，库兹涅茨曲线是不存在的。

那么，是不是库兹涅茨在骗我们呢？不是的，如果你观察20世纪上半叶收入分配的变化，不管是用库兹涅茨的方法，即统计收入最高的10%人口的收入在总收入中所占的比重，还是统计收入最高的1%人口的收入在总收入中所占的比重，或是用所谓的“基尼系数”（基尼系数如果是零，就是完全平等，如果是1，就是绝对不平等，基尼系数越大收入分配越不平等），各国几乎都出现了一个U型曲线：19世纪收入不平等程度很高，20世纪上半叶收入不平等程度降低，但到了20世纪后半叶，收入不平等程度又再度加剧。

◆ 剧烈变革的20世纪

这是为什么呢？你先想想在20世纪上半叶发生了什么。1914年爆发了第一次世界大战。随后，世界经济经历了短暂的复苏之后，到30年代遇到了前所未有的金融危机。到了30年代末期，全球政治经济局势已经全面转恶，到了1939年，又爆发了第二次世界大战。这是世界政治经济经历的最动荡的一段时间。

最直观地看，战争会带来财富的损失，革命会带来财富的损失，更不用说规模如此巨大的战争与革命了，多少悲欢离合、生生死死，怎能不令人扼腕叹息。金融危机也会带来巨大的财富损失，多少富人的投资，在股灾中灰飞烟灭。据说，大萧条期间，你要是在纽约的酒店订高层的房间，酒店经理就会问，请问你是想住宿呢，还是想跳楼。这一时期还有一个变化就是，老牌资本主义国家忙于互相厮杀，结果殖民地国家一个一个都独立了，这让老牌资本主义国家又失去了大量的海外殖民资产。

当然，这些都是直观的感受。按照英国经济学家阿特金森（Anthony Atkinson）的研究，在第一次世界大战前后，英国最高收入的比重大幅度下降，这主要是因为英国的海外殖民地丧失殆尽。英国收入最高的0.1%人口的收入比重从1914年的10.7%下降到1918年的8.7%。但其他参战国，比如日本和美国，其最高收入比重没有出现明显下降。法国和德国在战争中也遭受了惨重的损失，因为它们是主要战场，但法国收入最高的1%人口的收入比重在1915年为18.3%，到了1920年则为17.9%。在丹麦和荷兰，最高收入的比重在战争之后反而上升了，难怪在战后有很多人大声疾呼要惩治那些发战争财的人。

与第一次世界大战形成鲜明对比的是，收入不平等程度在“二战”前后大幅度下降。而且，出现下降的国家并不只是被占领国或战败国，无论是美国还是英国，无论是加拿大还是瑞士，无论是日本还是德国，收入不平等程度均出现了显著的下降。

◆ 福利国家的出现

所以，除了战争、经济危机的因素，政策的转变也发挥了重大作用。简单地说，这个重大的变化就是福利国家的出现。

衡量政府规模的一个简单指标就是看税收收入占国民收入的比例。从英国、法国、美国和瑞典这四个国家的数据来看，19世纪末到20世纪初，政府的规模很小，基本上属于“守夜人”政府，到20世纪之后，政府规模急剧膨胀，逐渐演变为“社会政府”，20世纪80年代之后，政府的规模大体处于稳定状态，未再出现大幅度的扩张。

1910年之前，英国、法国、美国和瑞典的政府规模大体相似，税收收入占国民收入的比例在10%以下。这些税收收入主要用于一些基本的开支：警察、法庭、军队、外交和行政管理。换言之，除了维持社会秩序、保护财产权利和保持军队力量之外，政府基本上不剩什么钱，干不了太多其他的事情。当时，政府对公共教育、医疗卫生的投入很少，大部分人只能接受最基础的公共教育和公共卫生服务。如今，在绝大多数发达国家，公共教育和医疗卫生方面的支出都占到国民收入的10%—15%。当然，各国的具体政策有所不同，比如，美国的高等教育更市场化，大学学费较贵，基本上靠个人承担。欧洲国家的高等教育更多靠政府支持，学费较低，高等教育的普及程度较高。欧洲实行了较为普遍的公共卫生体系，而美国的公共医疗保险只覆盖老年人和低收入阶层。但是，无论在欧洲还是美国，教育和医疗卫生支出大部分是由政府支出的。政府支出占教育、医疗卫生经费的比例，在欧洲为四分之三，在美国为二分之一。

此外，政府规模扩大的另一个主要原因是用于收入再分配的支出增加了。其中主要包括养老金、失业救济，以及对贫困或特殊家庭的救助。在这一部分支出中，占绝大部分的是养老金，约占三分之二到四分之三。欧洲各国的养老金占国民收入的12%—13%，美国则占6%—7%。对于大部分退休的老年人（占三分之二甚至四分之三）来说，公共养老金是他们收入的主要来源。这一举措在很大程度上解决了老年贫困化的问题。和养老金相比，失业救济在政府支出中所占的比例很小，一般占国民收入的1%—2%。对贫困或特殊家庭的救助则更少，不到国民收入的1%。

福利国家的出现，在很大程度上改善了收入分配。20世纪50—70年代是福利国家发展最快的时候，对市场经济的管制程度也相对较高，但当时的经济增长速度最快、收入不平等程度降低，而且，那是一段难得的几乎没有出现金融危机的年代。

20世纪80年代经济自由主义逐渐盛行，收入不平等程度再度恶化。如果这一趋势继续下去，我们又会进入一个像19世纪那样的贫富悬殊、人心思变、社会动荡的年代。

链接阅读：安东尼·阿特金森，《不平等，我们能做什么》，中信出版社。

1%和99%：你站在收入分配的哪一个台阶上

◆ 劳动收入的不平等程度

测量收入不平等的时候，人们经常会用一个术语，叫基尼系数。如果基尼系数为零，说明一个社会的收入分配完全平等，如果为1，说明一个社会的收入分配绝对不平等，基尼系数越高，一个社会的收入不平等程度越高。但是，单用一个抽象的概念来描述收入不平等，很难让大家有切身的体会。

人们还经常喜欢用一些简单的标签概括贫富差距：比如，把一个社会分为“上层”和“下层”，或是把一个社会分为“精英”和“大众”。这些标签尽管易于理解，但含义却非常模糊。

比较准确的方法，是把一个社会设想成一个一个台阶，每个人都站在自己的台阶上。

我们可以把一个社会划分为10个台阶，即从收入水平最高的10%到收入水平最低的10%。每一个台阶又可以再细分，比如收入最高的10%中，还可以区分出收入水平最高的1%和其他9%。只要设想一下自己是站在哪个台阶上，你就会对自己的收入状况在整个社会中的位置有更准确的理解。

当我们把自己的收入和别人的收入比较的时候，往往首先考虑的是劳动收入的差异。我们想到的是自己工资条上的数字和别人工资条上的数字。

劳动收入占国民收入的比例大致在三分之二到四分之三左右，那剩下的是什么？那是来自资本的收入。我们先来看劳动收入。各国的劳动收入不平等程度相差较大。在发达国家中，较为平等的是北欧斯堪的纳维亚半岛国家（瑞典、挪威、芬兰），较不平等的是欧洲西部和中部的国家，如法国和德国，最不平等的国家当属美国。假设平均工资为每月2000欧元（约合1.5万元人民币）。在北欧国家，收入最高的10%工资为4000欧元，收入最高的1%工资为10,000欧元，收入处于中间的40%水平的人们工资为每月2250欧元，收入最低的50%工资为1400欧元。在美国，收入最高的10%工资为7000欧元，收入最高的1%工资为24,000欧元，收入处于中间的40%水平的人们工资为每月2000欧元，收入最低的50%工资为1000欧元。

◆ 钱赚钱容易，人赚钱很难

你已经感觉到贫富之间的差距了吧。且慢，劳动收入的不平等程度跟资本收入的不平等程度相比，只能算小巫见大巫。在资本收入相对平等的国家，比如20世纪70—80年代的北欧国家，收入最高的10%就能拥有全社会财富的50%。如今，在大部分欧洲国家，收入最高的10%拥有全社会财富的60%。更为令人担忧的是，资本收入最低的50%几乎没有任何财富。在绝大部分国家，资本收入最低的50%人口拥有的财富还不到全社会财富总量的10%，而且经常会低于5%。2010—2011年，美国资本收入最高的10%拥有全社会财富的72%，收入最低的50%只拥有2%。

理解这一点很简单。劳动收入是我们能够看得到的，我们大部分人都是靠工资生活，不管你是送外卖，还是搞直播，不管你是当保姆，还是当教授，我们挣的都是劳动收入。除了极其个别的例子，比如影视巨星、体育明星，以及个别明星级的经理人，大部分人的劳动收入再高也高不到哪里去，人挣钱是一件很辛苦的事情。但资本要想获得回报就不同了。人挣钱很难，钱挣钱很容易。不管你勤奋不勤奋、聪明不聪明、创新不创新，如果你的资本到了一定的规模，它就会不分昼夜、不断地为你增值。劳动收入的增长速度很难超过GDP的增长速度，大家拿的工资都比整个国家的经济增长率还快，这事就不对头了。但资本没有这个限制，资本可以尽情地增长，把靠劳动获得收入的人甩在后面，绝尘而去。

◆ 财富分配的台阶

让我们沿着社会阶层的台阶，一步步往上走，看看不同阶层人们的财富状况。

在社会的最底层，是一群净财富为负的穷人，他们的收入还不够支出，工资单上的钱不够花到月底，银行账户里不过有万把来块钱存款。再往上走，是大多数工薪阶层，严格地讲，他们也没有财富。按照国民收入核算，你购买的家电、家具、汽车都不算财富（它们算消费），但这些其实是大部分工薪阶层仅有的“财产”。法国经济学家皮凯蒂讲道：“财富是如此集中，以至于社会中大多数人根本就没有见识过财富。”

再往上走，到收入最高的10%，他们拥有全社会财富的60%。他们拥有的财富是整个社会平均水平的6倍。在发达国家，大致来说，这意味着每一个收入最高10%的社会成员拥有120万欧元的财富。他们大多拥有自己的房产，而且也开始注意投资股票、债券，说不定还会有几件珍爱的收藏品。

但在这10%中，收入最高的1%占有全社会财富的35%，其余9%占有全社会财富的25%。每一个收入最高1%的社会成员拥有的财富是整个社会平均水平的25倍，大约每人拥有500万欧元的财富。收入水平越高，房产在个人财富中所占的比例就越低。在收入最高的10%人口中，处于“底层”的9%，也就是人均拥有100万欧元的这个群体，大约有一半的财富是房产。人均拥有200—500万欧元的群体，只有不到三分之一的财富是房产。人均财富超过500万欧元的群体，只有不到20%的财富是房产。人均财富超过1000万欧元的群体，只有不到10%的财富是房产，他们的财富主要是股票和股权。他们才是最富有的阶层，站在高高的云端，冷冷地注视着地上忙忙碌碌讨生活的芸芸众生。

把劳动收入和资本收入加起来就是总收入。很自然，总收入的不平等状况比财富的不平等要好，比劳动收入的不平等要差。大致来说，在北欧国家，收入最高的10%得到了总收入的25%，在居中的欧洲国家，收入最高的10%得到了总收入的30%—35%，而在美国，收入最高的10%得到了总收入的50%。相对来说，总收入的不平等状况更接近于劳动收入的不平等。这也是易于理解的，毕竟，在每年的国民收入中，三分之二到四分之三的收入是劳动收入。但是，资本收入具有自我积累的性质，一年年下来，资本收入的不平等程度会日益加剧。

一个社会的收入不平等到什么程度会出现矛盾和冲突呢？当一个社会收入最高的10%拿走了一半以上的总收入时，警钟就已经敲响了。法国大革命前夕，收入最高的10%得到的收入大约占总收入的50%，甚至60%以上。设想一个社会收入最高的10%把全社会收入的90%都尽收囊中，这个社会一定要通过高压政策，才可能压制人们的不满和反抗，但革命终归是会爆发的。

链接阅读：托马斯·皮凯蒂，《21世纪资本论》，中信出版社。

不平等的痛苦：收入不平等伤害了谁

◆ 金钱买不到幸福

一个人生活得幸福不幸福，是不是取决于他有多少权力？不是的。权力能够讨好你的野心，但无法带给你快乐和充实。亚当·斯密曾经讲过，一个在路边晒太阳的乞丐，拥有帝王奋斗终生都难以获得的安逸。一个人生活得幸福不幸福，是不是取决于他有多少钱？不是的。钱能够买来各种方便，也能满足你的虚荣心，但钱无法带给你内心的平静。财富可能是值得喜欢的，但不值得狂热地追求。

一个人能否感到更多的幸福，跟财富的绝对大小是没有关系的，但却和财富的相对水平很有关系。英国两位流行病学专家理查德·威尔金森（Richard Wilkinson）和凯特·皮克特（Kate Pickett）在2009年出版了《不平等的痛苦》（*The Spirit Level: Why More Equal Societies Almost Always Do Better*）一书，他们用大量的数据显示，在一个收入分配相对平均的社会里，无论是穷人还是富人，都会活得更为快乐、健康。

◆ 越不平等，越不健康

他们发现，如果综合考虑人均寿命、识字率、婴儿死亡率、杀人犯罪率、进监狱人口比例、青少年怀孕率、过度肥胖率、精神疾病、信任程度、吸毒和嗜酒率、社会流动性等多方面的指标，构造出一个统一的社会健康指数，则社会健康指数和收入不平等程度呈显著负相关，和人均收入水平不存在显著的相关关系。

在一个收入分配相对平等的社会里，人们的预期寿命会更高。比如，人均寿命最高的国家是日本，一个以收入分配平均著称的国家。美国的人均收入水平很高，但其贫富不均程度太大，美国的人均寿命低于大部分欧洲国家。就连希腊的人均寿命都比美国高。

在一个收入分配相对平等的社会里，孩子们会生活得更快乐、健康，人们彼此之间会更加信任。在美国各个州里，收入不平等程度最高的州，人们彼此之间的信任程度最低，比如在阿拉巴马、密西西比、北卡罗来纳、路易斯安那和纽约州，而在收入不平等程度较低的各州，人们更加友好、亲密，比如新罕布什尔、犹他、北达科他、明尼苏达、蒙大拿等。美国收入不平等程度较高的各州，学生的退学率也较高。

威尔金森和皮克特还发现，收入不平等对富人也不利。就拿婴儿死亡率来做比较，瑞典的收入分配更为平均，英格兰和威尔士的收入分配更不平均，无论是低收入阶层、中等收入阶层，还是高收入阶层，拿瑞典的数据和英格兰与威尔士的数据比，瑞典每一收入阶层家庭的婴儿死亡率都显著低于英格兰与威尔士同一收入阶层的家庭。

为什么会是这样呢？人类说到底是一种群居动物。我们不仅和过去的自己比，更多地会和现在的别人比。在一个收入更加不平等的社会里，成功者会更傲慢无礼，而失败者会更无地自容。收入不平等带来了更多的压力，也带来了更多的拜金主义和消费主义。富人为了炫耀他们的社会地位而买买买，穷人则因为羡慕富人而跟着买买买。落在后面的人固然很有压力，看起来成功的人其实也很担心其社会地位，所有的人都有一种深深的不安全感。

人在面对压力的时候会自然而然地产生压力激素。这是一种叫作皮质醇的荷尔蒙。肾上腺负责分泌皮质醇。皮质醇能够帮助我们减少炎症、提高短期的记忆力、帮助肝脏清除毒素，但过多的皮质醇也能带来很多副作用，其中最大的坏处是导致血压升高、降低骨密度、减少免疫反应和对葡萄糖血清水平的潜在影响。皮质醇增多症会让我们体重迅速增加、多汗、易于受伤、形成心理障碍等。皮质醇过高，也会减少给我们带来平静和快乐感觉的血清素的数量。这就是收入不平等程度过高，会让我们感到更多的焦虑、恐惧和忧虑的原因。

如果是温和的收入不平等，那是一种很和谐的感觉。你开一辆奥迪，邻居家的青年开一辆奥拓。开奥拓的人看到开奥迪的人，会感到羡慕，多少有点嫉妒，但没有恨。他会在自己的车杠上贴上："今天我是奥拓，明天我就变成奥迪。"能不能变成，真不好说，但至少他会很积极、乐观。你住别墅，你的邻居住板楼。住板楼的人看到住别墅的人，会感到羡慕，多少有点嫉妒，但没有恨。你有的大部分东西他都有，他们家只是不像你们家，还有个花园，能挖个泳池而已。他可能还会说，住那么大的房子，收拾起来真不方便，我才不愿意住大房子呢。多么美好的其乐融融的画面啊。

但如果是极端的收入不平等呢？你住在宫殿一般的豪宅里，但邻居都是上无片瓦、下无立锥之地的乞丐。你宾利、法拉利轮换着开，别人只能骑自行车。你可能觉得自己很牛，但是，斯密讲到，"大多数成员贫穷悲惨的社会不是一个快乐幸福的社会"，别人那么穷，而你那么富有，你不感到惭愧吗？假如你开着车出去兜风，一时贪欢，到了日暮时分，不小心迷路了，开进了一条颠簸的乡间小路，周围是一群面有菜色、扛着锄头的农民。你不感到害怕吗？

链接阅读：理查德·威尔金森、凯特·皮克特，《不平等的痛苦》，新华出版社。

自由与民主：纠正收入不平等是不是就破坏了市场经济

◆ 收入不平等才是金融危机的根源

如果一个国家的收入更加不平等，这个国家的经济增长是会更快呢，还是会更慢？国际货币基金组织的两位学者安德鲁·伯格（Andrew Berg）和乔纳森·奥斯特里（Jonathan Ostry）在2011年发表了一篇论文。他们认为，保持持续稳定的经济增长要比实现短期的快速增长更难，而收入不平等程度加深，会缩短经济快速增长的持续时间。收入较为平等的国家在经济增长的赛跑中能坚持跑完马拉松，而收入不平等严重的国家却没有足够的耐力。平均而言，拉丁美洲国家的收入差距大于东亚国家。两位学者认为，如果把拉丁美洲与亚洲之间的不平等差距缩小一半，那么，拉丁美洲的经济快速增长时期可以延长一倍。

还有些学者强调，收入不平等程度太严重，会导致金融危机的爆发。著名经济学家、曾任印度央行行长的拉詹（Raghuram Rajan）写过一本书《断层线》。在这本书里，拉詹说，导致2008年全球金融危机的根源要追溯到20世纪70年代。从20世纪70年代开始，美国受过高等教育和没有受过高等教育的工人之间的收入差距就开始逐渐拉大。那么，为什么金融危机要到30多年之后才爆发了呢？

当底层工人的收入减少之后，政府并不是想办法帮他们找到更好的工作，增加他们的收入，而是通过放宽贷款条件，让这些低收入者继续通过借贷，维持原来的生活水平。这是一种慢性毒药。英国《金融时报》上有一篇评论文章讲到，债务才是资本主义的肮脏的秘密。资本主义国家是通过债务的积累，推迟了危机的爆发。

◆ 市场经济无法自动纠正贫富分化

有一种流行的观点是“涓滴效应”，也就是说，富人的钱会慢慢地转移到穷人那里。富人花天酒地地消费，其实给穷人提供了更多的就业机会，穷人的收入就会逐渐提高。这是经济学家有意或是无心地编造出来的谎言。真实的情况是，富人相对穷人而言，在收入中用于消费的比例更小，他们把更多的钱都用于投资了。但是，富人的消费会拉动穷人的消费，这主要是因为“攀比效应”：富人喜欢打高尔夫球，穷人就也跟着打；富人要去海边度假，穷人也跟着去。结果，普通家庭花费了更多的钱，去购买本来是提供给其富有邻居的奢侈品。在美国最富裕的几个州里，普通家庭更有可能出现债务危机，这就是跟风跟出来的问题。为什么中关村的码农对穿衣服更不讲究？很可能是因为他们在生活中见到富人的机会不多。而金融街的金融小民工们天天见到超级富豪，一天到晚深受刺激，就把这个世界看成了名利场。

市场经济无法自发地解决收入不平等，而收入不平等的程度日益加深，会伤害到市场经济的正常运转。不过，有一小部分人听不得别人说要纠正收入不平等，在他们看来，要是纠正收入不平等，就破坏了市场经济的原则，而破坏了市场经济的原则，世界的末日就要到了。

我猜他们之所以这样想，是觉得所有权是神圣不可侵犯的。他们觉得：我从市场上挣来的每一分钱，政府都不要想拿走。如果政府要征我的税，就是侵犯了私人所有权。所有权重要不重要？当然重要了，但是，在现实中，所有权是非常脆弱的。想让所有权很清晰，不是一件难事，但保护所有权却很难。鲁迅先生在《阿Q正传》里写到，阿Q去偷尼姑庵里的萝卜，被老尼姑发现了。老尼姑说，你怎么来偷我们的萝卜？阿Q说，这是你的？你能叫得它答应你吗？

所以，所有权无法保护我们，相反，所有权要靠我们小心地去呵护它。如果不愿意放弃哪怕一点点所有权，最后的结果会葬送市场经济。我们不妨这样来想：如果遇到了强盗，你是想交出自己的钱包呢，还是丢掉自己的性命？如果掉进了河里，你是会抱着金条，一起沉入水底呢，还是会把金条扔掉，自己赶紧游上岸？

如果我们去看那些市场经济运转得更为平稳的国家，比如丹麦、德国、瑞典，它们都对市场经济带来的初次收入分配进行了调整，通过征累进的所得税、征房地产税、企业国有化等手段，让收入不平等程度有所下降。如果不考虑政府的二次分配，德国的收入不平等程度其实比英国更高，但调整之后，德国的收入不平等程度就显著低于英国。就算是美国，其实也对初次收入分配进行了较大幅度的调整。而那些几乎没有做调整的国家，大多是印度尼西亚、墨西哥、委内瑞拉等相对落后的国家。发达国家都比较在意通过征税的方式调整市场经济带来的初次分配，反倒是那些不发达国家不在意，或是没有办法通过征税减少收入不平等。那么，哪一组国家算是对所有权保护得更好呢？

◆ 要经济自由，还是要政治民主？

当然，那些坚决反对纠正收入不平等的人说出了现代社会的一个内在的矛盾：你是要经济自由呢，还是要政治民主？大家要注意，经济自由和政治民主不是一回事，也并不总是互相促进的。如果你想捍卫自由放任的资本主义，那么，收入不平等就是不得不接受的代价，而收入不平等很可能会引发激烈的社会冲突。如果你想要民主，就必须让民主学会控制资本主义。

必须声明的是，不是所有的收入不平等都会引起社会冲突。如果你生活在一个等级制度森严的社会中，比如种姓制度，比如奴隶制度，人分三六九等，贱民自出生之时，就永无出人头地之日，那么，人们很可能会听天由命，接受贵贱之间判若云泥的现实。如果你相信安·兰德（Ayn Rand）的哲学，相信人活在世上就是为了给自己赚钱，自私是一种美德，贫穷是自己作孽，那么，即使没有暴君镇压，你照样会在一个极端不平等的社会里生活得怡然自得。因此，想要社会稳定，又不肯解决收入不平等问题，就只能要么靠压制，要么靠欺骗，很可能，两手都要抓，两手都要硬。

链接阅读：拉古拉迈·拉詹，《断层线》，中信出版社。

穷人的美德：穷人该怎么办

◆ 穷人家的孩子怎样逆袭？

有一位青年读者兴冲冲地给我留言：老师，我年收入40万，算成功人士了吧。我一盆冷水兜头泼过去：你算刚刚脱贫。我要请这位读者原谅我的无理。一个年轻人能够年收入达到40万，确实不容易，但是，朋友，我说的也没有错，你和我一样，在那些超级富豪的眼里，只能算是穷人。

像我这样生于70年代的人，不能抱怨太多。我们没有经历过上山下乡，一路顺顺利利地读书读到博士。我们用过粮票，但没有体会过那种天天饿肚子的感受。我们要上学，父母根本不需要去托人找关系。我们要找工作，好像也没有遇到太多的竞争压力。只要你勤奋、努力，就能沿着事业的台阶一级级上升。拼爹？听都没有听说过，想都没有想过。我父母是医生和教师，他们一分一毛攒下来的钱，在经历了多年通货膨胀的洗礼之后，已经剩不下多少购买力了。我们真的是靠自我拼搏的一代。

但现在和以后的年轻人该怎么办呢？社会阶层变得日益板结，底层无数有理想、有才华的年轻人，该怎样逆风而行、拾级而上？

过去，通过社会阶梯向上爬的最佳渠道是靠学习。学习这件事情，靠天分，但更靠毅力和刻苦。我小学四年级之前，是在一个县城的小学上学，教室的窗户玻璃破了，就用硬纸板订上。五年级，我转学到了省城，而且进了省城里最好的小学。你猜怎么着？我在省城的小学的成绩排名，比在县城小学更靠前！

你觉得这样的事情到现在还能发生吗？第一，你怎么从县城转学到一线、二线城市呢？第二，就算你转到了大城市，你怎样才能考入当地最好的小学呢？第三，就算让你上学，你还能考得过大城市里的孩子们吗？教育能改善社会流动性吗？过去能，现在恐怕不行了。这么多年了，教育体制没有太大的起色，我以前很生气，现在看开了，懒得生气了，实在看不过去，就自己教孩子呗。当然，教育部门一天到晚改革，忙得也是不亦乐乎。搞个素质教育吧，培养孩子的动手能力吧——这都是在瞎折腾。教育不仅不能提高社会流动性，反而成了固化社会阶层的强大力量。加试英语口语，好不好？当然好，但你要是在北京、上海，很容易就能给孩子找到外教，这不是欺负农村的孩子吗？我要是一个山沟里的孩子，哪里见过什么外教——我只听过鸟叫。让孩子们做个PPT上台去讲吧。说得轻巧，如果我是贫困地区、贫困家庭的孩子，买不起电脑，怎么做PPT？

那么，通过通婚，提高自己的社会地位如何？这听起来有些势利眼，但在过去，跨社会阶层的婚姻是比较常见的。不得不承认，这种“混杂”有助于淡化阶层间的边界。但是，如今的婚姻变得越来越讲究门当户对。配偶间收入水平的相关系数越来越大：有钱人找有钱人，穷人找穷人。

为什么会出现这种变化呢？原因可能很多。女性的经济地位相对独立，有钱的女性越来越多，她们不再需要通过嫁人获得经济保障。人们对社会阶层的区分更为敏感，更介意与比自己家庭背景差的人谈恋爱。不要说谈婚论嫁，我有一次在小区里听到一个小女孩说：“我爸爸告诉我，不要跟其他门洞的小孩子玩，因为我们门洞的房子都是大户型，他们的都是小户型。”

这不是中国独有的现象，全球同此炎凉。随着收入不平等程度的提高，社会上升的通道会逐渐关闭。当这些通道关闭之后，穷人想要改变自己的命运，会变得越来越难，比骆驼过针眼还难。所以，你当然要自己努力。努力上学，努力工作，努力读书，终身学习，不断寻找机会，但是，所有这些仍然是不够的。

◆ 怎样才能帮助穷人

你已经足够努力了，你值得拥有更多，你有权利要求得到更多。要是想帮助穷人，一种办法是从富人那里征税，直接交给穷人，美国就是这种思路，但效果并不理想，而另一种思路则是国家对绝大部分人征税，然后为所有人提供公共服务和社会保障，这就是北欧国家采用的对策。

国家应该努力创造让每一个孩子都能平等地享受教育的权利。国家应该对中小学、学龄前教育投入更多的资源，应该允许教育行业有更多的竞争。国家应该让更多来自贫困家庭的孩子上得起大学、上得了大学。一个更合理的规则应该是：北京、上海这些教育资源最好的地方，高考的分数线比其他地方更高，而不是更低。

国家需要提供更多的公共服务和社会保障。穷人比富人更需要政府提供的教育、医疗、卫生、交通、医保、养老金、失业救济。最好的投资，不是修铁路、公路和飞机场，而是为自己的人民投资。

国家需要做更多。传统的社会福利、社会保障已经无法应对未来日益复杂的挑战，必须通过更多的政策创新，减少不平等带来的痛苦。比如，耶鲁大学金融学教授希勒认为，可以考虑推出与收入挂钩的贷款。米尔顿·弗里德曼很早就提出过这一想法。他说，可以给学生提供教育贷款，提前给他们钱，让他们接受教育和培训，然后从其日后的收入中逐渐扣除，直至还清贷款。希勒教授认为，随着相关数据越来越翔实，完全有可能在更广的范围内推广这种新型的贷款，灵活地根据借款人的新的经济地位不断地调整其债务。我们也可以设想出一个机制，即政府通过立法规定一个社会所能容忍的收入不平等的上限，一旦达到这一上限，就会启动一套相应的税收制度，税率会更灵活地调整，形成一种内在的自动矫正机制。

是的，这些事情做起来都很难。但如果想都不去想呢？

链接阅读：罗伯特·希勒，《金融与好的社会》，中信出版社。

富而不骄：富人该怎么办

◆ 不要谴责为富不仁

我的读者里最富有的是哪一位？有多富有？我非常好奇。亲爱的土豪读者，现在这篇文章，是专门写给你的。

在读这些关于收入不平等的文章时，你可能会觉得有点不大自在，好像上学的时候被老师不点名地批评了。请你不要有这种误会。谴责富人为富不仁是极其荒谬的。资本本身并无善恶。我们讲富者愈富、贫者愈贫，只是在陈述一个事实。亚里士多德就说过，古希腊语中的“利息”（tocos）同时也是孩子的意思，钱就是要生钱的。不管资本的来源是什么，是从祖上继承下来的，还是自己创业挣来的，是做出了重大的科技创新得到的回报，还是贩卖毒品赚来的暴利，都无所谓，到最终，百川到海，万物归宗，只要资本的规模达到了一定的程度，它就会不断地自我繁殖。你只需要侧耳倾听，就能听到箱子里金币不停地掉落的声音。只要允许市场经济，就不能阻止资本获得回报。只要允许资本自由地得到回报，就不能避免收入不平等。

◆ 但要提防为富不智

我来帮你出一些贴心的主意。在这个贫富差距日益悬殊的年代，作为一个富人，你该怎么办？

你或许感觉到了不安全感。普通民众会有“仇官”“仇富”的心态，不问青红皂白，逮着当官的和有钱的就怒怼。那么，把资产转移出去，怎么样？我相信，很多比你有钱的人已经把资产转移出去了，但是，你真的决定洗手不干了吗？如果想干事业，几乎找不到比中国更好的地方了。这个地方有扩张速度最快的庞大的国内市场，能够实现“淘金梦”的最好的地方是在中国。

即使你想把资产转移出去，也要三思而后行：第一，对跨境资本流动的监管随时有可能收紧，资本管制是中国保卫国内经济不受外部冲击的最后屏障，政府是不会轻言放弃的。人民币在国际市场上变得可兑换相对容易，但让中国完全开放资本金融账户很难。第二，国际税收监管在不断加强合作，其中一个重要的指向就是打击避税天堂。很多跨国公司注册在百慕大、开曼群岛、巴哈马这些地方，为的是逃避本国税收。它们逃掉的税，本来应该是政府的收入，所以，各国政府早就看不惯避税天堂了。之所以过去对这些地方睁一只眼、闭一只眼，是因为没有国家间的共识和协调行动，单个国家做不了什么。如今，反对避税天堂已经成为在20国峰会上各国热烈讨论的话题，以后，对避税天堂的打压会越来越严厉，而且，国家间的税务部门也会加强信息的分享，你的财富会变得更加透明、更容易追查。第三，如果你想到国外投资，必须做好充分的心理准备。国外的运营环境和国内大不一样。我们很多企业习惯了搞定政府官员就万事大吉，但到了国外，你还得跟非政府组织、媒体、工会、部落首领、宗教领袖甚至是游击队将领打交道，风险会显著提高。即使你去了发达国家，他们的监管规则也极其复杂，想要治你，就马上能治你。

在可预见到的未来，中国也很可能会进一步推行累进的收入所得税，也就是说，收入最高的人群要交的税更多。我知道，你的心情很不爽。但是，如果贫富越来越分化，政府又不征税，那么，另外的解决办法可能是国有化、没收财产或采取保护主义。国有化对市场经济的伤害更大，保护主义会破坏经济全球化，更不用说没收财产了。相比之下，征税是一种相对温和的政策。

税收本身并无善恶。政府征税之后，大部分收入用于维护社会稳定、保护财产权利、保卫国家安全，另一部分收入用于提供各种公共福利，而公共福利对所有的公民是一视同仁的，你也有份。只有失业救济、对贫困家庭的补助是从你的口袋中拿出钱，去帮助穷人，但这部分支出在整个政府预算中微不足道，所以征税并非是“劫富济贫”。

其实，征税反而可能是件好事。事实上，争取民主政治的最好办法就是建设公共财政体制，以公开、透明的财政体制界定政府与市场之间的界限，规范和制约政府的行为，同时提供公众参与、影响决策的机会。当然，这条路走起来很漫长，我们需要有更多的耐心。

如果你想走得更快，可以考虑参与慈善。曾任中国社会科学院美国所所长的资中筠女士写过一本《散财之道》，专门介绍美国公益性基金会的运作机制。资中筠指出，美国在贫富如此悬殊、矛盾如此尖锐的情况下得以平稳发展而没出现大的社会动荡，得益于诸多因素，其中之一就是规模巨大的社会公益事业。这些公益性基金会在敛财和散财之间保持了一种必要的平衡。很多超级富豪在致富的过程中巧取豪夺，但在办公益的时候又慷慨大方，究其原因，一是出于减少交税的财务考虑，二是愿意亲力亲为的实干传统，三是受到清教传统的影响。还有一个不可忽视的背景就是，20世纪初期社会矛盾激化，尤其是俄国十月革命之后，大资本家们真切地感受到革命的挑战，因此，作为一种防守，才开始更为主动地出面缓解社会矛盾。

总之，我对你的忠告是：（1）低调，低调，再低调，炫富将成为越来越不合时宜的行为；（2）专注于商业，远离政治；（3）准备应对税收的提高，提前做出筹划部署；（4）更多地参与慈善和公益活动；（5）有空多看看历史，体会一下当年贫富悬殊、社会震荡的社会群体心理。

链接阅读：周立波，《暴风骤雨》，人民文学出版社。

拉斯蒂涅的选择：拼搏还是拼爹，看你身处什么时代

◆ 衰退中的一代

这次“大衰退”和以往的经济衰退不一样，就业状况迟迟没有好转。这是全球范围内的现象，非美国一家如此。经济低迷，就业岗位自然会减少，更何况很多就业岗位受到经济结构转型、全球化的影响，从此一去不复返了。这先是发生在美国，比如其制造业的岗位已经大量流失到新兴市场。中国目前的就业状况总体上讲还好，没有出现大规模失业的苗头，但是随着中国的劳动力成本上升，我们的很多就业岗位也会陆续流到工资更低的国家。随着技术进步、机器替代人力，没有足够技能的年轻人能够得到的就业岗位会越来越少。

这对年轻人有什么影响呢？影响当然很大。如今，年轻人的失业率远远高于成年人，因为年轻人经验不足，在职场上更容易受到歧视。一批批刚刚步入社会的年轻人，就像诺曼底登陆时的士兵，还没有来得及爬到岸上，就已经被无情的子弹撂倒了。如果找不到工作，会严重地影响到年轻人的士气。命运对这一代年轻人是极其不公平的，他们是衰退中的一代。衰退时期进入社会的年轻人，像赶上了一班慢车，繁荣时期进入社会的年轻人，像坐上了一班快车。绝大部分坐慢车的乘客，只能眼睁睁地看着自己和别人的差距越来越大。越是落后，就越是悲观，越是悲观，就越发被动，最终的结果就是，越失业、越无能。金融危机对大学毕业生收入的冲击，大概要到十多年之后才能逐渐抹平，但人的一生中，实际收入的三分

之二是在事业的头十年挣出来的。从某种意义上讲，这是对挫折和磨难准备得最不足的一代人。

在过去二三十年，教育的理念越来越宽松自由。老师和家长推崇的是快乐教育。这一代孩子，打小就在赞美和鼓励中长大。在这种环境下，他们的自我意识越来越强烈。每个人都认为自己生来就是要做人上人的。

根据2009年的一份调查，在美国，74%的孩子认为自己比别人漂亮，79%的孩子认为自己比别人聪明。40%的孩子认为自己到30多岁的时候，能一年挣7.5万美元。事实上，那一年30岁的就业者能够拿到的中位数收入只有2.7万美元。靠着虚幻的赞美培养出来的自尊，鼓励的是懒惰，而非努力工作。很难想象，这些孩子未来要怎么面对日益黯淡的前途。

◆ 拼搏还是拼爹，这是一个问题

对年轻人来说，更为沮丧的事情是财富的两极化和阶层的板结化。拼搏还是拼爹，这是个问题。其实，原来这根本就不是个问题，在经济高速增长的时候，拼爹是没有用的，靠个人奋斗最靠谱。现在呢？

法国经济学家皮凯蒂在他的《21世纪资本论》里讲到，在19世纪末和20世纪初，私人财富的总量中大约有80%—90%是来自继承的财富，只有10%—20%是通过个人的奋斗和努力挣来的财富。19世纪是个拼爹的时代。但到了20世纪中期，这一趋势开始逆转，到20世纪70年代，只有大约40%的私人财富来自继承，这是历史的最低水平。随后，这一比例开始回升，如今已经到了60%-70%之间。如果这一趋势继续下去，到2020年，这一比例将超过70%，到2030年将超过80%。每一代人都有自己不同的命运。如果你出生于1910—1920年间，那么，假如你靠拼爹继承了财富，跻身资本收入最高的1%，你的收入相当于普通工人的5倍，假如你自强不息，靠个人奋斗跻身劳动收入最高的1%，你的收入相当于普通工人10—12

倍。拼搏还是拼爹？当然是拼搏了。

如果你出生于1940—1950年，那么，假设你靠拼爹继承了财富，跻身资本收入最高的1%，你的收入相当于普通工人的6—7倍，假如你自强不息，靠个人奋斗跻身劳动收入最高的1%，你的收入相当于普通工人的10—12倍。拼搏还是拼爹？当然还是拼搏了。

如果你出生于20世纪70年代或80年代，你该怎么选择？对于这一代人来说，如果跻身资本收入最高的1%，收入相当于普通工人的12—13倍，如果跻身劳动收入最高的1%，收入相当于普通工人的10—11倍。拼搏还是拼爹？这个嘛，恐怕就要掂量掂量了。按照皮凯蒂的研究，20世纪70年代出生的这一代法国人，收入中有四分之一来自财产继承，到21世纪，下一代人的收入中大约会有三分之一到四分之三来自财产继承。衰退中的一代，该如何选择？

说到底，应该做出选择的不是年轻人，而是我们这个社会。历史上，凡是有大量年轻人失业的时候，几乎都会出现社会动荡。据说马丁·路德发动新教运动的时候，最主要的支持力量就是失业的年轻人。中国的“文化大革命”和“上山下乡”运动，主角都是一批幼稚而充满激情的年轻人。1968年席卷全球的造反运动和社会动荡，就是骚动不安的年轻人的疯狂聚会。伦敦街头骚乱的主力，是年轻人；在巴黎市区烧、砸、抢商店的是年轻人；挪威枪杀案的冷血杀手是年轻人。当然，现在还看不出什么迫切的风险。衰退中的年轻人还在百无聊赖地打游戏、看直播，实在没有钱，就回家问爹妈要。他们只是变得越来越冷淡和沉默。沉默啊沉默，不是在沉默中沉沦，就是在沉默中爆发。

链接阅读：托马斯·皮凯蒂，《21世纪资本论》，中信出版社。

第八辑

人口慢变量

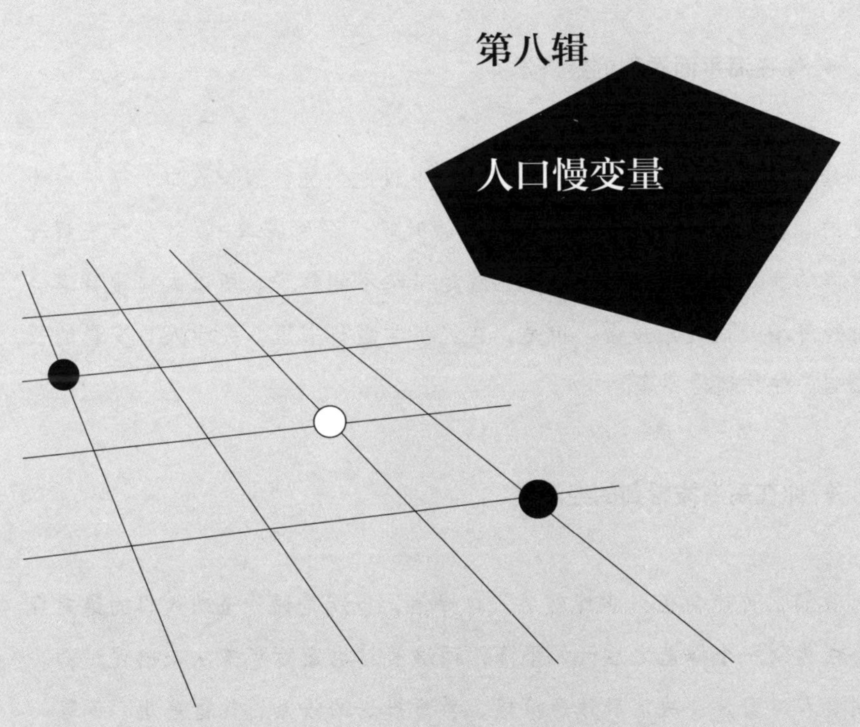

导读

◆ 你在海平面看到的经济学

经济学家也承认人口的重要性，只不过他们往往假设人口的增长率为给定的。微观经济学在研究家庭行为的时候试图用成本–收益分析来解释生育率的变化，大体发现养孩子已经越来越不划算了。所以人口生育率会随着经济增长而逐渐放慢。但是，在经济学教科书里，关于人口变量的长期影响，往往谈得不多。

◆ 你在高海拔看到的经济学

我们很可能会在21世纪经历人口峰值，也就是说，全球人口的绝对规模会在达到一个峰值之后开始下降，而这是过去数百年来从未出现过的。长期看人口变量会决定房地产价格、教育投资的收益、贫富差距，等等。人口的结构也非常重要，年轻人占比、男女性别比，以及各个国家、各个种族的生育率差异，都将影响到未来的经济社会发展。

◆ 本辑内容简介

《生育决策：你愿意生几个孩子》讲到，生一个孩子，既有成本，又有收益。在不同的时代、不同的经济发展阶段，养育孩子的成本和收益是不同的。在农业社会和工业社会初期，养孩子是划算的，是一种投资。现在养一个孩子的成本越来越贵，孩子不再是投资品，而是消费品，而且是奢侈品。一个有趣的推论是，如果父母更注重教育，那么，孩子的抚养成本就会更高，于是，人们会要更少的孩子。所以，在普遍注重教育的东亚社会，生育率比同等发展水平的地区低。

《计划生育：假如全面放开计划生育政策》讲到，即使没有计划生育政策，中国的人口生育率也会下降，但如果仍然限制生育，生育率会跌得更厉害，中国的人口会出现断崖式的下跌，中国将会跑步进入老龄化社会，而且是“未富先老”。从另一个角度来看，则担心一旦放开计划生育，人口增长就会失控，不过这是杞人忧天。

《性别比：男女比例失调有多严重》讲到，在正常情况下，同一段时间内每出生100个女婴，大概会有105个男婴出生，也就是说，性别比大致会稳定在105：100左右。2014年，中国的出生人口性别比是115.88：100，远远高于正常值。这意味着到了2020年，22—34岁男性人口将比其婚配的女性人口多2600万。2600万找不到老婆的“光棍”，一定会在方方面面带来严重的社会问题。

《丈母娘房价假说：性别比与高房价》讲到，中国独特的性别比还会对储蓄率和房价带来影响。由于男女比例失调，婚姻市场上男性的竞争压力加大。所有家里有男孩的家庭就得攒钱，以便给儿子买更大、更好的房子，提高儿子在婚姻市场上的竞争力。于是，这就会导致房价上升，房价上升之后，家里有女儿的家庭为了买房也不得不增加储蓄，于是，导致全社会的储蓄率提高。在中国，性别比更高的地区不仅房价更高，而且房子的平均面积更大。

《房价的长周期：等我们老了该把房子卖给谁》讲到，家庭消费有生命周期，买房也有生命周期。年轻人先租房，或买小户型，有了孩子就要换更大的房子。孩子离开家庭之后，父母会考虑购买度假房产。再老一些，老人会搬回离城市近的小房子。最后的归宿是养老院。当人口年龄结构相对年轻的时候，对住房的需求非常旺盛，房价会上升，但是，当一个社会进入老龄化社会之后，大家都想把房子卖掉，换来的钱养老。当所有人都想卖房子的时候，房价自然不会上涨，只会下跌。

《教育投资：读大学值不值》讲到，上大学确实比不上大学能挣更多的钱，但读大学的“溢价”在不断下降。1999年高校扩招以来，高校毕业生的就业压力越来越多，与此同时，农民工的增长速度也开始放慢，突然之间出现了民工荒。于是，农民工的工资开始快速增长，大学生的工资反而停滞不涨。

《自主学习：打开大学生活的正确方式》讲到，不能相信乔布斯这样的“退学神话”，该上大学还是要上的，尽管在大学里其实学不到太多有用的东西。我的建议是，进了大学，先给自己列一个任务清单，学会自主学习，全面锻炼自己的能力，丰富人生经验。这比拿个好成绩更重要，在未来的职业发展中也更有用。

《老龄化：老龄化与经济增长》讲到，当一个国家进入人口老龄化之后，劳动力供给会减少，经济增长会放慢。政府支出可能更偏向老年人，比如更多地用于医疗护理，但对年轻人的支出，比如教育经费可能会减少。在年轻人多的社会里更容易形成改革的共识，一旦进入老龄化社会就失去了改革的动力。老龄化还会进一步加剧收入不平等。

《人口格局：未来的全球人口》讲到，不同国家的人口出生率差异很大，一个国家内部不同民族、不同宗教信仰之间的人口出生率也有差异，这会对各国的国内政治，以及国际政治格局带来深远的影响。美欧和日本等东亚国家和地区的人口增长都在下降，未来人口增长最快的是南亚、非洲这些相对落后的地区。

生育决策：你愿意生几个孩子

◆ 过去，孩子是投资品

从2016年1月1日起，全面二孩政策正式实施。过去30年，中国一直实行的是“一个家庭只生一个孩子”的计划生育政策，现在，这一政策终于出现了松动。广大人民群众喜闻乐见。饭桌上的话题一定会有二胎。对于“70后”“80后”来说，与亲朋好友聚会时，被问到“你会生二胎吗？”大概就像“今天你吃了吗？”一样平常。要不要生二胎呢？这是你自己的决定，但经济学能帮你理清思路。经济学是干什么的？经济学就是成本–收益分析。生一个孩子，既有成本，又有收益，我们这里就来帮你算算这笔账。

养育一个孩子的成本有哪些呢？一是抚养成本，这是我们看得见、数得清的。比如，孩子一生下来就得买奶粉和尿布，上了学得交学费、送他（她）上补习班，一直到他（她）考上了大学，还得给他（她）交大学学费。另一块是机会成本，也就是父母在养育孩子上耗费的时间和精力的价值。现在孩子上学，家长得作陪，家里几乎得有一个人全职带孩子。如果妈妈为了照顾孩子，放弃了在事业上打拼，这个贡献，孩子是要领情的：妈妈付出的是机会成本。

养育一个孩子的收益有哪些呢？一是现金收益，这个很简单，是孩子长大后挣了钱，给父母的赡养费。另一部分是非现金收益，比如孩子看望父母，到父母年老了之后照顾父母，用经济学的术语来讲，这是孩子为父母提供的各种服务的价值。

在不同的时代、不同的经济发展阶段，养育孩子的成本和收益是不同的。在农业社会，养孩子是划算的。我们来算算这笔账。在农业社会养育一个孩子的成本相对较低，能把孩子养大就可以了。农村里的孩子到四五岁，就能帮父母干点农活了。打猪草、放牛、捡牛粪，这都是孩子们干的活儿。说起来你们可能不信，在美国“西进运动”时期，大家都到西部拓荒，急需劳动力，当时，带着孩子的寡妇是最抢手的。为什么？买一送一啊，多个孩子就多了个劳动力！

在工业社会初期，养育一个孩子的成本仍然较低。把孩子养到十几岁，就可以去工厂里干活了，或是给作坊的师傅当学徒。很多时候，孩子成年之前，当学徒赚的钱（如果有钱可赚的话），是要给父母的。所以，养孩子仍然是笔很划算的买卖。用经济学的术语来讲，在农业社会和工业社会初期，孩子是投资品，也就是说，养孩子的收益大于成本。

◆ 现在，孩子是奢侈品

俱往矣。如果我们现在再来算笔账，养孩子肯定是不划算的。养孩子的成本越来越高。你能让孩子读完小学，或是读完中学就去上班？那你算什么父母，大家都要说你。怎么着也得把孩子送到大学吧。要是他想出国读书，你还得勒紧裤腰带把他送出国。大学毕业了，他的工资买不起房，你帮忙不帮忙？你要是不帮他，他连老婆都娶不了，你怎么抱孙子啊。

所以说，中国的高房价都是给计划生育委员会害的。计生委的朋友肯定很委屈：跟我们有什么关系啊？你想想，中国的年轻人买房，都不是一个人在买房，而是年轻的小夫妻，以及小夫妻各自的父母，一起来买一套房。六个有收入能力的人买一套房，中国的房价不涨才怪。为什么只有在中国，父母要帮孩子买房呢？因为只有一个孩子啊。就这一个宝贝疙瘩，到了人生最重要的时候，要买房要结婚，你都不帮忙，你算什么亲爹亲娘啊。可是你想，要是没有计划生育政策呢？要是每个中国家庭想生几个就能生几个呢？要是跟过去那样，一个家庭有七八个孩子，每个孩子结婚，父母都能送一套房？送你一个iPad就不错了，那中国的房价怎么可能会涨呢。

按照成本-收益分析，现在养育一个孩子不是为了投资。谁生个孩子是想在未来获得投资收益，找个角落先去哭一会儿吧，你会赔得很惨的。那我们生孩子是为了干啥？现在的孩子是消费品，不是投资品。我们生孩子不是为了获得回报，而是为了图个乐——以苦为乐。

现在的孩子不仅是消费品，而且是奢侈品。中国的奢侈品既不是路易威登皮包，也不是法拉利跑车，而是我们每个家庭里的孩子。美联储前任主席伯南克（Ben Bernanke）曾经是普林斯顿大学经济系主任。他有个金融家朋友，也是普林斯顿校友，家里几个孩子，都上了普林斯顿大学。伯南克跟他道喜。他的朋友说，这有什么值得祝贺的？我相当于每年把几辆凯迪拉克轿车推下了悬崖。普林斯顿大学学费不菲，连金融家都摇头兴叹。如果孩子是奢侈品，那你还敢要很多孩子吗？

◆ 越重视教育的社会，生育率越低

诺贝尔经济学奖获得者加里·贝克尔（Gary Becker）提出了一个关于养育孩子的数量-质量替代假说。加里·贝克尔认为，孩子具有耐用消费品的性质，它的数量收入弹性比质量收入弹性小。这是什么意思？比如说，你的收入提高了，你是想多买几辆五菱宏光，还是想入手一辆宾利？如果你更偏好质量，很可能会考虑买一辆更好的车，而不是更多的廉价车。同样，随着收入的提高，我们更希望提高孩子的质量，即增加对孩子教育、健康等方面的投入，而非增加孩子的数量。我们想要一个能去读哈佛的好孩子，而不是一堆不争气的熊孩子。当然，如果家庭的收入增幅较高，就能既提高质量又增加数量。贝克尔的假说可以同时解释两种现象：随着经济发展水平的提高，人们倾向于养育更少的孩子，但是在发达国家，富人的子女数多于穷人。按照同样的分析思路，我们还可以得出一些有意思的结论：如果父母更注重教育，那么，孩子的抚养成本就会更高，于是，人们会要更少的孩子。所以，在普遍注重教育的东亚社会，生育率比同等发展水平的地区低。

如果妇女的社会地位较高，能够从事更高收入的工作，那么，母亲抚养孩子的机会成本就会提高。如果养育孩子的决策更多地是由女性来决定的，那么，家庭想要抚养的孩子会更少。用经济学的话语来说，这使得孩子的“相对价格”提高了，从而降低家庭对孩子的需求。如果没有社会保障制度，人们只能“养儿防老”，这会导致家庭普遍想要更多的孩子。随着社会保障制度的建立，在一定程度上减轻了孩子赡养父母的压力，于是，家庭想要的孩子数量也会减少。

我们以前讲过，个体理性不会自动地导致集体理性。对于单个家庭来讲，随着经济发展水平的提高，减少养育孩子的数量，是理性的选择，但如果每一个家庭都这样去做，整个社会的人口就会出现负增长，老龄化负担会更重，各种社会矛盾会更加突出。有些学者呼吁，中国应该鼓励生育，而不只是允许生二胎。但集体记忆对决策的影响非常大，很多人仍然坚信：中国人太多了。还有人担心，一旦全面放开计划生育政策，中国人就会拼命地生，人口压力会很大。真的会是这样吗？

链接阅读：加里·斯坦利·贝克尔，《家庭论》，商务印书馆。

计划生育：假如全面放开计划生育政策

◆ 总和生育率和更替率

从总体上看，中等发达以上国家的经验证明，随着经济发展水平的提高，一个社会的生育率会逐渐下降。欧洲国家的生育率在20世纪70和80年代就已经陷入了低水平陷阱。亚洲国家经历了高速经济增长之后，生育率的下降更加迅猛。日本和韩国都属于生育率最低的国家。中国也不例外。在实行计划生育政策之前，也就是在20世纪70年代，中国的总和生育率大概在2.2和2.8之间，也就是说，每个育龄妇女平均生2.2到2.8个孩子。按照第六次人口普查的数据，到了2010年，中国的总和生育率只有1.18。其中上海户籍人口的生育率只有0.7，即每对夫妇只生0.7个小孩，为全球最低水平。到了2015年，根据全国1%人口抽样调查的数据，中国育龄妇女的总和生育率仅为1.047。

我们还得介绍一个重要的概念，即更替率。更替率是指一对夫妇平均要生多少孩子，才能保证子女一代的人口数量和父母一代的人口数量持平。最简单地讲，一对夫妇是两个人，要生两个孩子，才能保证人口总数不会下降。如果更准确一些，那么中国生育率的更替水平大概是2.2，即每对夫妇平均要生2.2个孩子。无论如何，如果每对夫妇只生一个孩子，那么，中国的人口数量一定会出现断崖式的下滑。很多人批评计划生育政策，认为计划生育政策导致中国家庭生育率的下降。这是不公平的。事实上，有的经济学家做过估算，即使没有独生子女政策，中国的生育率也会降到1.5左右。

◆ 假如放开计划生育政策

如果我们现在的政策更大胆一些，从全面二胎到全面放开计划生育，所有中国家庭，想生几个孩子就能生几个孩子，那么，结果会有多大不同？

这其实是很容易估算出来的。人口学家会对中国家庭进行生育意愿的调查，根据这些调查的结果，我们大致能判断出未来的人口变化趋势。根据这些生育调查的结果，我们能够看到，从1980年以来，中国夫妻的理想子女数呈下降趋势，2000年以后平均理想子女数基本稳定在1.6—1.8之间。2013年全国生育意愿调查显示，城乡居民的理想子女数为1.93，基本印证了中国人“儿女双全”的生育理想。要注意的是，想生不代表着能生，实际上的生育率会比意愿生育子女数更低。我们还可以找到一个有力论据，证明全面放开计划生育不会导致生育率大幅上升。20世纪80年代之后，中国全面实行了独生子女政策，但有四个试点地区除外。这四个试点地区分别是甘肃酒泉、山西翼城、河北承德、湖北恩施。这四个地区成了中国一胎化政策“实验”的“对照组”。这些没有实行独生子女政策的地区，生育率发生了什么变化呢？这些地区的生育率也在下降。如今，这些地区的生育率在1.8左右。如果1.8就是中国全面放开生育限制之后的生育率，那么完全不必担心从全面二胎到全面放开会出现出生人口太多了的情况。更何况，这四个试点地区都是中国的欠发达地区，如果计算全国范围内的数字，只会比1.8更低，不会比1.8更高。

因此，我们可以合理地推测，即使解除对三胎、四胎的限制，中国的低生育率也不会有太大的改变。中国的人口规模会在21世纪的某个时点达到峰值，然后就会下降。既然放开计划生育政策也改变不了生育率的下降，那么，为什么我们还呼吁尽快放开计划生育政策呢？因为这关系到我们的未来会有多么黯淡。总和生育率的细微差异，也会在未来带来巨大的不同。如果总和生育率是1.8，意味着下代人会比前一代减少14%；如果总和生育率是1.4，意味着下代人会比前一代减少33%。在几代人之后，两者就显示出巨大的差异。比起1.8，1.4的生育率会使中国的老龄化进程加快一倍。

根据联合国的预测报告，若保持生育水平不足1.5的情况，100年后中国的人口将降至5亿，15岁以下人口比例将不足10%，65岁以上的人口将超过40%。还有更为悲观的预测。携程创始人梁建章与学者李建新、黄文政在他们合著的《中国人可以多生》里认为，到2030年，中国的生育率会降到1.2左右，与日本和韩国同等发展程度时的生育水平相当。而他们最悲观的预测是，按照70%的城市化率和0.7的城市家庭生育率（假设上海是其他城市的未来水平）以及1.8的农村家庭生育率（假设四个试点地区是农村地区的未来水平）来估算，中国未来的生育率最坏可能只有1.03。这将是一场巨大的灾难。

链接阅读：梁建章、李建新、黄文政，《中国人可以多生》，社科文献出版社。

性别比：男女比例失调有多严重

◆ 男婴要比女婴多一些

独生子女政策带来了诸多问题。上一篇我们讲了低生育率问题。随着经济发展水平的提高，一个社会的生育率会逐渐下降。计划生育政策会加剧生育率的下降。除了低生育率，独生子女政策还带来了另一个严重的社会问题，即男女性别比例失调。我们首先介绍一个基本概念，即人口出生性别比。人口出生性别比指的是在一定时期内出生的婴儿中，男婴与女婴的比例。在生物学的意义上，出生性别比大致会稳定在105：100左右。换言之，一般来说，同一段时间内每出生100个女婴，大概会有105个男婴出生。为什么男婴比女婴多一些呢？

按照《美国国家科学院院刊》上一篇论文的报告，受孕的时候，男婴和女婴的比例还是比较一致的。在怀孕第一周，男婴胚胎死亡数量更多，这可能是严重的染色体畸变所致。之后，女婴胎儿的死亡率高于男婴胎儿。到了妊娠后期，男婴胎儿的死亡率再次提高。综合起来，在怀孕期间，女婴胎儿的死亡率超过了男婴胎儿，结果，男婴数量会超过女婴。

◆ 2600万找不到老婆的“光棍”

中国的现实情况如何呢？在20世纪80年代中期以前，中国的出生人口性别比大致在103：100到107：100之间，这基本上处于正常范围。80年代中后期，性别比开始持续偏离正常值，90年代以后，男婴和女婴比例一直超过110：100，甚至有好几年超过了120：100。按照国家统计局公布的数据，2014年中国的出生人口性别比是115.88：100，这跟正常值105：100的差别有多大呢？

为方便计算起见，我们假设全社会生一孩、二孩、三孩的家庭各占三分之一，不考虑其他因素，平均来说3对夫妻生6个孩子，出生率为2。但下一代的这6个孩子可以组成多少对夫妻呢？如果男女比例恰好是100：100，那么这6个孩子恰好能组成三对夫妻。如果男女比例是200：100，也就是说，有4个男孩，2个女孩，那么只能组成两对夫妻。依此推算，如果男女比例是105：100，可以组成大约2.93对夫妻［计算公式是6/（1.05+1.00），即600/（105+100）］，比上代减少了2.3%；而如果男女比例是116：100，只能组成2.78对夫妻，比上一代减少了7.3%。中国人口基数这么大，这5%的差距意味着将有数千万男性无法找到匹配的女性。按照学者李建新推算，到2020年，22—34岁男性人口将比适合其婚配的女性人口多2600万。

2600万找不到老婆的光棍。不知道大家看到这个数字做何感想。婚姻是个匹配市场，也就是说，婚姻讲究门当户对。一般情况下，上流阶层的男子去找上流阶层的女子，中产阶级的男子去找中产阶级的女子，社会底层的男子去找社会底层的女子。如果男女比例失调，我们可以想象得到，上流阶层的男子会“屈尊”，去找中产阶级的女子，中产阶级的男子会找社会底层的女子，匹配到最后的结果，剩下来的是谁？

剩下来的是2600万没有工作、没有住房、没有老婆的绝望的单身汉。

你不害怕？

◆ 韩起祥的酸段子

男女比例失调会给婚姻市场带来巨大的冲击，可能引发道德危机，威胁传统家庭稳定。而这2600万绝望的单身汉，可能是引爆中国社会危机的一颗定时炸弹，会带来各种社会不稳定因素。

我讲个韩起祥的故事。韩起祥是个民间盲艺人，攻打榆林的时候，韩起祥也跟着部队去了。战士们缠着他让他讲个酸段子。韩起祥拗不过战士们，拿起三弦，随口编了一段：

麦叶子黄来竹叶子青
八路军要打榆林城
长枪短枪马拐子枪
胸前还挂个望远镜
一举打下榆林城
一人领一个女学生

结果，师政委骑马路过，听到了这一段，大怒，把韩起祥给赶走了。

放在一个宏大的历史中去听韩起祥，他想说的是，当存在着大批绝望的单身汉的时候，可能蕴含着巨大的革命的动能。

要是中国真的有2600万单身汉，我们该怎么消化这批人？打仗？跟谁打？ 少林寺上市？那得建多少分院，才能容纳这么多光棍！当然，这么讲有些危言耸听。问题或许没有这么严重，因为我们还有时间做出调整。但解决问题的第一步是要高度重视这一问题，而且要深刻反思出生人口性别比例居高不下的原因是什么。

官方的主流观点是说，这是因为中国有 “重男轻女”的传统观念、“养儿防老”的经济考虑。这一解释是难以令人信服的。毕竟，文化和传统观念的因素一直以来就存在，为什么只有在20世纪80年代中后期才开始出现性别比上升？真正的原因是，计划生育政策从80年代之后开始收紧，而80年代中后期B超性别鉴定技术被广泛应用。由于一胎化的生育政策使得人们无法通过多生来满足生育男孩的愿望，所以出现了大规模运用B超技术和堕胎手术人为选择性别的行为，从而导致了性别比升高。学界的研究还给出两个非常有说服力的证据，一是在采取“一孩半”政策（第一胎是女儿即可在间隔几年后生第二胎）的广大农村地区，数据显示第二、第三胎的出生性别比极度失衡，男婴与女婴比例高达150：100，甚至达到180：100。二是1997年广东农村地区的生育政策由“两孩”收缩到“一孩半”，短短几年，出生性别比急剧攀升。

从2010年开始，直到2030年之后，中国很可能会经历男女比例失调的洪峰。这将带来中国经济、社会的一系列变化，我们可曾做好了准备？

链接阅读：梁建章、李建新、黄文政，《中国人可以多生》，社科文献出版社。

丈母娘房价假说：性别比与高房价

◆ 决定房价的长期因素

近年来，房价一直是牵动着亿万中国人神经的话题。所有的人都觉得房价高得不像话，所有的人都相信房价还会继续涨。为什么房价会如此疯狂呢？这背后的原因，有人说是土地供应，有人说是流动性过剩。其实，从长期来看，人口才是决定房价的主要因素。当中国进入老龄化时代之后，房子就会变得不值钱了。

这里，我们从另一个角度讲讲人口因素对房价的影响，即人口出生性别比如何影响了中国的房价。

我们要介绍的是华人经济学家魏尚进和张晓波的研究成果。魏尚进是哥伦比亚大学经济学教授，曾经担任过亚洲开发银行首席经济学家。他是国际影响力最大的华人经济学家之一。他们的论文发表在顶级经济学期刊《政治经济学杂志》（*Journal of Political Economy*）上。

故事要先从储蓄率讲起。中国的家庭储蓄率非常高。1990年，中国家庭的储蓄率大约为16%，也就是说，在家庭的可支配收入中，有16%都存起来了，不舍得花。到了2007年，中国家庭的储蓄率上升到30%。储蓄率应该是比较稳定的，为什么中国的储蓄率在这段时间内上升的幅度如此之快?

当然，你可以说，这是因为中国人过惯了穷日子，舍不得花钱。但你看看中国的消费者，他们买起来可一点不像会省钱的样子。你也可以说，这是因为中国的社会保障制度不发达，人们预期未来会有更多的不确定性，所以不得不存更多的钱。这些因素或许都有贡献，但魏尚进和张晓波的研究表明，这些因素无法完全解释中国家庭的高储蓄率。

按照他们的解释，还有一个重要的原因，就是人口出生的性别比。由于男女比例失调，婚姻市场上男性的竞争压力加大。所有家里有男孩的家庭都坐不住了。在中国，结婚可不是你一个人的事，而是你们全家的事。为了给儿子增加竞争力，所有家里有男孩的家庭就得攒钱，以便给儿子买更大、更好的房子。

于是，这些家庭的储蓄率就会提高，而房价也会被推高。所谓生个男孩是“建设银行”，生个女孩是“招商银行”，调侃的就是这个事情。

你可能恍然大悟了：哦，这说的不就是“丈母娘推高房价”论吗？在婚姻市场上，女方家长要求男方有住房，没房就别想娶走自己的女儿，于是，买房成了结婚的前提条件，房价怎么可能不涨呢？

◆ 性别比导致全社会的储蓄率提高

先别着急。经济学家喜欢用一般均衡的思路，也就是说，经济学家喜欢观察一个变化引起的另一个变化，最后看到对全局的影响。处于储蓄竞争中的家庭为了谋求儿子在婚姻市场上更有利的地位，争相购买更大面积、价格更高的房子，由此推高了当地的房价。但是，那些只有女儿的家庭也有买房的需求，不是所有的女方家庭都有势利眼的丈母娘，为了女儿的幸福，这些家里有女孩的家庭只好也增加储蓄，以便赶得上飞涨的房价，最终导致了全社会的高储蓄率。这讲起来也是一种“囚徒困境”：大家一起推高了房价，但娶不上媳妇的男人还是娶不上媳妇。

魏尚进和张晓波的计算表明，中国家庭储蓄率在1990年至2007年间的上升，有一半能被失衡的性别比所解释。他们还用2000年的城乡数据检验男女比例与房价的关系，发现性别比更高的地区不仅房价更高，而且房子的平均面积更大。这一作用在城市地区更为明显，当地的性别比每升高0.1%，房子的单位价格就会增加3.7%，面积增大3.7%，从而使房子总价上升7.4%。

总结一下，这个故事的逻辑链条大体上如下：男女比例失调→婚姻市场上男性竞争压力加大→养育儿子的家庭增加储蓄→当地房价升高→养育女儿的家庭增加储蓄→全社会高储蓄率。

当然，有利亦有弊。魏尚进和张晓波在另一篇合作论文中讲到，男女比例失调可能会激发男人们的企业家精神和努力程度，这对中国经济可能会有积极的影响呢。

我在本文的结尾把提到的这两篇论文列了出来，供有兴趣的朋友深入钻研。

这两篇文章能够预测未来的房价吗？不能。魏尚进和张晓波的研究仅仅考虑了影响房价的需求方面的因素，没有考虑影响房价的供给方面的因素。对于像北京、上海这样的一线城市而言，楼市更为复杂、扭曲，并非一个性别比就能解释清楚的。

◆ 房价的历史拐点

但是，这篇文章的意义在于，它给我们提供了一个重要的启示：长期来看，人口才是决定房价的主要因素。要预测房价的长期走势，人口数量、人口的流动、人口性别结构和年龄结构都是不可忽略的指标。

从年龄结构的角度看，房地产的需求主体是25—44岁的年轻人和中年人，有调查结果显示，中国这一年龄段的购房群体占总购房人数的75%左右。从国际经验来看，随着25—44岁年龄段的人口数量见顶，对房地产的需求也到达了顶峰，随后房地产销量会出现历史性拐点。其中，日本的经验最为触目惊心。日本在20世纪80年代就出现人口老龄化，25—44岁年龄段的人口数在1981年至1991年期间下降了21%，房地产泡沫也最终在1991年破裂。感谢伟大的计划生育政策，中国将提前进入人口老龄化。中国在2015年就已经迎来了25—44岁人口总量的最高点，接下来将是加速的老龄化进程。

如果国际经验适用于中国，那么，未来几年，中国将出现房价的下跌。准确地预测中国的房价是不可能的。影响房价的因素太多了，尤其是非市场的因素对中国的房价有着很深的影响。然而，我们需要牢记英格兰银行前任行长默文·金（Mervyn King）的名言。默文·金谈到，金融危机的第一规律是：你认为不可持续的事情，持续的时间会比你想象的长。金融危机的第二规律是：当危机爆发的时候，爆发的速度会比你想象的快。

链接阅读：

Wei, S. J., & Zhang, X. (2011a). The competitive saving motive: Evidence from rising sex ratios and savings rates in China. Journal of Political Economy,119(3), 511-564.

Wei, S. J., & Zhang, X. (2011b). Sex ratios, entrepreneurship, and economic growth in the People's Republic of China (No. w16800). National Bureau of Economic Research.

房价的长周期：等我们老了该把房子卖给谁

◆ 快变量和慢变量

未来是不可预测的，像房价什么时候会跌这样的问题，没有人能回答。但是，不可预测并不代表着不可知，我们还是可以逼近真理的。为了逼近真理，我们必须改变思维方式。

大多数时候，我们关注的都是快变量。什么是快变量？你每天在新闻中看到的消息，比如美联储会不会加息啦，谁又举牌万科啦，都是快变量。快变量有用没有用？当然有用。但是，仅知道快变量是不够的，我们还要关注慢变量。

什么是慢变量？我们举个例子。你站在海边，海上有波浪。如果我问你，海上为什么有波浪，你会怎么回答？如果你关注的是快变量，你会说，因为天气预报今天有风呗，无风不起浪嘛。海上究竟为什么有波浪呢？答案是，因为有月球（以及太阳）。有了月球，才会有潮汐现象，海水表面才会出现周期性的涨落。月球离我们很远，月球和我们没有直接的联系，月球不会出现在新闻里，但月球才是决定海水有波浪的真正原因。这就是慢变量。

识大局，不能只看快变量，还要看慢变量。这里，我就给大家讲一个非常重要的慢变量。这个变量就是人口。我们之前讲过，要想预测未来一两年的宏观经济形势都很难，但要想预测未来二三十年的人口变化，其实会相当精确。人口的变化，会对经济周期带来深刻的影响。人生有周期，从少年、中年、壮年到老年，在不同的人生阶段，消费支出有很大的不同，知道人口年龄结构的变化，就能相当准确地预知未来的经济前景。

◆ 不同年龄阶段的消费结构

首先，我们要了解人在不同年龄阶段的消费结构。美国劳工统计局专门做过消费者支出调查。他们根据消费者的年龄划分，对600余项消费支出进行了测评。美国人一生的消费变化大抵如是：年轻的时候没有收入，主要靠爹妈养活。20岁左右开始有收入，开始了自己的消费。组建了家庭之后，消费支出主要以家庭为单位。家庭的主要消费支出是买房、买车、教育、医疗和养老。消费者到了33岁左右，子女们上小学，家庭支出里的儿童看护支出达到峰值。42岁左右时，食品与孩子的养育开支最高。消费支出在消费者46岁左右达到峰值，你买了很多乱七八糟的东西，把家里塞得满满的。孩子的大学学费支出峰值出现在父母51岁左右。孩子上大学之后，父母们会考虑为自己买一辆豪华轿车，有些人会买拉风的跑车。人们在55—60岁时体重达到最高峰，因此减肥产品方面的支出也最多。消费者在58—60岁时，医院与医疗支出达到峰值，人寿保险与财务计划同时登顶。

人们从63岁开始进入退休阶段。健康保险在人们68岁时达到顶峰。刚退休的老年人会到处旅游，酒店与度假需求在消费者54岁时进入高峰期，并一直持续到他们60岁。60岁是酒店需求的峰值年龄。年岁增长之后，老年人开始对国际旅行厌倦，这时候，人们会更喜欢邮轮度假。医疗保险支付在消费者74岁时达到顶峰，丧葬费用则在人们78—79岁（平均死亡年龄）时达到峰值，对于男性来说尤为如此。处方药物的支出在人们77—78岁时登顶。

◆ 不同年龄阶段的购房需求

我们再具体看看房地产。家庭买房，也有个生命周期。

大部分美国人在27岁之后才开始租房或买房。孩子大了之后要考虑换更大的房子，换房的高峰出现在消费者37—41岁之间。50岁左右，孩子离开家庭，父母会考虑购买度假房产，一个目的是为了吸引孩子们回家看看父母。接下来，会出现第二轮度假与养老房的购买高潮。孩子们成家了，而且有了自己的孩子，为了和儿孙住得近一些，享受天伦之乐，老人会搬回离城近的小房子，这里各类服务和娱乐都比较方便。随着年龄增长，他们也会愿意租房子住。最后的归宿是养老院，需求峰值出现在人们大约84岁的时候。

在一生中，人们先租60多平方米的蜗居，然后换成120平方米的三居室，有了钱换成200、300平方米的豪宅，再换成100多平方米的两居室，然后搬进一间不足30平方米的养老院房间里，到离开人世的时候，能占去的最多不过是一小块一两平方米的墓地。这就是人奋斗的一生。

这对房价会有什么影响呢？当人口年龄结构相对年轻的时候，对住房的需求非常旺盛，房价会上升，但是，当一个社会进入老龄化社会之后，大家都想把房子卖掉，换来的钱养老。当所有人都想卖房子的时候，房价自然不会上涨，只会下跌。

我们可以看看日本。日本在1942年首次达到人口出生高峰。“二战”结束了，老兵都回家了，日本出现了一个明显的人口出生峰值，这个峰值一直持续到1949年。日本的支出峰值大约出现在人口出生高峰47年之后。进入20世纪90年代，日本的股市和楼市双双出现暴跌，股市下跌了80%，楼市下跌了60%。日本的房地产价格在1991年达到峰值，总体经济在1996年冲顶，从那之后，开始掉头朝下。日本进入了“失去的十年”。十年过去了，日本经济仍然没有起色，于是，日本进入了“失去的二十年”。

中国呢？中国的劳动力增长也会在2015—2025年达到峰值，然后，中国的人口增长将无限期地放缓。跟别的国家不一样的是，我们很可能会加速进入老龄化。中国经济当然还有非常大的潜力，还能保持较为稳定的经济增长，但是，中国将是第一个跌落人口悬崖的新兴国家。

你有没有想过，到那时候，我们该把房子卖给谁呢？是的，中国的城镇化还没有结束，还有很多农民等着进城。这些农民工是中国房地产市场接力赛的最后一棒。但是，进城的农民工，能买得起城里人手上的房子吗？在中国的房地产市场上，结局最惨的不是跑倒数第一棒的，而是那个跑倒数第二棒的。

链接阅读：哈瑞·丹特（Harry Dent），《人口峭壁》，中信出版社。

教育投资：读大学值不值

◆ 彼得·蒂尔劝你不要上大学

相信很多人都读过彼得·蒂尔（Peter Thiel）的《从零到一》。彼得·蒂尔被誉为硅谷的思想家。他是PayPal的创始人，在Facebook初创的时候提供了50万美元的启动基金，后来投资了很多科技创新企业。

2010年，彼得·蒂尔讲了一段令人震惊的话。他说，我们正在经历一个教育泡沫。这场教育泡沫和20世纪90年代的高科技泡沫，以及21世纪初期的房地产泡沫一样严重。据蒂尔讲，他在PayPal的时候，一开始总是招聘常青藤高校的毕业生，后来发现这些名校的毕业生也不怎么样。这引起了他的思考。他发现，在硅谷有很多没有上过大学的人，一样才华横溢，而且似乎更有创新精神，更能脚踏实地。既然如此，为什么要让孩子们把大好青春浪费在大学校园里呢？2011年，蒂尔成立了“20–20奖金”，专门奖励20个20岁以下的孩子，给他们每人10万美元，支持他们不上大学，自己创业。

如果你是个高中生，或者是高中生的父母，你会听从蒂尔的劝告，不让孩子上大学吗？

上大学值不值，要看大学教育的回报，这是人力资本研究的一个经典问题。前面介绍家庭的生育决策时，我曾提到过一名经济学家加里·贝克尔。他是人力资本理论的开创性人物，1992年被授予诺贝尔经济学奖。所谓人力资本，就是与物质资本相对应的，人的知识、技能、健康水平，等等。之所以称之为“人力资本”，乃是因为随着人的“质量”的提高，劳动生产率会提高，经济增长速度会更快。

◆ 上大学究竟值不值

上大学值不值，一个最直观的算法是看你上学花了多少钱，毕业之后能挣多少钱。但这是很难算清楚的。即使我不上大学，高中之后就去打工，一样是能赚到钱的，哪些钱才是必须要读个大学，才能赚到的钱呢？这就要看大学生的工资溢价，也就是说，大学毕业生的工资比高中毕业生多出来的比例。如果不读大学直接工作，能赚1000元，而读完大学能赚1500元，那么大学生的工资溢价就是50%，而如果读完大学能赚2000元，那么大学生的工资溢价就是100%。

在20世纪70年代，经济学家发现，美国大学生的溢价从60年代的60%一路下跌，降到了低于50%。教育投资的回报下降了。有的经济学家就问：美国人是不是“过度受教育”了？

其实，这是因为当时美国经济增长速度较快，而且还处于工业化时期，所以就业岗位较多，有个高中文凭就有很多工作岗位随便挑，所以，尽管当时大学学费很低，还是有很多学生不愿意读大学。那个年代，如果去读公立大学，学杂费、住宿费和餐费加起来平均是950美元，读私立大学平均花2000美元。这笔钱学生在暑假打个零工，基本上就能挣出来。为了鼓励大家上大学，1965年美国通过了《高等教育法》，美国国会建立了联邦家庭教育贷款计划，为教育贷款提供政府担保。为什么政府愿意花钱让学生上大学呢？说来有意思，这是因为在“冷战”的背景下，美国政府有紧迫感，想要增加全国的“人力资本存量”，也就是说，希望美国人在竞争中不输给苏联人。从1965年到1975年，美国大学入学的学生翻了一番，这是一笔巨大的投资，美国经济增长从中获得了巨大的红利。

随着美国经济进入后工业时代，越来越多的工作需要大学以上的文凭，蓝领工人的就业机会越来越少。美国大学生的工资溢价逐渐提高，到20世纪80年代再度升至65%，到90年代已经超过75%。当大家讲到美国的收入差距时，很多人会关注最富有的1%，其实，还有一个逐渐扩大的鸿沟，就是上过大学的人和没有上过大学的人之间的收入差距。很多支持特朗普的选民，是没有上过大学的白人蓝领工人，他们觉得被这个时代抛弃，受到了社会的冷遇，幻想能够回到自己熟悉的那个过去的时代。

◆ 农民工的工资在涨，大学生的工资却没有涨

所以，至少从统计数字来看，蒂尔鼓吹的“读书无用论”并不成立。那么，为什么蒂尔的说法引起了很多共鸣呢？

随着大学生数量的提高，就业市场竞争更加激烈。全球化使得蓝领工人的工作，甚至一部分白领工人的工作都被转移到了国外。技术替代劳动的速度更是咄咄逼人。大学毕业生的就业前景日益黯淡，收入增长速度大幅放慢。从1986年到2013年，美国大学毕业生的实际年均收入仅仅增加了800美元。但是，没有大学文凭，日子过得更加艰难。在同一时期，没有大学文凭的美国劳动者实际年均收入下降了2525美元。

环球同此炎凉。1999年高校扩招以来，中国每年的高校毕业生数从90万猛增到2010年的614万，但中国的经济结构却没有转变，教育结构和产业结构之间出现了严重的失衡。大量的高校毕业生期待能够在政府部门、科研单位、金融机构和大企业找到一份满意的工作，这些工作岗位大多属于高端的现代服务业，但中国的经济结构则是以制造业为主。在制造业狂飙突进的时代，大量农民工流入工厂。直到21世纪初期，农民工的工资一直受到压制，增长速度很慢。然而，人口的拐点很快到来，农民工的增长速度也开始放慢，突然之间出现了民工荒。于是，农民工的工资开始快速增

长，大学生的工资反而停滞不涨。

这可如何是好？

这是必然的趋势。刚刚毕业的大学生，以后在就业市场上会受到更严重的挤压。大学生被视为“天之骄子”，但如今，满大街都是大学生。有张大学文凭不能保证你过上小康生活，但没有大学文凭你可能会掉到贫困线下。

那么，像蒂尔的“20–20奖金”，我们到底要不要申请呢？政府鼓励大众创新、万众创业，是不是鼓励学生都退学去办企业呢？

17岁高中毕业，21岁大学毕业。人的一生是很长的，难道创业只能在这四年的时间？只要有希望，你还是要去考大学；只要有希望，你一定要争取考一个好的大学。但是，你不能再像父兄辈一样去读大学了。下一篇，我们来谈谈打开大学生活的正确方式。

自主学习：打开大学生活的正确方式

◆ 谁的工资还会继续上涨？

大家可能注意到，民工荒的现象到现在还是没有缓解。按道理来说，中国经济进入新常态，增长放缓了，对劳动力的需求会下降，很可能发生的事情是，劳动力的供给下降得更快，所以才会出现招工难。

那么，以后是不是没有文凭就找不到工作了呢？那要看你希望找什么样的工作。有些不需要太多技能、主要靠辛苦赚钱的工作，工资会越来越高。比如说，保姆的工资会越来越高，煤矿工人的工资会越来越高，外卖小哥的工资会越来越高。这是因为，随着收入水平的提高，人们会越来越不愿意干脏活、累活。第二代农民工和第一代农民工就很不一样。第一代农民工拿的钱少，干的活多，而且有上进心，不怕脏，不怕累。到第二代农民工，想法就多了。招工的时候，他们会问：工资多少？奖金怎么发？有没有Wi-Fi？——要是没有Wi-Fi，他们就不去！

那些需要长期积累技能，而且这些技能很难被机器替代的熟练工种，工资会更加高。比如说，以后修理电器的技师，工资会越来越高。我们这一代中国人的动手能力普遍较差，就是因为过去人力很便宜，电器出了故障，打个电话，厂家就派人过来修理。如果你去了发达国家，就会颇有感触：能自己动手就自己动手吧，不管是电工、水管工还是修车的，价格都太贵了，请不起。

哪些人的工资可能涨不上去呢？恰恰可能是刚刚毕业的大学生。著名经济学家克鲁格曼就曾经提醒过我们：技术进步不仅会减少对低端工作岗位的需求，而且会减少对高端工作岗位的需求。美国人曾经非常担心自己的饭碗被中国人、印度人抢走。制造业的工作岗位都转移到了中国，服务业的工作岗位会外包给印度。你要是打个电话到美联航订票，或是表示抗议，接电话的服务生很可能是个印度人。人工智能也会逐渐替代原来的办公室工作，常规的会计、法律，甚至证券分析，都会被人工智能替代。机器人会写新闻稿，会做翻译，还会写歌词。它们现在可能还写不出鲍勃·迪伦的歌词，但写出来汪峰的歌词，应该并不难。

◆ 大学文凭不过是一张入场券

所以，我们应该抛弃幻想，如果你认为只要读了大学，就能找到一份稳定的工作，那就太天真了。你之所以要读大学，只是因为大学能给你一张入场券。诺贝尔经济学奖得主迈克尔·斯宾塞对教育有个非常另类的解释。他讲到，即使教育没有提高劳动者的技能，劳动者也会有积极性去接受更高的教育。何以如此呢？回想一下我讲过的，当一个女孩有一群追求者的时候，她该如何甄别谁才是最爱她的人？女孩子的选择就是提高追求者的门槛，迫使他们都“放大招”，放不出大招的就自动退场了。

假设你是一个雇主，你也不知道哪个求职者的水平更高，怎么办？你可以通过看他们的简历，间接地推断他们的水平。如果这个求职者上过北大、清华，那么，你大概可以判断，他或她的水平不会太差。考上北大和清华，也是一种“放大招”的方法，潜在的雇员向雇主释放信号，以便让雇主筛选出来能力最强的人。

当然，这一招未必管用。在这一点上，我同意蒂尔的看法，名校的毕业生未必个个出色，草莽之间才有真正的豪杰。但现实就是现实，大学生的竞争越来越激烈，仅仅考上大学已经无法将自己甄别出来，只有考上最好的大学，才能占据更大的优势。这其实也是一种“囚徒困境”，带来了资源的浪费。

◆ 制定你自己的大学计划

我们改变不了现实，只能改变自己。每到要高考的时候，很多家长朋友问我，该给孩子们选什么学校、什么专业。我和大家谈谈自己的一些想法，供家长朋友和学生朋友们参考。

第一个建议就是不要被蒂尔和“双创”忽悠，该准备高考还是要准备高考，尽可能考一个好的大学。如果能考上常青藤，就去常青藤读书。第二选择是美国排名前50的大学，以及英国、加拿大等水平相近的大学，还有中国的常青藤：北大、清华、复旦、上海交大等。国外的大学学生素质未必有中国顶级大学的学生素质高，但中国的常青藤竞争太激烈了，性价比不高。如果考美国前100名，其实不必太在意排名，美国人都不在乎的。要了解每个高校的优势学科，以及各自的特色。第三选择就是中国的重点大学，以及美国排名前100—150名的高校，这一批的选择面更大，要注意做好功课。如果你考不上好的大学，只能找一些野鸡大学上，那就哪个便宜上哪个吧，反正都是收不回来的投资，其实上不上没啥差别。

在选校优先的基础上，要注意专业的选择。不要太过功利和短视。热门专业未必是最佳的选择。教育对经济、技术的反应是较为迟缓的。你考大学的时候觉得是个好专业，读了四年，等到毕业的时候，风水轮流转，好专业可能不再吃香了。如果孩子对某个学科非常感兴趣，就以孩子的兴趣为主，行行出状元，到了最后，所有行业里的顶级人才是一起站在山巅的。大部分情况下，孩子和家长对各个专业都没有感觉，不知道自己喜欢什么。这种情况下，可以按大类来选，侧重更为基础的学科，比如想好了要学经济学，那就老老实实学经济学，先不必把自己放在一个很窄的专业里，比如，不要一上来就学互联网经济学，啥是互联网经济学，教授都没有搞懂呢。与其去学大数据，不如先去学统计学。打好基础，才能慢慢地培养兴趣。

我最想跟学生们提的建议是，进了大学，先给自己列一个任务清单，把自己青春年少想要干的事情都列下来。比如：你想要写一本小说、骑自行车去趟西藏、跑马拉松、搞个摇滚乐队、到欧洲旅行一趟、做公益活动、学会电脑编程、申请一项专利，等等。你只有在大学这几年，才有无限充沛的精力，才有敢想敢干的勇气，想尝试的事情赶紧去尝试，能犯的错误在进入社会之前先犯。大学里的教学大纲不能保证你熟悉社会、激发热情，你只要做到不挂科就行，能考90分最好，千万不要都考100分，你浪费不起那么多时间。学会自我设计、自我管理，从自己的错误中学习，不断试错、不断迭代、不断改正，才是真正的成长之道。

祝你们在大学里都能有一段值得回忆的青春。

链接阅读：戴维·珀金斯（David Perkins），《为未知而教，为未来而学》，湛庐文化，浙江人民出版社。

老龄化：老龄化与经济增长

◆ 老龄化可能导致经济增长放缓

老龄化是个热门话题。在全球范围内人口老龄化现象逐渐蔓延。一开始是发达国家，然后是新兴国家，中国也很快要步入“未富先老”的社会。老龄化是怎么出现的？这是由于几个因素的共同作用。第一，随着医疗水平的提高，人们能活得更久。在和平和富裕年代，死亡率大大下降。第二，人口生育率下降，这导致老年人在整个人口中的比例上升。

年轻人和老年人在很多方面存在差异。年轻人储蓄少，老年人储蓄多；年轻人愿意创新，老年人愿意守成；老年人更有经验，年轻人缺少历练。一个社会的人口年龄结构会对其主要宏观经济变量，比如经济增长率、实际利率、通货膨胀等带来深远影响。我们这里只谈老龄化和经济增长之间的关系。我为大家梳理一下经济学家的观点。

最直观地讲，一个国家进入老龄化社会之后，劳动人口就会减少。干活的人少了，实际产出自然减少，经济增长就会放慢。如果一个社会里，退休的老年人比上班的年轻人还多，那么年轻人养活这些老年人的负担就会加重。医疗支出、养老支出会越来越高，除了私人部门，政府总还是要多少提供一些医疗服务和退休金的，于是，政府的支出就会增加。政府支出增加之后，就得征更多的税，向谁征税呢？自然是向年轻人征税。年轻人就不乐意了。更高的税收使得年轻人工作的积极性下降，也会使得企业投资的积极性下降。

按照著名经济学家莫迪利安尼（Franco Modigliani）的假设，一个人一生的收入是有不同的阶段的，在工作赚钱之前，你是花别人的钱的，自己没有储蓄。刚开始工作的时候，你的收入不高，支出很多，所以年轻人的消费率更高，储蓄率偏低；人过中年，你会考虑退休之后的生活，于是，储蓄率增加，消费率相对下降。等你到了退休之后，会依靠以前攒下来的钱过日子，于是，老年人又变成了负储蓄。按照这种生命周期理论，当一个社会逐渐进入老龄化社会之后，储蓄率会提高，消费率会下降，这对经济增长不利，因为没有那么多的消费，就没有足够的需求。

◆ 老龄化导致代际的矛盾加剧

一个社会的资源是有限的，在决定资源配置的时候，人口年龄结构会起到很重要的影响。比如，政府手里有1000万，这1000万是拿来改善教育呢，还是用来改善养老院呢？如果老年人居多，就会导致社会资源更多地配置到医疗和养老。我们不是讲医疗和养老不重要，但经济学是要计算成本收益的。越来越多的医疗资源其实是用在临终之前的治疗，这笔钱花起来经常不计成本，但仔细想想，收益并不大。如果我们把钱都用于照顾老年人，那么，用于年轻人的教育支出就会减少。教育下降，会影响到未来的增长潜力。这样的两难选择让人听起来很不舒服，老人、孩子，我们都想要照顾到，但资源总是有限的，总要被迫做出艰难的选择。

老龄化社会对经济增长的不利影响还体现在，进入老龄化社会之后，改革会变得越来越难。一个经济发展到一定阶段，会产生各种既得利益集团，体制可能会变得更加僵化。要想推动经济增长，改革是必不可少的，但改革最难的地方就是打碎既得利益。如果在一个年轻人居多的社会，你鼓吹改革，听你的人会更多。你可以跟年轻人说，我们一起改革吧，当然，改革是有阵痛的，但苦尽甘来，再过五年，我们一定能比现在更好。对年轻人来说，五年不算什么，为了长期利益付出短期的代价，是值得的。如果一个社会老年人居多，你怎么劝说大家改革呢？你好意思告诉七十、八十岁的老人，再受五年的罪，我们会好起来的？五年之后我在不在都不一定，为什么还要折腾我？

◆ 老龄化导致贫富差距扩大

当然，也有学者认为，老龄化可能在一定程度上有利于经济增长。我们介绍过人力资本这个概念。随着年岁见长，一个劳动者的“人力资本”会提高，也就是说，他受过的教育程度会更高，工作经验更多，做人更加成熟，为社会做出的贡献更大。而且，要是一个社会里的老年人更多，说不定能够更好地帮助年轻人。老年人可以传帮带，让年轻人成长得更快。老年人可以帮年轻人照顾后代，所以说，“家有老人是个宝”。

也有学者说，考虑问题不能太僵化。我们现在担心的“劳工荒”，都是建立在劳动者到了60岁就退休的现行制度上，以后，人的预期寿命更长了，就不能延迟退休吗？可以考虑65岁退休啊。要是人的预期寿命进一步延长，我们就进一步推迟退休，以后工作到70岁再退休。假设现在的劳动力都能再多干五年，甚至十年，哪里还有什么“劳工荒”呢，一下子能够增加一大批经验丰富的劳动力。

这话听起来没错，但实行起来就很麻烦了。如果你让大学教授推迟退休，他会很高兴。一个大学教授，可能要到30岁才拿到博士文凭，退休的时候，身体健康、头脑清醒、干劲十足，他当然愿意继续工作了。如果你让一个农民工推迟退休呢？他很早就进了工厂，工厂的工作强度大、时间长，又累又危险，到了40岁、50岁，就得了一身病，好不容易熬到退休，想好好休息一下，你又让他们再工作五年、十年才能领到退休金？

因此，人口老龄化影响到的不仅仅是经济增长，还有收入分配。随着人口老龄化的到来，收入不平等可能会变得更加严重。

链接阅读：泰德 · C. 费晓闻（Ted C. Fishman），《揭秘老龄化》，机械工业出版社。

人口格局：未来的全球人口

◆ 文明的冲突

哈佛大学政治学家亨廷顿有一本书引起了极大的争议，这本书叫《文明的冲突与世界秩序的重建》。按照亨廷顿的预言，在“冷战”之后，世界政治的冲突不是源于意识形态，而是不同的文明之间的矛盾。坦率地讲，亨廷顿的逻辑不够严密，观点也很粗糙，尤其是在西方自由派知识分子看来，有“政治不正确”的嫌疑。想批评亨廷顿是件很容易的事情。什么是文明？亨廷顿把文明分成七种，西方文明和伊斯兰文明之间的冲突是他最关心的。那么，逊尼派和什叶派之间你死我活的斗争，是文明之间的冲突，还是文明内部的冲突呢？

“9·11”恐怖袭击之后，很多人赞成亨廷顿的看法，或许，不同文明之间的冲突真的到来了。到底发生了什么呢？有一个因素隐藏在亨廷顿所说的“文明的冲突”的背后，那就是人口的涨落。不同国家的人口出生率差异很大，一个国家内部不同民族、不同宗教之间的人口出生率也有差异，这会对各国的国内政治以及国际政治格局带来深远的影响。

◆ 世界人口格局展望

根据联合国经济与社会事务部2015年修订的《世界人口展望报告》，截至2015年年中，世界总人口是73.49亿，其中中国有13.8亿人口，印度有13.1亿，分别占世界人口的19%和18%左右。这两个国家的人口都会超过14亿，但过了这个关口之后就开始分道扬镳。中国的人口数量预计在2028年达到顶峰，然后稳定在14亿左右，到了21世纪30年代开始逐年下降，到2100年预计将降至10亿左右，占世界总人口的比例不到9%。与中国相比，印度人口会在突破14亿关口之后继续增加，不到2030年就会超过中国，成为世界人口第一大国。到2050年，印度人口会比中国人口多4亿。2100年，印度人口预计为16.6亿，占世界人口15%左右。南亚其他国家的人口增长速度也非常迅猛。巴基斯坦的人口将由今天的1.58亿增长到2050年的3.05亿。

21世纪欧洲人口会持续萎缩。2015年年中，欧洲总人口是7.4亿，据联合国预测，2050年欧洲人口会比2015年减少3000万，2100年又比2050年减少5000万。在欧洲内部，人口趋势出现分化。人们印象里西欧的人口早已出现衰退，而南欧国家、东欧国家似乎人丁更加兴旺。根据联合国的预测，东欧和南欧的人口缩减比西欧更加严重。到2100年，东欧人口将比2015年减少近29%，南欧会衰减22%。相比之下，西欧的人口数量将比较平稳，从现在到2100年将保持在1.9至1.96亿之间。北欧的人口变化趋势较为乐观，到2100年会比现在增加3000万，总人口达到1.3亿。

当然，人口出生最多的地方是在非洲。从现在到2050年，世界人口增长的一半来自非洲。从2015到2100年，非洲人口将从1.2亿增至4.4亿。2015年，24岁以下年龄段的非洲人口占非洲总人口的60%，其中15岁以下的比例是41%。当世界上其他地方都在担心老龄化的时候，非洲将迎来一场年轻人口的高潮。

人口的涨落会影响到国家的兴衰。以美国为例，未来美国仍然将占据优势。根据联合国的预测，美国的人口生育水平将一直保持在1.9以上，日本在2020年以前生育率会始终低于1.5，之后缓慢升高至2050年的1.7左右。俄罗斯也是一个低生育率的国家，2010年其总和生育率只有1.44，但联合国预测俄罗斯的人口生育水平会在2050年回升至1.87。据预测，日本人口到2050年会降至1亿左右，2100年更是减少到8300万，退出1亿人口大国的行列。俄罗斯的人口到21世纪末将降至1.2亿，而美国将保持惯性增长，2050年人口总量将增至3.9亿，2100年继续增长到4.5亿。

◆ 人口涨落，国家兴衰

人口因素对全球政治经济的影响不仅仅体现在各国的人口总数。2008年爆发的美国金融危机引起全球化退潮，人口老龄化又带来发达国家在移民政策上举棋不定，国际政治中的文明冲突渗透到国内政治的分歧分化，这会从根子上动摇发达国家赖以立国的社会契约。这才是让亨廷顿忧心忡忡的事情。

如果发达国家变成了老龄化社会，谁来为这些老年人打工，谁来服兵役？进入老龄化的发达国家必须补充更多的移民。美国吸引了大量的墨西哥移民。据估计，到2020年，西班牙裔美国人将占美国总人数的20%。一个笑话说，有个外国游客在靠近墨西哥边境的美国小城买东西，跟小店的老板讲英语，小店的老板马上很不高兴地说："讲西班牙语！这里是美国！"我们可以大胆地预测，未来20年之内，在美国出现一位拉丁裔总统的概率非常高。如果你想学一门第二外语，可以考虑学西班牙语，到时候能用家乡话和美国总统对话，多有范儿。

欧洲吸引了大量的非洲和阿拉伯移民。我们不必过度担忧欧洲的"伊斯兰化"。但是，即使欧洲不会被"伊斯兰化"，也会被"非洲化"。移民的涌入从经济上给西方国家增加了新鲜血液，但是在政治上埋下了内部冲突的地雷。种族之间的隔阂是很难用政策消融的，即使在美国这样号称"大熔炉"的国家，即使共同生活了两百多年的时间，白人和黑人之间的猜忌乃至敌意都难以化解。对欧洲的前景，也不能过度乐观。

链接阅读：塞缪尔·亨廷顿，《文明的冲突与世界秩序的重建》，新华出版社。

第九辑

金融危机

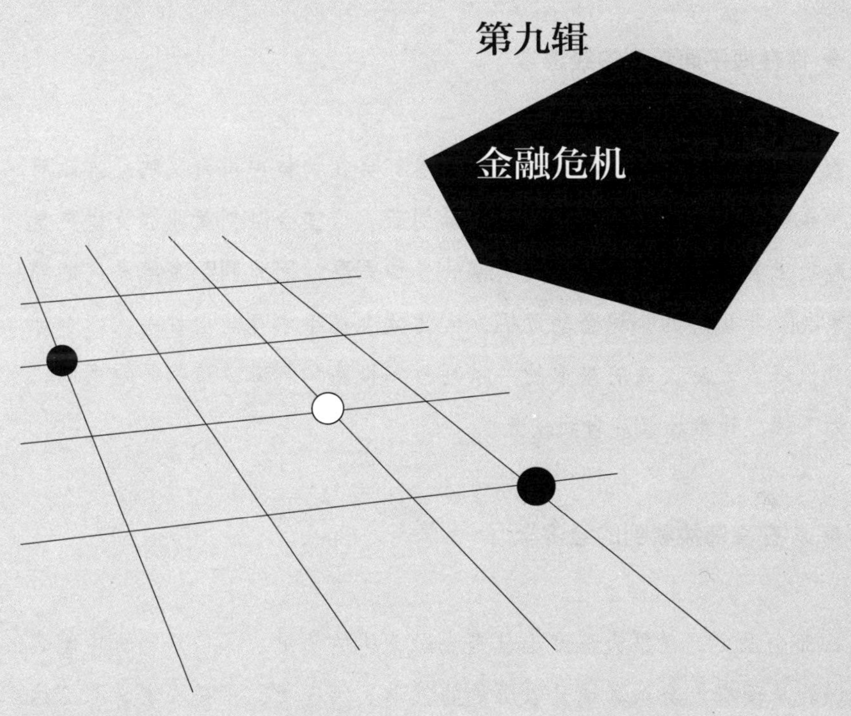

导读

◆ 你在海平面看到的经济学

金融市场是有效的。所有的相关信息都会在价格中得到反映。当政府放松了金融管制之后，出现了各种金融创新。这些金融创新能够提供更复杂的避险工具，也能够满足不同人群的各种需要，因此利于金融系统的稳定。像2008年那样的全球金融危机，大约数十亿年才可能出现一次。全球金融危机爆发之后，政府采取的一系列救市措施和刺激政策都是错误的，还不如不救，让市场经济自我恢复。

◆ 你在高海拔看到的经济学

一部金融史，在很大程度上就是金融危机的历史。人们从历史中学到的教训就是没有人会认真地吸取历史的教训。每一次，当投资者认为“这一次不一样”的时候，距离犯一个重大的错误就不远了。全球金融危机之后，政府官员们确实吸取了20世纪30年代大萧条的教训，避免了又一次出现金融体系崩盘，但他们同时犯了一些新的错误。比如，他们过分地关注传统的银行体系，而忽视了影子银行以及新兴的金融衍生品市场带来的风险。

◆ 本辑简介

《房地产危机：美国经历的第一次房地产泡沫》讲到，美国在20世纪20年代经历了一场不大不小的房地产泡沫。这场房地产泡沫主要出现在佛罗里达州。引发房地产泡沫的主要原因是住房需求突然暴涨，货币市场宽松，金融投机猖獗。泡沫的崩溃总是非常迅速的，而且很可能是由一些偶然的因素触发。

《金本位制：为什么凯恩斯说金本位是一种野蛮的制度》讲到，黄金并非天然是货币，货币也并非天然是黄金。传统的金本位制比我们想象中的脆弱。金本位制更多地保护了大资本家的利益。由于金本位制使得国家失去了货币政策自主性，当出现经济衰退的时候，衰退的程度会更深，这就损害了普通民众的利益。

《银行危机：任何一家银行都可以被挤垮》讲到，1930年纽约一家银行倒闭，几乎酿成全国性的金融危机。这个案例告诉我们，由于银行采取的是部分准备金制度，不可能把所有的存款都放在金库里，等着大家来取，一旦所有的储户在同一时间挤兑银行，银行肯定得破产。当出现银行挤兑风波的时候，政府必须挺身而出，出手要快，力道要重。

《罗斯福新政：罗斯福新政里到底卖的什么药》讲到，美国在20世纪30年代推出的罗斯福新政包含了各种不同的政策，有的政策是临时抱佛脚，要赶紧救市，防止银行业出现多米诺骨牌式的倒闭，有的政策是要刺激经济增长，有的政策是结构性的，限制大企业的力量，加强政府的作用。这些政策之间有时候会互相冲突，但罗斯福将它们融为一体，贴上“新政”的标签，成功地将其推销了出去。

《历史的教训：活学活用历史篇》主要讲到，在全球金融危机之后，包括保尔森（Henry Paulson）、伯南克（Ben Bernanke）、盖特纳

（Timothy Geithner）等人采取了一系列政策，成功地避免了最糟糕的结局，但也“成功”地犯下了一系列的新的错误。决策者之所以会犯下这些新的错误，恰恰是因为决策者自认为他们在应对这次金融危机的时候非常成功。他们过分聚焦于20世纪30年代大萧条的教训，忽视了身边出现的新变化。

《广场协议：告诉你1985年广场协议的真相》讲到，很多人认为，日本在20世纪80年代迫于美国的压力让日元升值，日元升值之后，日本的出口急剧下降，导致日本经济一蹶不振。事实的真相是：日元升值是日本主动提出来的，因为日本担心如果不采取升值措施，美国会对日本的出口采取更严厉的制裁。日元升值之后，日本银行又采取了宽松的货币政策，导致房价和股价急剧飙升，形成资产价格泡沫，到最后，资产价格泡沫崩溃，才使得日本经济进入了长期萧条。

《美元霸权：美元是我们的货币，但却是你们的问题》讲到，美元本位制度是一种非常不合理的制度，即使从长期看美元是不断贬值的，各国投资者甚至各国政府仍然不得不持有美元资产。对于中国来说，这种格局尤其不利，中国靠出口赚来的大量的外汇储备都买了低收益的美国国债，这是一种巨大的资源错配和福利损失。

《金钱政治：从历史和政治的角度认识货币和金融》是一份书单，为大家介绍了几本跟金融有关的书，让大家能够更多地了解神秘的金融世界。

房地产危机：美国经历的第一次房地产泡沫

◆ 庞氏来到佛罗里达

20世纪20年代，美国经历了第一次真正意义的房地产泡沫。房地产泡沫只有在城市化进程中才能出现。在此之前，美国也曾经有过地价的上涨，但那大多是农村的土地。这是美国第一次经历城市地区的房地产价格上涨。

美国在20世纪20年代经历的房地产泡沫主要集中在佛罗里达州。无数骗子和冒险家不约而同地来到佛罗里达州做生意，而当时佛罗里达州唯一的生意就是卖房子。

来到佛罗里达的骗子里就有赫赫有名的查尔斯·庞兹（Charles Ponzi）。他21岁的时候从意大利来到美国，英语都讲不流利，个子不高。1919年，庞兹发现，可以在国际回邮券（international postal reply coupon）市场套利，这是他搞起来的第一次"庞氏骗局"。所谓国际回邮券，就是一张类似于邮票的票据，寄信人可以将这一票据寄到国外，而收信人则可以用这一票据到当地邮局兑换邮票，寄出回信。当时，受到第一次世界大战的冲击，美国是唯一一个能够保持货币稳定，而且仍然实行金本位制的国家，欧洲各国的货币大幅度贬值。结果是，如果你把回邮券寄到欧洲，用欧洲货币买回的邮票要比在美国能买到的邮票更多。

庞兹想从投资者那里骗钱投机，他许诺能在90天内将投资者的资金翻番。第一批投资者确实拿到了高额的回报，但这些钱是从后面跟进的新投资者那里挪用的。庞兹的这一骗局在1920年最终败露。他被关进了马萨诸塞州监狱。1925年，刚刚交了保释金从监狱出来的庞兹，逃到了阳光灿烂的佛罗里达，用化名做起了房地产生意。

庞氏摇身一变，成了杰克逊维尔市（Jacksonville）附近一块土地的发起人。他把一块荒凉的土地分成很多小块，卖给小的投资者。他许诺投资者只要投入10美元，在60天内就能获得30美元的回报，这比他早期的回邮券投资计划还要诱人。这还是一个金字塔骗局。没过多久，这个骗局就被戳穿了，他的身份也暴露了。庞兹再度锒铛入狱。

和庞兹一样，前后来到佛罗里达的还有很多其他各路英雄，大家都是为了一个共同的革命目标，走到一起来的。1910年，费雪车身制造公司的创始人卡尔·费雪（Carl Fischer）带着年仅15岁的新娘在迈阿密蜜月旅行，他一眼就相中了这块风水宝地。费雪在佛罗里达州推动当地政府修筑了四通八达的公路，公路沿线的房价立马飙升。著名的美国政治家威廉·詹宁斯·布莱恩（William Jennings Bryan）为了让自己患有关节炎的妻子过得舒服一些，也把家搬到了佛罗里达州。当地著名的房地产大亨乔治·梅里克（George Merrick）找到布莱恩，让他给自己的“西班牙别墅”项目站台。布莱恩曾经参加过总统竞选，差一点就当上美国总统。他在竞选总统的时候为贫苦农民代言，反对金本位制，如今则为房地产商呐喊，赞美“黄金海岸”。梅里克每年付给布莱恩10万美金的酬劳，一半以现金支付，另一本以土地支付。

在1925年和1926年期间，佛罗里达州的房地产泡沫进入了鼎盛状态。

开发商聘请乐队和马戏团吸引顾客。人行道根本无法通行，因为招揽生意的房地产经纪人实在太多了。打开报纸，看到的全是房地产广告。佛罗里达出现了很多“保证书小伙”（binder boys），他们个个都是健美年轻的“小鲜肉”，穿着白色西装，鼓动客户购买“保证书”（binder）。这个保证书相当于定金，买了它的投资者并不是为了真的买房，他们会转手卖出，赚取差价。1925年夏天，在房地产繁荣的鼎盛时期，保证书一天就可能被转手倒卖8次。保证书收据还能像货币一样流通，酒店、夜总会和妓院都接受这些收据。

为什么会有房地产泡沫？

为什么20世纪20年代的佛罗里达会出现房地产泡沫呢？

首先，是地产需求出现了急剧变化。房地产从来都没有所谓的“刚性需求”。住多大的房子才算够？是不是非要买房才能安居？但在某些特定的阶段，地产需求可能会出现一些前所未有的变化。20世纪20年代佛罗里达的房地产泡沫和汽车的普及息息相关。随着福特汽车公司著名的T型车问世，越来越多的美国人可以买到廉价汽车，他们驾着车来到气候温暖、土地便宜的佛罗里达。当地人把这些驾车南下的北方佬称作“锡罐观光客”（tin can tourists）。

当时，在纽约、芝加哥、底特律等地也出现了房价的急剧上涨，那是因为商业地产成为一种新的投资模式。20世纪20年代是属于摩天大楼的10年。在这10年破土动工的高楼大厦，比20世纪的任何一个10年都要多。新建的摩天大楼，不再是给一家公司做总部办公室，多出的房间可以出租给其他客户，赚取租金。

这些新出现的需求并非都是虚幻的，但由于这是新的需求，往往使得人们难以判断哪里是合理的区间，更容易相信未来的房价将一路飞涨。

2007年美国次级房地产贷款危机的出现，源于一批低收入家庭突然开始贷款买房，这是一种全新的现象。21世纪之后中国的房价开始上涨，源于20世纪90年代的住房制度改革，突然从单位分房变为拿钱买房，这也是我们从未有过的一种经历。

其次，房地产泡沫往往得益于极其宽松的货币政策。货币政策要不要关注包括房价和股价在内的资产价格？这一问题至今亦无标准答案。但宽松的货币政策往往可能导致流动性过多，这些流动性就会流入房地产市场或股市，推高资产价格。1924年，美联储将其贴现率，亦即其贷款给商业银行时的利率从4.5%调低至3%，目的是帮助大英帝国回归金本位制。这一低利率政策导致市场上的流动性增加，而很多流动性流入了房地产市场。2007年美国次级房地产贷款危机的出现，也发生在央行不断降息、全球处于超低利率的时期。中国实施住房制度改革之后房价开始上涨，但最初房价上涨的速度并不快，真正加速上涨，乃是在实施了宽松的货币政策之后。

最后，金融投机使得房地产泡沫火上浇油。如果没有金融机构推波助澜，房地产价格不会急剧膨胀。在过于宽松的金融监管制度下，金融投机很快就会一浪高过一浪。在20世纪20年代佛罗里达房地产泡沫中，参与投机的还有各种金融机构。相对而言，传统的银行更为保守，最激进的是建筑和贷款协会（building and loan associations）。这些机构就像互助储蓄银行一样，主要借款给自己的成员。负责监管建筑和贷款协会的主要是地方政府，而地方监管者认为这些机构并不吸纳公众存款，所有的贷款都有房地产为抵押，因此不会出现问题，所以对这些机构睁一只眼闭一只眼。很多建筑和贷款协会是房地产商建立的，他们通过降低首付比例、发放二次抵押贷款等方式刺激人们贷款买房。尽管建筑和贷款协会不会像银行那样出现挤兑，但如果贷款合同违约率提高，同样会出现资不抵债问题。

当时已经出现了证券化。在20世纪20年代期间，开发商发行了大约

100亿美元的房地产债券。大约有三分之一房地产债是以住宅按揭利息为基础，其余的房地产债则以商业地产项目的未来租赁收入为基础。为了吸引投资者购买，发行人保证债券持有人能够获得5%的利息率。当然，这也就意味着，如果潜在投资的收益不足，该项目或保险公司就承担了很大风险——导致2007年美国次级贷款危机的那些令人眼花缭乱的“金融创新”，其实根本就不是创新，80年前，佛罗里达的房地产商就已经熟知这些伎俩了。

◆ 房地产泡沫是如何破灭的

所有的泡沫都是在一夜之间崩溃的。可能导致房地产泡沫的原因很多，当整个市场已经处于癫狂状态的时候，任何一点小小的传言，都可能触发大规模的恐慌。到底是什么原因导致了佛罗里达房地产泡沫的破裂，一直很有争议。

有人说是股市下跌。1926年2月到5月间，标准普尔综合指数下跌了11%。有人说是气候异常。1926年冬天佛罗里达异常寒冷，之后的夏天又赤日炎炎。1926年，一场飓风袭击了迈阿密，城区有100多人死亡。其他的州，尤其是邻近的州担心资金都被佛罗里达吸走，它们通过立法限制资金外流，还到处造谣，说在佛罗里达买不到肉，闹市区会有巨型蜥蜴咬人。

佛罗里达的房地产泡沫来得快，去得也快。先是交易量下跌，过了一段时间之后价格随之下跌。在佛罗里达州和临近的佐治亚州，有155家银行破产。这些银行大多由詹姆斯·R. 安东尼（James R. Anthony）和韦斯利·D. 曼利（Wesley D. Manley）这两个银行家拥有或控股。曼利被逮捕。他的律师为他辩护时，声称他有精神错乱。

和2007年美国房地产泡沫相比，20世纪20年代佛罗里达的房地产危机影响相对较小，受到冲击最大的是佛罗里达州及其邻近的佐治亚州，但房地产泡沫的几乎所有症状都能在当时找到。将近80年之后，由于岁月遥远，记忆黯淡，很多人忘记了当年的佛罗里达房地产泡沫。健忘的结果是，危机只能再来一次，而且来得更为猛烈。

链接阅读：巴里·埃森格林（Barry Eichengreen），《镜厅》，中信出版社。

金本位制：为什么凯恩斯说金本位是一种野蛮的制度

在19世纪末和20世纪初，曾经出现过国际金本位制。世界各国大多实行了金本位制。黄金就是货币，货币就是黄金。在伦敦如此，到了布宜诺斯艾利斯也一样。那个时代的人们相信，金本位制是神圣的自然法则。隔着历史的迷雾，很多人仍然认为当年的金本位制有着一种朦胧的美感。他们觉得，金本位制不需要政府干预，一切都由市场经济自己搞定，那是多么美好的年代。

那么我来告诉你关于金本位制的几个真相。

◆ 真相之一：国际金本位制的出现具有很大的偶然性

稍微扯得远一些。我们在政治经济学课本里学过：货币天然是黄金，黄金天然是货币。遗憾的是，经济史并没有为这一著名的判断提供太多的支持。做过货币的东西很多，从贝壳、牲畜、农具、丝绸，到烟草、石头、金属、陶瓷，五花八门，琳琅满目。黄金也不是一登场就做了货币。

古典经济学家认为黄金能够成为货币的原因是其易于储藏、易于分割，更容易鉴定真伪。事实并非如此。原始金属的价值很难估计，所以在交易中使用黄金的成本非常高。相比之下，评估一袋盐或一头牛比评估一块金属的价值更容易。

黄金成为货币，不是借助市场的自发力量，而是由于国家的支持。国家需要收税，就不喜欢易货贸易，只有在交易中采用了统一的货币，政府才能方便地收税。政府在铸造货币的时候，会抑制不住偷工减料的冲动，一块金币的价值大于铸造这块金币的黄金的价值，这中间的差价叫“铸币税”，又被政府轻易地拿走了。

19世纪末出现的国际金本位制，首先是因为当时的霸主英国采用了金本位制。英国为什么会实行金本位制呢？从某种程度上讲，这跟著名科学家牛顿有关。牛顿曾经当过英国皇家铸币局的局长，当时英国实行的是黄金和白银并用的“复本位制”。牛顿在计算黄金和白银的比价的时候估算有误，结果导致白银退出了流通，只剩下黄金。

到了19世纪，英国成为世界霸主。由于英国实行的是金本位制，所以其他国家也群起效尤。1870年普法战争爆发。法国输掉了战争，被迫向德国支付50亿法郎的战争赔款。德国马上用这笔收入积累了大量黄金，也开始实行金本位制。同时，德国大量卖出白银，这导致国际上的银价暴跌，引起了其他国家的通货膨胀。实行复本位制的国家被迫改弦更张，也逐渐加入了金本位制的阵营。到20世纪初的时候，除了中国、印度，世界上大部分大国都实行了金本位制，这就是所谓的国际金本位制。

◆ 真相之二：没有纯粹的金本位

即使是在19世纪末和20世纪初实行的金本位制，也不是我们想象中的纯粹的金本位制。如果是纯粹的金本位制，那就没有政府的干预，一切都靠市场的力量摆平。这就要谈到大卫·休谟提出的“休谟机制”。简单地说，要是一个国家的进口比出口多，贸易商就得去换更多的外币付款，于是，外币就会升值，要是外币升值得太离谱，比黄金的价格还高，那贸易商就会直接拿黄金付款，于是，黄金就会大量流出。

当时，一国能发多少货币，是要看你有多少黄金的，黄金少了，发的货币就少，发的货币少了，物价就会下跌，于是，一国的出口就会更有竞争力，出口就会增加，这就自动地恢复了贸易平衡。这个“休谟机制”离我们的现实世界很遥远，理解起来可能有些烧脑，大家不妨当成一个智力训练。不管怎么说，这是经济学里的第一个一般均衡机制，各种力量交织在一起，自动达成均衡。

尽管休谟的逻辑非常清晰，但在现实中，国际金本位制并不是这样运行的。如各国之间出现大规模的跨境黄金流动，但在现实中并没有发生这种情况。实行金本位制的国家的黄金储备也并不都十分充足。

很多外围国家因为缺少黄金，实际上实行的是黄金汇兑制度，也就是说，它们只有很少的黄金，剩下的储备资产是跟黄金挂钩的英镑。英镑汇票成为其他国家的替代货币，伦敦作为世界金融中心牢牢决定着英镑的利率，也左右着那些遥远小国的命运。

◆ 真相之三：国际金本位制保护的是大资本家的利益

金本位制是一种经济哲学。按照金本位制的想法，政府不应该干预经济。由于发行多少货币，需要根据黄金储备的多少而定，中央银行就没有什么可做的事情。好处是什么？好处是这种金本位制能够推动全球贸易和全球投资，但不好的事情是，一旦国内经济出现衰退，政府没有什么可以救助的办法。

在19世纪，政府的规模很小，功能也很少。政府不会费心费力地做公共卫生，也不管公共教育。政府不提供养老保险，如果你老无所依、老无所养，那是你自己的事情。政府不提供失业救济，事实上，当时根本就没有失业的概念，你要是没有工作，那只能证明你不够努力，太笨太懒。这样的社会哲学为什么能够被大家接受呢？因为当时并没有实施真正的民主制度。普通人没有平等的投票权。政治仍然是权贵和精英的事情，跟普罗大众没有关系。

第一次世界大战改变了这一政治格局。大量的青壮男子在战争中阵亡，或是因为负伤失去了劳动能力。劳动力一下子变得稀缺。当这些退伍军人回国之后，政府也很难拒绝他们的投票权。

普选制度在第一次世界大战之后变得日益流行。这带来了一个重大的变化。在汇率稳定和国内经济政策自主性之间，政府得首先选择国内经济政策自主性，汇率稳定就会成为次要的政策目标。

回首国际金本位制时期，经济全球化的确发展速度较快，但很多国家不得不经历漫长的衰退和大规模失业。如果经济学家都有一颗冷酷的心，或许也能达成一个共识，也就是说，衰退就衰退，失业就失业，不管经济危机多么严重，只要耐心等待，经济总能起死回生。

当然，这种观点不能算错。大乱之后或有大治。不要说经济危机，就是瘟疫来了，我们什么也不做，等死掉一大批人之后，瘟疫也总会过去的。而且，说不定瘟疫也能带来意想不到的好作用。

欧洲之所以能够从封建制度演进到资本主义制度，就是由于在“黑死病”之后，大量劳动力死亡，劳动力变得更为抢手，封建主不得不放松对农民的控制，农民才能变成可以自由出卖自己劳动力的工人阶级。

问题是，我们忍心这样做吗？至少，著名经济学家凯恩斯是不忍心的。他把金本位制称为“野蛮的遗迹”，就是因为不打破金本位制，就无法更好地管理宏观经济。

链接阅读：巴里·埃森格林，《资本全球化：一部国际货币体系史》，机械工业出版社。

银行危机：任何一家银行都可以被挤垮

◆ 囚徒困境

从理论上讲，任何一家银行都可以随时被挤垮。银行是干什么的？银行是从储户那里吸收存款，然后再找机会把贷款放出去的。因此，银行不可能把所有的储户的钱都原封不动地放在自己的金库里，绝大多数的钱是要贷出去的。那么，假设有谣言传出，说某家银行不行了，储户们信以为真，都去排队取走自己的存款，最后的结局是什么？这家银行肯定要被挤垮的。

假设这家银行的经营其实并没有那么差，为什么大家还要去排队呢？这就是一个囚徒困境。如果谣言传来，你不信邪，不传谣，岿然不动，最后，别人一样会把银行挤垮，你的存款就会血本无归。如果你赶紧跑去取钱，说不定还能拿回一部分钱。这个囚徒困境的最理想的结果是大家都不去挤兑，银行也不倒闭，储户其实没有损失，但这种需要大家精诚合作的结果是不可信的，如果大家相信别人都会“背叛”，还不如自己先“背叛”为好。

◆ 合众国银行破产了

这里，我就给大家讲一个金融史上活生生的银行挤兑案例。1930年，在美国纽约有一家合众国银行（Bank of United States）出事了。大家注意，这家银行的名字是合众国银行，不是美利坚合众国银行（Bank of the United States）。历史上有美利坚合众国银行，那是1791年至1836年间存在的美国央行的雏形。合众国银行是一家普普通通的商业银行。

它为什么能起这个名字呢？当然是为了拉大旗扯虎皮，提高声誉吓唬人的。1926年，美国通过了一项立法，规定银行在起名的时候不能再用“联邦”“合众国”“储备”等词语，但已经用了这些名字的不予追究。合众国银行是一位叫约瑟夫·马库斯（Joseph Marcus）的制衣厂老板在1913年创建的，这一名字就一直沿用下来。

马库斯1928年去世。合众国银行由其儿子伯纳德（Bernard Marcus）继承。伯纳德成了全美国最年轻的银行总裁之一。马库斯父子都急于扩张业务，儿子尤其激进。他们将银行的资本金提高到2500万美元，有61家分行，顾客多达40万，在当时的银行界首屈一指。他们设立子公司，负责发行和交易证券。他们建立了投资信托公司，把证券卖给储户。后来人们才察觉，他们卖得最多的证券是银行自己的股份。他们也为商业地产项目提供贷款，包括曼哈顿几个主要街区的公寓楼项目。纽约市的银行与房地产有关的贷款平均占贷款总额的12%，但合众国银行与房地产有关的贷款占其贷款总额的40%。合众国银行还有个子公司，直接购买土地，开发建造公寓楼。

1929年4月，还没有爆发美国股灾的时候，合众国银行的股价已经开始下跌。伯纳德·马库斯和他的执行副总裁索尔·辛格（Saul Singer）一起，通过其他关联公司，购买自己的股票，抬升股票价格。这种做法引起了美联储和州银行检察官的注意，他们批评马库斯和辛格在“草率经营银行”。合众国银行的风险管理漏洞百出，银行资产过度集中于流动性较差的房地产投资。监管者要求合众国银行尽快出台补救措施。

监管者心里也明白，最好是给合众国银行找个婆家，让一家实力雄厚的企业收购它。本来已经找好了下家，合并之后的企业董事会主席都找好了，但随后出现了股灾，兼并计划泡了汤。之后，监管者一直在帮合众国银行寻找潜在的买家，但始终不顺利。1930年12月8日，市场上翘首以待的兼并计划宣告失败，这一消息导致了挤兑。接下来的两天，2500名惊慌的储户从合众国银行提走了200多万美元存款。储户们排了好几个小时的队，等待把他们的账户清空。大批警察赶来维持治安。

1930年12月10日，纽约联邦储备银行紧急召集通宵会议商讨对策。通宵会议聚集了当时金融界的头面人物：纽约联邦储备银行行长哈里森（George Harrison）、J. P. 摩根的合伙人托马斯·拉蒙特（Thomas Lamont）、纽约联邦储备银行理事欧文·扬（Owen Young），以及纽约州副州长赫伯特·雷曼（Herbert Lehman）。12月11日凌晨4点，在通宵会议快结束的时候，代表其他纽约银行界同行的纽约银行清算协会拒绝为合众国银行提供担保。通宵会议没有拿出任何解决方案。周四早晨，合众国银行被迫关门。这是当时美国最大的银行破产案。

著名经济学家米尔顿·弗里德曼在《自由选择》中专门讲到了合众国银行的破产。他讲到，合众国银行在破产清算之后，还是为储户的每一美元存款偿付了82.5美分。也就是说，这家银行的家底还算殷实，如果没有出现挤兑，储户的钱本来是一分钱也不会损失的。

弗里德曼认为，纽约银行界之所以不愿意救助合众国银行，是因为这家银行是犹太人开的，而纽约金融圈子里有很强烈的反犹情绪。他的这一说法或许是有道理的，但纽约银行清算协会拒绝提供担保，主要还是因为他们也不知道合众国银行的亏损到底有多大。纽约的银行业没有帮助合众国银行，那么，为什么纽约联邦储备银行也不肯出手呢？可能是因为它觉得合众国银行已经资不抵债了。

不管是出于什么考虑，这都是一个错误的决策。当人们听到合众国银行破产的消息，很多人误以为美国的央行破产了。恐慌情绪很快扩散，其他的纽约银行也岌岌可危。所幸的是，纽约联邦储备银行很快清醒过来，立刻采取措施，向纽约市的其他银行提供现金和流动资产。他们在接下来的三天之内，从纽约市的各家银行手中购买了4000万美元政府证券。在之后的一周之内，纽约联邦储备银行通过贴现和购买票据，提供了1亿美元的资金。他们成功地阻止了一家主要银行的破产引发恐慌性的挤兑和流动性危机。

合众国银行呢？最后还是被纽约银行局接管。纽约银行清算协会同意以其存单为抵押，向合众国银行的储户提供不超过其存款额50%的贷款。

弗里德曼认为，合众国银行的破产是大萧条的序幕。其实，1930年美国银行危机的破坏性并没有那么大。原因之一是相比其他地区的联邦储备银行，纽约联邦储备银行位于美国金融系统的中心，应对金融危机的经验相对丰富，知道该出手时就要出手。

◆ 如何应对银行挤兑？

从合众国银行破产案例中，我们能够得到的启示是，大部分银行危机都是流动性危机，而非资不抵债危机。如果真的是资不抵债，或许破产清算是最好的解决方案，但在出现流动性危机的时候，政府应该果断出手。

1873年，《经济学人》杂志的主编白芝浩（Walter Bagehot）写了著名的《伦巴第街》，他在书中提出了应对银行挤兑危机的基本原则。第一，政府应该及时地、慷慨地放贷，在第一时间稳住阵脚，遏制恐慌情绪；第二，政府的贷款应该只给那些经营稳健、拥有优质抵押品的金融机构，也就是说，要确保它们出现的是流动性危机，而非资不抵债危机；第三，政府的紧急贷款的利率应该足够高，否则大家都会来抱政府的大腿，只有足够高的利率，才能把那些并非着急用钱的人吓走。

链接阅读：巴里·埃森格林，《镜厅》，中信出版社。

罗斯福新政：罗斯福新政里到底卖的什么药

1931年3月4日，富兰克林·德拉诺·罗斯福就任美国第32任总统。华盛顿仍然春寒料峭，从白宫到国会山，沿途站着荷枪实弹的士兵，联邦大楼的门口还架起了机关枪。就在三周之前，罗斯福差一点被一名失业工人暗杀。这位枪手说："我会先杀掉国王和总统，再杀掉所有的资本家。"就在华盛顿的街头，有大约3000名失业者安营扎寨，计划在宾夕法尼亚大街发动全国饥饿大游行。

这是美国经济最黑暗的时刻。金融体系到了崩溃的边缘，美国50个州里，已经有27个州出现了银行破产。就在总统宣誓就职当天凌晨，纽约州州长赫伯特·雷曼关闭了纽约的银行。股票交易所也关门了，上一次关门是在第一次世界大战爆发之后。1931年工业生产与1929年大萧条之前的水平相比下跌了三分之一。失业的愁云笼罩着美国社会。

罗斯福该怎样拯救美国经济？

罗斯福总统上台之后采取的一系列措施，被称为“新政”。所谓的新政，其实是几种不同的政策的混杂。这里面有解救金融危机的政策，有刺激经济增长的宏观政策，也有修正资本主义的“结构性改革”。

◆ 解救金融危机的政策

罗斯福解救金融危机的政策几乎完全继承了他的前任胡佛总统的衣钵。罗斯福总统要求新的财政部部长候选人伍丁（William Hartman Woodin）尽快提出一套重整银行的计划，伍丁和即将离任的财政部部长米尔斯（Ogden Livingston Mears）见了面。几天之后，伍丁向罗斯福总统提交了银行重整计划，几乎完全照搬了米尔斯已有的方案。

解救银行的措施中，最重要的一条是“银行休假”（bank holiday）。3月5日，罗斯福上任第一日，立刻援引《1917年与敌对国家贸易法案》宣布实行为期四天的银行休假。国会很快通过了罗斯福提交的《紧急银行法案》。按照《紧急银行法案》的规定，所有的银行都要经受全面审查，通过审查的银行才能重新开业，没有通过审查的银行就要关门整顿。

在短短几天时间内，政府就要把所有银行的账本全部清查一遍，而且要判断哪些银行经营状况良好，哪些财务出现了麻烦，这基本上是不可能完成的任务。费城联邦储备银行行长乔治·诺里斯（George Norris）接到伍丁的指令，要求其审查所在地区的银行后，立刻被银行家们的来访和电话包围，头都要大了。怎么可能在一个周末就查清七八百家银行的账！他想出了一条金蝉脱壳之计，任命他的董事会主席、首席国民银行审查员和考核部门负责人希尔组成一个三人委员会，接过这个烫手的山芋。可怜的希尔先生因此精神崩溃。

明明是敷衍了事、做做样子的应付之策，神奇的是，效果居然非常好。星期一，有12个城市的银行重新开门营业。一周之前，人们还在慌忙排队，从银行把钱取出来。过了一个周末，人们又开始慌忙排队，把钱再存回银行。罗斯福总统拯救金融危机，只用了8天时间和一次谈话！

◆ 刺激经济增长的宏观政策

很多人认为，罗斯福总统采取了凯恩斯式的扩张性的财政政策。其实，罗斯福是传统的平衡财政预算的忠实信徒。为了平衡财政预算，他甚至采取了一些匪夷所思的昏着。

1933年，日本已经入侵中国，德国的纳粹势力迅速崛起，罗斯福反而把国防开支的预算削减8%，甚至裁减了军人的工资。政府出台了一项新规定：如果退伍军人的残疾不是因为服役而造成的，就没法领到养老金。残疾的退伍军人在总统竞选时是罗斯福最坚定的支持者，而且他们是大萧条期间受到冲击最大的人群，罗斯福居然会削减他们的退休金。

罗斯福在经济学上基本是个白痴，他并不了解凯恩斯当时提出的宏观经济学革命。凯恩斯的确见过罗斯福，并且试图跟总统解释什么是“乘数”的概念。遗憾的是，罗斯福根本听不懂。事后，他跟手下抱怨，说凯恩斯是个数学家。与其说罗斯福采用了扩张性的财政政策，不如说他用的是扩张性的货币政策。罗斯福之所以会采用扩张性的货币政策，也不是由于他深思熟虑，只是因为他胆子比前任胡佛更大，赌了一把，赌赢了。

罗斯福首先下令禁止黄金出口。接着，他放弃了被金融界视为神圣不可侵犯的金本位制。1933年6月，世界货币和经济会议在伦敦召开。这相当于当时的G20峰会。与会代表草拟了一个宣言，呼吁回归国际黄金本位制。7月3日，从华盛顿发给伦敦的一份电报带来了爆炸性的消息：罗斯福总统拒绝承认大会宣言。他把金本位制称为“全世界的银行家们的过时信条”。可以讲，罗斯福的搅局彻底毁灭了全球宏观经济政策协调的希望。

但是，罗斯福是对的。欧洲各国政府认为稳定汇率比稳定国内的价格水平更重要，只有罗斯福旗帜鲜明地讲到，稳定价格水平才是一国货币政策最重要的目标。

罗斯福总统的冒险成功了。纽约股票市场不跌反涨，放弃金本位制会摧毁市场信心的看法看来并不准确。《纽约时报》的报道写道："在经历了多年的通货紧缩之后，整个金融市场满怀热情地拥抱通胀预期。"

◆"结构性改革"

罗斯福的经济顾问中有一批进步主义者，是布兰代斯（Louis Brandeis）的信徒。路易斯·布兰代斯是美国最高法院大法官，痛恨强盗大亨们的胡作非为。进步主义者主张对大企业加强监管，反对垄断，认为小企业更有活力。哈佛大学法学教授费利克斯·弗兰克福特（Felix Frankfurter）是这群人的首领。进步主义者对刺激经济增长不感兴趣，他们感兴趣的是改革。资本主义有了毛病，要开刀，要动手术。他们认为，危机能唤醒改革意识，大萧条为反垄断提供了绝佳的时机。

罗斯福总统要求企业给工人支付更高的工资，并对企业的经营实行了更为严苛的监管。为鼓励企业积极配合，政府会给遵纪守法的企业发放蓝鹰标志。遗憾的是，这些改革至少在短期内是会拉低经济增长的。

经济学家凯恩斯在给罗斯福的一封公开信里，批评这些做法是以牺牲经济复苏为代价而实施改革的经典案例。由于推高了价格，实际上限制了供给，而这些措施没有刺激任何需求。无论是信奉凯恩斯主义的经济学家，还是信奉新古典主义的经济学家，一致认为罗斯福推出的《全国工业复兴法》阻碍了经济复苏。

◆ 总结

不要以为政策必须是完美的，事实上，政策总是不完美的；不要以为政策总是深思熟虑的，事实上，政策总是不高明的经济学兑进去大量政治之后的劣质酒；不要低估经济体系对政策失误的容错空间，政府经常会对经济问题误诊，但真要把经济治死，倒也不是一件容易的事情；不要以为市场会比政府高明，事实上市场有时候会像一个涉世未深的少女，轻易地相信政府的甜言蜜语。

罗斯福新政并没有真正地导致美国经济走出困境。尤其是，当经济刚刚有了起色之后，罗斯福急于回到平衡财政预算的老路上，导致美国经济二次探底，而且，跌得更惨。真正给美国经济带来转机的是第二次世界大战，而不是罗斯福新政。

但是，罗斯福新政成功地遏制了一场经济危机。没有罗斯福新政，美国经济将会陷入更大的恐慌。罗斯福做的，其实和胡佛做的相差不大。那么，为什么罗斯福新政做到了，胡佛却没有做到呢？

新政里面包括了各种不同的政策，有些政策之间的作用力其实是相反的。罗斯福的巧妙之处就在于把不同的政策打包，用一个品牌对外销售。决定政策效果的，不仅在于政策的设计，甚至不仅在于政策的执行，政策的包装和推销同样重要。新政的成功秘诀，就在于有罗斯福这样一个出色的推销高手。他的性格和胡佛完全不同，胡佛固执，罗斯福随和；胡佛拘谨，罗斯福自信；胡佛的演讲苍白乏味，罗斯福的演讲深深地打动人心。“唯一值得恐惧的就是恐惧本身”，说得多好啊。有时候，差别就在于换了一个人。

链接阅读：巴里·埃森格林，《镜厅》，中信出版社。

历史的教训：活学活用历史篇

马克·吐温说："历史是不会重复的，但总押着同样的韵脚。"当我们遇到严峻挑战、需要做出重大决策的时候，历史经验就变得格外有用。决策犹如在迷雾中摸索，犹如在惊险中一跃，除了历史经验，我们还能依靠什么呢？理论往往是难以令人信服的。预测经常是不准确的。各种不同的利益会给决策过程带来掣肘。相比之下，历史经验往往最具有说服力。

应对全球金融危机的时候，人们经常会把20世纪30年代的历史事例拿出来对比。全球金融危机已经过去8年了，如果我们做一个总结，30年代的大萧条，真的对应对全球金融危机有帮助吗？

答案并不是简单的是或非。我们不妨把所有的可能性都考虑进来。当人们试图总结历史经验的时候，他们可能会总结得对，也可能会总结得错。当人们试图根据历史经验做出现实决策的时候，他们可能做出正确的决策，也可能做出错误的决策。因此，我们会有四种可能性，如果做出坐标图，这四种可能性将分别处于四个不同的象限。第一象限是：对历史的认识是正确的，现实决策也是正确的。第二象限是：对历史的认识是正确的，但现实决策却错了。第三象限是：对历史的认识是错误的，现实决策也是错误的。第四象限是：对历史的认识是错误的，但现实决策反而是正确的。

我们分别来考察一下这四种可能性。

第一种可能性是：对历史的认识是正确的，现实决策也是正确的。

2008年全球金融危机爆发之后，各国决策者迅速地行动起来，避免了再次出现像20世纪30年代大萧条那样的悲剧。是的，在2008年全球金融危机之后，还是出现了旷日持久的衰退，发达国家增长乏力，失业率居高不下，但美国失业率在2010年达到这一时期的最高值10%，这大大低于大萧条时期的25%。大萧条之后，金融体系几乎完全崩溃，而全球金融危机之后，尽管金融机构遭受重创，但依然过得非常潇洒。不得不承认，由于应对政策更为得当，产出下降、失业高升、社会紊乱和民众痛苦的程度都较上一次大危机时期更低。

这说明经济史学家对大萧条的研究发挥了作用。大萧条时期，受到错误的经济教条的影响，政府在最需要刺激经济的时候，却害怕财政赤字太多，忙着重建财政平衡。这种做法使得经济局势更加恶化，财政平衡也变成了泡影。在本该卧床休息的时候，偏偏要到户外顶着寒风跑马拉松，这才叫不作不死。

大萧条时期，中央银行家都是真实票据论的奴仆。他们的信条是，中央银行只应该提供与经济活动所需相匹配的信贷量。经济繁荣的时候，央行需要提供更多的信贷，经济衰退的时候，央行就要减少信贷的供给。这一教条带来的危害是巨大的。于是，繁荣的时候，经济出现了过热，衰退的时候，经济出现了危机。

大萧条时期，各国政府对于救助出了问题的金融机构并没有经验，要么作壁上观，要么想帮却束手无策。于是，金融机构像多米诺骨牌一样一张张地倒掉了。

反观2008年全球金融危机爆发之后，各国几乎不约而同地都采取了扩张性的财政政策和货币政策，敞开向金融市场注入流动性，避免了银行间的恐慌进一步蔓延。各国政府还采取了非常规的手段救助出了问题的金融机构，甚至直接向一些金融机构注资，把它们“国有化”了。

我们能从这里得到什么启发？从历史的失败案例吸取教训也容易，也不容易。容易在于，你只要避免犯同样的错误，朝反方向调整就行。不容易在于，改弦更张谈何容易？总会有各种反对的声音。什么时候更可能成功呢？那就是当危机来得太快太猛的时候。这时候，决策者不得不当机立断、力挽狂澜。这种危机感有助于帮助决策者摆脱陈腐偏见的束缚，大胆地尝试新的方案。任何一种政策都可能带来副作用，但只要方向是对的，到最后，副作用其实都不会太大。

第二种可能性是：对历史的认识是正确的，但现实决策却错了。

从历史经验来看，20世纪30年代大萧条的主要根源是出现了银行业危机。不难发现，在处理2008年全球金融危机的时候，决策者也把主要精力集中于商业银行。这使得他们忽视了影子银行、衍生产品等新生事物。正是由于这一忽视，才酿成了本次危机中最大的错误，即允许雷曼兄弟倒台。

雷曼兄弟不是商业银行，不吸收存款。决策者们误以为，它的倒闭不会引发对其他银行的挤兑，他们忽视了雷曼兄弟对货币市场的影响。在正常时期，货币市场是企业，尤其是大企业融通短期资金的主要渠道。雷曼兄弟在货币市场上发行了大量短期票据，过去，投资者认为这些短期票据几乎是没有风险的。雷曼兄弟倒闭之后，投资者才发现，兄弟是靠不住的，货币市场是有风险的。货币市场上的资金几乎在一夜之间蒸发得无影无踪。正是因为雷曼兄弟的倒闭，才使得金融危机扩散成为经济危机。

从历史吸取教训，还可能会出现另一种问题。一朝被蛇咬，十年怕井绳。过分地拘泥于历史经验，反而会让人缩手缩脚。

在20世纪20年代，德国曾经出现过恶性通货膨胀。有些学者认为，正是由于恶性通货膨胀，才使得希特勒最终通过民主选举的方式上台，随后迅速推行纳粹专制。这使得德国比任何一个国家都害怕通货膨胀。鉴于德意志联邦银行在欧洲中央银行中的影响力，再加上身为欧洲央行主席的法国人让·克劳德·特里谢（Jean-Claude Trichet）急于表现出他和德国人一样，是一个反通胀斗士，德国人的恐惧最终变成了欧洲的政策。在欧洲遭受债务危机冲击之后，欧盟和欧洲中央银行反而要求希腊等国家大幅削减预算赤字。2010年，欧洲央行贸然下结论，认为复苏可期，可以逐步退出其非常规政策。2011年春季和夏季欧洲央行更是两次升息。这使得欧洲不仅没有迎来复苏，反而陷入了第二次衰退。

第三种可能性是：对历史的认识是错误的，现实决策也跟着错了。

20世纪30年代的大萧条，可追溯到《凡尔赛和约》。“一战”之后，战胜国认为能够从历史中吸取的最宝贵的教训就是削弱德国的力量，以免让德国东山再起。《凡尔赛和约》规定了非常苛刻的条件，要求德国赔偿。德国破罐破摔，干脆搞个恶性通货膨胀。“一战”之后，欧美各国还错误地想恢复金本位制，以为只要恢复金本位制，就能回到“一战”之前的黄金时代。金本位制束缚了各国的手脚，成了凯恩斯所说的“黄金镣铐”。

我们现在能够看得更为清楚，第一次世界大战之后，各国对为什么战前的黄金时代会突然结束，为什么会出现残酷的战争，并没有清醒的反思。他们的认识仍然停留在第一次世界大战之前。那个时代见证了科技的巨大进步、财富的涌流、社会的进步，以及难得的世界和平，大多数人只是本能地怀念过去的好时光，徒劳地想要修复破碎的镜子。第一次世界大战之后，国际政治、国内政治、国际经济和国内经济都有了巨大的变化，但各国仍然幻想着能够回到过去。这是当时的决策者犯的最大的错误。

历史不会自动地把谜底揭开，清清楚楚地展示给世人。各种头绪盘根错节，各种力量钩心斗角，各种信息扑朔迷离，能够做到准确地鉴别真伪，并对历史的趋势做出可信的判断，是一件很难的事情。

我们能从这里得到什么启发？历史首先是观念的历史，如果我们仍然抱着陈旧的观念，就无法对历史做出合理的解释。在解读历史的时候，要把各种先入为主的成见放在一边，随时准备修正自己已有的认知。

第四种可能性是：对历史的认识是错误的，但阴差阳错，现实决策居然对了。

最经典的案例是《斯穆特-霍利关税法》。这是1930年美国国会通过的一个臭名昭著的贸易保护主义法案。经济学教科书告诉我们，这个贸易保护主义法案给世界经济带来了极大冲击。但是，经济学教科书讲的是错的。

《斯穆特-霍利关税法》是由众议院议员威利斯·霍利（Willis Hawley）和参议院议员里德·斯穆特（Reed Smoot）共同提出的。1930年6月17日，胡佛总统批准了这一法案。在签署法案的时候，胡佛总统耀武扬威地用了六枝纯金水笔。《斯穆特-霍利关税法》将可征税的进口品的税率从38%提高到45%。

这一法案对美国经济的影响有多大呢？一位经济学家道格拉斯·艾文（Douglas Irwin）的研究结果是，《斯穆特-霍利关税法》使美国1929年的GDP最多减少了1.16亿美元，或相当于当年美国GDP的0.1%，这和大萧条带来的冲击相比，不过是沧海一粟。有人说，提高关税带来了更多的不确定性，因此影响了投资。是的，1929年的投资确实较为疲软，但到1930年就已经企稳，并没有发现《斯穆特-霍利关税法》对投资有显著的负面影响。

《斯穆特-霍利关税法》带来的最大的冲击是破坏了国际合作的气氛。美国的贸易保护政策引发了其他国家的贸易保护政策。用摩根的合伙人托马斯·拉蒙特的说法，它“刺激了全世界的民族主义情绪”。意大利因其草帽和橄榄油对美出口的关税被提高而抗议。瑞士的手表制造商义愤填膺。西班牙对美国的葡萄、柑橘、洋葱出口均受到影响。拉丁美洲国家抱怨美国给予其农户的贸易保护。在拉丁美洲和其他地区，初级产品价格本来就已经疲软，美国的贸易保护主义政策让它们雪上加霜。它激发了其他国家的报复，并导致国际联盟举办的一次关税削减会议破产。

单纯从经济学的角度来看，教科书里关于《斯穆特-霍利关税法》使得美国深陷大萧条的说法是夸大其词的，但这一误读早已深入人心，使得人们对贸易保护主义心存警惕。2008年全球金融危机之后，各国政府总体来讲对实施贸易保护主义非常克制，这种克制的态度又使得其他国际政策协调变得更加容易。这可以算是一个有趣的案例。

广场协议：告诉你1985年广场协议的真相

你们可能听说过广场协议，据说美国当年施压日本，让日元升值。日元升值之后，日本经济就完蛋了。这是一种流传甚广的阴谋论。我来告诉你广场协议的真相。

谣言：

1985年，美国召集其他几个国家在纽约的广场饭店开了一个会，通过了广场协议。广场协议的主要目的是为了逼迫日元升值。日本迫于美国的淫威，不得不让日元升值。本来，日本经济发展得很好，出口产品很有竞争力，就是因为上了美国的当，让日元升值，从此一蹶不振，日本经济由盛转衰，进入了“失去的十年”。

真相：

1985年在广场会议上，让美国人吃惊的是，日本人主动提出的升值幅度，比美国想让日元升值的幅度还要大。日元升值之后，当然对日本的出口带来了一定的冲击，但日本企业很快就改变了经营策略，更注重质量而非价格，竞争力反而更强了。即使日元不断升值，日本的出口还是比进口多，保持了较大的贸易顺差。日本企业也是在日元升值之后才开始“走出去”，变成了真正的跨国公司。

日本进入“失去的十年”是在1990年之后，那是因为日本在广场协议的背后错误地采取了扩张性的货币政策，带来了史无前例的资产价格泡沫，最后泡沫崩溃，日本经济遭受重创。

解释：

1985年，里根经济学已经穷途末路。里根经济学始于1981年，主要包括四个部分：

一是削减联邦政府的开支；

二是减税，即削减个人所得税，并实施投资优惠政策；

三是放松管制，尤其是对金融行业的管制；

四是反通货膨胀。里根经济学的效果并不理想。跟一开始的许诺相反，里根政府非但没有减少联邦开支，反而导致联邦政府的财政赤字越来越大。美国从一个债权国变成了债务国，不得不从外国人那里借钱。

1979—1981年期间，美联储主席保罗·沃尔克（Paul Volcker）两次把美元利率提到20%，以铁腕手段遏制了持续多年的通货膨胀，但这一政策也使得美元强劲升值。美元升值影响了美国的出口。1984年，美国的贸易逆差第一次超过1000亿美元。很快，贸易保护主义情绪在美国抬头。仅仅在1985年，美国国会就提出了400多项保护美国产品的议案，比如，民主党提出的征收进口附加税议案。当时，日本对美国的贸易顺差最大，因此首当其冲，被美国不断敲打。1985年9月，里根总统根据《贸易法》中的301条款，对日本的出口进行报复。这个301条款是美国最有名的贸易保护手段，根据这一条款，如果美国认为其他国家存在对美国不公平、损害了美国利益的行为，就可以单边采取制裁行为。1985年，美国财政部换了领导。詹姆斯·贝克（James Baker）成为新的财政部部长。之前，他是白宫办公厅主任。他的助手理查德·达曼（Richard Daman）成为财政部副部长。贝克和达曼对宏观经济和国际金融并不在行，但他们都是华盛顿的老手，具有敏锐的政治直觉和本能。他们很快意识到，要是采取些行动制止美元升值，会在政治上得分。

说干就干，贝克和其他几个主要的发达国家商量，能不能联手干预外汇市场。大部分国家都支持美国的倡议。随着全球资金源源不断地流向美国，其他国家也深受其害。拉丁美洲在20世纪80年代出现的债务危机，虽然有其自身的原因，但很大程度上是强势美元带来的资本外流触发的。欧洲国家的货币急剧贬值，它们也在讨论要不要联合干预。德国曾于1984年单边行动，卖出13亿美元，试图打压美元汇率，却无济于事。英镑跌到了历史低位，撒切尔夫人曾向里根总统求援，希望美国干预汇市。

1985年9月22日，在纽约中央公园对面的广场饭店召开了五国集团的财政部部长和央行行长会议。美、日、德、法、英五国用了不到20分钟的时间，就通过并公布了联合声明。为什么这个会议会如此有成效呢？因为美国已经事先做了充分的沟通。美国官员在6月份就已经把联合干预的方案透露给了日方。

美国在谈判的过程中，采取的是“分而治之”的策略，先和日本达成原则上的一致，然后到欧洲，告诉欧洲各国，日本已经答应了我们。当欧洲各国也表示同意之后，美国再回到日本，用欧洲的合作敲打日本，要求日本接受更苛刻的条件。其实，美国对日本过虑了。美国得到的，比他们想要的还更多。

保罗·沃尔克在回忆录《时运变迁》一书中写到，在广场会议上，让美国人吃惊的是，日本的大藏大臣（即财政部部长）竹下登主动提出，日本可以承受10%—20%的日元升值，美国原来想的是日元能升值10%就谢天谢地了。为什么日本会如此积极呢？这主要是因为日本政府非常担心，如果日元升值的幅度不够大，美国就会对日本的出口实行严厉的制裁。日元升值固然会影响到日本的出口竞争力，但总比激怒了美国、让美国把市场的大门彻底关上要好。

广场协议之后的七天之内，G5集团共抛售了27亿美元，其中日本最为卖力，卖出了12.5亿美元。广场协议之后，美元迅速贬值。1986年1月，美元已经比一年前的最高点下跌了25%。

为什么广场协议如此成功？各国政府当然会吹嘘这是他们团结一心、政策协调的结果，但实际上，就在广场协议之前，美元已经是强弩之末，开始由强转弱。比如说，美元兑日元汇率在1985年2月份达到最高点，即1美元兑换263日元，而到广场协议的前一天，1美元兑换238日元，美元已经下跌超过10%。有一种流行的说法是，广场协议之后的日元升值，导致了日本经济的崩溃。这种观点在1985年和1986年较为流行，但到1988年左右就逐渐消失了。

大家发现，日元升值之后，日本的贸易顺差还是很大。1986年，日本贸易顺差占GDP的比例达到了最高值4.4%，到1987年还高达3.6%。提起贸易顺差，日本人自己都不知道该怎么降下去。田中角荣首相出于善意，想通过订购美国的飞机，把贸易顺差降下来，结果反而惹了一身腥。国内公众指责他在这单生意中拿了回扣。

中曾根康弘首相高调号召日本人多买美国货。他甚至在电视摄制组的陪同下，到了一家美国的商店，以身作则，购买了两条漂亮的领带。遗憾的是，这两条领带是法国生产的。大多数日本的官员和学者都认为，真正造成日本经济崩溃的原因，不是广场协议之后日元升值，而是在随后的卢浮宫协议之后，日本过度放松货币政策，导致房地产价格和股票价格疯狂上涨，到了1989年，日本银行又突然加息，一下子戳破了泡沫，这才导致日本经济一蹶不振。

链接阅读：保罗·沃尔克和行天丰雄，《时运变迁》，中信出版社。

美元霸权：美元是我们的货币，但却是你们的问题

◆ 令人郁闷的美元

20世纪70年代，在尼克松总统时期当过美国财政部长的约翰·康纳利（John Connally）大言不惭地讲："美元是我们的货币，但却是你们的问题。"什么叫霸道？这就叫霸道。弱国无外交。其实，强国也没有外交，大多数时候只要学会仗势欺人就行。大家可以想想，作为世界上唯一一种霸权货币，美元更倾向于升值呢，还是更倾向于贬值？

里根总统喜欢说："强势的美元，强大的美国。"看起来，既然是霸权货币，那就得非常坚挺。不过，要是一种货币在升值的时候才能受到别人的追捧，那就不叫霸权货币了。任何一种货币，只要有升值的预期，自然会有更多的人愿意持有。只有霸权货币是在它不断贬值的时候，你还不得不持有。作为一种霸权货币，美元的长期趋势是不断贬值。更为令人郁闷的是，当危机爆发的时候，美元往往是最大的受益者。也就是说，美元在平日里会缓慢贬值，到了危机关口反而不跌反升。

我们把时光倒放到2007年。当时，美国的经常账户赤字已经超过GDP的5%，这早已超过了预警线。很多经济学家、政府官员、金融家和媒体记者纷纷发出美元即将崩盘的预警。我们后来熟悉的"末日博士"鲁比尼（Nouriei Roubini），是为数不多的预言了美国金融危机的经济学家，但他也说错了，他当时预言的是美元危机，不是来自房地产市场的危机。据称，著名经济学家克鲁格曼成功地预言了东亚金融危机。他说，美国的经

常账户赤字已经到了不可持续的地步。

哈佛大学的罗格夫（Kenneth Rogoff）教授是国际金融学界数一数二的人物，他后来做过国际货币基金组织的首席经济学家。罗格夫教授说，我们即将面临一场巨大的金融海啸，因为美元很可能会出现剧烈的贬值。号称“日元先生”的日本前任财政部部长榊原英资说，美元将在2008年大幅度贬值。

跟索罗斯（George Soros）齐名的著名金融家罗杰斯（Jim Rogers）也说，很快就要出现一场严重的经济衰退，美元必将崩盘，债券市场也会崩溃。所有的人都猜错了。全球金融危机的导火索不是美元，而是美国房地产市场上专门贷款给穷人的“次级贷款”。奇怪的事情发生了。美国明明是个重灾区，是地震的震中，但大批资金反而涌入美国。这些流入的资金当中，有一部分是美国的资金。美国的投资者没有钱了，不得不从海外抽回资金，补窟窿，这是可以理解的，但流入美国的还有其他国家的资金。

当时，德国和日本都出现了资本外流，只有美国出现了大量的资本流入。于是，美元本来是应该贬值的，结果不仅不贬值，反而还升值了。这真正是不讲道理。当然，这些钱流入美国，不是为了买美国的房地产，也不是为了买美国的股票，大量的资本涌入了美国国债市场。于是，美国国债的价格持续攀升。美国经济已经不行了，美国政府制定了大规模的政府支出计划，可是，美国自己没有钱啊，怎么办，只好跟大家借钱。

如果政府为了增加支出而大举借债，利率本来是要提高的。你有急事跟我借钱，我还不收更高的利息？但实际上，美国国债的利率一直没有上升。2008年9月之后，3月期的美国国库券的收益率居然出现了负数，也就是说，你要是借钱给美国，不仅没有利息收入，反而要倒贴钱。这真是不讲道理。

还有更不讲道理的。2011年8月5号，国际评级机构标准普尔做了一件出乎意料的举动，将美国政府债券的信用等级从最高的“AAA”级，下调到“AA+”。这表明市场上对美国的债务问题是非常担心的。这下子总算有个孩子站出来，大声地说，皇帝是没有穿衣服的。结果如何？皇帝应该灰溜溜地下台才对。我们又猜错了。当出现恐慌之后，投资者不仅没有减少对美国国债的购买，反而买得更多了。当然，他们也做了一些调整，少买长期国债，多买短期国债。美国经济越烂，美元越受到投资者追捧。美国的债务越多，愿意借钱给美国的人反而越多。这个世界真的是疯狂了。为什么会是这样呢？因为在危机时期，全球金融市场上非常缺乏安全性金融资产。

所谓安全性金融资产需要满足三个特征：一是可以保护投资者的本金，二是可以很容易地转换为其他货币，三是具有充足的流动性，也就是说，想要现钱的时候随时可以变现。

可怜的全世界的投资者，心中的悲苦，更与何人说。

◆ 中国与“美元陷阱”

我们举一个例子。中国最多的时候有4万亿美元的外汇储备，现在少了一些，也有大约3.5万亿美元。这些外汇储备大多是由国家外汇管理局管的。你要是在国家外汇管理局，手里拿着这么多的美元，你该怎么办？

你也知道，美国国债的收益率是极低的。那，要不然，我们买美国的房地产，或是买美国的股票？少量地买一些是可以的，但没有办法都买成房地产或股票。不管是房地产还是股票，都是有可能赔钱的，但外管局最重要的任务不是赚钱，而是不亏钱，要保本。要是不买美国的国债，那我们去买欧元国债，或是日元国债？欧洲国家里发行债券最多的国家是意大利。你去买意大利的国债，还不如买美国国债靠谱。买日元国债？日本的债务压力比美国还大，日元汇率的波动性远高于美元。买黄金？可以啊。但是，黄金不会给你带来任何利息收入。而且，只要国际市场上听说中国要买黄金，一定会把黄金炒到天价，中国就会成功地在历史最高点买入黄金，被结结实实地套牢。

再说，不管我们想买欧元、日元还是黄金，首先得把手中持有的美国国债卖了，才能有钱买其他的资产。如果中国抛售美国国债，一定会触发市场上的恐慌，美元将会急剧下跌，我们又不可能在一夜之间卖掉所有的美国国债，所以，如果中国抛售美国国债，就会迅速地赔钱。那算了，不卖了，我们继续持有美国国债。可以啊，但是，不要忘了，从长期趋势来看，美元是要贬值的。现在大家都在谈美元升值，这一波美元升值能够持续多久呢？特朗普不是口口声声要重振美国的制造业吗？要是重振美国的制造业，美元就得走弱，否则美国根本竞争不过其他国家。于是，中国继续持有美国国债的结果是，我们会慢慢地赔钱。这就是“美元陷阱”。为什么我们会掉进“美元陷阱”？

一是因为现存的以美元为基础的国际货币体系存在着重大的缺陷。

二是因为中国过去的发展战略是出口导向型的，这一战略曾经非常成功，但已经走到了尽头。

那么，现存的美元本位的国际货币体系是不是会出现重大的危机呢？这是一定的。什么时候会出现危机呢？没有人能够预测。

链接阅读：巴里·埃森格林，《嚣张的特权：美元的兴衰和货币的未来》，中信出版社。

金钱政治：从历史和政治的角度认识货币和金融

前面我介绍了金本位制、银本位制，也讨论了人民币和美元的汇率。很多朋友对货币、金融都很感兴趣，但对《货币战争》又将信将疑。有没有靠谱的介绍货币和金融的历史读物呢？

当然有了。我先给大家介绍一位多产的历史学家：尼尔·弗格森（Niall Ferguson）。他已经写了十几本书，而且写的都是宏大的主题。他的一个主题是金融史，这方面的书包括：《货币崛起》《金钱关系》《纸与铁》《罗思柴尔德家族》等。他的第二个主题是帝国，这方面的书有：《文明》《帝国》《巨人》《西方的衰落》等。他的第三个主题是战争，这方面的书有《战争的悲悯》等。

《货币崛起》是一部电视纪录片，如果你不愿意读书，可以下载这部电视纪录片看。《货币崛起》首先讲述了货币的起源，然后沿着时间的长河顺流而下，讲述了银行、股票市场、保险、房地产的起源和发展，最后是对全球货币体系的鸟瞰，他提出了“中美国”的概念，即中国和美国已经紧密地结合在一起：中国出口到美国，又用换回来的美元购买美国国债。

《金钱关系》试图从政治经济学的角度审视货币与金融。战争需要钱，谁能坚持到最后一块金币，谁就能胜出。即使在不打仗的时候，政府也要收税，怎么收税、向谁征税，会影响到政治制度的变化。《金钱关系》中讲到了债务。国家能借多少债？国家能不能用印钞票的方式还债？在历史上始终存在着靠放贷为生的食利者，他们都是邪恶的罪人吗？金钱会怎样操纵政治运作？金钱又如何游走于全球市场？

《纸与铁》写的是货币史上的一段著名的故事，即20世纪20年代德国在魏玛时期的恶性通货膨胀。我在以前的数篇文章中都谈到了这段历史。这段历史给德国人留下了深刻的记忆，就如同20世纪60年代的大饥荒给中国人留下的深刻记忆一样，这种"集体记忆"直到现在还在影响着政府的决策。

《货币战争》中一个流传最广的故事就是罗斯柴尔德家族如何在幕后统治了整个世界。这纯属瞎扯。弗格森写过三卷本的《罗斯柴尔德家族》，比《货币战争》靠谱多了。当然，肯定还有很多人只相信阴谋论。那就让他们相信好了。在这个伟大的时代，每个人都有选择不相信真相的权利，你说是不是呢？

弗格森不是职业经济学家，如果推荐经济学家写的书，我建议大家读读巴里·埃森格林的《嚣张的特权》。这本书写的是货币国际化的历史。什么是"嚣张的特权"？这是法国人指责美国的，说美元有"嚣张的特权"，美国人拿一张绿色的小纸片，就能换走别人的资源和产品。《嚣张的特权》主要讲的是美元成为国际货币的历史，但也讲到了人民币国际化。埃森格林对人民币国际化倒是很乐观，他觉得人民币很快就能成为国际货币体系中的重要支柱。埃森格林还写过一本关于国际金本位制的书，叫《黄金镣铐》，但中译本把书名翻译成《金色的羁绊》，简直莫名其妙，而且译本错误很多，建议大家直接读原文。

想要了解金融的朋友，还可以阅读芝加哥大学经济学教授拉詹和津加莱斯（Luigi Zingales）合著的《从资本家手中拯救资本主义》。拉詹曾经担任过印度央行的行长，刚刚卸任。这本书讲了一个有趣的现象，金融发展本来是对弱势群体最有利，但弱势群体反而对金融最恨之入骨。何以如此呢？拉詹和津加莱斯说，如果说资本主义就是自由市场经济的话，大资本家其实会在资本主义中失利，因为竞争会损害到他们的既得利益，于是，他们会变成资本主义的最大的敌人，而且，他们会鼓动吃瓜群众起来反对自由市场经济。听起来是不是有点拗口呢？那你看看特朗普都选了什么人进内阁，你觉得他们代表的是谁的利益呢？同样，在这个伟大的时代，每个人都有选择被别人愚弄的权利，你说是不是呢？

所以说，多读书是一件多么重要的事情啊。金融听起来很复杂（实际上也很复杂），但你其实是可以理解金融的。在全球金融危机之后，出现了一大批非常优秀的写金融危机的书。颇具讽刺意义的是，了解金融运作的最好的办法，就是读读这些关于金融危机的书。这里有几本值得推荐的：

1. 安德鲁·罗斯·索尔金（Andrew Ross Sorkin），《大而不倒》。这是《纽约时报》首席记者写的关于美国金融危机的深度报道，还有同名的电影。书很厚，但故事读起来扣人心弦。

2. 默文·金（Mervyn King），《金融炼金术的终结》。作者是英格兰银行前任行长，这本书是他对金融体系之内在缺陷的深入反思。

3. 艾伦·布林德（Alan Blinder），《当音乐停止之后》。作者是普林斯顿大学著名经济学教授，书出得有些晚，被很多同类著作淹没了，但这本书对政策决策的经济学分析最为精辟。

4. 亨利·保尔森，《峭壁边缘》。保尔森是美国金融危机的亲历者，书中有对自己的辩护，有些地方把自己写得太高大上了，但有助于我们了解当时的决策内幕。

5. 迈克尔·刘易斯（Michael Lewis），《自食恶果》。刘易斯是著名的财经作家，本书读起来很轻松，主要写了欧洲是如何一步步陷入金融危机的。

第十辑

地缘政治

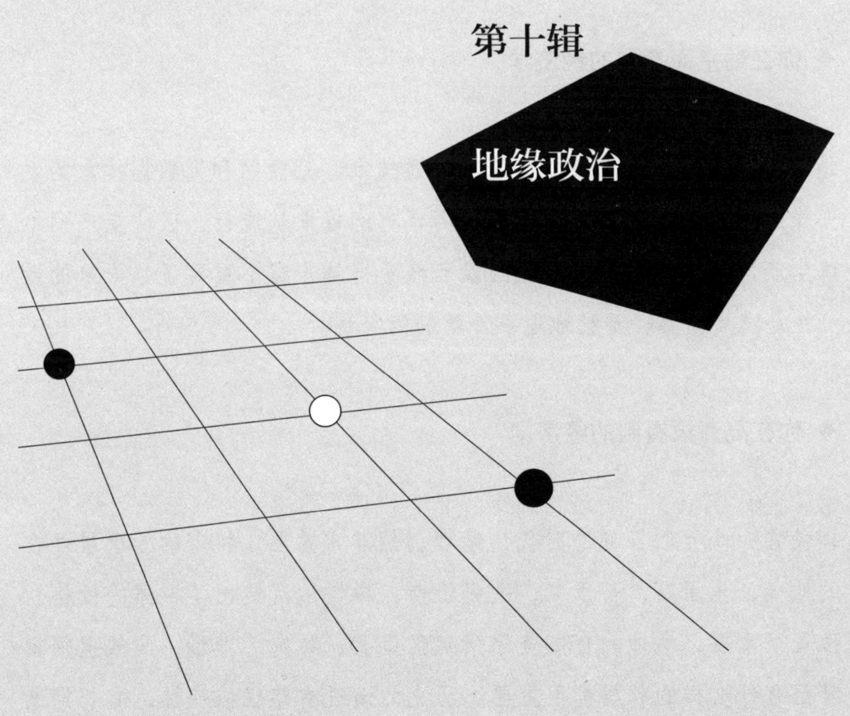

导读

◆ 你在海平面看到的经济学

地缘政治？什么地缘政治？随着交通技术、互联网和大数据技术的发展，全球经济已经融为一体。外包和离岸生产越来越流行，区域生产网络和全球生产网络逐渐形成。地理因素已经变得越来越不重要了。未来的世界经济将是没有国界、不受地理条件限制的经济。

◆ 你在高海拔看到的经济学

即使在一个互联互通的时代，地理仍然非常重要。特定的人群居住在特定的地域，生于斯，长于斯，歌哭于斯，慢慢地沉淀出了群体的性格。地理位置很重要，本地的自然资源禀赋很重要，特定的地形、气候也很重要，甚至有什么样的邻居都很重要。历史的演进有路径依赖性，有长期的记忆性。地缘政治因素不仅没有变得过时，反而更加重要。

◆ 本辑简介

《威斯特伐利亚体系：假如你是一位圣马力诺公民》讲到，现有的国际政治体系是以威斯特伐利亚体系为基础的。在威斯特伐利亚体系中，民族国家是最基本的政治单位，没有比主权更高的权力，各国不分大小、一律平等。这是欧洲国家在数百年战火纷争之后，痛定思痛，达成的妥协。但威斯特伐利亚体系也存在很多不合理之处。比如小国和大国很难做到平等，强求平等未必有利于全球治理。大国应当承担更多的义务，也应该有更多的权利。

《犬牙交错：为什么河南和河北不是沿黄河划界》讲到，在划分各个地方的疆界时，中国古代统治者首先考虑的是政治稳定，而非经济效率。没有哪两个省是隔江而治、隔河而治的。这种犬牙交错的划界方法是为了防止地方割据，但在一定程度上会损害地方经济的发展。

《以攻为守：俄罗斯为什么一定要对外扩张》讲到，俄罗斯天然具有进攻性。这是由于从地理形势来看，俄罗斯的东边腹地广阔、不用担心外敌入侵。南边有高加索山脉作为屏障，但其软肋来自西方。俄罗斯的西边是一片平地，无险可守，所以必须把边界尽可能朝外推进，试图“以空间换时间”，赢得更多的军事动员时间，这样它才会感到安全。

《地理的囚徒：巴基斯坦是不是塔利班的好朋友》讲到，巴基斯坦和印度分治之后，始终处于动荡和落后的局面。巴基斯坦和阿富汗唇齿相依，对塔利班的支持原本是出于安全考虑，而非支持其恐怖主义活动。但在西方强权的干涉下，局面变得越来越复杂、越来越动荡。

《海防与疆防：中国能不能同时打赢两场战争》讲到，中国的“疆防”和“海防”是同等重要的。中国在南海的优势日益突显，但是，中国之所以能够发展“海防”，是因为内陆防线较为稳定，没有潜在的威胁。如果中国不得不在东西两条战线上作战，将会处于非常被动不利的局面。

《进攻性与防御性武器假说：矛和盾的军备竞赛》讲到，有进攻性武器和防御性武器之分。当进攻性武器占上风的时候，求战的情绪更加高涨，但当防御性武器占上风的时候，会处于相对的和平时期。第一次世界大战爆发的时候，各国军事将领错误地把机关枪当成了进攻性武器，以为战争会速战速决，结果却陷入了漫长而残酷的“壕沟战”。核武器是防御性武器，所以才会出现核威慑下的和平。

《展望未来：新的地缘政治游戏》，随着“冷战”结束、全球金融危机爆发和气候变化，地缘政治风险会不断上升。过去的国际政治主要是在国与国之间，而未来各国政府将不得不面临一些全新的挑战者：恐怖分子、圣战组织、网络黑客、气候灾害、全球范围内爆发的传染病。

威斯特伐利亚体系：假如你是一位圣马力诺公民

◆ 圣马力诺之旅

2016年夏天，我到意大利出差，顺道访问了一个小国：圣马力诺。圣马力诺位于意大利半岛的东部，整个国家被意大利包围，是一个国中之国。圣马力诺的面积大约有60平方公里，2.7万左右的人口。7个圣马力诺，才能顶上一个北京市海淀区；仅两个南街村，就能超过圣马力诺。海淀区的人口是圣马力诺的100多倍，华西村的人口甚至都比圣马力诺的多。

我拜访了圣马力诺的一家银行。他们号称是圣马力诺的三大银行之一，总部坐落在一栋两层小楼里。我问同行的意大利朋友，这家银行能不能在意大利开分行。他诡秘地一笑，说开分行当然可以，但如果在圣马力诺以外开分行，就要接受欧盟监管，如果只在圣马力诺，怎么做生意自己说了算。啊哈，原来如此。

在这家银行做完学术报告，一位当地的出租车司机带我去参观圣马力诺城堡。在圣马力诺东部的一座小山上，有三个城堡，城堡之间有城墙相连。这三个城堡修筑在悬崖上，上山的路崎岖陡峭。司机的车技出神入化，狭窄的小巷仅容一辆小车通过，而且坡度几乎有30度之陡，他居然能轻松地开到山顶。更让我惊讶的是，他似乎认识所有的人。街道两边的小店店主跟他打招呼，过路的警察跟他打招呼，一位花甲老人跟他打招呼，一个十几岁的小男孩也跑来跟他打招呼。我跟他说，你真是这里的明星啊。他说，在我们这里，所有的人都互相认识。

傍晚，他送我回意大利。一下山，刚开出去不到十分钟，他忽然跟我说，我们已经过了国界，现在在意大利的境内了。

做一个圣马力诺人，该是一种什么感觉？

我有种感觉，好像圣马力诺人是在玩一个角色扮演游戏。他们没有自己的货币，不需要国防，讲的是意大利语，四周被主张“主权至上”原则的意大利所环抱。圣马力诺人为什么能这么理直气壮地认为自己是个独立的国家呢？

◆ 威斯特伐利亚体系

圣马力诺之所以能够如此理直气壮，是因为17世纪中期以来，世界政治秩序是建立在威斯特伐利亚和约确立的基础上的。17世纪上半叶，欧洲各个邦国在宗教信仰上各执一端，都认为自己是正确的，别人是异端和魔鬼，这导致了一场持续30年的战争。这场战争史称“三十年战争”，几乎把欧洲变成了地狱。德国那时候还没有统一，大约在现在的德意志境内，25%—40%的日耳曼各邦国人都死于这场战争。战争结束之后，欧洲各国坐下来谈判，同意各国不分大小，都有自己的主权，能够决定自己的宗教信仰。这是在国际法上第一次确认国家主权至上的原则。从此之后，在国家之上，不再有更高的权威。所有的国家，不分大小，不管是中国还是圣马力诺，一律平等。

最早，主权国家主要都是欧美国家。1945年成立的联合国共有51个会员国。

在1947年印度和巴基斯坦独立之前，世界上只有67个主权国家。印度独立之后，殖民地独立浪潮席卷亚洲，缅甸、印度尼西亚和马来西亚先后独立。随后，这股浪潮又蔓延到非洲。1957年，加纳独立。5年之后，又有24个非洲国家获得独立。直到20世纪80年代初，在非洲、加勒比海或太平洋地区，几乎每年都有至少一个新的国家诞生。

最近的一次独立浪潮出现在1989年柏林墙倒塌之后。苏联、捷克斯洛伐克和南斯拉夫开始解体。从1990年到1994年，在短短4年间，联合国增加了25个会员国。此后，国家独立的浪潮虽然减弱，却从未完全停止。2002年和2006年，东帝汶和黑山共和国先后加入联合国。2011年7月9日，南苏丹成为世界上最年轻的主权国家。

下一个主权国家会在哪里？大家可以猜一猜。

◆ 小国与大国

我想要提醒大家的是，如果你仔细想一想，就不得不承认，这种世界秩序不是自古以来就有的，也不一定适合世界上所有的地方。一旦大家接受这样的规则，就会根据规则调整各自的行为。建立在威斯特伐利亚体系基础上的世界秩序或许能更好地保护小国的利益，但也容易导致国家的谈判和合作更加困难，尤其是在需要各国一致同意的时候。

WTO的谈判原则就是各国一致同意，只要有一个国家反对，就无法向前推进，这就是WTO的多哈回合谈判无疾而终的重要原因。

2009年在哥本哈根举行的联合国气候变化大会要讨论温室气体的排放问题，这个会议被人们寄予厚望，有人说这是“拯救地球的最后一次机会”，但这次会议最终甚至连一份不具约束力的协议文本都没能出台。反对协议文本最激烈的国家不是美国或中国这样的大国，而是委内瑞拉、玻利维亚、苏丹和太平洋小岛国图瓦卢。苏丹代表将富国提出的议案比作“大屠杀”，而委内瑞拉代表竟然切破自己的手指，质问是否只有流血才能表达自己的呼声。图瓦卢只有26平方公里，圣马力诺跟它比都能算是个大国。

这并不是一个孤立的例子。在2011年12月联合国德班世界气候大会上，欧盟成功推进了一项协议。但3个月后，波兰否决了欧盟自己制定的气候变化政策，因为波兰对煤有着严重的依赖。在国际谈判中，一个或少数几个国家，通常是相对比较小的国家，终止整个谈判进程，是常有的事情。

怎么办？在现有的国际政治规则下，我们并没有更好的办法。有些时候，大国和小国确实是不一样的，比如联合国有安理会常任理事国，像G20，即二十国集团，包括了主要的发达大国和发展中大国，这都是对大国地位的承认。但这是远远不够的。谁能当安理会常任理事国？为什么大国集团是20个国家，而不是19个或21个国家？比如说，非洲为什么只有南非，没有尼日利亚？为什么G20里一个东欧国家都没有？

犬牙交错：为什么河南和河北不是沿黄河划界

◆ 犬牙交错与山川形便

如果你拿一张中国自然地理地图，再拿一张行政地理地图，互相比较，你会发现一个有趣的现象。很多中国的地名，比如说，河南河北、山东山西、湖南湖北，听起来好像都是按照山川湖泊来划分边界的，其实不然。以河南河北为例，听起来应该是黄河以南归河南，黄河以北归河北。其实，黄河北边有一大块地方划给了河南。最早河南确实是以黄河为界，把黄河以北的部分地方划给河南，这一做法源自唐朝。唐朝以洛阳为东都，因此拓宽了河南的辖境。元朝的时候，恢复到以黄河为界，但到了明朝又改了回去，把黄河以北的彰德府、卫辉府和怀庆府划归河南。新中国建国之后，曾经考虑过以这块地为基础，建立一个中原省。

另一个例子是汉中。汉中在秦岭以南，无论气候、地理，还是人文、风俗，都和巴蜀相近。但元朝之后，就把汉中盆地划归陕西。四川盆地四面环山，腹地开阔，土壤肥沃，物产丰富，人口众多。李白在《蜀道难》中感慨："一夫当关，万夫莫开。"这里很容易成为地方割据的基地，所以有"天下未乱蜀先乱"之说。

将秦岭以南的汉中划归陕西，就使四川失去了北方的天然屏障，不易形成一个完整的割据区。这样做的代价就是增加了行政成本，而且不利于地方经济的发展。这种划界的思路叫"犬牙交错"。和"犬牙交错"相对的划界思路是"山川形便"。所谓"山川形便"，是指行政区划按照山川的自然地理划分界线，比如太行山分隔了河北、山西，武夷山分隔了江西、福建等。"山川形便"这种原则有利有弊。利的一面是可以更好地利用自然地理的条件，因地制宜地发展地方经济；弊端在于，如果政区的幅员足够大，地方官权力又过大的话，就可能利用自然天险，形成地方割据。

犬牙交错的原则早在汉朝就已经出现。汉文帝登基之后，写了一封信给南越王赵陀，希望汉朝和南越休兵罢战，和平相处。赵陀之前给汉朝皇帝写过一封信，要求按照自然地理区域重新划分边界。汉文帝和朝中大臣商量，用了一个托词，拒绝了赵陀的要求。他说，"犬牙交错"这个原则是汉高祖早就定下来的，祖宗之法，不可擅改。到宋元之后，犬牙交错的原则更为突出，元代行省的划分方法，几乎刻意地忽视了中国几条最重要的山川边界，如秦岭、淮河、南岭、太行山。

◆ 众建诸侯而少其力

中国地方行政区划还有一个有趣的现象，就是王朝初期的时候，地方势力较大，到了中期就开始“削藩”，试图缩小地方的力量。如果“削藩”不成功，就可能到王朝末期引发军阀割据、天下大乱。

汉朝初期分封诸王，诸侯国的势力很大。大的诸侯国“连城数十，地方千里”，对中央政权构成了威胁。汉文帝时期出现了淮南王、济北王的叛乱，当时的名臣贾谊给皇上写了一道奏折，提出：“欲天下之治安，莫若众建诸侯而少其力。”意思是说，要想让天下太平，就要把诸侯国的数量增加，这样，各利益集团的力量就能减少。汉景帝的时候，又爆发了七国之乱，有吴、楚等七个诸侯国起来造反。

汉武帝上台之后实行了“推恩令”。汉朝初期封王，实行的是长子继承制，原来的封地、爵位都由长子原封不动地继承下来。汉武帝的“推恩令”则是要求诸侯们把封地分给所有的儿子。这一招真是又阴又狠。你想，要是诸侯有五六个孩子，个个都想过上锦衣玉食的生活，皇上都发话了，要求老爸把地产分给大家，老爸却死捂着封地不分，那几个孩子不把老爸撕了才怪。

我们前面讲过曼瑟·奥尔森的思想。奥尔森颠覆了人们原来的想法。按照大家惯常的想法，人多力量才大。奥尔森讲到，人越多，越难以达成一致意见，人多嘴杂，人多心不齐，所以，只有当人数少的时候，才更容易团结起来，形成利益集团。利益集团会阻碍经济增长，因为它们都想切走更大一块蛋糕。

两千年前，贾谊的想法，恰好契合了奥尔森的思想。众建诸侯而少其力，就是一种有效地遏制利益集团的做法。

以攻为守：俄罗斯为什么一定要对外扩张

◆ 俄罗斯的对外扩张史

打开一张俄罗斯地图，一眼望去，你的第一感受是什么？大，真大，真是太大了。俄罗斯国土面积1700万平方公里，是中国、美国国土面积的近2倍，印度的5倍，英国的70倍。俄罗斯地广人稀，人口为1.44亿，比尼日利亚和巴基斯坦的人口还少。

这么少的人，占据了这么大的面积，还有那么多的资源，很难说这是一件好事，还是件不好的事情。俄罗斯人从内心深处有一种不安全感，这种不安全感使得俄罗斯天然具有对外的扩张性。在扩张的过程中，俄罗斯人还多多少少带上了一种对暴力和暴政的迷恋。

俄罗斯起源于今天的乌克兰境内。公元882年，诺夫哥罗德王公奥列格征服了基辅及附近的部落，建立了基辅罗斯，地域大致在第聂伯河到伊尔门湖之间。蒙古人崛起之后，基辅罗斯陷入分裂，13世纪初臣服于蒙古钦察汗国。一部分流亡的罗斯人来到了莫斯科，建立了莫斯科公国。

16世纪后期，伊凡三世（或称伊凡大帝）开始对外扩张。他朝北打到北极圈，朝东北打到乌拉尔山。他的孙子伊凡四世（或称伊凡雷帝）继续对外扩张，他朝南打到高加索山脉和里海，朝东跨越了乌拉尔河。18世纪，在彼得大帝和叶卡捷琳娜时期，俄罗斯主要朝西扩张，终于得到了波罗的海出海口。到19世纪末和20世纪初，尼古拉二世觊觎的是中国的东北，他幻想能够建立俄罗斯的远东帝国。义和团事件之后，俄国一方面参加八国联军入侵关内，另一方面分兵六路占领东北三省。1903年，日本偷袭旅顺口，对俄国不宣而战，日俄战争爆发了。这场战役，俄国输给了日本，其远东扩张计划也不得不终止。

◆ 俄罗斯的软肋

俄罗斯的北边是北冰洋，很难设想有入侵者会从极北之地出现。俄罗斯的东边是广阔无垠的西伯利亚。这是一片苦寒之地，从俄罗斯的远东坐火车到莫斯科，需要六天的时间，很难设想有入侵者会选择这样一条费时费力的入侵路线。俄罗斯的南边是高加索山脉，早在伊凡雷帝时期，俄罗斯就在车臣建造堡垒，防范南方的入侵者。俄罗斯也曾经想过越过高加索山脉南下，1979年苏联入侵阿富汗，就有这样的打算，要是能够占领阿富汗，俄罗斯就能一直联通印度洋。可惜，阿富汗战争失败了，最后苏联帝国都被拖死了。阿富汗因此有了“帝国墓地”的美名。

俄罗斯的软肋在其西部。从地缘政治的角度来看，俄罗斯最大的特点是在西部无险可守。莫斯科的周围，没有海洋，没有高山，没有沙漠，没有沼泽，甚至就连一条像样一点的河流都没有。从莫斯科往西，大致是一个喇叭形的平原，越往西越收窄。到了波兰，从北边的波罗的海到南边到喀尔巴阡山脉，南北跨度只有不到500英里。从这条狭窄的波兰走廊往东走，地势越来越开阔，到了俄罗斯境内，这个平原的南北跨度已经超过了3000公里。

就是从这条通道，俄罗斯不断地遇到来自西方的入侵者。17世纪初，波兰从这条通道入侵俄罗斯；1708年，年轻气盛的瑞典国王查理十二世从这条通道入侵俄罗斯；1812年，拿破仑率领大军从这条通道入侵俄罗斯；1914年，第一次世界大战爆发，德国从这条通道入侵俄罗斯；1941年，第二次世界大战期间，希特勒再次从这条通道入侵俄罗斯。要是从1812年拿破仑入侵算起，到1945年第二次世界大战结束，在这段时期，俄罗斯每隔三十多年就会遇到一次来自西边的入侵。

俄罗斯该怎么办？最好的策略就是“以空间换时间”。只要俄罗斯能够把国境线向外部扩张，就能得到更多的时间动员兵力、资源。哪怕是敌人已经深入俄罗斯的腹地，如果其腹地足够广阔，那么，俄罗斯还可以通过破坏敌人的补给线、分散敌人的兵力等办法，耐心等待转败为胜。

◆ 俄罗斯、乌克兰、欧盟和美国

从这个角度，我们也可以理解，为什么俄罗斯在乌克兰问题上会如此强硬。俄罗斯绝不可能让西方国家逼到自己的家门口。“二战”期间，纳粹德国的南线就是从乌克兰进攻俄罗斯的。1942年的斯大林格勒会战，假如苏军失利，很可能整个苏联就会覆灭，历史将被改写。是的，现在没有哪个国家会有进攻俄罗斯的计划，但是，当年希特勒也许诺过和平，结果如何呢？在俄罗斯的眼中，乌克兰就是一个缓冲地带，西方国家想在乌克兰扶植一个亲西方的政府，就是在直接向俄罗斯挑衅。

当然，从乌克兰的角度来讲，俄罗斯想把乌克兰变成一个缓冲国，就意味着乌克兰要永远生活在俄罗斯的阴影之下。乌克兰在历史上长期受到俄罗斯的压迫，如今好不容易有了自己的国家，她迫不及待地想挣脱俄罗斯的牢笼。独立、自由，难道这种要求，有什么不对的地方吗？

不对的地方在哪里？不对的地方在于对地缘政治的忽视。乌克兰想要在俄罗斯和北大西洋公约组织之间两头占尽优势，但到最后很可能会成为大国政治的牺牲品。所有的东欧国家都知道这一点：华盛顿很远，莫斯科很近。我们在讨论特朗普和蔡英文通话的时候，有人说：“为什么要统一台湾呢？”“让台湾人自己决定，不是很好吗？”这是一种非常危险的天真。学习地缘政治，会让我们对现实更为清醒一些：你改变不了地理，也改变不了历史，你决定不了自然资源的分布，也无法决定自己的身份。一个国家决定不了自己的邻国是谁，甚至，从某种程度上讲，也决定不了自己的朋友和敌人是谁。你唯一能够改变的，就是自己的认知。如果能够更加克制和理智，或许，我们还是能找到更好的生存之道的。

再回到美国和俄罗斯的关系。奥巴马政府对俄罗斯施加了各种压力，美国和俄罗斯的关系已经降到了“冷战”之后的最低点。希拉里·克林顿从内心深处厌恶普京，她说：“必须要采取行动，让普京知道，他已经走得太远，而我们不会袖手旁观。”美国还对欧洲施加压力，迫使欧洲决定到底站在哪一边。欧洲如同风箱里的耗子，左右为难。欧洲之所以犹豫不决，不仅仅是因为需要俄罗斯的石油和天然气，也不仅仅是因为欧洲国家，比如奥地利、德国和法国，和俄罗斯有大量的金融往来，而是如果发动对俄罗斯的制裁，欧洲自己的金融体系也会遭受重创，最重要的是，欧洲至今还对战争心有余悸。

特朗普当选之后，美俄关系会出现较大的变化。从特朗普的言论，以及从其内阁成员的组成来看，大致来说，美国会试图改善和俄罗斯的关系，乌克兰和叙利亚的局势发展会和以前大有不同。那么，美国为什么要和俄罗斯改善关系呢？是为了打击中国吗？目前为止，我们还看不清楚。特朗普外交政策中最不明晰的就是他的东亚政策。

但美国在其他地区的外交布局是大致清楚的。美国需要俄罗斯的帮助，才能尽快解决ISIS等恐怖主义的威胁。美国无意插手中东事务，尤其是页岩气革命之后，中东对美国的重要性在下降。美国希望的是，早点把ISIS除掉，然后班师回朝，开庆功大会。

这一策略调整会带来新的地缘政治风险。权力最害怕的是真空。设想，如果美国已经打定主意，要从中东撤出，那么，俄罗斯在中东的势力一定会扩张。而且，蠢蠢欲动的不只是俄罗斯，土耳其、伊朗等都会闻风而动。各种力量会重新组合、站队，在这个转型的过程中，我们将会目睹更多的动荡与冲突。

链接阅读：罗伯特·D. 卡普兰（Robert D. Kaplan），《即将到来的地缘战争》，广东人民出版社。

地理的囚徒：巴基斯坦是不是塔利班的好朋友

◆ 印巴分治

由印度、巴基斯坦、孟加拉国、尼泊尔、不丹等国家组成的南亚次大陆，是一块古老而又神秘的土地。

从地缘政治来看，南亚次大陆三面环山，一面背水。北面的喜马拉雅山脉像一堵墙，把中国和印度分隔在两边。东边的山区是一片茂密的原始森林，号称“野人山”，隔断了印度和缅甸。西边是兴都库什山脉，崇山峻岭之中，有一些重要的山口，这是外来入侵者进入南亚次大陆的重要通道。

印度文明已经有五千年的历史，但自古以来，这里来来去去，经历过很多外族的统治。大约在公元前1500年，雅利安人入侵印度，带来了吠陀文明。种姓制度就是雅利安人带来的。公元前6世纪末，波斯国王大流士一世征服了印度河平原一带。公元前326年，亚历山大大帝为了寻找“世界的尽头”，入侵印度。匈奴和蒙古人经常南下侵扰。从11世纪起，穆斯林开始入侵印度，到了17世纪，英国人开始征服印度。几千年来，当地人见识了各种各样的统治者，已经见怪不怪了。

英国人在统治印度期间，有意地挑拨印度教徒和穆斯林之间的矛盾。比如，1909年的莫莱-明托改革法案，规定印度教徒和穆斯林在立法机构改选中分别选举，这进一步加剧了印度教徒和穆斯林之间的分裂。第一次世界大战之后，印度的民族解放运动高涨，到了第二次世界大战之后，英国的实力急剧衰落，已经无法再维持昔日称霸全球的大英帝国。英国人原本希望印度教徒、穆斯林和其他的土邦联合起来，成立一个国家，但印度穆斯林要求建立独立国家的呼声很高。1947年，印度和巴基斯坦几乎同时宣布独立。

这是人类历史上最悲惨的场景之一。数百万住在印度的穆斯林匆匆忙忙地逃奔巴基斯坦，数百万住在巴基斯坦的印度教徒和锡克教徒匆匆忙忙地逃奔印度。人们不是一家一家地逃难，而是一个个村庄、一个个城镇被连根拔起，打得粉碎。到处都是暴乱，到处都是抢劫，印度和巴基斯坦请求还没有离开的英国军队帮忙维持秩序，被英国人冷漠地拒绝了。至少有一百多万人口在这场浩劫中死于非命，至少有1500万人口背井离乡。

◆ 巴基斯坦的邻居

独立之后的巴基斯坦是一个异常脆弱的国家。分家的时候，巴基斯坦只得到了原殖民地政府17%的金融储备、一片落后的农村土地、一条充满了凶险的西部边境。在巴基斯坦的西边，是动荡不安的阿富汗和伊朗。巴基斯坦的含义有两个，第一个含义是“纯洁之地”。Pak在巴基斯坦的官方语言乌尔都语中是纯洁的意思，stan是土地的意思。第二个含义代表了巴基斯坦的几个主要地区。P代表旁遮普（Punjab），A代表阿富汗（Afghanistan，即指巴基斯坦和阿富汗交界的普什图，Pashtunistan），K代表克什米尔（Kashmir，这个地区的归属至今仍有争议），S代表信德

（Sindh），T代表俾路支（Balochistan），巴基斯坦的行政区划包括俾路支、开伯尔–普什图、旁遮普、信德四个省，两个克什米尔特区，以及两个联邦直辖区（首都伊斯兰堡，以及联邦直辖部落地区）。

巴基斯坦的各个地区俨然是独立王国，它们各有各的语言，各有各的风俗习惯。旁遮普人不会和俾路支人结婚，信德人也不会跟普什图人结婚。宗教矛盾也很复杂，这不仅存在于占人口多数的穆斯林和占人口少数的基督徒、印度教徒之间，即使在穆斯林之间，也有什叶派和逊尼派的冲突。官方语言乌尔都语主要是在旁遮普省讲，信德人一直觉得自己被旁遮普人压得抬不起头。俾路支省多次出现独立运动。西北边界的普什图人更是从来不服从本族之外的权威。克什米尔事实上被印度和巴基斯坦分而治之，但大部分克什米尔人心里还在想着有朝一日能够独立。

能够把这个四分五裂的国家凝聚在一起的最大的力量就是对印度的仇恨。在短短的半个世纪里，巴基斯坦和印度之间爆发了五次战争。1947年，两个国家刚刚分家，就为克什米尔的归属问题打了一仗。1962年中印之间打了一仗，印度军队没有想到中国军队从天而降，这么能打，结果印度以惨败告终。巴基斯坦在旁边看了，觉得技痒，以为印度真的不行了，想试试自己的手气，结果，1965年被印度击败。

1984年，印度和巴基斯坦在克什米尔的锡亚琴冰川开战，双方各有两个师参战，大约1万名士兵死亡。锡亚琴冰川平均海拔5000米以上，这次交锋创下了世界上海拔最高的战争纪录。之后，两国不断在克什米尔地区出现摩擦，直到1999年再次爆发战争。巴基斯坦1998年拥有核武器，印度在这之前就已经拥有核武器了。这是两个核大国之间的战争，要不是美国急忙跑来调停，真的有可能会升级到核战争。好不容易把两边的火气都劝下来，2001年，两国再次爆发战争。

假如巴基斯坦和印度之间爆发了全面战争，巴基斯坦该怎么办？印巴之间有3000多公里的边界线，南部是塔尔沙漠，北部是山区，都很难用兵。印度要想占领巴基斯坦，最方便的办法就是直接出兵旁遮普省。从印度边界，到达巴基斯坦的首都伊斯兰堡，只有400公里的距离，而且一马平川。印度要是派兵，只要几天时间就可以攻打伊斯兰堡。

◆ 为什么巴基斯坦会支持塔利班

巴基斯坦该怎么办？第一个办法是以攻为守，先下手为强，切断印度的1A高速公路，这是印度军队的主要补给线。第二个办法是一旦失手，就撤退到阿富汗边界，寻找反攻的机会。

如果想要让第二个计划成功，巴基斯坦必须在阿富汗有坚强的盟友。过去，巴基斯坦确实有个阿富汗盟友，那就是塔利班。

塔利班的意思是“学生兵”，最早的成员都是伊斯兰学校里的学生。1994年，他们看不惯当地的土匪和军阀横行霸道，才揭竿而起。由于纪律严明、作战勇敢，塔利班的势力迅速壮大，而且很快就占领了首都喀布尔。

塔利班和巴基斯坦保持了极为亲密的关系。世人最早知道塔利班，就是在1994年11月，塔利班护送一支巴基斯坦车队，通过阿富汗南部到达中亚，打通了贸易通道。塔利班在阿富汗建立政权之后，只有巴基斯坦、沙特阿拉伯和阿拉伯联合酋长国承认他们是阿富汗的合法政府。塔利班作战的时候，是不带战地医生的，有伤病员，要送到巴基斯坦境内护理。

如果不是塔利班庇护了本·拉登，友谊的小船也不会翻掉。就算是美国，在“9·11”之前，也是支持塔利班政权的。就在“9·11”事件发生前夕，美国政府还给塔利班政权提供了4300万美元的援助。“9·11”之后，巴基斯坦不得不在美国和塔利班之间站队。当时，美国的国务卿鲍威尔（Colin Powell）打电话给巴基斯坦总统穆沙拉夫（Pervez Musharraf），鲍威尔把穆沙拉夫从会议中叫出来接听电话，而且在电话里毫不客气地说：“你要不就跟我们，要不就跟他们。”鲍威尔的副手阿米塔基

（Richard Armitage）更是赤裸裸地威胁巴基斯坦，如果巴基斯坦敢再跟恐怖分子合作，就要把巴基斯坦炸回石器时代。

巴基斯坦只能屈服，但不得不付出惨痛的代价。巴基斯坦的“背叛”惹怒了塔利班和基地组织。穆沙拉夫遇到了三次暗杀，所幸都没有成功。2007年10月，穆沙拉夫特赦巴基斯坦政治明星贝娜齐尔·布托（Benazir Bhutto）回国。回国次日，她就遇到了一次自杀式爆炸袭击。两个月后，在参加完伊斯兰堡附近的一次集会后，贝娜齐尔·布托在车上遭遇枪击及自杀式炸弹袭击后，不治身亡。

那么，巴基斯坦真的已经和塔利班划清界限了吗？

有一件事情，塔利班知道，巴基斯坦知道，但美国不一定知道。美国打完了伊拉克可以再打阿富汗，打完了阿富汗还可以再去打叙利亚，打完了叙利亚可以再去打朝鲜，只要他们愿意打，可以到处动手。基地组织被美国连锅端了之后，也作鸟兽散，基地组织的恐怖分子有的去了阿拉伯，有的去了车臣，有的可能去了西方世界。塔利班哪里也去不了，他们只能待在阿富汗。他们可能什么都没有，但他们有耐心。塔利班对西方人说：“是的，你们有手表，但我们有时间。”

再过几年，我们就能看清局势。塔利班并没有被打垮，它只是从哪里来的又到哪里去了。塔利班融入了阿富汗的普什图人中间，只要机会成熟，他们还会以其他的形式再度出现。塔利班就像是终结者中的液体机器人T-1000，能随意变形，能自我愈合，能自我学习，中弹之后还能奔跑，被打成了碎片还能找到彼此，重新拼装起来。

你要是巴基斯坦，你会怎么办？华盛顿很远，塔利班很近。你无法选择谁是自己的邻居，就只能想办法和邻居们搞好平衡。巴基斯坦再不喜欢塔利班，也不会轻易和塔利班交恶的。

和我们想象中的恰恰相反，越是小国，越讲政治，小国哪怕有一点点小的疏忽，都可能犯下致命的错误。越是大国，越鲁莽和无知。美国打朝鲜战争、越南战争、伊拉克战争，回头看看，哪一场战争是对的？一个大国在外交政策上犯错误的空间非常大。“猫有九条命”，美国也有不止一条命。美国犯了几十年的错误，仍然可以自以为是，自行其是。这说明，犯错误是大国外交的奢侈品，像巴基斯坦这样的国家，看起来强硬，看起来莽撞，其实，都是谨小慎微的现实主义者。

链接阅读：Ahmed Rashid, *Taliban: Militant Islam, Oil and Fundamentalism in Central Asia*, Yale University Press.

海防与疆防：中国能不能同时打赢两场战争

◆ 南海角逐

我不是军事专家，无从判断中美两国的军事实力，我跟中美的一些军事专家聊过，他们的判断也千差万别，不过，总体来讲，似乎可以做一个判断：如果中美在东海或南海出现军事冲突，美国不一定胜券在握。

故事大概是这样的。1991年，美国带领多国部队对伊拉克发动突然袭击，用了不到20天时间就结束了海湾战争。萨达姆集结了50万大军，却被美军的高科技武器和绝对占优的空中打击能力打得落花流水。这场战争让中国军方大为震撼。也就从这个时候起，中国开始不声不响地提升军事技术。在过去20多年里，中国的军事技术有了突飞猛进的发展。

从综合军事实力来看，中国当然不能和美国相比，基础本来就不一样，而且美国的军费开支远远超过中国。不过，中国的远程导弹、核潜艇，以及新型战机，都已经相当先进，一亮相，让各国都吃了一惊。有了这些撒手锏，再加上主场作战的优势，在东海或南海这些中国重点防守的领域，假设真的出现了中美军事对抗，美军的优势会在一定程度上被抵消，谁能打赢，还真说不好。

因此，初步的判断是，东海和南海，未来是站在中国这一边的，中国正在不断地扩张海军和空军的力量，造船舰跟下饺子一样快。美国的一些军事观察家也认为，中国在这一地区的优势将会越来越多。中国已经拥有现代化的驱逐舰编队，并制造出了自己的航母，而且，中国的潜艇部队很快就能超过美国海军的潜艇部队。中国的海军打击海上移动目标的能力已经大大提高。假以时日，中国海军逐渐站稳，美国海军逐步退却，可能是个大趋势。

美国五角大楼2010年的一份报告也指出，美国的战略是加强和其亚太军事同盟的关系，同时再部署第二道“围堵”中国的防线，即太平洋上的关岛、帕劳、北马里亚纳、所罗门群岛、马绍尔群岛、加罗林群岛等。这些岛屿或为美国领土，或与美国签订了防御协定，面积大到可以建立海军基地，同时又小到不会太引人注目。地理位置离中国较远，可躲避中国的导弹袭击，但同时又近到可随时开拔到朝鲜、中国台湾等地。我非军事方面的专家，无法判断其观点的真伪，但这些新的动向，或值得我们更加关注。

◆ 西线无战事

但如果爆发的不是一场战争，而是两场战争呢？假如，中国一方面在东海、南海和美国作战，另一方面，还不得不应付来自西部的入侵呢？假如美国从中亚地区出兵，进攻中国的新疆，印度部队越过喜马拉雅山脉进攻中国的西藏，中国腹背受敌，胜算又有几何？

几乎可以肯定地讲，中国的胜算很小。这些年中国之所以能够集中力量发展海军，最主要的原因就是西部和北部相对稳定，没有巨大的威胁。中国和俄罗斯的关系总体来说还算不错，美国要打压俄罗斯，使俄罗斯不得不加强和中国的合作。中国和中亚国家也在加强合作。中国和印度的关系算是可以，巴基斯坦又是中国的全天候朋友，阿富汗那个烂摊子有美国人在收拾，所以，中国可以腾出手来，向辽阔的海洋进军。

假如西部也出现了战事，中国就会暴露出一个致命的弱点，即远距离投放兵力的能力不足。各兵种如何协同作战，后勤如何保障补给，这是中国军方不得不恶补的一门课。

◆ 疆防与海防

也只有在这个时候，我们才能从地缘政治的角度认识到，新疆和西藏对中国有多么重要。

1874年，日本侵略台湾，中国东南沿海告急，李鸿章主张，干脆放弃新疆，把塞防的钱省下来，支持海防建设。照李鸿章的看法，新疆相当于四肢，沿海则是腹心，没有手脚，人还能活，但没有腹心，就没了生命。他觉得新疆远离中原，迟早会被其他国家占领，不如放弃新疆，让别人来抢夺这根肉骨头。

左宗棠坚决不同意李鸿章的看法。他写了一道奏折，陈述新疆的战略重要性。左宗棠讲到，只有保住新疆，才能保住蒙古，只有保住蒙古，才能拱卫京师，才能保住大清帝国的龙脉。这一番话说服了慈禧太后，慈禧随即任命左宗棠为钦差大臣，督办新疆军务。

我们找一张中国地图看一看。如果中国失去了新疆，那么国防前线就在嘉峪关，但如果中国的国防前线在嘉峪关，实际的边界就在兰州，甚至是在西安。因为出了西安，一路到兰州，就进入了河西走廊。河西走廊长约900公里，最狭窄的地方仅有几公里，是一条细细的“脖子”。如果中国失去了西藏，也就失去了战略制高点，别人可以从青藏高原居高临下，围堵中国。当年，蒙古人灭南宋，就是先包抄后路，占领四川、云贵，再向东进犯中原，一步步把南宋逼到无路可逃，到了崖山，陆秀夫不得不背着小皇帝跳海自尽。

我们先不用讨论军事技术、尖端武器和战术，暂时还不用谈论这些。你是兴高采烈地想要上战场，还是忧心忡忡地祈祷和平，也不重要，你的愿望，你的意志，算不得什么。你是不是爱国，喜欢不喜欢自由民主，也没有任何意义。一张地图，就能告诉你最简单的政治计算。

链接阅读：Robert Kaplan, *Asia's Cauldron: The South China Sea and the End of a Stable Pacific*, Random House.

进攻性与防御性武器假说：矛和盾的军备竞赛

◆ 进攻-防守武器假说

我们先从一个人人都听说过的故事讲起。古时候，有一个人在街上卖矛和盾。他先夸自己的盾："世界上没有长矛能戳破我的盾。"然后，他又夸自己的矛："世界上没有盾牌能抵挡住我的矛。"有人就问他："要是用你的矛去戳你的盾，会怎么样呢？"这个人回答不上来了。

等等，这个故事还没有讲完。从理论上说，最后的结果无非两种：第一种情况是，他的矛能够戳破他的盾；第二种情况是，他的盾能够挡住他的矛。二者必居其一。我们再进一步联想一下，矛是一种进攻型的武器，盾是一种防守型的武器。如果世界上最锐利的矛能够戳破世界上最坚固的盾，会怎么样呢？很可能，大家都会去买长矛，拿着长矛去戳别人的盾。这个世界上就会有更多的暴力冲突。如果这个世界上最坚固的盾能够抵挡世界上最锐利的矛会怎么样呢？很可能，大家都会去买盾，谁来进攻了，大家就拿盾牌挡回去，进攻者折腾半天，结果无功而返。于是，这个世界上就会有一段比较消停的日子。

这种矛和盾的军事竞赛，就是国际政治学中著名的"进攻–防守武器假说"。按照这种假说，当进攻性武器占优势的时候，战争爆发的频率更高。

哥伦比亚大学政治学教授杰维斯（Robert Jervis）在1978年发表了一篇论文，对"进攻–防守武器假说"进行了系统的分析。他谈到，进攻性武器占上风的时候，发动进攻更有利可图。但如果稍有迟疑，让对方首先动手，代价就会很大。防守性武器占上风的时候，谁先开火，谁的伤亡就会比较大，谁能沉住气，谁的胜算就会更多。所以，战争爆发的可能性也就减少了。进一步引申，我们可以推测：进攻带来战争和帝国，防守支持独立与和平。

马镫出现之后，骑兵的攻击力大增。骑兵的机动性强，借助烈马奔跑带来的冲击力，可以冲到敌人面前，对敌人横劈竖斩。马上的弓箭手更是能够增加远距离的攻击能力。在很长一段历史中，来自中亚大草原的游牧民族骑兵能够南下西进，如入无人之境。骑兵打法，逐渐也传入了欧洲。十字军东征，主要就是依靠没落贵族组成的骑士团。

十字军东征，所到之处都有劫掠。频繁的十字军东征，使得各国都加紧修筑城堡和要塞。结果攻城变得越来越难，攻下一座城池耗费的时间也越来越长。到了中世纪晚期，防守性武器占了上风。久攻不下，补给就会成问题，到时候进攻方自然要灰溜溜地撤军。此外，在这一时期，骑士的铠甲从板甲变成了更为沉重的锁子甲，这大大降低了骑士的机动性。防守方可以摆出长矛方阵，无数长矛像刺猬的刺一样密密麻麻，专等骑兵收不住马，撞到枪头上。英国在这一时期采用了长弓，射程更远，使得敌人难以接近，这也是抵御骑兵进攻的利器。总体上说，在12—13世纪，堡垒和要塞的防守越来越严密，防守性武器战胜了进攻性武器，欧洲出现了相对的和平。

15世纪中期，大炮变成了战场上的主力。重型火炮的发展使得进攻性武器重振雄风。1453年君士坦丁堡的沦陷是这个时期进攻-防守力量转变的重要转折点。君士坦丁堡号称“中世纪最坚固的城堡”，但不到两个月的时间就被土耳其攻陷。土耳其的秘密武器是匈牙利籍的火炮设计师乌尔班为其制造的威力空前的巨炮。中世纪巍峨高耸的城堡，在新型火炮的轰击下几乎不堪一击。

1419年，捷克爆发了争取民族独立的胡斯战争（Hussite Wars）。胡斯军采用了战车和火炮相结合的战术。战车保护火炮，火炮发动进攻，极大地提高了进攻的威力。在大约两个世纪的时间之内，进攻的优势不断提高。防守方的长枪兵、戟兵和重甲骑兵都慢慢退出了历史舞台。进攻性武器再度占据上风，于是，欧洲进入了连年征战的时代。在这一时期，威尼斯多次发动对土耳其的战争，英国和法国之间也出现了百年战争。

到了16世纪，修筑城堡的技术又得到了提高。为了避开炮弹，城堡不再修筑得高耸入云，而是尽可能地贴近地面。这一时期出现了棱堡，即把城堡修成五角形，躲在城堡里面的枪炮手可以对接近的敌人交叉开火。当时法国著名的军事工程师沃邦（Vauban），设计并建造了数百座要塞，其精细的施工和复杂的结构至今仍令人叹服。16世纪的城堡和13世纪的城堡已经不可同日而语。攻下一座城池的时间从几天延长到几个月，甚至几年。只要食物和弹药储备充足，像威尼斯或梅斯这样的城市，几乎是坚不可摧的。正如"进攻–防守武器假说"预测的那样：在这一时期，战争的次数明显减少。

◆ 最近一百年的攻守之势

18世纪早期，进攻方又占了优势。大炮的机动作战能力提高，炮筒长度被缩短，这能提高炮弹的速度，使其能够炸开城墙，火炮的机动性也大大增加。普鲁士的腓特烈大帝和法国的拿破仑之所以能够在欧洲开疆拓土，所向披靡，在很大程度上是因为借助了进攻性武器的威力，当然，这也和他们对作战策略进行了大刀阔斧的改革有关。于是，这一时期，欧洲又一次陷入了战乱。

到19世纪晚期，防守的力量东山再起。最初，这一新的变化出现在美国内战期间。战争开始的时候，南北双方还都能灵活地发动进攻，但到战争后期，基本上就转变成了壕沟战。这一时期的步枪射程是拿破仑时期滑膛枪射程的两倍，能够在1000米之外射杀敌人。1874年发明的铁丝网能够有效地减缓敌人的进攻速度，躲在战壕中的机枪手和步枪手可以更从容地消灭敌人。如果在进攻方和防守方之间有大片的开阔地带，敌人要想穿越过来，必定付出惨重的伤亡代价。

遗憾的是，第一次世界大战刚刚爆发的时候，大部分将领都相信，机关枪是一种进攻性武器。在英国和祖鲁人的战争中，美国与西班牙的战争中，以及日俄战争中，机关枪都大展神威。在机关枪的扫射下，战争变成了血腥的屠杀。

为什么会爆发第一次世界大战呢？有一种解释就是，当时的欧洲将军们认为，这将是一场速战速决的战争，最多半年时间就能结束，正好赶到圣诞节前回家。结果，这一仗打了整整四年，双方都困守在折磨人的战壕里面。整整四年时间过去了，欧洲的将军们才想明白，机关枪其实是防守性武器。

真正的进攻性武器出现在第一次世界大战快要结束的时候，那就是刚刚问世的坦克。第二次世界大战拉开帷幕的是一支德国的装甲坦克部队，它向骑在马背上的波兰骑兵发起了闪电战。德国军队在“二战”初期同时在东西两翼和非洲战场上进行迅速突进，靠的就是能够快速发起进攻的机械化装甲部队。交战双方的坦克争先恐后地不断升级换代，潜艇、轰炸机和火炮都是进攻性武器，雷达、地雷等则是用得比较多的防守性武器。整个“二战”期间，进攻性武器和防守性武器你高我一尺，我高你一丈，但总体来看还是进攻性武器更占上风。

“二战”之后，核武器的出现使得防守力量占据上风。核武器不是为了进攻，而是为了防守。只要不被敌人全面摧毁，能够在敌人的第一波打击之后，具备二次打击的能力，就能和敌人同归于尽。这使得拥有核武器的国家都不得不三思而后行：在核时代，进攻的成本将是全面的核毁灭。因此，几乎不可能再发动全面战争了。

◆ 21世纪的攻守之势

到21世纪，攻守之势发生了什么变化呢？“9·11”事件中恐怖分子大约花了100万美元，就完成了袭击美国的计划。仅仅在美国一个国家，为了防止这样的袭击再次发生，在警察、机场安检和其他系统花费的代价大约是每小时100万美元。

2006年，在黎巴嫩战争期间，真主党向以色列海军装备有导弹防御系统的轻型护卫舰哈尼特号发射了一枚精确制导的巡航导弹，导弹击中了目标，差点儿击沉哈尼特号。以色列军舰的损失为2.6亿美元，而真主党使用的导弹的成本仅为6万美元。

美国士兵在伊拉克、阿富汗和叙利亚等地最头疼的就是简易爆炸装置。制作这些简易爆炸装置并不需要钚或复杂的合金，只要有普通的日用品、农业原料或消费品就够了，这让美国士兵防不胜防。索马里海盗们乘着小船，手持廉价的AK-47步枪和火箭弹，就能劫持价值数百万美元的大型船只，而各国舰队居然都束手无策。

攻守之势易矣，进攻的力量再度压倒了防守的力量。你甚至都不知道自己的敌人是谁，也不知道他们什么时候，在哪里，会用何种方式进攻。这个世界将不可避免地遇到更多的风险和冲突。

链接阅读：乔舒亚·雷默，《不可思议的年代：面对新世界必须具备的关键概念》，湖南科学技术出版社。

展望未来：新的地缘政治游戏

◆ 地缘政治“全新世”

地球大约于46亿年前形成。大约于38亿年前，地球上出现了简单生命的迹象。直到6亿年前，复杂的生命才开始形成。从长时段来看，地球上的气候一直在冰河时代和温暖时期之间来回摆动。地质学家把地球的历史分为不同的地质年代，我们现在处于新生代第四纪。第四纪又可以分为更新世和全新世。在大约258.8万年前到1.17万年前是更新世，更新世的大部分时间气温非常寒冷，被称为“伟大的冰河时代”。全新世只有大约1万年的时间，在地球的漫长历史中，这只是非常短暂的一瞬间。但就在这“短短”1万年间，出现了一个从未有过的气温适宜的窗口期。有的科学家认为，这是唯一能够支持现代人类社会的气候状态。这是人类的气候“伊甸园”。

从第二次世界大战结束，到大约20世纪和21世纪之交，是经济和政治上的“全新世”。从经济角度来说，“二战”之后，全球经济一直保持着稳定的增长态势。这段时期不仅是西方资本主义的“黄金时代”，也是社会主义经济高速增长的时期。更为重要的是，当时正处于一个极其独特的“冷战”时期，全球地缘政治环境相对稳定。

当时的超级大国只有两个，一个是美国，一个是苏联。美国和苏联虽然互相敌视，但却极其默契。在白宫和克里姆林宫之间甚至维持了一条“热线”，避免由于误解发生直接冲突。双方军事力量旗鼓相当，都有大量的核武器，不仅能够发动首次袭击，还具备发动二次袭击、实施报复性还击的能力。这就形成了一个完美的“核威慑”，被称为“确保相互毁灭”的系统（英文简称MAD，疯狂的意思）。

更为重要的是，当时两个超级大国为了拉拢盟友，展开了激烈的竞争，不断地为各自的小伙伴提供各种援助及支持。我们都熟悉“亚洲四小龙”的经济崛起。你有没有注意到“亚洲四小龙”独特的地缘政治重要性？它们都在封锁中苏的“第一岛链”。有些政治学者把“亚洲四小龙”的经济奇迹叫作“受邀请的发展”，也就是说，想要参加舞会的人很多，但能拿到邀请券的却寥寥无几。当然，这一说法也不完全正确。菲律宾肯定也拿到了邀请券，但始终没有发展起来。

不管怎么说，我们不得不承认的是，在“冷战”时期，有很多国家，尤其是“二战”之后独立的国家，其实不具备独立实现经济发展的能力，甚至维持政权稳定都很难，但却有两个超级大国暗中输送各种支援，为各自的盟友提供资金修建基础设施，给予它们技术援助，为它们开放本国的市场，帮它们建造体育场，提供留学机会。一旦出现紧急情况，两个超级大国会立刻出手干预，即使到了要出兵的时候，也会毫不犹豫。

◆ 从“历史的终结”到“历史的混乱”

柏林墙倒塌之后，西方世界一片欢腾。他们认为“历史已经终结”，未来的世界里所有的国家都将学习西方世界的自由市场和民主政治制度。美国突然成了世界上唯一一个超级大国，它显得很不习惯。其实，美国的风格并不适合当全球领袖。美国有点像个还在青春期的小伙子，力气很大，体格健壮，但有时候做事非常莽撞，遇到挫折又会情绪低落。美国在伊拉克和阿富汗陷入了未曾预料到的泥潭，加之2008年爆发的金融危机，美国领导世界的雄心受挫，突然想甩手不管。

可是，美国是世界上唯一的超级大国，如果很多事情作壁上观，局势只会进一步恶化。如果美国直接插手，又会难以自拔，付出沉痛的代价。谁是盟友，谁是敌人，变得更加复杂。比如，希腊是美国的盟友，但是，希腊的债务危机给美国带来了极大的麻烦。小小的希腊，触发了多米诺骨牌的倒塌，欧洲的危机到现在还在继续恶化，要是有一天欧盟分崩离析，美国的全球战略都要改写。

越南不是美国传统的盟友，可是在南海问题、TPP谈判等方面，越南可算是帮了美国很大的忙。中国要是变得更加强大，美国当然不爽。中国会在南海占据更多的岛屿，周边的国家可能会更听中国的话。但是，如果中国垮了呢？全球经济体系都会崩溃，美国怎么可能独善其身？美国一定会陷入极其严重的经济衰退，甚至触发更大的危机。

所以，“冷战”时期可能是让全世界各国政治家都非常怀念的“地缘政治全新世”，但那个时代已经一去不复返了。2015年1月29日，亨利·基辛格（Henry Kissinger）在美国参议院作证时说：“自‘二战’结束以来，美国从未面临过如此多样化的危机。”他接着说：“在历史上，若和平遇到问题，都是因为权力的聚集，潜在的强势国家会对邻国的安全构成威胁。在我们所处的时代，和平更多地受到权力瓦解的威胁。有些国家陷入混乱，成为一片一片无管辖的区域，暴力活动扩散并蔓延至国境之外和地区之外。”基辛格指出，这在中东尤其严重。他说：“几种不同的动荡正在同时出现：国家内部有权力斗争，国家之间在相互较量，种族与宗教群体之间爆发了冲突；国家间的世界政治体系受到冲击。其结果就是：很多重要的地缘政治区域变得无法管控，或至少是未能管控。”

◆ 加速时代的地缘政治游戏

加速时代的地缘政治新游戏，角色和规则都会和过去不同。过去的国际政治主要是在国与国之间，而未来各国政府将不得不面临一些全新的挑战：恐怖分子、圣战组织、网络黑客、气候灾害、全球范围内爆发的传染病。正如沃伦·巴菲特（Warren Buffett）所说：“只有在退潮的时候，才能看出来谁没有穿游泳裤。”如今，“地缘政治全新世”已经结束，回头一看，原来很多国家都没有穿游泳裤。在经济形势好的时候，很多新兴市场国家是多么的风光啊。想想油价上涨时期，委内瑞拉的查韦斯、俄罗斯的普京，多么意气风发，可当油价下跌之后，这些国家又是何等的困窘艰难。

气候变化让许多发展中国家陷入窘境，特别是中东和非洲的国家，其农业生产遭到了严重破坏。南亚地区会因全球变暖遇到更多的挑战，尤其是水资源，会变得越来越稀缺。印度和巴基斯坦如果再次爆发战争，不一定是因为领土问题，而可能是因为争夺水资源的问题。在非洲及部分阿拉伯国家，人口的持续高增长率放大了各方面的压力。未来全球人口的增长主要来自非洲。这么多贫困而绝望的年轻人，在一个全球互相连通、互相依存的世界，会给我们带来各种意想不到的冲击。

过去，地缘政治看起来离我们很远，现在，地缘政治风险仍然可能会出现在遥远的地方，但它们就像传染病一样，能迅速扩散到我们身边。

链接阅读：托马斯·弗里德曼，《谢谢你迟到》，湖南科学技术出版社。

找到一个学习的榜样（代后记）

每个人都有自己的学习风格。在加速变革的时代，一个终身学习者的学习风格应该是怎样的？我想，本杰明·富兰克林可以算得上我们的学习榜样。

本杰明·富兰克林是美国的开国之父之一。他参与了《独立宣言》的起草，也出席过1787年修改美国宪法的会议。独立战争期间，富兰克林被派往法国，他在法国受到上至贵族王公、下至街头百姓的欢迎，并说服了法国出兵支持美国。你们以为真的是华盛顿的大陆军打败了英国军队？如果没有法国的军舰赶走前来救援的英国舰队，切断了英军的海上补给线和退路，英国人是不会走投无路、不得不向美国人投降的。在接受英军司令康华利的投降仪式上，前来看热闹的法国士兵比美国士兵还要多。这很像离开了中国人民志愿军，金日成根本打不赢朝鲜战争。

富兰克林还是一位科学家、发明家、作家、企业家和音乐家。大家可能听说过富兰克林在下雨天放风筝的故事，那个故事是瞎扯的，但富兰克林确实发明了避雷针；他创造了“正电”“负电”的概念，后人根据他的思想发现了电荷守恒定律；他最早绘制出暴风雨的运动轨迹，推进了天气预报的发展；他发现了墨西哥湾的海流；他发明了颗粒肥料，设计了最早的游泳眼镜和蛙蹼；他出版了美国第一部医学著作和第一部小说；他写的

《穷理查年鉴》和《富兰克林自传》流传至今；他最早组织了消防厅，创立了近代的邮政制度；他是美国废奴运动的先驱；他发明了一种乐器：玻璃琴；他懂好几门外语，包括法文、意大利文、西班牙文和拉丁文等。

但是，富兰克林终其一生只在学校里学习过两年。由于家境清寒，他十岁就辍学回家，帮助父亲做蜡烛。他的成就，都是靠自学获得的。终生努力，便成天才。这是对富兰克林的最好刻画。

富兰克林和我们有什么关系呢？我们可能没有富兰克林的成就大，但我们的基础肯定都比他好。我们和富兰克林最大的相同之处是：都相信知识并不仅仅是从学校里学来的。但是，我们和富兰克林最大的差距是：还没有练就那种强大的自我升级和自我完善的能力。

像富兰克林这样的人，可以称之为“自我造就者”。他具有极其强大的自学能力，他不仅从书本中学习，也在社会实践中学习。

做一个自我造就者看起来很酷，其实却很累。如果不是在学校里按部就班地学习，而是直接跳入知识和实践的海洋，接受风浪的考验，难免会有更多的危险。若想成为像富兰克林那样的自我造就者，就得学会磨砺自己的学习方法。

首先，你必须付出十倍的艰辛。富兰克林在学校受到的教育还不足以让他写出完整的句子，但他通过刻苦练习，成了一名出色的作家。他在16岁的时候，通过模仿英国期刊《旁观者》上面的文章练习写作。他先是把文章的大意记下来，然后尝试用自己的语言写出来，再把自己写的和原文进行对比，找出差距。他还把杂志上的散文改写成诗歌，再把诗歌改写成散文，以此提高自己的词汇量，锤炼遣词造句的能力。他还会把原文打乱，尝试重新组织文章的结构，然后再和原文对比，看看自己的思路是否足够清晰。

仅举这一个例子，你就能看出，富兰克林付出了多少努力。各位读者朋友，你们有没有产生过想抄近路、走捷径的心理？是否以为只要每天花很少的时间，听听专栏文章，就能代替自己去做读书、思考和写作这些更为艰辛的事情？很遗憾，在这个世界上是没有捷径的。你们要走窄门，不要走宽门。“因为引到死亡，那门是宽的、路是大的、进去的人也多；引到永生，那门是窄的、路是小的、找着的人也少。”其次，你必须有不可餍足的好奇心。在学校里照本宣科学习的人，可能会更容易地学到更系统的知识，但他们不一定会热爱学习，也不会有足够多的好奇心。富兰克林似乎对任何事情都感兴趣，他尤其对事物运行背后的道理着迷。假如你想成为一个自我造就的人，就要有这种在荒野里探险的兴趣。在学校里的学习看似有系统、有教学大纲、有教学单元、有中心思想、有预习复习，整整齐齐、干干净净，但这不是探求真理的正确路径。真理不会像摆在货架上的商品一样明明白白地展示给你。

为了亲近真理，你要学会怀疑，见识错误，亲自追随大师，习惯不断地背叛过去的自己，忘记曾经相信过的道理；你要做好四渡赤水、六出祁山的准备。在你出发之前，是不会有地图，也不可能知道目的地，沿路也不会有路标的。真正的学习是在路途中，而不是在终点站。

最后，你得有很高的情商。一方面，你会感到很孤独，因为别人走的路跟你不一样。你需要找到一群志同道合者。富兰克林21岁时曾创建了一个“互助俱乐部”，其成员多是像富兰克林一样的平民百姓。俱乐部成员们在一起写作、朗读散文、辩论时事政治，甚至为好的投资项目集资。富兰克林的目的是让“普通工人、农民可以和绅士们一样有智慧”。另一方面，你要善于处理好和对你有敌意、藐视你的人的关系。富兰克林从小在哥哥的作坊里做印刷工，他和哥哥的关系并不好，但却能巧妙地处理和哥哥的关系，不会搞得太僵。

富兰克林有一个政治上的竞争对手，经常说他的坏话。他是怎么处理的？他给这位绅士写了一封信，信中说听说那个人的私人图书馆里有一本很罕见的书，请求借阅。对方收到信，马上借给富兰克林所要的书，两个人从此尽释前嫌。这就是著名的“富兰克林法则”：为了让别人支持你，不要为他做一件事，而是让他为你做一件事。得有多高的情商，才能悟出这一道理！

富兰克林的一生，看起来潇洒逍遥，其实充满了凶险和动荡。每一个想要笑傲江湖的朋友，都要扪心自问，你的内心中是否有一个强大的自我，这个强大的自我，应该是克制而谦卑的。